弘 教 系 列 教 材

大学生体育与卫生健康教育教程

编委会主任　吴亦丰

副　主　任　项建民　龚婉敏　陈苏赣

主　　　编　项建民

副　主　编　龚婉敏　徐永生　童立涛　徐　军

编　　　委　张林宝　黄　波　李　力　杨茂林　孔军峰

　　　　　　　　章志鹏　沙　冕　宋京佳　杨　萍　杨晓芳

　　　　　　　　俞　华　钱　锋　周剑锋　陈建新　周盛发

　　　　　　　　王旭辉　叶慧敏　邱梅珍　邹国平　龚　玲

复旦大學 出版社

"弘教系列教材"编委会

主　任　詹世友

副主任　郑大贵　徐惠平

委　员（按姓氏笔画排列）

　　　　　于秀军　马江山　王艾平　李永明　吴　波

　　　　　余龙生　余国林　张　灵　张志荣　陈　平

　　　　　徐艳萍　曹南洋　盛世明　谢国豪

顾　问　刘子馨

前言

　　人才成就未来，教育成就梦想。人才和人力是国家最大的资源，今天培养的人才将是实现第二个百年奋斗目标的主力军，教育必须承担起实现中华民族伟大复兴中国梦赋予的历史使命，毫不动摇地坚持中国特色社会主义教育发展道路，不断深化对中国特色社会主义教育发展规律的认识，树立科学的教育发展观、质量观、人才观，以更加奋发有为的精神状态和踏石留印、抓铁有痕的工作作风，勇于实践，善于创新，不断实现改革新突破，迈上发展新台阶。为了牢固树立健康第一的思想，促进学生身心健康、体魄强健、意志坚强的体育发展战略主题思想。学校体育与卫生健康教育也应该在战略主题思想指导下与时俱进，科学发展。

　　《大学生体育与卫生健康教育教程》一书以终身体育、健康娱乐为宗旨，在理论部分以奥运历史、体育运动和人体健康基础知识为主线，全面阐述了奥林匹克精神思想、体育的基本概念、体育运动与身心健康的关系、体育运动与现代疾病、艾滋病预防、职业疾病的关系以及急救、健康指导、野外生存、低碳校园与身体健康教育等方面的内容；在实践部分以介绍常见体育运动的参与方式、方法、基本技术和娱乐、健康方式为主要内容，另外还对现代社会流行的一些体育运动形式进行了介绍，包括舞龙舞狮、跆拳道、健身、街舞以及高脚和板鞋竞速运动等,还开设了体育健身与文明修身实践、军事训练与健康教育特色内容。

根据高等院校学生的特点,本教材的内容涉及面广,主要运动技术图示精美,技术要求符合全民健身、大众体育的特点。主要涉及的体育项目包括田径、篮球、排球、足球、乒羽网、游泳、健美、健美操、跆拳道、体育舞蹈、街舞、舞龙舞狮、高脚和板鞋竞速运动等,基本可以满足高等院校学生体育与健康教育课程教学的需要。同时,本教材也注重对于运动项目的历史、发展、规则以及相关衍生项目的介绍,特别关注健身方式方法的介绍,对于学生拓展体育运动与健康教育知识视野,培养体育科学锻炼习惯和终身体育意识有重要的促进作用。该教材由上饶师范学院体育学院项建民任主编,龚婉敏、徐永生、童立涛、徐军任副主编。项建民编写第一章、第三章、第四章、第五章、第十一章,龚婉敏编写第七章、第八章、第十章、第十九章,徐永生编写第十四章、第十六章、第二十章、第二十一章,徐军编写第九章,童立涛、章志鹏编写第六章,张林宝编写第十二章,黄波编写第十五章,宋京佳、李力、杨晓芳编写第十三章、第十七章,杨萍、沙冕编写第二章。本教材由项建民、龚婉敏、徐永生负责统稿。

从教育领域看,当今世界教育正在发生革命性变化。确保包容、公平和有质量的教育,促进全民享有终身学习机会,成为世界教育发展新目标。教育与经济社会发展的结合更加紧密,以学习者为中心、注重能力培养、促进人的全面发展、全民学习、终身学习、个性化学习等理念日益深入人心。教育模式、形态、内容和学习方式正在发生深刻变革。为加快推进教育现代化,依据《中华人民共和国国民经济和社会发展第十三个五年规划纲要》和《国家中长期教育改革和发展规划纲要(2010—2020 年)》指导精神,要着力培养新时期全面发展的高级专门人才。根据国家教育部对教育课程改革和教材建设规划的总体要求,我们组织力量对高等院校教育教材进行分析和研究,结合新世纪培养创新型技术人才以及为实现"十三五"规划教材建设的目标,按高等院校教育教学对德育课程、文化基础课程和专业技术基础课程建设要求进行本教材的规划和编写。

　　该教材经高等院校教育教材审定专家审定。教材全面贯彻了素质教育思想,从社会发展需要出发,注重对学生的体育创新精神和实践能力的培养,大胆融入一些先进的教材理念和教学方法。总之,该教材能满足不同办学要求、不同学制、不同专业体育课程的需要,也是农村生态体育建设健身指导员培训和农村中小学教师国培教材。我们希望各地教育和体育相关部门积极推广并选用该规划教材。在使用过程中,注意总结经验,及时提出修改意见和建议,让我们能不断完善和提高。

　　本教材在编写过程中,吸收了国内外学校体育发展方面的理论研究成果和相关教材的精华,借鉴了社会学、心理学、法学等相关学科的原理和方法,并参考了有关著作和资料,直接引用了不少实例作为案例,融入了"大学生健康体质课内外教育模式改革对策研究(江西社科 13TY06)""体育精神与学术精神融合研究(江西社科 15TY04)""大学生健康体质课内外一体化教育模式改革与创新实践研究(江西省 2013 教改项目)""江西农村生态、体育文明建设研究(江西社科 16TY05)"等研究项目的研究成果。在此谨向原作者表示由衷的感谢,并向支持和帮助本书出版的所有朋友表示诚挚的谢意。

　　由于时间紧迫,该书难免存在不妥之处,希望广大师生在使用过程中提出宝贵意见并与我们联系,以便我们在今后的工作中不断改进和完善,使该教材成为高等院校的精品教材。

编　者

2017 年 6 月

目录

第一部分　体育与卫生健康教育基本理论

第二部分 体育运动与卫生健康教育实践项目

第三部分　民俗、民间体育运动与健康教育实践项目

第四部分　时尚体育运动与健康教育实践项目

第一部分

体育与卫生健康教育基本理论

第一章 体育与健康教育概述

第一节 体育的概念、功能与分类

"体育"是我们大家经常提到但又不是很容易搞清楚的一个概念。因为不同的学者对体育的概念有不同的解释。但总的来说,体育的概念有广义和狭义之分,作为高等职业技术学院的学生,应该对体育的基本概念有初步的了解和认识。

一、体育与健康教育的概念

(一) 体育概念演变的历史脉络

体育的历史可以追溯到原始社会时期。公元前 5 世纪,古希腊就有竞技和"Gymnastics"等术语。到 18 世纪中叶以后,由于资本主义生产关系在西欧一些国家的确立,体育也随着近代教育制度的建立而发展起来。17～18 世纪,西方的学校教育中有了打猎、游泳、爬山、赛跑、跳跃等活动,只是尚无统一的名称。

1762 年,卢梭在法国出版了《爱弥尔》一书。他使用"体育"一词来描述对爱弥尔进行身体的养护、培养和训练等身体教育过程。到 19 世纪,德国形成了新的体操体系,建立起"体育是以身体活动为手段的教育"这一新概念。于是,在相当长的一段时间里,"体操"和"体育"两个词并存,相互混用。在我国,直到 19 世纪中叶,德国和瑞典的体操传入我国,随后清政府在兴办的"洋学堂"中设置了体操课,才第 1 次有了体操的概念。1919 年,美国教育界和体育界展开关于体育目标的广泛讨论,通过这场讨论,使"体操"和"体育"两个长期混淆的概念最终划清界限,"体操"一词仅作为一个运动项目名称得到保留。

(二) 体育几个基本概念的定义

"体育"一词在含义上是一个演化过程。它刚传入我国时,是指身体的教育,作为教育的一部分出现,是一种与维持和发展身体的各种活动有关联的一种教育过程,与国际上理解的体育(physical education)是一致的。但随着社会的进步和体育事业的不断发展,其目的和内容都大大超出了原来体育的范畴,体育的概念也出现了广义与狭义的解释。体育的广义概念,一般是指体育运动,其中包括了体育教育、竞技运动和身体锻炼3个方面；体育的狭义概念，一般是指体育教育。

1. 体育的广义概念（亦称体育运动）

是指以身体练习为基本手段，以增强体质、促进人的全面发展、丰富社会文化生活和促进精神文明为目的的一种有意识、有组织的社会活动。它是社会总文化的一部分，其发展受一定社会的政治和经济的制约，并为一定社会的政治和经济服务。

2. 体育的狭义概念（亦称体育教育）

是发展身体、增强体质、传授锻炼身体的知识和技能、培养道德和意志品质的教育过程，是对人体进行培育和塑造的过程，是教育的重要组成部分，是培养全面发展的人的一个重要方面。

3. 竞技运动（亦称竞技体育）

指为了战胜对手，取得优异运动成绩，最大限度地发挥和提高个人、集体在体格、体能、心理及运动能力等方面潜力所进行的科学、系统的训练和竞赛。含运动训练和运动竞赛两种形式。

4. 娱乐体育

是指在余暇时间或特定时间所进行的一种以愉悦身心为目的的体育活动。具有业余性、消遣性、文娱性等特点。

5. 大众体育（亦称社会体育和群众体育）

是为了娱乐身心，增强体质，防治疾病和培养体育后备人才，在社会上广泛开展的体育活动的总称。包括职工体育、农民体育、社区体育、老年人体育、妇女体育、伤残人体育等。

6. 医疗体育

是指运用体育手段治疗某些疾病与创伤、恢复和改善机体功能的一种医疗方法。中国历来善用"导引""养生"作为防治疾病的手段，后又不断发展与提高，成为中国运动医学的重要组成部分。

二、体育的功能

体育的功能是指体育以其自身特点作用于任何社会所能产生的良好影响和效益。随着人类文明的不断进步和社会的快速发展，体育的功能也呈现多样化趋势，从总体上概括，体育的功能主要包括5个方面，即健身功能、教育功能、娱乐功能、政治功能和经济功能等。

（一）健身功能

体育的健身功能是指体育运动对于增强体质、促进健康、延缓衰老以及调适和保持心理健康等方面的作用。体育的健身功能主要表现在以下4个方面。

1. 提高人体各器官系统机能

体育运动能够使人体内能量消耗增加,代谢产物增多,新陈代谢旺盛,血液循环加速,从而使血液循环系统、呼吸系统、消化系统、排泄系统的机能都能够得到改善和提高。同时,体育运动还可以使呼吸肌发达、强壮有力,呼吸功能提高。长期的运动刺激必然使呼吸系统产生适应性变化,从而使呼吸系统的机能得到提高。

2. 提高神经系统灵活性,提高人体运动能力

体育运动时,肢体的运动是在神经系统支配下由各器官和系统的相互协调而完成的。因此,长期从事体育活动的人,神经系统的感知能力和大脑的分析判断能力不断得到提高,从而使神经系统的灵活性也得到不断提高。

另外,经常参加运动,可促进骨的生长。实验证明,普通人的股骨能够承受最大 300 公斤压力,但运动员的股骨可以承受 350 公斤的压力而不折断。同时,经常从事运动,能使肌纤维变粗,一般人的肌肉重量只占体重的 40％,而运动员的肌肉重量占体重的 45％～50％左右。

3. 延缓衰老,提高寿命

运动具有延缓老化过程的功效,在运动的过程中,心跳加速,体温上升,正常的状态下,运动会刺激大脑分泌脑啡,这种物质使人感到愉快,且不易疲倦,尤其是在睡眠之前。适当的运动,由于脑啡增加,使人的情绪及身体的张力放松,从而使睡眠质量获得改善。实验数据显示,参与运动者与不运动者相比较,器官功能前后相差 15 年,在寿命方面,前者平均要长 5～10 年,甚至会相差 12 年。

4. 调适和保持心理健康

现代医学流行病学研究证明,人们通过适当的体育活动能够降低"焦虑状态",提高心理健康。体育运动对心理健康影响的主要标志之一就是情绪状态,也是人的自然需要是否得到满足而产生的一种体验。伯格研究认为,有规律地从事中等强度(最大心率的 60％～75％)活动,每次活动 20～30 分钟,有利于锻炼者情绪的改善。有些研究人员发现,运动可减少情绪上的负担,甚至能减轻因精神压力的偶发事件而造成的心理负担。

(二)教育功能

体育的教育功能,是指体育在培养人的身心全面发展过程中的作用。在教育的过程中,体育是较为有效的重要手段之一。体育的教育功能主要表现在以下 4 个方面。

1. 培养人们勇敢顽强、克服困难、超越自我的意志品质

人们在进行体育运动时,特别是在运动训练过程中,要克服许多由体育运动产生的身体困难,体验到很多在正常条件下不可能获得的身体感受。强筋骨、强

意志、调感情是体育的特殊功效,可以起到"文明其精神,野蛮其体魄"的作用。

2. 培养人们竞争、团结、协作的社会意识

体育竞赛能有效地培养人们的竞争意识和团结协作精神。人类现实社会是一个充满着激烈竞争的场所,需要团结和协作精神。体育竞赛,特别是在集体项目的竞赛过程中,要想取得胜利,既要有力争胜利的顽强竞争意识,又要懂得与同伴和队友的团结协作,才可能达到目的。而体育的这种"模拟社会"的功能,是体育运动所独有的。

3. 传授文化知识

体育本身就是一种文化,并蕴含着丰富的科学知识。通过体育教育和锻炼指导,可以使锻炼者掌握一定的体育知识、技能和技术,并使思维能力、记忆力、观察力、想象力等构成智力的各种能力得到发展。因此,体育在传授知识、培养技能和技巧、增强体质的过程中,还包含着培养、开发和提高智能的教育因素。

4. 教导社会规范,促进人的社会化

人不仅具有自然性,更具有社会属性。随着人的成长,在家庭教育、学校教育、社会教育的作用下,人的生物属性逐渐被社会属性所替代,这个过程就是人的社会化过程。社会的行为规范和价值观可以通过体育教育和运动来实现。比如,体育活动项目中的固有规则和要求制约着参与者的活动行为。人的创造性以及潜能的发挥,也只能在规则允许的范围内发挥。这种个体约束、控制自我行为的能力,能够提高个体适应社会行为规范、约束自我行为的能力,使其成为遵守社会道德规范的一员。

(三) 娱乐功能

体育的娱乐功能,是指体育活动对人自身产生快乐体验和愉悦心情的作用。体育因其自身的特点,在促进人的健康愉悦的生活方面发挥着积极的作用。体育的娱乐功能主要表现在以下 3 个方面。

1. 增强人自身美的享受

体育活动不仅给人以强健的身体,还给人以美的享受,使人们消除学习、工作和劳动带来的精神紧张、大脑的疲劳和情绪的紊乱。比如,当我们学习几小时后,去运动场跑跑步、做做操、活动活动身体,就会感到精神振奋、愉悦。当我们漂亮地躲过对手的堵截、封盖而上篮投中,或一脚猛烈的抽射足球应声入网,就会从心底里感到说不出的高兴。

2. 舒缓心情,体验人类与自然的和谐共生

体育活动的娱乐性和趣味性能够使人摆脱平时紧张工作、繁重压力所带来的不良情绪,达到愉悦自我、获得快乐的目的。体育活动大都在户外进行,户外的阳光、空气和风景能够让体育参与者感受到大自然的美。在一些较为剧烈、危险的

极限运动中,肌体要承受较大的痛苦和压力,正是由于艰辛和痛苦才能让人更强烈地体验到征服自然、超越自我的喜悦和快感。这种对自我、对环境的征服和战胜,是一种自我能力的实现。

3. 丰富人们的文化生活,提高人们的生活质量

人们通过参加和欣赏体育运动,不仅能增强体质,还能够愉悦身心。世界上还没有其他任何一种活动能像体育竞赛那样有规律地举行,特别是以奥运会为最高层次的国际体育竞赛已经成为现代人们关注的焦点和欣赏的热点。各种不同形式和类型的体育竞赛,以它独有的形式和方式,为人类社会生产出丰富多彩的精神文化食粮,提高人类的生存和生活质量。

(四) 政治功能

体育的政治功能,是指体育对社会团体、国家的安定团结、发展进步、繁荣昌盛的积极作用。体育的政治功能既包含着体育能够为政治服务,同时也包括了体育受到政治的制约和影响。

1. 振奋民族精神,提升国家威望

随着竞技体育的发展,竞技场被称为"没有炮火的金牌争夺之战场"。当今,金牌在某种意义上是国家的力量、地位、政治、经济、精神状态的标志。例如,旧中国在第 11 届柏林奥运会上的"大鸭蛋",使我们在历史上曾被侮辱为"东亚病夫",国家的威望由此大受贬损。2008 年北京奥运会金牌数第一的骄人成绩,确立了我国世界体育强国的地位,这就大大激励了民族意识,振奋了民族精神,提高了中华民族的威望和国际地位。

2. 促进国家间关系,增进友谊

体育可以促进各国人民相互了解,使体育成为国家与国家之间重要的交往手段,通过比赛,互相学习和交流,加强国家间的相互理解和联系。在社会发展的历史上,运动员曾被称为"穿着运动衣的外交家""和平的使者"和"外交先行官"。例如,第 31 届世界乒乓球赛中,我国运动员用"乒乓外交"与美国建立了友好关系,从而进行了互访,为中美建交创造了条件,被人们称为"用小球转动了大球"。

(五) 经济功能

体育经济功能就是指体育在社会经济发展中的各种能力,或者说是通过体育产品(体育服务和体育运动技术)的产生、交换、消费,以及体育场馆设施的工作人员所提供的体育服务,经过体育的主体——人的消费而对社会物质生产部门和非物质生产部门以及人们的生活消费所产生的各项经济机制的总和。体育的经济功能主要表现在以下两个方面。

1. 体育产业的发展推动了社会经济的发展

现代高新技术的发展,使体育比赛更具有诱惑力,高水平体育赛事在全球观

众中的影响越来越大。目前,在第三产业中,体育产业的增长速度迅速,比重越来越大,被誉为"朝阳产业"。在欧美市场经济较为发达的国家,体育产业已成为国民经济的重要支柱。美国体育产业 20 世纪 80 年代的总产值就超过 600 亿美元,比石油化工、汽车还多,20 世纪 90 年代中期的体育产值超过 3 000 亿美元,增长率超过同期国内生产总值的增长率。意大利以"足球工业"为主体的体育产业,其产值在 20 世纪 80 年代末达到 24 万亿里拉,跻身于国内十大经济部门,现在约为 500 亿美元。体育产业被相当一部分专家学者视为国民经济的第四大支柱产业。

2. 体育运动的发展为社会创造了无限的商机

随着奥林匹克运动的发展,奥运会为社会经济的发展带来了无限商机,举办奥运会能够促进主办国商业、贸易、旅游、交通、建筑、通讯、能源等各行各业的发展。主办一届奥运会,其潜在经济效能甚至能持续 8~10 年,其经济效益可达奥运投入的 8~10 倍。同奥运会一样受人瞩目的世界杯比赛,也给举办国带来滚滚财源。例如,世界杯比赛给韩国带来了可观的效益,从而使其长达 6 年的经济衰退成为历史,韩国经济开始复苏,世界杯的举办为韩国提供了 35 万个就业机会,吸引了 34 万外国游客,带来了非常可观的旅游收入。

三、体育的分类

对体育进行分类,首先要确定分类标准。按照体育的属性来分类,可以把体育划分为健身体育、竞技体育、休闲体育;按照实施体育的场所来划分,可以将体育分为家庭体育、学校体育、社区体育;按照体育参与者的职业来划分,可以将体育分为农民体育、工人体育、军人体育、知识分子体育等;按照从参加者的年龄来划分,可以将体育分为婴幼儿体育、青少年体育、中老年体育;按照体育发展的年代来划分,可以将体育分为古代体育、近代体育、现代体育和当代体育。

四、健康的功能

(一) 健康概念

健康是指一个人在身体、精神和社会等方面都处于良好的状态。健康包括两个方面的内容:一是主要脏器无疾病,身体形态发育良好,体形均匀,人体各系统具有良好的生理功能,有较强的身体活动能力和劳动能力,这是对健康最基本的要求;二是对疾病的抵抗能力较强,能够适应环境变化、各种生理刺激以及致病因素对身体的作用。健康是人的基本权利。健康是人生的第一财富。

(二) 健康标准

食得快:进食时有很好的胃口,能快速吃完一餐饭而不挑剔食物。这证明内脏功能正常。

便得快:一旦有便意时,能很快排泄大小便,且感觉轻松自如,在精神上有一种良好的感觉。这说明胃肠功能良好。

睡得快:上床能很快熟睡,且睡得深,醒后精神饱满,头脑清醒。

说得快:语言表达正确,说话流利。这表示头脑清楚,思维敏捷,中气充足,心、肺功能正常。

走得快:行动自如、转变敏捷。这证明精力充沛旺盛。

良好的个性:性格温和,意志坚强,感情丰富,具有坦荡胸怀与达观心境。

良好的处世能力:看问题客观现实,具有自我控制能力,适应复杂的社会环境,对事物的变迁能始终保持良好的情绪,能保持对社会外环境与机体内环境的平衡。

良好的人际关系:待人接物能大度和善,不过分计较,能助人为乐,与人为善。

适量运动:运动能改变血液中的化学成分,有利于防止动脉血管硬化。保护血液,维护心血管系统的健康。要经常参加以耐力性为主的运动项目,如跑步、球类、登山等。

(三) 健康生活八要素

(1) 营养:生活中饮食营养要均衡,不但要吃多种谷物和粗粮,还要适量吃新鲜水果和蔬菜,注意少油、低盐、无糖,控制主食量。

(2) 锻炼:坚持安全适量的有氧运动,每天至少走路 2～3 公里。

(3) 水分:每天要喝足够而清洁的水,利用冷热水来调节身体的不适。

(4) 阳光:多在户外运动,接受自然阳光的照射,当然要防止暴晒。

(5) 节制:节制欲望和不良嗜好(如不吸烟、不喝酒,这一点恐怕很多人难以做到)。

(6) 空气:健康生活要特别注意多出去走走,多到大自然中呼吸新鲜空气。

(7) 休息:生活中要劳逸结合,保持良好的休息习惯和有规律的睡眠。

(8) 信念:相信科学的指导,建立信心,保持人生乐观平和的心态。

(四) 健康六忌

1. 身体疲劳时不可硬熬

疲劳是身体需要恢复体力和精力的正常反应,同时,也是人们所具有的一种自动控制信号和警告。如果不按警告立即采取措施,那么人体就会积劳成疾,百病缠身。所以,当中年人自我感觉有周身乏力、肌肉酸痛、头昏眼花、思维迟钝、精神不振、心悸、心跳、呼吸加快等症状时,就不要再硬熬下去。应立即注意劳逸结合,不宜熬夜,不宜做突击性的工作;思想要放松,胸怀要宽广,心情要舒畅,不要因一些琐事而烦恼,不要过多计较个人得失,应尽快采取保健措施,消除身心疲劳。

2. 身体患病时不可硬熬

身体成熟后,人的大脑、心脏、肝肾等重要器官生理功能会随着年龄增长在不知不觉中衰退,细胞的免疫力、再生能力和机体的内分泌功能也会下降。如对头痛、发热、咳嗽、乏力、腰酸、腿痛、便血等不适症状不重视,听之任之,强忍下去,终将拖延耽误,酿成重症。因此,当身体患病时,应早些到医院诊治,尽快恢复身体健康,切忌病体硬熬而导致重病染身。

3. 如厕时不可硬熬

大便硬憋,可造成习惯性便秘、痔疮、肛裂、脱肛,除此之外还可诱发直肠结肠癌。憋尿引起下腹胀痛难忍,甚至引起尿路感染和肾炎的发生,对健康均十分有害。因此,要养成定期大便和有了尿意就应立即小便的良好习惯。

4. 起居上不可硬熬

每当晚上感到头昏思睡时也不要硬撑,不可强用浓咖啡、浓茶去刺激神经,以免发生神经衰弱、高血压、冠心病等。

5. 口渴时不可硬熬

水是人体最需要的物质,必须养成定时饮水的习惯,每天饮水 6～8 杯为宜。渴是人体缺水的信号,表示体内细胞处于脱水状态,如果置之不理,硬熬下去则会影响健康。

6. 肚子饿时不可硬熬

不要随便推迟进食时间,否则可能引起胃肠性收缩,出现腹痛、严重低血糖、手脚酸软发抖、头昏眼花,甚至昏迷、休克。经常饥饿不进食,易引起溃疡病、胃炎、消化不良等症。

(五) 亚健康状态

由于亚健康状态是介于健康状态和疾病状态之间的一种游离状态,因此对于亚健康状态的诊断很难界定。比如,疲劳、失眠时健康的人经过适当的休息与调理就可以得到纠正与克服,但若长期处于疲劳、失眠状态就可视为亚健康。

对此,有人专门罗列出 30 种亚健康状态的症状供人们自我检测。如果在以下 30 项现象中,感觉自己存在 6 项或 6 项以上,则可视为进入亚健康状态。

(1) 精神焦虑,紧张不安;(2) 忧郁孤独,自卑郁闷;

(3) 注意力分散,思维肤浅;(4) 遇事激动,无事自烦;

(5) 健忘多疑,熟人忘名;(6) 兴趣变淡,欲望骤减;

(7) 懒于交际,情绪低落;(8) 常感疲劳,眼胀头昏;

(9) 精力下降,动作迟缓;(10) 头晕脑胀,不易复原;

(11) 久站头晕,眼花目眩;(12) 肢体酥软,力不从愿;

(13) 体重减轻,体虚力弱;(14) 不易入眠,多梦易醒;

（15）晨不愿起，昼常打盹；（16）局部麻木，手脚易冷；

（17）掌腋多汗，舌燥口干；（18）自感低烧，夜常盗汗；

（19）腰酸背痛，此起彼安；（20）舌生白苔，口臭自生；

（21）口舌溃疡，反复发生；（22）味觉不灵，食欲不振；

（23）反酸嗳气，消化不良；（24）便稀便秘，腹部饱胀；

（25）易患感冒，唇起疱疹；（26）鼻塞流涕，咽喉疼痛；

（27）憋气气急，呼吸紧迫；（28）胸痛胸闷，心区压感；

（29）心悸心慌，心律不整；（30）耳鸣耳背，晕车晕船。

（六）不健康现象

其实大部分疾病在发作前都有一些报警信号，依据这些信号对照自己的身体状况，会对早期发现身体的疾病有一定的益处。

身体易被忽视的 10 个变化：

（1）小便增多，常上厕所，晚上口渴。或小便频繁，尤其是夜尿增多，尿液滴沥不净。要小心是否得了糖尿病或前列腺疾病。

（2）上楼梯或斜坡时就气喘、心慌，经常感到胸闷、胸痛。要小心是否得了高血压、脑动脉硬化症。

（3）近日来常为一点小事发火，焦躁不安，时常头晕。要小心是否得了高血压、脑动脉硬化症等疾病。

（4）咳嗽痰多，时而痰中带有血丝。要小心是否得了支气管扩张、肺结核等肺部疾病。

（5）食欲不振，吃一点油腻或不易消化的食物，就感到上腹部闷胀不适，大便也没有规律。要小心是否得了胃肠疾病或肝胆疾病。

（6）酒量明显变小，稍喝几口便发困、不舒服，第 2 天还晕乎乎的。要小心是否得了肝脏疾病或动脉硬化。

（7）胃部不适，常有隐痛、反酸、嗳气等症状。要小心是否得了慢性胃溃疡或其他胃部疾病。

（8）变得健忘起来，有时反复做同一件事。要小心是否得了脑动脉硬化、脑梗塞等。

（9）早晨起来时关节发硬，并伴有刺痛，活动或按压关节时有疼痛感。要小心是否得了风湿性骨关节病。

（10）脸部眼睑和下肢常浮肿，血压高，多伴有头痛，腰酸背痛。则可能是患了肾脏疾病。

五、健康的分类

对健康进行分类,首先要了解健康的定义,健康是指一个人在身体、精神和社会等方面都处于良好的状态。传统的健康观是"无病即健康",现代人的健康观是整体健康,世界卫生组织提出"健康不仅是躯体没有疾病,还要具备心理健康、社会适应良好和有道德"。因此,现代人的健康内容包括躯体健康、心理健康、心灵健康、社会健康、智力健康、道德健康、环境健康等。健康的种类很多,但关于健康的分类,根据健康的定义,把健康主要分为身体健康、心理健康、道德健康和社会健康。

第二节 全民健身与终身体育

一、终身体育与学校体育的概念

终身体育是 20 世纪 90 年代以来体育的改革和发展中提出的一个新概念。终身体育,是指一个人终身进行身体锻炼和接受体育教育。终身体育是依据人体生长发育变化的规律和身体锻炼的健身作用,伴随着现代社会的发展而发展的,人体机能活动规律要求人们身体锻炼必须坚持经常、持之以恒、循序渐进,才能保证身体健康的稳定与发展。

1995 年国务院颁布实施的《全民健身计划纲要》中明确地提出了"要对学生进行终身体育的教育,培养学生体育锻炼的意识、技能与习惯"。时至今日,全民健身活动在我国取得了巨大成就,中国特色的全民健身体系已初步建成,体育健身与健康意识为广大人民群众所接受认可并予以践行。全民健身活动是终身体育的实现途径。其中,学校体育起到了重要作用。

学校体育是在以学校教育为主的环境中,运用身体运动、卫生保健等手段,对受教育者施加影响,促进其身心健康发展的有目的、有计划、有组织的教育活动。学校体育属于教育范畴,无论在哪种社会条件下,都受该社会的政治、经济、文化教育的影响和制约,并通过培养人才为之服务。学校体育与学校德育、智育共同组成完整的学校教育体系,是培养符合社会需要合格人才的一项基本内容和基本途径。

由于社会制度、国家性质和教育目标的不同,各国的学校体育目标也不尽相同。一般包括:促进学生身体生长发育、增进健康;使学生掌握一定的锻炼身体的知识、方法;培养学生运动的兴趣、能力、习惯以及良好的品行;发展个性。有的国家还将提高运动技术水平和为国防服务作为学校体育目标。中国学校体育的根本目标是通过增强学生的体质、促进其身心健康发展,为提高中华民族的身体素质和为社会主义现代化建设培养德、智、体全面发展的建设者和接班人服务。学校体育包括校内体育和校外体育两部分。

二、终身体育与学校体育的关系

学校体育是终身体育的基础。学校体育中学生处在 6～22 岁年龄段,是从学龄儿童进入青春发育期的关键时期。这个时期,身体生长发育得如何,直接影响着人的一生。如果少年时期身体发育得不好,如脊柱侧弯、驼背、呼吸机能差等,到了成年以后往往无法弥补,成为终身的缺陷。所以,学校体育在终身体育的体系中,起着承上启下的作用。那么,学校体育如何为终身体育奠定基础呢?

(一) 打好身体基础

青少年时期,正是打好身体基础的"黄金时代"。从人体自身的发展来看,这一时期具有特别重要的意义。如果在这一时期里没有得到应当得到的锻炼,到了成年以后,时过境迁再进行锻炼,虽然也有效果,但由于基础未打好,往往是事倍功半。我们要放眼未来,为终身体育打好基础,也为将来从事祖国的社会主义建设事业做好准备。

(二) 掌握体育的知识、技能,学会自主的学习、锻炼

体育的知识、技术、技能,是科学锻炼身体的手段和方法。对增进身心健康、增强体质,不仅具有近期(在校期间)的效果,而且具有长远(走向社会以后)的影响。这就需要培养学生自我学习、自我锻炼、自我评价的能力,以适应和协调不断变化的情况,取得预期的锻炼效果。

(三) 培养兴趣和爱好,养成锻炼习惯

兴趣和爱好是积极参加体育活动的驱动力。初中以下的学生,往往以满足心理要求为主要倾向,表现为以直接兴趣为主,即体育活动本身所引起的兴趣,如喜欢游戏和球类活动等。高中学生由于对体育锻炼的目的性更明确,间接兴趣逐步成为主要倾向,即对体育活动的结果发生兴趣。高中阶段要在提高认识的基础上,努力培养间接兴趣和爱好,并且逐步养成锻炼身体的习惯。

(四) 培养自我体育意识

自我体育意识是从意识、自我意识衍生出来的对终身体育的理解,关键是体育意识的培养。体育意识是人的头脑对体育客观事物的反映,是对体育的感觉、思维等多种心理过程。自我体育意识是终身体育的核心,只有树立起自我体育意识,才能实现终身体育的目标,积极自觉地参加体育锻炼。怎样才能树立正确的自我体育意识呢?

(1) 要在已经培养起来的对体育兴趣和爱好的基础上,提高对体育的理性认识。高中生不能只是片面地追求对体育的直接兴趣,而应当对体育的目的、意义、作用、功能等有全面的理解,进而积极、自觉、主动地参加体育锻炼。

(2) 要了解自我,认识自己身心发展的具体状况和身体素质、运动能力和运动技能的水平,特别是要了解自己与同龄人相比较的特殊性,善于分析、判断自己在群体中所处的层次和水平,以便从自身的实际出发,取长补短,有针对性地进行学习和锻炼。

(3) 自我体育意识是在反复实践中形成的。高中生在反复不间断的实践中,加深对体育的情感体验,不断提高体育的水平,使体育锻炼成为自觉主动的行为。

第三节 奥林匹克运动知识

一、古代奥林匹克运动

奥林匹克运动会是古希腊人为祭祀天神宙斯而举行的规模最大的综合性竞技运动会。从公元前 776 年有文字记录的第 1 届奥运会举办到公元 393 年,每 4 年一届,共举办了 293 届,历时 1 169 年。古奥运会的历程大致可分为 3 个阶段,第 1 阶段是兴起期(前 8 世纪至前 6 世纪),由小范围祭典运动会,逐渐发展为所有希腊城邦参加的泛希腊运动会。第 2 阶段是全盛期(前 6 世纪至前 4 世纪),在古希腊奴隶制高度发展的背景下,古奥运会达到鼎盛时期。第 3 阶段为衰落期(前 4 世纪至公元 4 世纪),由于古希腊先后为马其顿人和罗马人征服,古奥运会赖以生存的社会文化环境发生了剧变,古奥运会随之衰落。古奥运会是人类体育文化宝库的一颗明珠,它的活动内容、形式、传统与精神体系,对世界体育的发展产生了深刻的影响。

(一) 古代奥运会的起源

奥林匹克竞技来源于古希腊早期氏族部落民主时期的首领选举仪式和祭礼竞技,在经历了一个漫长的发育过程后,在公元前 776 年举行了首届奥运会,并定为每 4 年在夏天召开一次。古代奥运会的产生与希腊当时社会的政治、经济、文化和宗教有着密切的关系。奴隶社会的希腊,战争连年不断,为了取胜,各个城邦都利用体育锻炼来培养身强力壮的武士,体育运动就在这种情况下发展起来,逐渐形成了有组织的运动竞赛,为奥运会的产生打下了基础。

古希腊人民厌恶连年不断的城邦战争,渴望和平,希望在奥运会举办期间,以神的名义实行休战,以达到减少战争、摆脱灾难的目的。

由此可见,奥运会是在战争背景和祭礼形式中产生的,但它又表达了人民对和平的美好愿望,这种互相矛盾又互相制约的关系,使奥运会产生并延续下去。

(二) 古代奥运会的比赛场地

最初的奥运会比赛是在奥林匹亚村的阿尔齐斯神域内进行的,后来在神域的东北角修建了一块长方形运动场,周围有依天然地形修成的看台。运动场跑道宽32米,每次可供20名选手同时比赛,长为192米。起跑线用石条铺成,上面刻有两道平行的小槽,供运动员起跑时使用。

图 1-1　古奥运场遗址

(三) 古代奥运会的仪式和盛况

古奥运会的组织工作由奥林匹亚所在地伊利斯城邦负责。通常在1年前就推选出奥运会的组织者和裁判官。他们的主要任务是审查竞技者的资格、指导竞技者赛前的集中训练、组织竞技并兼任裁判、宣布获胜者的名字并为其加冕。这些裁判官均由身世高贵、名声卓著的贵族或宗教首领担任。

古代奥运会不仅是一种竞技大会,在它延续一千多年的时间里,实际上是古希腊人的一个全国性节日。"神圣休战"宣布之后,成千上万的人便向奥林匹亚涌去,在那里各城邦的代表参加祭祀活动和游行;政治使节缔结条约;艺术家展出作品;学者和教师研讨学术;雄辩家发表演说;商人展售商品;人们穿着最华贵的衣服,带着最珍奇的珠宝,彼此炫耀自己的富裕。各城邦派出的优秀选手则在竞技场上奋勇拼搏,他们赤身裸体进入赛场,向神和观众展示他们超人的体能、健美的身体和良好的教养。

古奥运会最初只有赛跑一个比赛项目,随着奥运会的不断发展,后来陆续增加了往返跑、武装跑、五项运动、摔跤、拳击、赛车和赛马等项目。非正式比赛项目还有火炬赛跑、传令兵比赛、艺术比赛和吹笛赛,偶尔举行的还有举重、技巧、拔河、掷盾和接力赛等。各项目的比赛均只取第1名,获胜者享有英雄般的荣誉和地位,因此竞争十分激烈。

奥运会的盛况大大超出了竞技比赛的范围,它是希腊宗教、政治、经济和文化的重要组成部分,起到了推动政治交流、促进贸易发展、繁荣希腊文化、融合民族感情的作用,它使全希腊人民在和平的气氛中欢聚一堂,其丰富的内容和壮观的场面,形成了全希腊最盛大的节日。

(四) 古代奥运会的衰落

公元前 5 世纪,古希腊奴隶社会进入了鼎盛期,但随后不久,内部战争分歧,社会矛盾加剧。公元前 5 世纪末,爆发的伯罗奔尼撒战争使希腊奴隶制开始走向衰败,也是古代奥运会由兴到衰的转折点。战争使经济萧条,社会风

图 1-2 古奥运会比赛图

气低下,运动竞技失去了原来的意义,逐渐成为人们追求财富的手段,运动会上出现了营私舞弊、损人利己的不良倾向,奥运会的崇高理想受到扭曲。

公元前 4 世纪始,希腊先后被马其顿和罗马统治,希腊民族丧失其独立性,希腊城邦制度走向消亡,奥运会赖以生存的政治、社会及文化生态环境发生了剧烈变化,导致奥运会不可避免地走向衰落。公元 392 年,统治了希腊的罗马皇帝狄奥多西二世宣布立基督教为国教,因此把祭祀宙斯神的古代奥运会当作是异教活动。为了维护罗马对希腊的统治,为了巩固基督教的地位,公元 393 年,狄奥多西二世下令终止了古代奥运会。举办了 293 届、历时 1 169 年的古代奥运会从此消失了。

二、现代奥林匹克运动

(一) 现代奥林匹克运动会的诞生

19 世纪末,随着竞技运动在欧洲和全世界的传播和发展,世界体育发展迫切需要一个统一的思想体系、组织体系和实践操作体系。于是,在伟大的现代奥林匹克先驱顾拜旦的发起和领导下,诞生了现代奥林匹克运动,开辟了世界现代体育发展的新纪元。

1893 年,根据"奥运之父"顾拜旦的建议,在巴黎举行了讨论复兴奥运会问题的国际性体育会议。1894 年 1 月,顾拜旦草拟了复兴奥运会的具体步骤和需要探讨的 10 个问题,致函各国体育组织和团体。6 月 16 日,"国际体育运动代表大会"在巴黎索邦神学院开幕,到会代表 79 人,代表着 12 个国家的 49 个体育组织。有 2 000 人参加了开幕式。大会通过了《复兴奥林匹克运动》的决议。6 月 23 日成立了国际奥林匹克委员会。国际奥林匹克委员会的成立,标志着奥林匹克运动的

诞生。

（二）第 1 届奥运会的举行

国际奥委会成立后，1894 年 6 月经过巴黎国际体育会议协商，历史名城雅典赢得了首届现代奥运会主办权。在 1896 年 4 月 6 日至 15 日，经过国际奥委会的艰苦努力，第 1 届现代奥运会终于在希腊雅典胜利举行。这是近现代世界体育发展史上的划时代事件和里程碑，标志着近现代体育以竞技运动为形式，进入了全球代时代和更高的发展层次。

1896 年 4 月 6 日下午，第 1 届现代奥运会开幕式在雅典体育场隆重举行。国际奥委会主席维凯拉斯和秘书长顾拜旦出席开幕式，约 8 万名观众观看了开幕式。希腊国王乔治一世宣布第 1 届奥运会开幕并致辞。来自 14 个国家的 241 名运动员参加了田径、游泳等 9 个大项目比赛。最壮观的场面出现在马拉松比赛中，当时只有 13 万人的雅典竟有 10 万余人来道为运动员喝彩，真可谓"万人空巷"，当希腊运动员路易斯获得冠军后，全希腊为之沸腾。首届奥运会冠军没有金牌，第 1 名得到一张奖状、一枚银牌和一个橄榄花环，第 2 名得到一张奖状、一枚铜牌和一个月挂花环，第 3 名只有一枚铜牌。

第 1 届奥运会获得了圆满的成功，以顾拜旦为代表的国际奥委会和希腊人民为现代奥林匹克运动的产生做出了不可磨灭的贡献。

（三）现代奥林匹克运动的发展

奥林匹克运动自 1894 年国际奥委会成立至今，已有一个世纪的历程。其发展可分为 4 个阶段。

1. 奥林匹克运动的初创时期（1894 年至第一次世界大战）

从 1894 年到 1914 年第一次世界大战前，现代运动项目仅在少数欧洲国家有所开展，世界范围的体育竞赛活动很少进行。奥林匹克运动尚处于摸索阶段。奥运会也还未形成一定的举办模式，如项目设置稳定性差、场地设施简陋、财政困难、会期不固定、裁判员执法不公，以及参赛资格缺乏明确规定等。

2. 奥林匹克运动的形成时期（1914 年至第二次世界大战）

因第一次世界大战而中断的奥林匹克运动会于 1920 年重新进行。国际奥委会从实践中意识到奥运会规范化的重要性，整个奥运会的基本框架、运行机制和基本性在这一时期基本形成，具体表现如下：比赛项目的设置逐渐趋向合理；比赛设施进一步完善；会期基本固定；申办、举办程序基本确立，并基本解决了有关运动员的参赛资格问题。先进的技术开始应用到比赛中去，如电子计时器、终点摄影仪、自动打印机、闭路电视转播等。自 1928 年起，女子田径项目纳入正式比赛，这一重要变化推动了奥林匹克运动的普及，增强了奥林匹克运动的号召力。另一重要发展是有了冬季奥运会，它使奥林匹克运动的覆盖面大大增加。

3. 奥林匹克运动的发展时期(1946—1980 年)

第二次世界大战结束后,世界政治格局形成了东西方两大政治集团对峙的局面,这对奥林匹克运动的发展产生了重大影响。另一方面,战后各国经济振兴和科技发展,促进了奥林匹克运动的发展。

4. 奥林匹克运动的改革时期(1980—　　)

进入 20 世纪 80 年代,在萨马兰奇的领导下,针对奥林匹克运动所面临的各种问题进行了大规模的变革。过去的那种"独立性"原则,即在经济上不谋利、政治上不同政府联系的做法已不适应新时期的需要。人们对奥林匹克运动的要求不只限于 4 年一度的奥运会,奥林匹克运动已参与了更加广阔的领域。国际奥委会在文化教育、科学技术方面更加注重奥林匹克思想的传播。通过一系列活动,如举办奥林匹克艺术节,建立博物馆,举办"奥林匹克日"纪念活动,定期召开奥林匹克科技大会等,起到很好的宣传作用。

三、奥林匹克运动思想体系

奥林匹克运动历经百年而愈加蓬勃兴旺,其重要原因之一就是它在发展过程中逐渐形成了以奥林匹克主义为核心的思想体系,使奥林匹克运动有了一个比较坚实的思想基础,使各种奥林匹克活动有了明确的指导方针。从某种意义上讲,奥林匹克运动的思想体系构成了这一运动的灵魂,这一运动的一切活动都是由奥林匹克思想体系产生出来的,一切特征也都是基于奥林匹克思想体系而逐渐具备的。

奥林匹克运动的思想体系包括奥林匹克主义、奥林匹克精神、奥林匹克理想及其宗旨和格言等,它们都属于一个统一的范畴,包含在《奥林匹克宪章》中。

(一) 奥林匹克主义的含义

现代奥林匹克运动从 1896 年在希腊雅典举办第 1 届至今,逐渐形成了以奥林匹克主义为核心的思想体系。奥林匹克主义是现代奥运的灵魂,其核心思想是实现人的身心的和谐发展,通过体育运动来发展人、完善人、提升人。

2000 年 9 月 11 日起生效的《奥林匹克宪章》在"基本原则"第 2 条中明确将"奥林匹克主义"表述为:"奥林匹克主义是增强体质、意志和精神并使之全面均衡发展的一种生活哲学。奥林匹克主义谋求体育运动与文化和教育的融合,创造一种以奋斗为乐、发挥良好榜样的教育作用,并尊重基本公德原则为基础的生活方式。"

(二) 奥林匹克精神

《奥林匹克宪章》指出,奥林匹克精神就是相互了解、友谊、团结和公平竞争的精神。顾拜旦在 1936 年奥运会演讲时说过:"奥运会重要的不是胜利,而是参与;

生活的本质不是索取,而是奋斗。"奥林匹克运动不仅仅是一项单纯的体育活动,其最高目标,是要通过体育活动的手段,把世界上不同国度、不同种族、不同语言、不同宗教信仰的人凝聚在一起,使大家相互交往,增进了解和友谊,进而达到世界的团结、和平、进步的目的。奥林匹克精神要求人们具有坚韧不拔的进取精神和克服一切困难的英雄气概。奥林匹克精神是奥林匹克运动文化意识形态的本质内容。奥林匹克运动属于全人类,只有真正了解奥林匹克精神,人类才能真正拥有它。

(三) 奥林匹克理想

奥林匹克理想是奥林匹克主义和奥林匹克精神的综合,是人们对奥林匹克运动未来和前景的向往和希望。奥林匹克运动提倡人的全面发展,提倡人类社会的和谐和公正,提倡建立一个和平的更加美好的世界。这些都是人类中的大多数人所追求的理想和愿望。正是因为现代奥林匹克运动提出了符合人类社会所追求的崇高目标,在不到一个世纪的时间里,奥林匹克运动从欧洲走向了全球,形成了包括地区组织和国际单项体育组织在内的大家庭。大家庭的所有成员遵循奥林匹克主义和基本原则,以奥林匹克理想为追求目标,从而使奥林匹克运动成为一个具有世界影响的社会文化现象。

(四) 奥林匹克格言

奥林匹克格言"更快、更高、更强"是现代奥林匹克运动创始人顾拜旦的朋友狄东于 1895 年提出的体育教育口号。顾拜旦对此十分赞同,并经他提议,国际奥林匹克委员会于 1913 年将这一口号定为正式的奥林匹克格言。

(五) 奥林匹克标志

奥林匹克标志是由 5 个奥林匹克环组成,五环自左至右互相套接,颜色分别为蓝、黄、黑、绿、红。上面三环是蓝、黑、红,下面两环为黄、绿;在使用中也可以五环均为单色。含义是是象征五大洲的团结和全世界的运动员在奥林匹克运动会上相聚一堂。

四、奥林匹克运动组织机构

奥林匹克组织机构包括国际奥委会、国家(地区)奥委会、国际单项体育联合会、夏季奥运会和冬季奥运会组委会。

(一) 国际奥委会(IOC)

国际奥委会(IOC)的全称是国际奥林匹克委员会;成立于 1894 年 6 月 23 日,按照《奥林匹克宪章》领导奥林匹克运动,负责体育运动和运动竞赛的协调、组织和发展,保证奥运会正常进行。它是一个国际性的、非政府的、非赢利的组织。国际奥委会的机构有国际奥委会全体委员会议、执行委员会、设立在瑞士洛桑的总部和专门委员会。

(二)国家(地区)奥委会

国家(地区)奥委会负责在本国家(地区)内开展包括组队参加奥运会在内的各种活动。中国奥林匹克委员会简称"中国奥委会",是以推动奥林匹克运动和发展体育运动为宗旨的全国性体育组织。它的任务和职能是:促进奥林匹克项目在中国广泛开展;组织中国奥委会代表团参加国际奥委会主办的夏季、冬季奥运会,并提供必要的经费和运动器材;协助其他全国性体育组织举办体育竞赛和运动会。

(三)国际单项体育联合会

国际单项体育联合会有 35 个单项体育联合会,负责各种技术性事务,如组织比赛、制定竞赛规则等。中华全国体育总会所属的 36 个单项协会中,除了有这 35 个项目的单项协会以外,还有中国武术协会。

(四)奥运会组织委员会

奥运会组织委员会是奥运会主办城市所在国的国家奥委会和主办城市共同成立的本届奥运会组织委员会,具体负责本届奥运会的各项筹备工作,并具有法人资格。

五、中国奥林匹克运动

中国与奥林匹克运动的联系最早可以追溯到 1894 年。当时,中国清政府曾经接到了希腊王储和近代奥运会发起人皮埃尔·德·顾拜旦代表国际奥委会发出的邀请书,昏庸的清政府不知"体育"为何物而未作答复。1907 年,著名教育家张伯苓在天津发表了以奥林匹克运动为题的著名演说,建议中国派团参加奥运会。1920 年,国际奥委会致电承认由中国参与发起的远东运动会,并邀请中国参加下一届奥运会。1922 年,在国际奥委会第 21 届全会上,王正廷被选为中国首位国际奥委会委员。1928 年第 9 届奥运会在荷兰阿姆斯特丹举行,中国派宋如海作为观察员出席开幕式,并进行了考察工作。1931 年,中华全国体育协进会被国际奥委会承认为"中国奥林匹克运动委员会"。中国正式参加奥运会的历史由此开始。

(一)参加早期的奥林匹克运动会

1. 参加第 10 届奥运会

1932 年,第 10 届奥运会在美国洛杉矶举行。我国本不想派选手参加,仅由全国体育协进会总干事沈嗣良前往观礼。而日本帝国主义扶持的伪满,为了骗取世界各国的承认,竟然电告国际奥委会:拟派刘长春、于希渭作为"满州国"选手参加奥运会。举国一片哗然,刘长春也予以拒绝。在强大的舆论压力下,国民党政府决定,刘长春、于希渭作为运动员,宋君复为教练员,沈嗣良为领队,代表中国参加奥运会。在开幕式上,刘长春执旗前导,沈嗣良、宋君复以及中国留学生和美籍华人刘雪松、申国权、托平等6人组成了中国代表团。于希渭因日方阻挠破坏,未能成行。在开幕式上,中国代表团受到了全场的热烈欢迎。刘长春在100米、200米预赛中位于小组的第5、第6名,未能取得决赛权。虽然他在本届奥运会上成绩不佳,但他以我国第1位参加奥运会的选手而留名于中国奥运会史。

2. 参加第11届奥运会

1936年,第11届奥运会在德国柏林举行。中国派出了140人组成的代表团,其中运动员69人,参加篮球、足球、游泳、田径、举重、拳击、自行车等7个项目的比赛。另外,还有11人的武术表演队和34人组成的体育考察团。其中篮球比赛胜过法国队,撑竿跳选手符宝卢取得复赛权。中国武术队的多次表演轰动了欧洲。虽然队伍庞大,成绩却不理想,反映出中国竞技体育尚处于起步阶段。这是中国第1次组织大型代表团参加奥运会,对中国早期奥林匹克事业的发展具有深远影响。

3. 参加第14届奥运会

1948年,第14届奥运会在英国伦敦举行。我国派出33名男运动员参加了篮球、足球、田径、游泳和自行车等5个项目的比赛,但没有一人进入决赛。奥运会结束后,代表团在当地华侨总会的帮助下,解决了路费,运动员才得以返回祖国。

(二) 中国与国际奥委会断绝关系

20世纪50年代,为了维护国家的主权和尊严,围绕中国在国际奥委会的地位问题,我国与当时国际奥委会少数领导人的错误政策进行了坚决的斗争。

1952年,第15届奥运会在芬兰的赫尔辛基举行。中国正式接受邀请较晚,只派出了40人的代表团,可当代表团到达赫尔辛基时,比赛已接近尾声,只有吴传玉参加了百米仰泳比赛。但是将五星红旗升起在赫尔辛基奥林匹克体育场,就是新中国的骄傲。对于国际奥委会无理阻碍中国运动员参加本届奥运会的做法,中华全国体育总会提出了强烈抗议。

1954年在雅典举行的国际奥委会第50届全会上,国际奥委会以23票赞成、21票反对通过决议,接受中国奥委会,中华人民共和国在国际奥委会中的合法地位得到承认。与此同时,在以当时的国际奥委会主席美国人布伦戴奇为首的少数人操纵之下,台湾所谓的"中华奥委会"也继续保留在国际奥委会承认的成员名单上。为了新中国的尊严,中国奥委会于1958年8月19日宣布断绝与国际奥委会的关系,并从1958年6月至8月间,先后退出了15个国际单项体育组织。当时的中国国际奥委会委员董守义毅然辞去了国际奥委会委员的职务。

(三) 重返奥运舞台、重获尊重

1972 年中国恢复了在联合国中的合法席位。同年,国际奥委会迎来了一位新主席、爱尔兰人基拉宁。国际奥委会意识到,想要尽快恢复中华人民共和国最新国际奥委会的合法地位,就必须解决台湾问题。基拉宁和国际奥委会副主席萨马兰奇在 1977 年 9 月和 1978 年 4 月两次访问中国,对中国政府加深了了解。1979 年,中国奥委会向国际奥委会正式提出关于解决中国合法席位的建议。这一建议得到了包括国际奥委会主席基拉宁在内的大多数人的赞同。同年 11 月,国际奥委会以通讯表决方式让国际奥委会全体委员投票,结果以 62 票赞成、17 票反对、2 票弃权通过了国际奥委会执委会于 10 月 25 日在日本名古屋做出的有关恢复中华人民共和国在国际奥委会合法席位的决议。这一著名的名古屋决议指出:中国奥委会在参加奥运会时使用中华人民共和国的国旗和国歌,同时允许台湾作为我国的一个地方性组织在国际体育组织中占有席位,以“中国台北奥林匹克委员会”出现。

1980 年 2 月,在国际奥委会中恢复席位的中国体育代表团首次出现在奥运会赛场上——参加了第 13 届冬季奥运会。

1984 年,第 23 届奥运会在美国洛杉矶举行。中国有史以来第 1 次派出大型代表团参加这项体坛盛事。开赛第 1 天,射击选手许海峰在男子自选手枪慢射比赛中勇夺冠军,从而实现了中国在奥运会历史上零的突破。而在 2002 年盐湖城冬奥会上,中国女选手杨扬又为中国队实现了在冬季奥运会上金牌零的突破。

中国重返奥运大家庭,参加奥运会和举办 2008 年奥运会,标志着新中国体育的又一次腾飞,同时也为奥林匹克运动注入了新的活力。

(四) 北京奥运会

2008 年北京奥运会即第 29 届夏季奥林匹克运动会于 2008 年 8 月 8 日 20 时开幕,2008 年 8 月 24 日闭幕。本届奥运会口号为“同一个世界,同一个梦想”(One World, One Dream),主办城市是中国北京。奥运设置了三大理念:绿色奥运、科技奥运、人文奥运。参赛国家及地区 204 个,参赛运动员 11 438 人,举行了 28 个大项,产生 302 枚金牌(其中中国获得 51 枚)。2008 年,有 2 万多名运动员、教练员和官员参加北京奥运会。

除大部分比赛在北京举行外,帆船比赛在青岛举行,马术比赛在香港举行,部分足球预赛在天津、上海、沈阳和秦皇岛举行。2005 年 7 月 8 日,在新加坡举行的国际奥林匹克委员会第 117 次全会上,决定由香港协办 2008 年奥运马术项目,是奥运历史上第 2 次由不同地区的奥委会承办。

1. 申奥历程

1999 年 9 月 6 日,北京 2008 年奥运会申办委员会在京成立。2000 年 6 月 20 日,北京奥申委秘书长王伟在瑞士洛桑向国际奥委会正式递交申请报告。报告回答了国际奥委会向申请城市提出的 22 个问题,陈述了关于北京筹办 2008 年奥运会的计划和构想,是北京市为申办 2008 年奥运会向国际奥委会递交的第 1 份正式答卷。2001 年 1 月 17 日上午,北京奥申委代表团将申办报告交到国际奥委会总部,两天后,国际奥委会通知北京奥申委,北京的申办报告完全符合要求。从 2001 年 2 月 19 日至 2 月 24 日对北京申奥工作进行考察。评估团在新闻发布会上评价说,北京申办奥运会得到了中国政府和北京市民的强有力支持。

　　2001 年 7 月 13 日,在莫斯科举行的国际奥委会第 112 次全会上,国际奥委会投票选定北京获得 2008 年奥运会主办权。

图 1-3　福娃

　　2. 2008 年北京奥运会吉祥物——福娃

　　福娃是 2008 年在北京举行的第 29 届奥运会的吉祥物。作家郑渊洁提议,本次奥运会吉祥物数量应该最多,后来他又提议与奥运五环相匹配,之后由画家韩美林设计完成。2005 年 11 月 11 日,距离北京奥运会开幕恰好 1 000 天时正式发布问世。

　　福娃向世界各地的孩子们传递友谊、和平、积极进取的精神和人与自然和谐相处的美好愿望。它们的造型融入了鱼、大熊猫、奥林匹克圣火、藏羚羊以及燕子的形象。每个福娃都有一个琅琅上口的名字:"贝贝""晶晶""欢欢""迎迎"和"妮妮",把 5 个娃娃的名字连在一起,会读出北京对世界的盛情邀请"北京欢迎你"(贝晶欢迎妮)。

　　3. 祥云火炬

　　2008 年北京奥运会火炬长 72 厘米,重 985 克,燃烧时间 15 分钟,在不高于 65 千米/小时的风速下能正常燃烧,在零风速下火焰高度 25～30 厘米,在强光和日光情况下均可识别和拍摄。北京奥运会火炬传递线路分境外传递和境内传递两部分。

4. 北京奥运会奖牌——金镶玉

北京 2008 年奥运会奖牌直径为 70 毫米,厚 6 毫米。奖牌正面为国际奥委会统一规定的图案——插上翅膀站立的希腊胜利女神和希腊潘纳辛纳科竞技场。奖牌背面镶嵌着取自中国古代龙纹玉璧造型的玉璧,背面正中的金属图形上镌刻着北京奥运会会徽。奖牌挂钩由中国传统玉双龙蒲纹璜演变而成。整个奖牌尊贵典雅,中国特色浓郁,既体现了对获胜者的礼赞,也形象诠释了中华民族自古以来以"玉"比"德"的价值观,是中华文明与奥林匹克精神在北京奥运会形象景观工程中的又一次"中西合璧"。

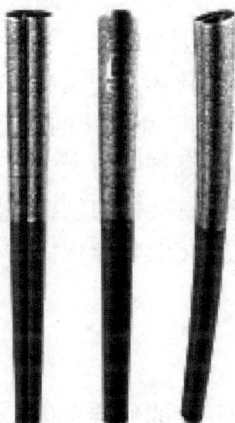

图 1-4 北京奥运会祥云火炬

图 1-5 北京奥运会奖牌——金镶玉

六、奥林匹克文化与高等教育

奥林匹克运动发展到今天,已经不仅仅是一般意义上的单纯的体育活动了。它把体育所富有的内涵加以提炼、总结和升华,归纳出"奥林匹克主义、奥林匹克精神"等丰富的文化内涵。中国由于历史的原因,过去极少宣传奥林匹克运动,以致国内及广大青年对奥林匹克缺乏了解和理解。但是,随着北京奥运会的成功举办,高校掀起了奥林匹克运动的新热潮。奥林匹克理想以前所未有的速度和规模得到传播,并以其丰富的文化内涵对高校校园体育文化产生深远的影响。

(一)奥林匹克文化内涵

体育运动与文化活动相融合,形成了奥林匹克文化。现代奥林匹克文化主要体现在象征着世界和平、民族团结的五环标志;象征人类追求光明、理想、不断奋斗进取的圣火传递;展示世界人类文明的恢宏庄严、激情洋溢的开闭幕式表演;运动员、裁判员的庄严宣誓,等等。

历时一千多年的古代奥运史和历时一百多年的现代奥运史,有着十分丰富的教育内容,是人类精神文明的宝贵遗产,是对大学生进行身心教育的生动素材,也是大学生乐于接受的教育内容。奥林匹克文化作为当代世界主体性教育文化,因为它的教育性、可参与性和观赏性,在社会文化体系中占有独立的地位。2002 年国际奥委会举行了"寓教于体"世界论坛,重点讨论了通过体育对青少年进行教育的主题,并正式决定 2003 年为"奥林匹克文化与教育年"。

(二)高校校园体育文化与奥林匹克文化的传播关系

奥林匹克文化是指奥林匹克运动的全部思想和活动内容。校园体育文化是指在学校这一特定的范围里,人们在历史实践过程中所创造的体育精神财富和物质财富的总和,是现代教育与现代学校体育教育两个文化体系交叉产生的一种独特的文化现象。奥林匹克文化全球化传播与发展、奥林匹克文化的教育性,正成为高校体育中传承世界体育文化的重要内容。因此,在高校中对大学生进行奥林匹克文化教育,有利于培养新时代的人才,促进高校体育文化的创新性发展。同时,高校学校体育的发展也在客观上促进了奥林匹克文化的全球化传播和多样化发展。

(三)奥林匹克文化对高校校园体育文化的影响

1. 促进校园体育文化的创造性发展

奥林匹克运动是国际性的体育运动,又是一种国际性的独特文化现象。在这样一种文化氛围的精神境界里,人们跨越文化上的障碍,欣赏和借鉴别的文化,进而促进文化的世界性交流与交融。随着奥林匹克运动的普及,奥林匹克文化在高校体育中的广泛传播,广大青年将加强对奥林匹克运动的了解和理解。高校校园体育文化活动中的每一个成员既是体育文化的传播者和接受者,又是体育文化的创造者。校园体育文化的重要意义就在于受教育者的主动参与,并在其中创造性开展活动。因此,奥林匹克文化对高校校园体育文化的创造性发展有着重要的意义。

2. 增强校园体育文化的教育功能

奥林匹克的宗旨指出,通过没有任何歧视,具有奥林匹克精神的体育活动来教育青年,从而为建立一个和平的、更加美好的世界做出贡献。教育性是校园体育文化固有的特征。校园首先是教育场所和教育环境,高校校园体育活动的开展不仅是为了拿名次,更是为了培养学生良好的体育意识和体育习惯,强壮他们的体魄,健全他们的身心,达到学生综合素质的全面提高。奥林匹克的文化教育功能在于传播世界优秀文化,对青年一代进行道德及社会规范方面的教育,且具有其他方式所不可替代的独特功效。

3. 促进校园体育文化的民族性

奥运会在不同国家举办有不同的文化特色,从开幕式到闭幕式,从体育比赛到艺术活动等均是如此。奥运会根植于民族文化的土壤之中,吸纳了许多民族传统的体育项目,如美国篮球、巴西足球、日本柔道、韩国跆拳道等。民族体育带有强烈的民族文化气息,在很大程度上成为本地区和国家的象征。高校校园体育文化是民族体育文化在高校的反映,具有民族特征。它不仅体现体育活动的特殊性和竞技性,也反映时代的体育精神和主题。

4. 促进校园体育文化的开放性

奥林匹克运动以其丰富的文化内涵,在全球范围内不断发展壮大。东西方文化的相互交融,为奥林匹克运动提供了取之不尽的文化源泉。高校校园是广大师生开展竞技体育、娱乐体育等体育文化活动的主要阵地。高校校园体育文化是社会文化的一个分支,它与奥林匹克文化具有有机联系、密不可分。

奥林匹克运动是一个动态发展的开放的世界性文化体系,它不断地从世界各个民族的文化中汲取有益的养分,丰富自己的内容,使奥林匹克运动真正成为跨文化、跨民族、跨国度的世界性文化体系。奥林匹克文化的开放性,体现了人类崇高的理想境界;奥林匹克运动发展的全球化,使高等教育和高校校园体育文化更开放。青年是高校校园体育文化活动中的主体,通过对青年进行奥林匹克知识的教育,传播奥林匹克文化,可以进一步促进校园体育文化的开放性发展。

第二章　体育运动与生理心理健康教育

第一节　经常参与体育锻炼人群的生理特征

体育运动指短时效(数分钟或数小时)的骨骼肌的主动活动,体育锻炼则指长时效(数天、数星期、数月或数年)的骨骼肌主动活动。经常参与体育锻炼的人群,都共同具备由长期运动训练带来的一些生理特征,这些特征的形成,是机体在高强度、高耐力运动需求下作出的适应性改变,这些生理特征表现在基本生理指标的变化,既有组织或器官生理形态的变化,也有功能基本指标的改变。总之,均可归结为多个系统功能的改善,而在科学的运动训练下这些改善必然是良性的,且对人体保持健康产生着积极的作用。

一、运动系统特征

(一) 骨骼肌的生理特征

骨骼肌的收缩和放松活动是人体各种运动的基础,骨骼肌机能在运动训练中的作用越来越受到人们的重视。其中,由于骨骼肌纤维类型对于运动员科学选材、运动训练有着十分重要的意义,体育运动是否会引起肌纤维形态结构的变化一直是研究热点。

1. 骨骼肌形态结构对力量、速度运动的适应性变化

经常进行系统的力量性运动,可以使骨骼肌肌肉体积增大,力量增加。通过分析研究认为,骨骼肌肌肉体积的增大与以下几个方面产生的适应有关系。长期力量性运动能使肌纤维中肌红蛋白等含量增多;能提高肌纤维中肌糖原、磷酸肌酸含量;能促进肌纤维中线粒体数目增长,体积增大;能使肌纤维中毛细血管增多,毛细血管网增生。

2. 骨骼肌对耐力运动的适应性变化

长期耐力运动后可以使骨骼肌肌纤维选择性肥大。研究者对受试者进行8周耐力跑训练,通过训练前后的右腿股外肌纤维面积的定量研究,发现 8 周耐力跑训练使受试者股外肌纤维产生了代偿性肥大。慢肌和快肌纤维均发生了不同程

度增生。慢肌纤维横断面积训练后较训练前平均增加 35％,快肌纤维横断面积训练后较训练前增加了 18％。而只有慢肌纤维面积的增加有显著性,说明耐力跑训练主要靠慢肌纤维来完成。

3. 骨骼肌超微结构的变化

长时间离心运动容易引起骨骼肌超微结构的异常性变化,并延续到运动后几天。据此,国内外学者们在这一领域进行了大量研究,证实剧烈运动确实可引起骨骼肌纤维结构的变化。其依据为:①电子显微镜下直接观察到运动后骨骼肌超微结构的变化。②血液中肌肉酶活性提高。③尿液中肌肉蛋白质分解产物增多。

(二) 骨骼的生理特征

1. 骨骼生长变化显著

有研究表明,经常运动和不经常运动的女孩在年龄、身高、体重、脂肪含量、瘦体重含量(LBW)、激素及相应骨骼各项指标在两年的生长发育过程中有明显差异,经常运动组在测量时骨密度(BMD)和骨矿含量(BMC)及第 3 次测量时 BMD,BMC 和 LBW 明显高于不经常运动组,表明运动习惯对青春期骨骼的矿物质沉积有良好的促进作用。青春期经常参加运动的青少年,其全身 BMC,BMD 明显比对照组高,腰椎、股骨颈的 BMC 和 BMD 也比对照组高。因此,有研究人员把青春期定义为骨骼矿物质积累的最关键时期,在这个时期经常参加运动的青少年比不喜欢运动的同年者全身 BMD 高出大约 4％。

2. 骨的正常功能得到不断维持和保护

以软骨为例,有研究从运动对关节软骨的发育、量与厚度、成分、相关生物标记物等方面影响的分析,得到以下结论:①儿童期及青春期运动的缺乏都可能导致关节软骨的发育发生障碍。②运动可以增加儿童关节软骨的量。③中等强度的运动对机体是很有益的,可以增加软骨细胞的数量及刺激蛋白多糖的合成,对关节软骨损伤有修复作用。④运动可以促进关节软骨的代谢,增加关节液和血清中与关节软骨相关的骨基质明胶水平。

二、循环系统特征

经常进行体育锻炼或运动训练,可促使人体心血管系统的形态、机能和调节能力产生良好的适应,从而提高人体工作能力。运动训练对心血管的长期性影响概括起来有以下 3 个方面。

(一) 窦性心动徐缓

运动训练特别是耐力训练,可以使安静时心率减慢。某些优秀的耐力运动员安静时心率可低至 40～60 次/分,这种现象被称为窦性心动徐缓。运动员的窦性心动徐缓是经过长期训练后心功能改善的良好反应。

(二) 运动性心脏增大

前面在运动对心血管的影响中曾提到,运动时心率加快、心肌收缩力增强以满足机体供血供氧需要。而长期的运动训练,可以使心脏增大、外形丰实、收缩力强,即具有更加高效的工作能力,运动性心脏增大也是机体对长时间运动的良好适应。

(三) 心血管机能改善

一般人与长期坚持运动的人(如运动员)在安静状态下及从事最大运动时每分钟心脏输出量以及心脏搏动一次输出量的变化如下:

安静时　　一般人:5 000 毫升/分钟＝71 毫升/次×70 次/分钟

运动员:5 000 毫升/分钟＝100 毫升/次×50 次/分钟

最大运动时　　一般人:22 000 毫升/分钟＝113 毫升/次×195 次/分钟

运动员:35 000 毫升/分钟＝179 毫升/次×195 次/分钟

以上数据说明,安静时运动员只需要少量次数的心跳次数即能满足身体需要,运动时运动员在同样心率下比一般人拥有更强的心脏供应能力。这样的变化均是心脏对运动训练产生的适应性表现。除此之外,长期训练者心血管机能动员快、恢复快,即运动开始后能迅速适应机体需要,但运动时机能变化即使很大,运动后能很快恢复到安静时水平。

三、呼吸系统特征

长期运动会使呼吸肌经常性经受锻炼,力量增强,胸廓运动的幅度也随之增大,肺部组织参与氧气交换的单位也明显增多。经常参加体育运动的人,其胸围要比同龄人一般大3～5 厘米,呼吸差(人体深吸气胸围与深呼气胸围的差值)也由一般的6～8 厘米增加到9～16 厘米。同时,运动时随着运动强度的增大,肺部通气和换气功能需要充分发挥出来。

(一) 肺通气机能的改善

肺部通气的目的是为了氧气的摄入和二氧化碳的排出,尤以氧气的摄入更为重要。一定氧气的摄入需要一定的通气量作保证。在这里要引入一个概念:呼吸当量。呼吸当量是指每分钟的通气量与摄入氧气量的比值。安静时一般为20～28升,也就是说,机体必须从20～28升的通气量中才能摄取到1升氧气。研究表明,人体在一定强度运动时呼吸当量比值上升,这时摄氧效率降低。当呼吸当量增加到一定程度,意味着氧的摄取效率已经相当低下,不能再坚持长时间运动。而有高度训练水平的运动员,呼吸当量达到40～60升时仍能奋力运动,说明他的肺通气容量比未经常参加运动训练的人要大,这是呼吸功能良好适应的结果。

（二）肺换气机能

肺换气机能的改善主要体现在氧气的扩散速度和容量适应性增加,不参加体育锻炼的人,20 岁以后肺换气功能将日趋降低,而经常参加体育锻炼的人,肺换气功能降低的自然趋势将推迟。

四、神经系统特征

（一）调节机体各系统能力增强

体育运动的环境随大自然的条件而变化,各种外界环境的刺激使机体的应激能力经受了锻炼,神经系统对全身各系统的迅速调节能力得到改善。

（二）中枢神经系统控制肌肉力量能力增强

中枢神经系统的机能在运动的刺激下获得了适应性状态,对肌肉力量产生了良好的影响。中枢神经系统主要通过以下机制改善肌肉力量:①改变参与工作的运动单位的数量,即运动训练可以增强肌肉收缩时动员运动单位的能力。表现为运动时肌肉做最大力量收缩时,一般人只能动员 60% 的运动单位参与工作,而训练良好的肌肉可动员 90% 的运动单位参与工作。②改变支配骨骼肌的运动神经冲动发放频率。表现为中枢神经系统发出的神经冲动频率愈高,则肌肉收缩力量愈大。③协调能力提高,即在神经系统的调节下各类肌肉之间的协调能力提高。

五、内分泌系统特征

激素的分泌对长期运动训练有适应性。这种适应性表现为随着运动训练水平提高,对同一运动方式,激素的变化幅度越来越小。如儿茶酚胺,训练水平高的运动员的儿茶酚胺水平要高于他们尚未介入运动训练前的水平,但经过一段时间的适应,激素水平幅度下降了 30% 左右。在这一过程中,显然儿茶酚胺对运动能力有重大促进作用,经过训练适应后,完成同等负荷的运动该激素反应降低,表明运动能力改善的同时,机体也不需像过去那样发生强烈的变化。

六、免疫系统特征

适度的体育活动可通过改变机体各种物质功能(如活化巨噬细胞、自然杀伤细胞、淋巴因子等),对机体免疫功能起促进作用。适度的体育活动对运动员均有较好的免疫调节作用。

（一）免疫功能增强

人体的免疫机能是人体防卫系统的重要组成部分。长期系统的体育锻炼通过迫使机体适应运动需要发生应激性变化,不仅能增加各种免疫细胞和因子,还可以提高其质量,从根本上增强机体免疫能力。

(二) 预防多种疾病

运动对人体多个系统具有良好的改善和刺激作用,各系统功能增强,则更能良好适应身体的需要,同时也能预防这些系统的多种疾病。

体育锻炼可以减少很多疾病的危险因素。例如,较长时间的有氧运动,可以使心率变慢,降低心肌耗氧量,增强心脏工作效率,改善心肌收缩功能,同时改善神经系统对心血管的调节功能,改善心脏供血循环,预防冠心病的发生。同时,锻炼可以减肥,降低体重,从而减轻心脏负荷,稳定血压,降低血糖血脂。运动还可以调节情绪。有研究报道,运动1小时对情绪的改善相当于每天5倍的抗抑郁药的效果,从心理因素预防多种疾病如高血压等病的发生。

体育锻炼对胆石症、胃肠道出血、炎症性肠病、便秘等消化系统疾病的预防也具有潜在益处。流行病学研究显示,体育锻炼可改善溃疡部位的微循环,促进消化性溃疡的愈合。国外研究者们曾对12 014名不同职业者进行调查,结果表明,从事较少体力活动职业的人,炎症性肠病发病率较高。

体育锻炼还能预防肿瘤。例如,经常参加体育锻炼的男性和女性,大肠癌的发病率要低50%。其机理是体育锻炼加速肠道运送,减少肠粘膜与致癌物的接触。因为如果肠道运送时间延长,二次胆酸分泌降低或粪中短链脂肪酸增加,会导致大肠癌的发病率增加。另外,体育锻炼可影响其他诱发大肠癌的因素(如免疫功能和胰岛素、前列腺素、甘油三酯水平),以及自由基清除酶的活性。

第二节 促进大学生心理健康的几种体育运动方式

一、足球、篮球等集体项目促进大学生人际交往

足球、篮球等集体项目一般都要求众多参与者参与,才能从中体会到该运动的乐趣与竞争力,而且参与者的行为必须构成一个整体,需要不断地进行语言、行动、眼神等多渠道的交流,才能实现整体统一、取得优异成绩的目标。体育运动中有众多的人际交往,特别是在集体运动项目中这一特征更是得以体现,在集体项目中必然存在着频繁的信息交流与复杂的行为交和,并且参与者彼此间保持着密切联系,这样的活动对于个人一些不正确的思维方式与行为方式能起到良好的矫正作用,如有助于矫正不善于交流或在交流中有障碍的大学生的某些行为及心理。这一点也得到了较多学者研究的证实。

虽然理论上集体运动项目有着促进大学生人际交往、排除人际交往障碍心理等作用,但具体实施时还需注意一些问题。例如,不善于人际交往或习惯以自我

为中心的大学生,他们在参加集体运动的时候,由于自身性格与集体项目的要求相抵制,会表现出逃离集体运动的倾向,因此,在进行活动前要及时与他们交流,提高他们的积极性,在活动中要更多地鼓励与赞许,减少相互的埋怨与指责,否则会适得其反,造成这些同学对于该运动的反感,出现更激烈的负面情绪。因此,只有当这些存在障碍的同学逐渐接受并且完全融入集体运动中的时候,才能说集体运动消除了他们的心理障碍,促进了他们的心理健康。

二、慢跑缓解大学生抑郁心理症状

抑郁症是一种以心境低落为主要表现,对挫折情境产生的一种自我保护或防御性反应。大学生在遭遇学习困难、生活中的不适、家庭的意外事件和爱情上的失意等情景时,尤其是在自尊心受到打击或者自我评价贬低时,易导致抑郁症的发生。大量的研究表明,慢跑运动对于改善大学生抑郁心理症状有着一定的效果。

慢跑运动的运动量不大,有鉴于人体的生理和心理健康,而且在慢跑时锻炼者的思想意识一般都比较集中,全神贯注,由于要克服体力上的消耗,因此尽可能地减少了情绪的波动,进入一种相对安静状态,从而排除各种杂念,改变对心理健康不利的环境,让人体生理机能处于最佳状态,使神经系统的调节机能得到改善。此外,运动可以消耗身体热量,促进血液循环,改善体能,让运动者有自我掌控感,因此能够重拾信心,自然能改善抑郁的症状。当然,在进行慢跑运动时最好能几位同学结伴而行,在慢跑运动中体会到该运动带来的乐趣,提高兴趣。当然,运动健身虽然对抑郁症有很好的调节作用,但也不能完全取代治疗,运动只是辅助缓解治疗抑郁症的方法之一。

三、太极拳在调节大学生焦虑情绪中的作用

现代社会的物质诱惑、就业压力对于大学生来讲是影响其心理稳定、健康的一个重要方面,大学生往往会由于就业的压力、前途的堪忧以及社会的残酷等因素使自己长期处于焦虑情绪中。

太极拳运动的特点是动作缓慢、轻柔、凝神静气、连贯均匀、圆活自然。太极拳运动讲究"内动外静、阴阳平衡",在形体的阴阳交替、舒缓柔和的练习过程中,逐渐达到内外契合、身心合一的状态。心理状态中的不平衡因素在练习过程中逐渐被弱化、改变乃至消除。因此,练习太极拳者普遍感觉身体轻松、精神爽快、疲劳消除。有诸多学者通过研究证实了太极拳运动对促进人身心和谐的功能,认为由于太极拳运动强调清心寡欲、知足常乐、注重思想集中、精神内守、摒除恶念与杂念,经常练习十分有利于消除人的烦恼和缓解内心的冲突,获得稳定的情绪和

心理的平衡,对情绪的积极影响作用是非常显著的。可见,太极拳运动对于缓解与治疗大学生的焦虑与抑郁情绪,保持健康平衡的心理状态具有积极的意义,应当在大学校园大力推广太极拳运动。

四、跆拳道促进大学生自信心的建立

当代大学生入学前几乎从未经历挫折,入学后的激烈竞争和心理落差使得他们往往会面临自信心下降,甚至失去自信心,处处怀疑自己的情况。

跆拳道运动十分重视练习者自信心的培养,在跆拳道的练习过程中,强调练习者要有自信心,对自己的充分信任。这种自信心激励练习者成为一个强而有力的人,培养练习者勇往直前的精神,使练习者在生活和学习中也逐渐找回自信。反过来,在跆拳道运动的练习中形成的统帅力和胆识,又能使人充满自信心,进而产生心理上的安全感,使人无论面对任何困难,也不会轻易动摇其信念。这种贯穿跆拳道练习过程之中的自信心,是激励练习者勇往直前,支持练习者达到最高目标的心理支柱。此外,跆拳道所特有的语言,诸如"呀""吐""塞"等大声叫喊,既具有稳定情绪、保持斗志、增强自信、凝神壮胆的功能,还能起到有效排遣与发泄的作用,从而有利于保持学生身心健康。

五、健美操运动对于大学生强迫症的预防与治疗

健美操充分吸收了基本体操、艺术体操、现代舞等动作特点,时代感强。同时,它形式新颖、活泼,内容丰富,节奏可快可慢,具有协调、弹性、流畅的特点。其伴奏音乐节奏有力、旋律优美,具有烘托气氛、激发人们情绪的效应。符合当代大学生的精神风貌,大学生很容易对其产生认同感。

在跳健美操过程中,人的情绪和心理很容易受到感染,特别是当自己记住每个动作并且都与节律相吻合时,人的内心会产生一种极大的满足感。这种满足感对促进人的心理健康十分有益。当大学生完全融入其中的时候,就会很容易将生活中的烦恼、心中的不愉快及不良的情绪统统忘掉或者排遣掉。对于有着强迫症倾向的大学生而言,参与该运动时要保持中等的运动强度,运动速度快慢交替。这些运动方式有助于转移他们的注意力,改善学习、生活环境和节奏,练习时使大学生将注意力集中在当前的运动活动中,注意动作的节奏和环境的变化,以改变其强迫观念和行为。

另外健美操运动对改善大学生抑郁与焦虑情绪也具有积极的作用,但在具体实践中要注意,大学生在学习健美操时难度要适中,进度不能太快,要循序渐进,逐步提高。难度太大或进度太快会使其丧失信心,不仅不能达到目的,反而会适得其反。

第三章　体育运动与疾病预防

第一节　体育运动与常见疾病预防

一、体育运动与近视预防

我国的近视眼患者已经超过 6 000 万人,居世界之首,中国青少年近视率排名世界第二,仅次于"近视第一大国"——日本。教育部、卫生部、科技部、国家体育总局、国家民委等五部委(局)共同组织的第 4 次全国学生体质调查报告显示:小学生的近视率为 39.23%,初中生的近视率为 58.18%,高中生的近视率为 71.29%,大学生的近视率为 73.01%。可见预防青少年近视已经刻不容缓。

(一) 近视的概念

近视眼就是能视近而不能视远,即眼睛只能看清近处物体而看不清距眼较远的物体。在没有调节的状态下,远处物体发出的平行光线进入眼内后,经过屈光系统的折射,焦点聚合在视网膜前,不能清晰地在视网膜上成像,呈这种屈光状态的眼睛被称为近视眼。

(二) 近视的致病原因

眼睛过度疲劳是导致青少年近视的首要因素,连同不良用眼方式和不合理采光环境三者占致病原因的 64%,是视力损害非常重要的原因。例如,用眼距离太近,用眼时间太长,读书、写字光线过强或过暗,书本、画册、报刊杂志质量太差,以及看书用眼场所不适宜(如走路、乘车、躺在床上看书或看电视等)。根据调查显示,高考前有 90% 以上的学生平均每天看书 10~12 小时,最长约达 14 小时,这是造成眼睛过度疲劳的重要原因。

遗传因素属先天因素(包括影响胎儿期视觉发育的各种物理、化学因素,以及母体疾患等不良因素),是造成青少年近视的第 2 位因素。就单项因素而言,因父母遗传因素在子女身上形成近视的概率达 99.8%。

不爱参加体育运动、身体素质差和缺少合理营养 3 个因素也是影响视力的原因,决不容忽视。锻炼能增强体质,摄入足够而合理、全面的营养均会提高个体身体综合实力和免疫力,形成良性循环。调查表明,体院大学生中出现近视的概率明显小于普通高校,仅为其近视率的1/4,这一方面是因为体院的学生喜爱运动、体质好,另一方面,课业负担较轻,也就不容易造成眼睛疲劳。在普通高校中,女生近视率要高于男生,这与女生不爱运动的缺点不无关系。

(三)运动预防近视的机理

经常性参加体育锻炼,能促使眼内外肌群的弹性、协调性和灵活性得到提高。如进行球类运动时,眼睛会跟着球的运动而转动,相当于在做眼球体操。此外,通过专门的眼肌锻炼方法及眼保健操的练习,可极大地提高眼部神经、血管和肌肉的代谢水平。减轻眼部肌肉的疲劳,防止眼部出血,从而达到预防和矫正近视的目的。

(四)常用预防近视的方法

1. 眼保健操

眼保健操是预防近视最为常见的方法。

2. 眼部肌肉锻炼法

(1)闭眼放松5~8秒,3~5次。

(2)活动眼肌:挤眼活动眼部肌肉数10次;睁眼远眺;一眼睁一眼闭交替进行;转动眼球向左向右注视各5秒,反复10次;交替远看和近看30秒。

(3)肢体运动:扩胸,仰头,睁眼,分腿站立,双臂下垂,掌心向内,低头闭目,随双臂抬起,掌心向下,抬头睁眼,臂抬至头上方向后伸臂,头同时后仰闭目,每日做两次,连续做10~15下。

注意事项:

(1)做眼保健操时,所按穴位力求准确,动作轻柔,全身放松,意念集中,会达到很好的效果;

(2)练习远视时,应选择好方位,避开强光直射眼睛;

(3)剧烈运动后或身患疾病时不宜练习眼保健操,身体康复后方可开始练习;

(4)已患近视眼病者,经科学验光后要选配质量合格的眼镜,除睡眠休息时摘掉外,要养成长期戴眼镜的习惯,以免眼的曲光调节系统长期处于不稳定的调节和疲劳状态。

扩展知识:激光治疗近视眼

准分子激光治疗近视眼最早是1985年美国医生开始在临床应用的,近年来发展迅速,20世纪90年代初传入中国。准分子激光治疗高、中、低度近视的手术效果远远优于以往的屈光手术，因此，广为全世界的眼科医师所瞩目。但仍有很多人对它产生怀疑，怕眼睛被打穿、烧焦。

一般来说，准分子激光是波长很短的紫外光，它与生物组织发生的是光化学效应而不是热效应，因此，不会产生热损伤，更谈不上烧焦。

另外，还有人顾虑会打穿眼球，这种顾虑是多余的。准分子激光波长短，穿透力弱，每个脉冲只能切削 0.25 微米的深度，是在细胞水平切削，切削极精确，因此是不可能打穿眼球的。

有人担心会伤害眼睛的其他部位，这也是多虑。因为准分子激光器都有红外线跟踪系统，当眼球偏转超出正常范围，激光会自动停止击射，保证安全治疗。

激光治疗近视的原理如下：近视眼是由于眼球的前后径太长或者眼球前表面太凸，外界光线不能准确会聚在眼底所致。准分子激光角膜屈光治疗技术（PRK 和 LASIK 技术），是用电脑精确控制的准分子激光的光束使眼球前表面稍稍变平，从而使外界光线能够准确地在眼底会聚成像，达到矫正近视的目的。

准分子激光是氟氩气体混合后经激发产生的一种人眼看不见的紫外线光束，属冷激光，能精确消融人眼角膜预计去除的部分而不损伤周围组织和其他组织器官。

激光治近视先要做检查，当决定做近视激光手术后，一定要做全面系统的眼部检查。

二、体育运动与神经衰弱预防

（一）神经衰弱的概念

神经衰弱是一种常见的神经病症，患者常感脑力和体力不足，容易疲劳，工作效率低下，常有头痛等躯体不适感和睡眠障碍，但无实质性病变存在。神经衰弱的主要症状有容易疲劳、容易兴奋、睡眠障碍、情绪障碍、紧张性疼痛和植物神经功能紊乱。

（二）神经衰弱的发病原因

神经衰弱是一种常见病、多发病，它是超负荷的体力或脑力劳动引起大脑皮层兴奋和抑制功能紊乱而产生的神经衰弱综合征。常见表现有：有的患者兴奋性高，睡眠障碍（入睡困难，中间易醒、早醒，睡眠不实，昼夜不眠），头昏，头疼，烦躁，易激动，注意力不集中，记忆力减退，精神疲劳，多汗，四肢发冷或发热，食欲不振，腹胀等。随着社会的进步和生活节奏的加快，过于紧张的工作和学习，成为诱发神经衰弱的主要原因。其次是精神受到某种刺激等。

（三）运动防治神经衰弱的机理

适宜的运动有助于调整和改善大脑的功能状态,使调节神经过程的灵活性加强,即兴奋和抑制两个过程转化速度加快。睡眠时可以很快入睡,醒来时可以很快兴奋;适宜的运动使人心情愉快,感觉轻松,消除疑惑,进而增加恢复健康的信心。适宜的运动还能增强心血管系统、呼吸系统及消化系统的功能,防止和减少神经衰弱症状。

（四）运动防治神经衰弱的方法

1. 按摩

对烦躁、易激动为主要症状者,按摩方法要选用柔和、缓慢的手法,时间在 15 分钟左右。患者俯卧,于背部轻擦、揉 5 分钟;患者仰卧或坐着,用双手拇指指腹来回擦前额和眉弓部约 5 分钟;用拇指指端从印堂穴开始,沿着头正中线向头顶头后按压,反复 3~5 遍,约 5 分钟。另外,头痛者可加按百会穴、太阳穴;偏头痛者按揉阳陵泉、合谷穴;头晕者按揉印堂穴;遗精、阳痿者按揉肾俞穴、足三里穴等。

2. 体育锻炼

对烦躁易激动的患者,宜选用形式单一、平静柔和的运动项目,如散步、太极拳、气功等;对精神不振为主要症状的患者,宜采用形式多样、内容生动的运动项目,如球类运动、游泳等。

注意事项:

（1）要给患者创造一个良好、宽松的环境,消除诱因,合理安排学习和生活,使患者保持乐观态度,以增强患者战胜疾病的信心。

（2）运动量不能过大。

三、体育运动与肥胖病预防

随着全球经济的快速发展,生活水平的日益提高,饮食结构也在不断变化,伴随体力劳动的减少,肥胖症的发病率与日俱增,已成为全球首要健康问题。据不完全统计,全世界的肥胖症以每 5 年翻一番的惊人速度增长,粗略计算发病人数已近 5 亿。每年肥胖症造成的直接或间接死亡人数已达 30 万,国际肥胖特别工作组（TOTF）指出,肥胖将成为新世纪威胁人类健康和生活满意度的最大杀手。肥胖是仅次于吸烟的第 2 个可以预防的危险因素,与艾滋病、吸毒、酗酒并列为世界性四大医学社会问题。因此,要积极关注肥胖,了解肥胖带来的危害。

（一）肥胖病的概念

肥胖病是一些社会性慢性疾病。机体内热量的摄入量高于消耗,造成体内脂肪堆积过多,导致体重超标、体态臃肿,实际测量体重超过标准体重 20% 以上,并且脂肪百分比超过 30% 者称为肥胖。通俗地讲肥胖就是体内脂肪堆积过多。

（二）肥胖病的诊断

正常人体重计算方法如下：

（1）成年人标准体重：[身高(厘米)—100(厘米)]×90％＝标准体重(公斤)。当体重超过标准体重的 10％时,称为超重;超出标准体重的 20％,称为轻度肥胖;超出标准体重的 30％时,称为中度肥胖;当超过 50％时,称为重度肥胖。

（2）儿童标准体重:(年龄×2)＋8＝标准体重(公斤)。当体重超过标准体重的 10％时,称为超重;超出标准体重的 20％,称为轻度肥胖;超出标准体重的 30％时,称为中度肥胖;当超过 50％时,称为重度肥胖。

（三）肥胖造成的危害

肥胖可以引发多种疾病,如高血压、冠心病、心绞痛、脑血管疾病、糖尿病、高脂血症、高尿酸血症、女性月经不调等。还能增加人们患恶性肿瘤的几率。

现如今肥胖的患者越来越多,由此带来的疾病危害也随之增多,好多种疾病的发生都与肥胖有关:①肥胖的人易发冠心病、高血压、心血管疾病;②肥胖影响劳动力,容易遭受外伤;③肥胖是人们健康长寿的天敌;④肥胖的人易患内分泌及代谢性疾病;⑤肥胖还可以并发睡眠呼吸暂停综合征、静脉血栓。

（四）运动减肥的机理与方案

参加体育运动能促使血液循环加快,心输出量多,使整个心血管系统功能得到改善,对神经系统也有良好的调节作用。对机体来讲,运动时需要大量的热能,使体内积存的多余脂肪得以消耗。运动项目宜选择负荷中等、时间长、以有氧代谢为主的运动项目,如长跑、游泳、爬山、球类活动等。运动时要循序渐进,从小运动量开始,不断增加运动强度和时间,长期坚持,可取得良好的效果。

1. 运动方式

为了有效地减少体重,必须进行持续时间相对较长的活动,从而可以达到最大的能量消耗,在设计这种运动时,应注意以下几个因素:

（1）运动必须循序渐进,即从低水平能耗到高水平能耗。

（2）运动强度必须足以达到引起增加机体热量消耗的要求。

（3）进行有氧运动。

（4）运动方案应该设计成有娱乐性和自我激励的运动。

运动方式主要注重考虑热能的消耗和有氧的运动形式,常见的主要运动方式包括慢跑、快走、适度耐力性力量练习等。在选择运动方式时,应考虑肥胖人群的体重对下肢关节的影响,因此在运动中可以采用跑、走和力量练习以及自行车等多种方式结合。

扩展知识：有氧运动

有氧运动是指人体在氧气充分供应的情况下进行的体育锻炼，即在运动过程中，人体吸入的氧气与需求相等，达到生理上的平衡状态。简单来说，有氧运动是指任何富韵律性的运动，其运动时间较长（约 15 分钟或以上），运动强度在中等或中上的程度（最大心率为 75%～85%）。

2. 运动强度

适宜的运动强度以心率或"梅脱"（METs）值表示。严格地说，适宜的运动心率范围（靶心率）需要通过递增负荷试验确定。由于递增负荷试验的条件和要求，在一般的情况下难以实施，因此通常以一些相对简单的方式推测适宜的运动心率。

对于老年人群可以采用以下计算方式：

$$靶心率＝（195－年龄数）×60\% 或靶心率$$
$$＝（195－年龄数－安静时心率）×50\%＋安静心率$$

对于一般中年人群，其适宜运动心率计算方法：

$$靶心率＝（220－年龄数）×60～80\% 或靶心率$$
$$＝（220－年龄数－安静时心率）×50～70\%＋安静心率$$

四、体育运动与糖尿病预防

近年来，由于生活水平的提高、饮食结构的改变、日趋紧张的生活节奏以及少动多坐的生活方式等诸多因素，全球糖尿病发病率增长迅速，糖尿病已经成为继肿瘤、心血管病变之后第三大严重威胁人类健康的慢性疾病。目前全球糖尿病患者已超过 1.2 亿人，我国患者数量居世界第 2，1994 年就已达 2 000 万。据世界卫生组织预计，到 2025 年，全球成人糖尿病患者人数将增至 3 亿，而中国糖尿病患者人数将达到 4 000 万，未来 50 年内糖尿病仍将是中国一个严重的公共卫生问题。专家指出，由于目前人们的饮食结构正在由植物型向动物型转变，高脂肪、高热量食物正越来越多地充斥我们的生活，加上糖尿病知识以及健康生活理念不够普及，都对中国糖尿病防治能力以及糖尿病教育提出更高的要求。

（一）糖尿病的概念

糖尿病是由遗传因素、免疫功能紊乱、微生物感染及其毒素、自由基毒素、精神因素等各种致病因子作用于机体,导致胰岛功能减退、胰岛素抵抗等而引发的糖、蛋白质、脂肪、水和电解质等一系列代谢紊乱综合征,临床上以高血糖为主要特点,典型病例可出现多尿、多饮、多食、消瘦等表现,即"三多一少"症状。

(二) 糖尿病的分型

1999 年世界卫生组织、国际糖尿病联盟以及中华医学会糖尿病学分会已先后采纳美国糖尿病协会的建议,将糖尿病分为 4 种:① I 型糖尿病(胰岛 β 细胞破坏导致胰岛素绝对缺乏);② II 型糖尿病(以胰岛素抵抗为主,伴胰岛素分泌不足及以胰岛素分泌不足为主,伴胰岛素抵抗);③其他特殊类型糖尿病;④妊娠糖尿病。

(三) 糖尿病的诊断

糖尿病的诊断依据是血糖和临床症状。以下诊断标准在 1999 年由世界卫生组织和国际糖尿病联盟公布、同年得到中华医学会糖尿病学会等认同,并建议在中国执行。

糖尿病诊断是基于空腹、任意时间或口服葡萄糖耐量试验中 2 小时血糖值(采用 75 克无水葡萄糖负荷两小时后的血糖值)。糖尿病症状是指多尿、烦渴多饮和难于解释的体重减轻。

1. 糖尿病的诊断标准

(1) 有糖尿病症状,一日中任何时候血糖(静脉血浆葡萄糖)≥11.1 摩尔/升(200 毫克/100 毫升)。

(2) 空腹血糖≥7.0 摩尔/升。空腹状态定义为至少 8 小时内无热量摄入。

(3) 口服葡萄糖耐量试验时 2 小时血糖≥11.1 摩尔/升。

符合上述标准之一的病人,在次日复诊仍符合 3 条标准之一者即诊断为糖尿病。

2. 葡萄糖耐量降低的标准

口服葡萄糖耐量试验时 2 小时血糖≥7.8 摩尔/升,但小于11.1 摩尔/升。

3. 空腹葡萄糖受损的诊断标准

空腹血糖≥6.1 摩尔/升,但小于 7.0 摩尔/升。

(四) 运动对糖尿病的作用机理

运动可降低血糖,但也可升高血糖,主要取决于运动强度和运动时机体的代谢状况。

运动过程中,肌肉收缩需要消耗大量由葡萄糖和游离脂肪酸等提供的热能,并且运动使肌细胞内骨骼肌细胞葡萄糖运载体 4 增加,这进一步使骨骼肌细胞加强摄取利用葡萄糖。虽然运动时胰高血糖素、儿茶酚胺、生长激素、皮质醇等升糖激素分泌增加,胰岛素分泌量减少,但由于运动时肌肉血流增快和毛细血管普遍扩张,胰岛素的供应量并不减少,加之运动使胰岛素敏感性增加,因此,加强了胰岛素的降血糖作用。

（五）糖尿病的治疗

1. 药物治疗

药物治疗是糖尿病治疗的重点。除小部分经饮食治疗和运动治疗就能控制病情的Ⅱ型糖尿病病人以外，都需进行药物治疗。治疗糖尿病的药物包括口服降糖药和胰岛素。每个病人根据不同的病情而采取不同的药物治疗方案。Ⅰ型糖尿病必须使用胰岛素治疗，必要时加用口服降糖药。经饮食治疗和运动疗法不能良好控制血糖的Ⅱ型糖尿病病人可选用口服降糖药治疗，但在某些特殊情况下也需用胰岛素治疗。

2. 运动方案

糖尿病患者的主要运动方式应是强度小、节奏慢、运动后心脏跳动不过快的"有氧运动"，包括散步、太极拳等。

注意事项：

当运动过强、运动时间选择不当或药物、饮食、运动三者配合不当时，可导致低血糖。选择短时间的剧烈运动或引起明显兴奋的运动往往可导致血糖升高。特别是Ⅰ型糖尿病病人，因胰岛素绝对缺乏，血糖波动大，只能做轻度运动以调节精神，改善运动不足的状况。不然，可导致血糖增高，亦易发生低血糖。运动疗法要像饮食疗法一样，要持之以恒，长期坚持下去，不可间断，除非出现禁忌症。运动疗法一定要适当，绝不能过度劳累，不然适得其反，使病情加重。运动时应使用适当的鞋具，以免引起糖尿病足。

扩展知识：糖尿病饮食注意原则

1. 不宜吃的食物

①易于使血糖迅速升高的食物；②易使血脂升高的食物；③不宜饮酒。

2. 适宜吃的食物

主要是可延缓血糖、血脂升高的食物。

①豆及其制品；②粗杂粮。

五、体育运动与高血压、高血脂、骨质疏松病预防

（一）体育运动与高血压预防

高血压是世界最常见的心血管疾病，也是最大的流行病之一，常引起心、脑、肾等脏器的并发症，严重危害着人类的健康，因此提高对高血压病的认识，对早期预防、及时治疗有极其重要的意义。

1. 高血压的概念

高血压病是指在静息状态下动脉收缩压和/或舒张压增高（≥140/90 毫米汞柱），常伴有脂肪和糖代谢紊乱以及心、脑、肾和视网膜等器官功能性或器质性改变，以器官重塑为特征的全身性疾病。休息 5 分钟以上，2 次以上非同日测得的血压≥140/90 毫米汞柱可以诊断为高血压。临床上很多高血压病人特别是肥胖型常伴有糖尿病，而糖尿病也较多伴有高血压，因此将两者称为同源性疾病。糖尿病人由于血糖增高，血粘稠度增加，血管壁受损，血管阻力增加，易引起高血压。由此可知高血压与糖尿病都与高血脂有关，因此防治高血压病与糖尿病都应该同时降血压、调节血脂。

2. 高血压的症状

头疼：部位多在后脑，并伴有恶心、呕吐等症状。若经常感到头痛，而且很剧烈，同时又恶心作呕，就可能是向恶性高血压转化的信号。

眩晕：女性患者出现较多，可能会在突然蹲下或起立时有所感觉。

耳鸣：双耳耳鸣，持续时间较长。

心悸气短：高血压会导致心肌肥厚、心脏扩大、心肌梗死、心功能不全。这些都是导致心悸气短的症状。

失眠：多为入睡困难、早醒、睡眠不踏实、易做噩梦、易惊醒。这与大脑皮质功能紊乱及自主神经功能失调有关。

肢体麻木：常见手指、脚趾麻木或皮肤如蚁行感，手指不灵活。身体其他部位也可能出现麻木，还可能感觉异常，甚至半身不遂。

3. 高血压的分类

从医学上来说，高血压分为原发性和继发性两大类。高血压为常见的心血管疾病，是以体循环动脉血压持续性增高为主要表现的临床综合征。高血压病因不明的，称之为原发性高血压，占总高血压患者的 95％以上。继发性高血压是继发于肾、内分泌和神经系统疾病的高血压，多为暂时的，在原发的疾病治疗好了以后，高血压就会慢慢消失。

按 WHO 的标准，人体正常血压为收缩压≥140 毫米汞柱和（或）舒张压≥90 毫米汞柱，即可诊断为高血压。收缩压在 140～149 毫米汞柱和（或）舒张压在

90～99毫米汞柱之间为临界高血压。正常人的收缩压随年龄增加而升高,故高血压病的发病率也随着年龄的上升而升高。

4. 高血压的运动处方

国内外的治疗经验都肯定,运动是高血压病的有效辅助手段,具有降压、改善自觉症状、减少降压用药量和巩固疗效的作用。高血压运动疗法多采用步行、体操、游泳、太极拳及其他游戏等有氧运动,运动方式和手段可根据患者条件适当选择。

表 3-1　高血压的常用运动疗法

运动种类	快走与慢跑,速度:120 步/分(约 7 公里/小时＝2 米/秒) 缓慢上下自家楼梯或蹬功率车
运动强度	心率为 120 次/分或最大体力的 50%
运动时间	每次 60 分钟,约消耗 1 255 千焦(300 千卡)
运动频度	每周 3 次,持续 20 周
运动总量	累计运动时间达到 1 000 分钟以上
锻炼方法	① 隔日 1 次,每次 60 分钟,周记为 180 分钟 ② 每日 1 次,每次 30 分钟(周日休息) ③ 隔日 1 次,每次 30 或 60 分钟交替,周记为 180 分钟

(二) 体育运动与高血脂预防

1. 高血脂的概念

脂肪代谢或运转异常使血浆中一种或多种脂质高于正常称为高血脂症。高血脂症是一种全身性疾病,是指血中胆固醇(TC)和/或甘油三酯(TG)过高或高密度脂蛋白胆固醇(HDL-C)过低,现代医学称之为血脂异常。脂质不溶或微溶于水,必须与蛋白质结合以脂蛋白形式存在,因此,高血脂症通常为高脂蛋白血症,即血清脂蛋白浓度升高。目前已经公认的高血脂症包括高胆固醇血症、高甘油三脂血症及二者都高的复合性高血脂症。

2. 高血脂的症状

根据程度不同,高血脂的症状也表现不一,高血脂的症状主要表现可分为以下几个方面:

(1) 轻度高血脂通常没有任何不舒服的感觉,但没有症状不等于血脂不高,定期检查血脂至关重要。

(2) 一般高血脂的症状多表现为头晕、神疲乏力、失眠健忘、肢体麻木、胸闷、心悸等,还会与其他疾病的临床症状相混淆。有的患者血脂高但无症状,常常是在体检化验血液时发现高脂血症。另外,高脂血症常常伴随着体重超重与肥胖。

(3) 高血脂较重时会出现头晕、目眩、头痛、胸闷、气短、心慌、胸痛、乏力、口角歪斜、不能说话、肢体麻木等症状,最终会导致冠心病、脑中风等严重疾病,并出现相应表现。

(4) 长期血脂高,脂质在血管内皮沉积所引起的动脉粥样硬化,会引起冠心病和周围动脉疾病等,表现为心绞痛、心肌梗死、脑卒中和间歇性跛行(肢体活动后疼痛)。

(5) 少数高血脂还可出现角膜弓和脂血症眼底改变。角膜弓又称老年环,若发生在 40 岁以下,则多伴有高血脂症,以家族性高胆固醇血症多见,但特异性不强。高脂血症眼底改变是由于富含甘油三酯的大颗粒脂蛋白沉积在眼底小动脉上引起光折射所致,常常是严重的高甘油三酯血症并伴有乳糜微粒血症的特征表现。

3. 体育运动与高血脂的防治

调节血脂有三大法宝:调节饮食结构,改善生活方式,药物治疗。运动及健身是改善生活方式、降低血脂的重要手段。大量的研究表明,运动和体力活动可影响血脂和脂蛋白含量,它既可以降低血浆中胆固醇和甘油三酯的含量,又可以提高高密度脂蛋白胆固醇的水平,高密度脂蛋白胆固醇也就是俗话所说的"好胆固醇"。运动之所以能够降低血脂,是因为它可以提高高密度脂蛋白胆固醇受体的基因表达水平,使低密度脂蛋白胆固醇(俗话所说的"坏胆固醇")水平下降、高密度脂蛋白水平上升,促进脂肪代谢。低高密度脂蛋白—胆固醇血症常见于肥胖、吸烟、缺乏运动的人。对于高密度脂蛋白胆固醇水平降低者,运动锻炼可以有效地提高血清高密度脂蛋白胆固醇水平,因此运动及健身对增强体质、预防动脉粥样硬化的发生是非常有益的。

虽然各种运动形式都能够消耗能量,但最有效、最经济的运动方式要属有氧运动。有氧运动是指通过连续不断反复多次的活动,在一定时间内,按一定训练强度,完成一定的活动要求,使心率逐步提高到规定的最高心率范围内。简单地说,有氧运动其实就是反复多次的中小强度运动,如跑步、步行、登山、跳绳等,训练者可以根据自身情况和兴趣来选择。运动能够增加人体内能量的消耗,走路、跑步或游泳的能量消耗可以是静坐的几倍到几十倍。当体力活动的消耗达到每天 239 千卡,如果在运动后不再加餐、摄入额外的热量,就能使体重减轻,脂肪减少。运动开始阶段,能量主要来自血糖的分解,到运动的后期才开始动用体内脂肪的氧化。

所以,要达到健身、减肥、降脂效果的最佳活动量应为每天 30～60 分钟的中等强度活动,能量消耗约在 150～400 千卡之间。如果年龄较大,也可将这样的运动量分成 3 次,每次 10 多分钟也可以。最好使心率保持在(2 200－年龄)×(60%～85%)之间。

(三)体育运动与骨质疏松预防

1. 骨质疏松的概念

骨质疏松是多种原因引起的一种骨病,骨组织有正常的钙化,钙盐与基质呈正常比例,以单位体积内骨组织量减少为特点的代谢性骨病变。在多数骨质疏松中,骨组织的减少主要由于骨质吸收增多所致。发病多缓慢,个别较快,以骨骼疼痛、易于骨折为特征,生化检查基本正常。病理解剖可见骨皮质菲薄,骨小梁稀疏萎缩,类骨质层不厚。

2. 骨质疏松的症状

(1)疼痛。原发性骨质疏松症最常见的症状以腰背痛多见,占疼痛患者中的70%～80%。疼痛沿脊柱向两侧扩散,仰卧或坐位时疼痛减轻,直立时后伸或久立、久坐时疼痛加剧,日间疼痛轻,夜间和清晨醒来时加重,弯腰、肌肉运动、咳嗽、大便用力时加重。

(2)身长缩短、驼背。多在疼痛后出现。脊椎椎体前部几乎多为松质骨组成,而且此部位是身体的支柱,负重量大,容易压缩变形,使脊椎前倾,背曲加剧,形成驼背,随着年龄增长,骨质疏松加重,驼背曲度加大,致使膝关节挛拘显著。

(3)骨折。这是退行性骨质疏松症最常见和最严重的并发症。

(4)呼吸功能下降。胸、腰椎压缩性骨折,脊椎后弯,胸廓畸形,可使肺活量和最大换气量显著减少,患者往往可出现胸闷、气短、呼吸困难等症状。

3. 体育运动与骨质疏松的预防

(1)运动疗法治疗骨质疏松的机制。

从骨的功能适用性原理可知,正常限度内的应力刺激是骨正常发育的必要条件,运动通过肌肉的活动对骨产生应力,骨应力的增加使骨产生负压电位,易结合阳性钙离子。

运动疗法可促使骨内血流量增加,促使成骨细胞的活性升高,进而促使骨形成。同时,因运动能使骨内血流保持中性,抑制骨内钙的溶解,从而防止骨质疏松。

运动疗法可促进钙的吸收和利用,钙是体内含量最多的元素之一,而且体内90%以上的钙存于骨骼,而骨质疏松的主要原因是缺钙,尤其是老年人,由于饮食调节不当,胃肠吸收不良,而且缺乏维生素 D 又加重了钙的吸收不良。运动可促使钙的吸收,主要是由于运动通过神经内分泌的调节,影响机体的钙平衡,对骨形成提供充分的矿物营养素,使局部及全身的矿物质含量增加,增加了骨的强度。另外,大多数的运动都在户外进行,运动过程能得到适宜的太阳光照射,促进体内维生素 D 的合成,以利于钙的吸收及利用。

运动疗法能促进性激素分泌,性激素在骨代谢中起着重要的作用,它对维持成骨细胞的正常功能和减弱破骨细胞的活性是必须的。女性绝经后由于雌激素水平下降,骨量丢失加快,运动使绝经后妇女雌激素浓度增加,从而增加骨钙含量。睾酮与雌二醇能促进蛋白合成,骨基质总量增加,使骨盐沉积与保留、骨质增厚、骨垢融合,从而促进骨的生长。一旦雌激素降低,破坏了骨吸收与骨形成的偶联关系,使骨代谢呈负平衡,同时抑制甲状旁腺激素(PTH)分泌,使肠钙吸收减少,导致骨质减少,引起骨质疏松。

(2) 不同年龄段患者运动方式的选择。

① 青少年运动方式的选择。青少年时期,由于骨骼尚未完全骨化,骨的承压较小,易变形。因此,运动方式的选择应以速度和爆发力项目为主,少负重,每日运动时间短,间歇时间长,运动强度和运动量要适宜。

② 青年人运动方式的选择。青年人到 25 岁以后骨化过程已停止,他们对骨的应力能力大大加强,一般运动能力也很强,这一时期的训练应侧重普遍适量的耐力练习,如短跑、俯卧撑、负重蹲起等。

③ 中老年人运动方式的选择。中老年人的生理特点和运动能力决定了运动方式要有别于其他年龄段的患者。如慢跑、走、跳高及游泳。运动时可通过全身肌肉的活动和水的压力产生对骨骼的压力,从而刺激骨的形成。游泳,尤其是对绝经后妇女的骨形成是有效的,是预防老年性骨质疏松症、减少骨折率的一项方便可行的方法。

④ 卧床患者运动方式的选择。骨质疏松急性期需卧床休息的患者,如翻身无严重不适时,可应用背腰紧身胸衣,并逐渐增加活动强度,包括短时、间歇的行走与坐立,起初每小时至少下床几分钟,此时应让患者知道维持良好姿势的重要性。脊柱后凸姿势可引起椎体锲形变,进而导致压缩性骨折的发生。教会患者借助低枕头、直背靠椅来促持良好的站立姿势。卧、坐站立时尽可能挺直腰背。对于急性疼痛缓解至进行锻炼时,应教会患者做腰部扩张和等长收缩运动,不提倡做屈曲运动,因为垂直性压力作用于椎骨可致压缩性骨折。

(3) 运动时注意事项。

运动场所应选择在地面平坦宽敞、阳光充足、通气性良好、空气清新的场所。时间方面,春秋季节应选择在 7:00～9:00 和 16:00～17:00,冬季选择在 7:30～9:30 和 15:30～16:30,夏季选择 6:00～8:00 和 17:00～18:00。老年人的锻炼时间,应根据患者病情及自身情况而选择,对于较年轻的老年患者,每周至少需要锻炼 2 天,每天 20～30 分钟,运动强度可由运动耐量实验来指导,锻炼时心率可为最大心率的 60%～80%。

第二节 运动损伤的预防、急救与康复教育

一、运动损伤的预防原则

运动损伤所造成的影响是严重的,对专业运动员来讲,它使运动员不能正常参加训练和比赛,妨碍运动成绩的提高,缩短运动寿命,严重者还可引起残废,甚至死亡。对一般体育爱好者来说,运动损伤将影响其身体健康、正常学习和生活,降低其生活质量。同时,由于与其他机体的损伤相比较,运动损伤的特点为急性多于慢性,急性损伤由于治疗不当、不及时或过早参加训练等可转化为慢性损伤,这样的影响可能是长期的。因此,发生运动损伤时,需要进行及时的救护和损伤后的康复治疗。从预防的角度来说,掌握运动损伤发生规律,作好预防工作,尽可能避免或减少运动损伤发生,比救护和治疗更加重要。运动损伤的预防原则有以下7个方面。

(一)积极开展宣传教育

平时要注意加强防损伤观念的教育,在运动过程(包括训练和比赛)中,认真贯彻"预防为主"的方针。

(二)合理安排运动负荷

运动系统的劳损,大多由于长期局部负荷过大所致。为了减少这些损伤,应严格遵守运动训练原则,根据年龄、性别、健康状况、训练水平和各项运动项目的特点,个别对待,循序渐进,合理安排运动负荷。

(三)认真做好准备活动

要认真做好准备活动,内容和量应根据要进行活动的性质、运动者个别情况及气象条件而定。准备活动结束与正式运动的间隔时间以1~4分钟为宜,一般做到身体发热、微微出汗即可,冬天量可大些。

(四)科学参加训练和比赛

运动训练计划的制定应合乎训练原则,要了解每次训练中容易发生损伤的技术动作,事先作好准备或采取相应措施。要注意运动器官的局部负担和伤后的训练安排,防止局部负担过重。比赛中要遵守比赛规则和规程,儿童、少年不宜过多参加比赛。

(五)加强易伤部位的练习

对易伤部位及相对薄弱部位的训练是提高易伤部位对运动适应能力的举措。提高机能是作为预防运动损伤的一种积极手段。

(六) 保护与自我保护措施

运动中适当的保护可避免一些意外事故的发生,如保护在竞技体操中尤为重要。体育运动的参加者应学会自我保护的方法,如自高处落地时必须双腿屈膝并拢;当重心不稳快摔倒时,立刻低头,屈肘团身,以肩背着地顺势翻滚,切忌直臂撑地。除此之外,还应学会正确使用各种保护支持带。

(七) 加强医务监督工作

严格实施场地、设备卫生监督,场地、器械和防护用品要定期进行卫生安全检查,对已经损坏的场地器械应及时维修,维修前一律禁止使用。禁止穿不合适的服装进行活动。

二、运动损伤的急救方法

运动损伤多见于年轻人群及体育专业人群,专业人群发生运动损伤的几率最高,只要具备运动损伤的急救条件,一般情况下能进行合理的急救。但非专业人群热爱运动,积极参与各项体育活动,却常常因缺乏一定的运动训练卫生知识和出现运动损伤后的应急措施,给伤者造成不必要的痛苦,严重者甚至导致终身遗憾。这就要求运动损伤发生的现场,能进行迅速而及时的急救处理,救护伤者生命,减轻伤者痛苦,预防并发症,同时为下一步治疗创造良好条件。

(一) 休克急救处理方法

休克是一种人体受到强烈有害因素作用而发生的急性有效血液循环功能不全而引起的综合症。其机理在于血液循环中血量不足,全身组织、器官缺氧,功能发生障碍。

1. 原因

运动过程中造成休克的原因是多方面的,主要是损伤引起的剧烈疼痛所致,如脑脊髓损伤、骨折等。其次是出血所致,如损失引起肝脾破裂大出血,使循环血液量急剧降低,出现休克。

2. 症状

病人一般表现为虚弱,表情淡漠,反应迟钝,面色苍白或紫绀,四肢发冷,脉搏细而无力,尿量减少,体温下降和血压下降。休克严重时可昏迷,甚至死亡。休克早期可有烦燥不安、呻吟、表情紧张、脉搏稍快、呼吸表浅而急促等症状,此时血压可正常或略高,此期较短易被忽略。

3. 急救

应使病人安静平卧或者头低脚高卧位(呼吸困难时不宜采用),注意保暖和保持呼吸道通畅。可给服热水及饮料,昏迷患者头应侧偏,并将舌牵出口外,必要时可给氧或进行人工呼吸。可针刺或点揉骨关、足三里、合谷、人中等穴位。如由骨折等外伤的剧疼而引起的休克,应进行必要的急救固定;如有伤处出血,应采取恰当的方法止血;疑有内脏出血,应迅速送医院抢救。疼痛剧烈时应给以镇静止痛药剂。

休克是一种严重而危险的病理状态,因此在急救的同时,都应迅速请医生来处理或尽快送往医院。

(二) 出血急救处理方法

血液从破裂的血管流出,叫做出血。对有出血的伤员,尤其是大动脉出血的,都必须在急救的早期立即给以止血。止血的手段方法很多,在没有药物和医疗器械的条件下,现场急救的常用方法有两种。

1. 抬高伤肢法

将肢体抬高,使出血的部位高于心脏,从而使出血部位的血压降低,达到减少出血的目的。此法用于四肢毛细血管及小静脉出血等,即对小血管出血有效,一般常和绷带加压包扎并用,对较大血管出血,只能作为一种辅助性止血方法。

2. 压迫止血法

此方法可分为直接压迫伤口止血和间接指压法(即压迫止血点止血)两种。

(1) 直接压迫伤口(加压包扎法)。

可先在伤口上覆以无菌敷料,再用绷带稍加压力包扎起来,此法适用于小动脉、静脉和毛细血管出血。

(2) 间接指压法(压迫止血点止血)。

用手指指腹压在出血动脉近心端相应的骨面上,暂时止住该动脉管的血流。身体不同部位的动脉管压迫方法介绍如下:①上肢出血。肩部和上臂部出血,将头转向健侧,用拇指腹在锁骨上 1/3 处、胸锁乳突肌外缘摸到锁骨下动脉搏动后,将其按压在第一肋骨上,可止同侧肩、腋部及上肢出血;前臂和手出血,将上臂稍外展和旋外,在肱二头肌内侧缘中点摸到肱动脉搏动后,用拇指腹将其压在上臂内侧,可止同侧前臂和手部出血;手指出血可压迫指动脉,压迫点在第一指节根部两侧,用拇指两指相对夹压。②下肢出血。大腿和小腿出血,可压迫股动脉。让伤员仰卧,伤肢大腿稍外展和旋外,在腹股沟中点摸到股动脉搏动后,双手重叠用掌根将该动脉压在耻骨上支上,可止同侧下肢出血。③足部出血。足部出血压迫胫前动脉和胫后动脉。用两手的拇指分别按压于内踝与跟骨之间和足背横纹的中点。间接指压法简单易行,但因手指容易疲劳不能持久,只能用作临时止血,随后改用其他的止血方法。

(三) 关节脱位急救处理方法

关节脱位即脱臼,是指由于外力的作用使关节面之间失去正常的连接关系。

1. 原因

运动中发生的关节脱位大多是由于间接外力所致。如摔倒时手撑地,则可引起肘关节脱位或肩关节脱位。

2. 表现

(1) 受伤关节剧烈疼痛,并有明显压痛和肿胀。

(2) 关节功能丧失,受伤关节完全不能活动。

(3) 畸形。关节脱位后,整个肢体常呈现一种特殊的姿态。由于关节正常位置的改变,正常关节隆起处塌陷,而凹陷处则隆起突出,与健侧肢体比较,有的伤肢有变长或缩短的现象。

(4) 用 X 线检查可发现脱位的情况及同时有无骨折存在。

3. 急救

(1) 一般处理。

一旦发生脱位,应帮助其坐下或躺下,嘱病人保持安静、不要活动,更不可揉搓关节脱位的部位。对于任何脱臼的病患,一定要检查是否有其他伤处,测量远端脉搏及检查感觉功能,并禁止进食,因为可能需要全身麻醉治疗。若摸不到脉博,则表示肢体已无足够的血流供应,必须立即送医就诊。

如果距离医院较远,或不具备 6 小时内送达医院的条件,必须进行必要的急救处理,以防止神经血管压迫时间过长造成不可逆损伤。此时应立即用夹板和绷带在脱位所形成的姿势下固定伤肢,还可使用冰敷减少病患疼痛及肿胀。之后保持伤员安静,尽快送往医院处理。固定脱位部位是减轻疼痛的最佳方法,可用杂志、厚报纸或纸板托住脱位关节,减少疼痛,进行自救。

(2) 常见关节脱位时的固定方法。

肩关节脱位可取三角巾两条,分别将顶角向底边对折,再对折一次成为宽带。把患者肘部弯成直角,再用一条三角巾把前臂和肘部托起,挂在颈上,于健肩上缚结;另一条绕过伤肢上臂,于健侧腋下缚结。

肘关节脱位则用铁丝夹板弯成合适的角度,置于肘后,用绷带缠住,再用悬臂带挂起前臂。若无铁丝夹板,则用普通夹板代替。

脱臼部位在髋部,则应立即让病人躺在软卧上送往医院。

扩展知识:三角巾包扎法(见图 3-1)

三角巾是较好的包扎材料,及时准确的包扎能起到保护伤口、压迫止血、支持伤肢、固定夹板、敷料的作用。各部位三角巾制作简单,使用方便,容易掌握且包扎面积大。

具体方法:用1米见方的白布对角剪开即成两条大三角巾,小三角巾是其一半。这里主要介绍三角巾的大悬臂带和小悬臂带的包扎法。将前臂屈曲用三角巾悬吊于胸前,叫悬臂带。

大悬臂带用于上肢损伤,多用于前臂损伤和骨折。方法是将三角巾放于健侧胸部,底边和躯干平行,上端越过肩部,顶角对着伤臂的肘部,伤臂弯成直角放在三角巾中部,下端绕过伤臂反折越过伤侧肩部,两端在颈后或侧方打结。再将顶角折回,用别针固定。

小悬臂带适用于肩关节损伤、锁骨和肱骨骨折。方法是将三角巾折叠成带状吊起前臂的前部(不要托肘部)。

除此之外,如果现场有急救包三角巾,可以打开三角巾,将其内的消毒敷料盖在伤口上,进行包扎。还可将三角巾叠成带状、燕尾状或连成双燕尾状和蝴蝶形等。这些形状多用于肩部、胸部、腹股沟部和臀部等处的包扎。

图3-1　三角巾的大悬臂带和小悬臂带法

（四）骨折急救处理方法

骨的完整性遭到破坏的损伤,叫做骨折。骨折可分为闭合性骨折与开放性骨折两种。前者皮肤完整,骨折端不与外界相通,治疗较易;后者骨折端穿破皮肤,直接与外界相通,容易发生感染,治疗较难。运动中发生的骨折多为闭合性骨折,它是严重的损伤之一。

1. 原因

由暴力因素、强烈的肌肉收缩、长期疲劳等原因造成。如足球运动中,运动员的胫骨受到对方足踢而发生胫骨骨折。再如跑步中的骨折,通常是由于日积月累的累积效应所导致的疲劳性骨折。

2. 征象

①碎骨声。骨折时伤员偶可听到碎骨声。②疼痛。③肿胀及皮下淤血。④功能丧失。⑤畸形。⑥压痛和震痛。骨折处有明显压痛。有时在远离骨折处轻轻震动或捶击,骨折处也出现疼痛。

3. 急救

任何骨折的处理都需要专业医师的参与,但为了防止损伤加重,应该事先了解入院前如何紧急处理伤处。

(1) 一般处理:①如有休克,应先抗休克,后处理骨折;如有伤口出血,应先止血,包扎伤口,再固定骨折;②如果失血情况严重,马上用消毒绷带或干净的布压住受伤部位止血,随意搬运、乱动均会刺破局部血管导致出血,或使已经止血的骨折断端再出血;③骨折患者有部分需要手术,因此就不要让他吃任何东西,也不要喝水;④使用冰块冷敷,可以缓解骨折处的疼痛和肿胀;⑤对开放性骨折,不可用手回纳,以免引起骨髓炎,应用消毒纱布对伤口作初步包扎、止血后,再用平木板固定送医院处理。

(2) 骨折时的临时固定。

骨折时,用夹板、绷带把折断的部位固定、包扎起来,使伤部不再活动,称为临时固定。这是骨折的急救方法,其目的是为了减轻疼痛、避免再操作和便于转送。

其要求如下:①固定前不要无故移动伤肢。为了暴露伤口,可剪开衣服,不要脱,以免因不必要的移动而增加伤员的痉挛和伤情。对于大腿、小腿和脊柱骨折,应就地固定。②固定时不要试图整复,如果畸形很厉害,可顺伤肢长轴方向稍加牵引。③夹板的长度和宽度要与骨折的肢体相称,其长度必须超过骨折部的上、下两个关节。如果没有夹板,可就地取材(如树枝、木棍、球棒等)或把伤肢固定在伤员的躯干或健肢上。夹板与皮肤之间应垫上软物,如棉垫、纱布等。④固定的松紧要合适、牢靠。过松则失去固定的作用,过紧会压迫神经和血管。四肢骨折固定时,应露出指(趾)尖,以便观察血液循环情况。如发现指(趾)尖苍白、发凉、麻木、疼痛、浮肿和呈青紫色征象时,应松开夹板,重新固定。⑤露出伤口的骨片,不要放回伤口内,以免把感染带入深部,也不可任意去除。⑥固定后伤肢要注意保暖。⑦昏迷者应俯卧,头转向一侧,以免呕吐时将呕吐物吸入肺内。

(五) 心跳和呼吸骤停的急救处理方法

当人体受到意外严重损伤(如溺水、触电、休克等),有时出现呼吸和心跳骤然停止,这时如不及时进行抢救,伤员就会很快死亡。人工呼吸与胸外心脏按压是进行现场抢救的重要手段,它可以帮助伤员重新恢复呼吸和血液循环。

1. 人工呼吸

人工呼吸是指借人工方法来维持机体的气体交换,以改善缺氧状态,并排出二氧化碳,为自主呼吸的恢复创造条件。

人工呼吸的方法很多,其中以口对口呼吸法效果较好,此法简便,而且还可同时进行胸外心脏按压。施行时,使伤员仰卧,松开领口、裤带和胸腹部衣服,清除口腔内异物。急救者一手置于病人前额,使其头部尽量后仰,拇指和食指捏住病人鼻孔,以免气体外溢。把口打开并盖上一块纱布,另一手托起他的下颌,保持气道通畅。然后深吸一口气,张嘴去套住病人的嘴并对准他的口部吹入。吹完后松开捏鼻孔的手,让气体从伤员的肺部排出。如此反复进行,每分钟吹 16～18 次(儿童 20～24 次)。若心跳也停止,则人工呼吸应与胸外心脏按压同时进行,两人操作时,吹气与挤压频率之比为 1：5。单人操作时为 2：15。

2. 胸外心脏按压

此法是指通过按压胸骨下端而间接作用于心脏左右心室腔,使血液流入动脉,为身体提供有效大小循环,为心跳恢复创造条件。对心跳骤然停止的伤员必须尽快地开始抢救,一般只要伤员突然昏迷,颈动脉或股动脉摸不到搏动,即可诊断为心跳骤停。操作时,伤员仰卧,急救者以一手掌根部按住伤员胸骨下半段(胸骨的中、下三分之一交界处),另一手交叉重叠压在该手的手背上,肘关节伸直,借助体重和肩臂部肌肉的力量适度用力,有节奏地带有冲击性地垂直向下压迫胸骨下段,使胸骨下段及其相连的肋软骨下陷 3～4 厘米,对儿童和老年人相应要轻些。每次按压后随即很快将手放松,让胸骨恢复原位。成人每分钟挤压 60～80 次(儿童 80～100 次)。按压胸骨可间接压迫心脏,使心脏内血液排空。放松时,胸廓由于弹性而恢复原状,此时胸内压下降,静脉血回流至心脏。

操作中,如能摸到颈动脉或股动脉搏动,口唇、甲床颜色较前红润,或者呼吸逐渐恢复,瞳孔缩小,则为按压有效的表现,应坚持操作至自主心跳出现为止。

(六)溺水急救处理方法

人淹没于水中,由于呼吸道被水、污泥、杂草等杂质堵塞或喉头、气管发生反射性痉挛,引起窒息和缺氧,叫做溺水。溺水的进程很快,若抢救不及时,一般 4～6 分钟即可呼吸心跳停止死亡。因此,溺水急救必须分秒必争。

1. 表现

轻者:面色苍白,口唇青紫,恐惧,神志清楚,呼吸心跳存在;重者:面部青紫、肿胀,口鼻充满泡沫或污泥、藻草等,皮肤黏膜苍白和发绀,四肢冰冷,腹部隆起,昏迷,抽搐,呼吸心跳先后停止。

2. 急救

溺水者被救上岸后的急救措施如下:

（1）保持呼吸道通畅，迅速清除溺水者口、鼻中的泥沙、水草等杂物，以保持呼吸道通畅，排除呼吸道及腹腔内污液和水。有活动假牙也应卸下取出，以免坠入气管。

（2）应立即进行控水，迅速将溺水者置于抢救者屈膝的大腿上，头部向下，随即按压腹、背部迫使呼吸道和胃内的水倒出。一般肺内水分已被吸收，残留不多，因此倒水时间不宜过长，要分秒必争，以免耽误复苏时间。

（3）对呼吸、心跳停止的溺水者立即进行心肺复苏。尽快进行口对口的人工呼吸和胸外心脏按压。

（七）软组织损伤处理方法

运动系统主要由骨骼、肌肉、韧带组织构成，通常肌肉的末端为很厚的带状结构即肌腱，肌腱附着在骨头上。关节是骨头与骨头连接在一起的地方，韧带是为关节提供支持的强壮组织。韧带损伤轻者使关节不稳定或活动度增加，重者导致关节内骨头不能维持正常位置造成脱位。

摔倒、运动中受伤，以及通常的扭曲、翻转都可能造成运动系统不同组织的损伤，通常把运动系统骨头以外的肌肉韧带等统称为软组织。

1. 表现

软组织损伤后局部有疼痛、肿胀、组织内出血、压痛和运动功能障碍。疼痛程度因人而异，与损伤的部位及伤情轻重有关。伤后出血程度及深浅部位不同，如皮内和皮下出血（瘀斑）或皮下组织的局限性血肿等。

2. 处理原则和方法

（1）轻度损伤后 24 小时内，应局部冷敷、加压包扎、抬高伤肢并休息，以促使局部血液循环加快，组织间隙的渗出液尽快吸收，从而减轻疼痛。不能使用局部揉搓等重手法，可外敷消肿药物。疼痛较重者，可内服止痛剂。

（2）伤 48 小时后，肿胀已基本消退，可进行温热疗法，包括各种理疗和按摩以促进肿胀吸收。

3. 常见软组织损伤

（1）擦伤。

即机体表面与粗糙的物体相互摩擦而引起的皮肤表皮损害。如擦伤部位较浅，只需涂红药水即可，面部擦伤宜涂抹 0.1% 新洁尔灭溶液；如擦伤创面较脏或有渗血时，应用生理盐水清除创口异物后再涂上红药水或紫药水（即 1%～2% 红汞或 1%～2% 龙胆紫）；如创面较大，伤口深，易受感染，应在消毒后外覆敷料（如无菌纱布），预防感染。

（2）肌肉拉伤。

即肌肉主动强烈收缩或被动过度拉长所造成的肌肉微细损伤、肌肉部分撕裂或完全断裂。主要症状有局部疼痛、压痛、肿胀、肌肉紧张、触之发硬、痉挛和功能障碍等。当受伤肌肉主动收缩或被动拉长时疼痛明显加重。肌肉拉伤的部位可发生在肌腹、或肌腹与肌腱交界处、或肌腱的起止部。常见的拉伤部位是大腿后群肌、腰背肌、小腿三头肌、大腿内收肌群等。肌肉拉伤的处理方法如下：

① 受伤时一般可根据疼痛程度推断受伤的轻重，一旦出现痛感应立即停止运动，并在痛点敷上冰块或冷毛巾，保持 30 分钟，以减小血管收缩，减少局部充血、水肿，切忌搓揉及热敷。

② 判断程度不同，区别处理。肌肉微细损伤或少量肌纤维断裂时，立即冷敷、加压包扎并抬高伤肢，注意局部休息。疼痛较重者可口服镇静、止痛剂，24 小时后可外敷中药、痛点药物注射、理疗或推拿等。如损伤严重，肌纤维大部分断裂或肌肉完全断裂时，经加压包扎等急救处理后，立即将伤员送至医院，及早做手术缝合。

③ 注意区别肌肉轻度拉伤与锻炼后产生的肌肉酸痛。肌肉拉伤者多有外伤史，疼痛在受伤后即刻或不久后出现，疼痛的范围较小，最痛点只局限于拉伤处，呈锐痛，继续活动时疼痛加重，休息 1~2 天后症状不消失。锻炼后产生肌肉酸痛者无外伤史，疼痛的范围较广，呈酸胀性钝痛，无局限性的最痛点，经 1~2 天休息后酸痛明显减轻或消失。

为预防肌肉拉伤，在剧烈运动前，要充分做好准备活动；平时要结合运动项目的特点，加强易伤肌肉的力量和柔韧性训练；锻炼中要注意观察肌肉反应，如肌肉硬度、韧性和疲劳程度等，若出现肌肉僵硬或疲劳时，可进行按摩并减少运动强度；改正技术动作的缺点，正确掌握跑、跳和投掷等的技术要领；注意锻炼环境的温度、湿度和运动场地情况；治愈后再参加锻炼时，要注意循序渐进，以防再伤。

(3) 扭伤。

扭伤是由于关节部位突然过猛扭转，拧扭了附在关节外面的韧带及肌腱，导致其发生轻微撕裂所致。多发生在踝关节、膝关节、腕关节及腰部。日常生活中踝关节扭伤与腰扭伤最为常见。

不同部位的扭伤，其治疗方法也不同。下面介绍几种常见的扭伤。

① 急性腰扭伤：损伤后腰部疼痛明显，压痛，活动障碍。可让患者仰卧在垫得较厚的木床上，腰下垫一个枕头，先冷敷，后热敷。治疗以卧床休息为主。局部软组织或韧带轻微损伤者损伤较轻。损伤较轻者要减少活动或者停止活动，适当做些按摩、拔罐、远红外照射、贴膏药等治疗，一般 5~7 天可愈。腰部软组织或韧带撕裂、小关节明显错位或者腰椎间盘突出等则为严重损伤。严重损伤者需要绝对卧床休息，在执业临床医师指导下系统治疗。

② 其他关节扭伤：踝关节、膝关节、腕关节扭伤时，将扭伤部位垫高，先冷敷

2～3 天后再热敷。

③ 关节韧带损伤:主要是由间接外力作用引起的一种闭合性损伤。在体育活动中最常见的是踝关节、膝关节、掌指(间)关节和肘关节韧带损伤。

伤后会出现局部疼痛、肿胀,若伤及关节滑膜或韧带断裂及合并关节内其他组织损伤时,会出现整个关节肿胀或血肿,局部有明显压痛。出现关节运动功能障碍,轻者关节活动受限,不能着力;韧带完全断裂或撕脱时,关节有不稳或松动感,则是关节功能明显障碍。

关节侧搬试验是检查韧带损伤的重要方法。若出现疼痛,则属韧带扭伤或少量纤维断裂;如果出现“关节松动”或超常范围的活动,则属韧带完全断裂。

关节韧带扭伤或部分韧带纤维断裂者,伤后立即冷敷,加压包扎,抬高伤肢并休息,以减轻出血和肿胀。24～48 小时后,拆除包扎固定,根据伤情可采用中药外敷、痛点药物注射、理疗和按摩等,但热疗和按摩在开始时只能施于伤部周围,3 天后才可用于局部。韧带完全断裂者,经急救处理后把伤员送至医院,以争取早期手术缝合或固定。关节韧带损伤时,当关节肿胀和疼痛减轻后,在不引起疼痛或疼痛加重的原则下,尽早进行伤肢功能性活动,防止发生肌肉萎缩和组织粘连,以促进功能恢复。

大学生平时就要做好防止损伤的预防工作,要注意加强关节周围肌肉力量和韧带柔韧性练习,提高关节稳定性和活动度;运动前要做好充分的准备活动;要正确掌握跑跳和投掷等的动作技术;运动中要注意加强保护和自我保护;做好运动场地设备的维修与保管,消除引起外伤的各种因素。

(八) 脑震荡临场处理方法

脑震荡是指头部遭受暴力作用后所引起意识和机能的一时性障碍,是急性颅脑损伤中较轻的一种闭合性损伤。

1. 征象

损伤后出现短暂意识障碍。一般意识障碍都较轻,有一时性意识丧失(昏迷)或神志恍惚。意识障碍的时间长短不一,短则几秒钟,长则几分钟乃至 30 分钟不等。意识清醒后患者不能回忆受伤经过和情况,但能清楚地回忆受伤以前的事情,这种情况被称为“逆行性健忘”。常伴随有头痛、头晕,在伤后数日内较明显,若情绪紧张、活动头部或变换体位时,症状加重,以后逐渐减轻至消失。

2. 处理

(1) 首先应进行急救。

立即令伤员平卧,安静休息,注意身体保暖,不可随意搬动或让伤员坐起或站起。头部可用冷水毛巾作冷敷。若伤员昏迷,可用手指招点人中、内关等穴或给嗅闻氨水,以促使患者苏醒。

（2）伤后应监护 24 小时。

如发现伤者出现昏迷时间超过 5 分钟；同时耳、口、鼻出血或有淡黄色液体流出；两瞳孔大小不等或变形；眼球出现青紫；清醒后头痛剧烈、呕吐频繁或呈喷射状呕吐、颈项强直；且出现两次昏迷现象通常提示合并存在严重的颅脑损伤，应立即送医院处理。

三、运动损伤的康复

康复是医学的前沿学科，人们不仅要治疗疾病延长生命，更需要提高存活者的生活质量。康复医学的对象主要是由于损伤以及急、慢性疾病和老龄带来的功能障碍者，以及先天发育障碍者。那么，运动损伤发生以后，由于损伤严重程度的不同，并非所有损伤都可以恢复到伤前状态，且恢复时间有可能是长期的，过程更加艰苦。这就需要从康复学角度寻求更加个体化和科学的方案，通过各种措施，使伤员快速恢复，保证其生活质量不受影响。而对于无法获得完全康复的伤员，则尽可能提高其健康水平和生活质量，将损伤带来的不良影响降到最低。

（一）伤后康复的意义

俄国著名诗人马雅可夫斯基说过，运动不能以损害健康为代价，任何体育运动都必须把安全放在第一位，这是对生命的尊重，也是一种责任。世界上没有比结实的肌肉和新鲜的皮肤更美丽的衣裳。运动损伤的康复对伤员来说具有重要的意义。它以损伤的痊愈和功能的恢复为最终目的，通过各种手段和方法加快损伤组织或机体功能的恢复与提高。它的意义包括：

（1）改善损伤部位的血液循环，促进损伤的修复，使组织形态尽快恢复；

（2）通过一定的方法，促进损伤部位功能的恢复，甚至较损伤前得到提高；

（3）对于不能短期内恢复功能的损伤，可维持神经和肌肉的紧张度，防止因长期活动不足造成的其他机能减退，如骨质疏松、肌肉萎缩等；

（4）对于专业运动者来讲，能维持其良好的运动状态和心理状态；

（5）不能恢复至原有机能状态的运动损伤，通过康复可以尽可能改善伤部功能，最大限度防止损伤影响伤员的基本生活或生存，这一点对于发生了不可逆转和严重损伤的伤员来讲有重大意义。

（二）康复的手段和方法

康复措施或方法的外延相当广阔。康复实施的过程主要包括康复的评定和治疗技术的实践操作。

1. 康复评定

由于康复医学的对象是患者及其功能障碍，目的是最大限度地恢复、重建或代偿其功能，客观、准确地评定功能障碍的原因、性质、部位、范围、严重程度、发展趋势、预后和转归,为康复治疗计划打下牢固的科学基础。

2. 康复治疗技术常用的方法

物理治疗、作业治疗、言语治疗、心理辅导与治疗、文体治疗、中国传统治疗、康复工程、康复护理、社会服务。

3. 运动损伤中的康复治疗

体育康复学是一门将康复医学运用于体育的学科。研究内容为与康复有关的体育教育和运动训练的手段、措施、效果、组织、方法、指导和监督等一系列问题,用于指导体育运动与实践。康复训练在运动损伤治疗的后期上升到主导地位,即开展治疗性的、有益的合理训练活动,促进肌肉、关节、韧带的功能恢复和强健,同时提高整个机体的健康水平。

(1) 体育康复训练的原则:运动损伤治疗的康复训练,既有其治疗的原则,又有训练的原则,既要遵守运动训练的一般原则(全面、渐进、个体、反复等),又要遵守康复训练的特殊原则。

首先,根据患处的伤势决定局部活动的负荷大小,逐步加大全面活动的原则。其次,控制患处功能活动的质和量,以局部活动后患处不出现局部疼痛和练习后24 小时不出现肿胀为度的原则。再次,每次康复训练后做好放松练习及热敷或轻度按摩原则。防止康复训练中盲目、过早地进入大强度的负荷活动。

(2) 体育康复训练的手段和方法:康复训练具有明显的科学性和实践性,必须在教师或者医务人员的指导下科学地进行。同时,康复训练必须有患者的主观能动性,积极主动认真地做好每一项活动。体育康复具体的方法按照其性质和特点分为以下 3 种:

① 传统的体育康复,包括气功、太极、导引、武术等;一般的体育康复,包括娱乐性体育活动,如球类运动、钓鱼、走跑、康复体操等。

② 特殊的体育康复,如器械练习;大自然的体育康复,如日光浴、游泳、森林浴等。

③ 其他治疗技术:a. 物理治疗:包括电疗法、光疗法、超声波疗法、磁疗法、石蜡疗法等,都是通过各种物理因子刺激达到改善身体机能的目的;b. 作业治疗:通过选择性活动,有目的地利用时间、精力进行日常生活活动、工作等,最终在此过程中达到康复目的。如通过感觉功能练习恢复肢体对正常运动的神经接受与处理活动;c. 心理治疗:损伤还有可能对伤员心理造成不良影响,为了预防不良心理状态对意识和肢体康复的影响,有必要进行损伤后的心理康复治疗。

第三节　体育运动与大学生青春期卫生

一、大学生青春期的生理特征

大学生正处青少年的转型时期,在生理及心理上,有着与其他年龄不同的特点。根据大学生这个时期的生理特征,可以从体形、机能、神经机能等 3 个方面阐述。

(一) 体形特点

低年级大学生已经经历了人生最后一个生长发育的高峰期,身高、体重、胸围、肩宽、头围、骨盆等外部形态已逐渐转入缓慢发展阶段。骨骼已基本骨化并坚固。在此年龄阶段,由于性激素的作用,肌纤维变粗,向横径发展。肌肉中的水分逐渐减少,蛋白质、脂肪、糖和无机物含量逐渐增多。肌肉的横断面、肌肉重量和肌肉力量都明显增加,接近成人水平。男女学生在外部形态上出现了明显的差异,男生变得喉结突出,声带加宽,发音低沉,肩部增宽,胸部呈现前后扁平,须毛丛生,显得壮实。女生乳房突出,声带变长,嗓音尖细,臀部增大,肢体柔和而丰满。这些第二性征的出现,表明生理发育已逐渐成熟,能承受较大的负荷,为担负繁重的脑力和体力劳动,适应各种困难的环境变化,为心理素质的健康发展,奠定了物质基础。

(二) 体机能特点

大学生的心脏,在形态结构和功能作用上均已达到成人水平。心脏重量约为300～ 400 克,心脏容积达到 240～250 毫升 ,心跳频率每分钟 65～75 次,血液量占体重的 7％～8％,每搏输出血液量约为 60 毫升。对绝大多数男女生来说,心脏系统是可以承受各项激烈的体育锻炼活动的。个别人出现高血压现象,那是由于青年期之前,心脏发育速度加快,血管发育处于相对落后的状态,加之内分泌的影响,有的收缩压接近 20 千帕,而且有起伏状况,舒张压则保持在正常范围,这种现象称为青春期高血压。出现青春期高血压的人,如果过去一向有体育锻炼的习惯,且运动后无不良反应,依然可以正常从事体育锻炼和体力劳动。只要适当注意运动量和医务监督即可。随着年龄的增长和身体内环境的协调平衡,这种现象会自然消失。大学生的呼吸系统已接近和达到成人水平。青年初期心肺的结构和机能迅速生长发育,呼吸频率逐渐减慢,呼吸深度相应增加。有资料表明,青年中期呼吸频率每分钟约 16 次左右,男女大学生平均肺活量分别是(4 124±552)毫升和(2 871±390)毫升,心脏和肺是人体血液循环和气体交换的动力器官。从生理学角度看,大学生这些器官达到健全程度,可以进行旺盛的新陈代谢,以保证繁重的脑力劳动和剧烈的体育运动中能量的消耗与补充。

(三) 神经系统特点

神经系统是人体发育最早、最快、成熟最早的系统。大学生正处在脑细胞建立联系的上升期,经过教学训练,特别是专业学习,皮层细胞活动和量迅速增加,神经元联系扩大,脑回深化,第二信号系统最高调节能力大大增强,第一和第二信号系统的联系完善起来,为思维发展创造了良好的物质条件。所以,大学时期是智力水平增高、记忆功能增强、抽象思维获得重大发展、分析综合能力明显提高的时期。

二、大学生青春期心理特征

心理是在实践中大脑对客观现实的能动的反映,是感觉、知觉、思维、情感、意识、心理现象的总称。心理现象分为心理过程、个性心理。心理过程又包括认识过程、情感过程、意志过程;个性心理分为个性倾向性和个性心理特征。大学生的心理处于迅速走向成熟,但又未完成真正成熟的阶段。主要特征如下。

(一) 智能发展达到高峰

1. 观察力显著提高

一个人的观察力与他的知识经验有一定关系。一个学生处在大学阶段时,已经有一定的知识积累,情绪、情感较以前成熟稳定,因此他们的观察力较以前显著提高。

2. 记忆力处于最佳时期

在人的一生中大学生处在记忆最佳的时期,有这样一组科学的数据:18～29岁之间,记忆能力是100％;10～17岁之间,记忆能力是95％;35～49岁之间,记忆能力是92％;50～69岁之间,记忆能力是82％;70～89岁之间,记忆能力是55％。由此可以看到,在大学生的年龄段记忆能力是最强的。

3. 抽象思维、逻辑思维逐渐占主导

一个学生到了大学的阶段,因为有了一定的知识积累,所以他的抽象思维和逻辑思维逐渐占主导,具体表现在:较中学阶段,有了一定知识积累的大学生更善于遵循逻辑的规律,思维过程符合客观事物的逻辑顺序,思维的首尾一贯,有条理,更清楚;善于从广泛的范围内观察问题,全面地思考问题,能够抓住问题的基本轮廓,不会忽视重要细节和主要因素;善于通过现象深入到事物本质抓住事物核心;善于根据思维发展变化的情况,审时度势,采取恰当的处理;善于独立地认识问题和解决问题。因此大学生的抽象思维、逻辑思维较以前逐渐占主导。

（二）情感情绪日益丰富

情感和情绪是客观事物是否符合人的需要与愿望而产生的体验，是由客观现实引起的主观体验，以需要为中介。情绪分为 3 种类型，其一是心境，是一种微弱、弥散而持久的情绪状态；其二是激情，是一种短暂的强烈的爆发的状态；其三是应激，是意料之外的情况所引起的高度紧张，特点是偶发性、紧张性。情感具有社会性，是人的高级情绪，反映出个体的社会关系。分为道德感、理智感、美感、宗教感。步入大学以后，一方面学生的生理特征有了变化，身体素质好，喜欢运动，有活力，因此对生活有激情；另一方面大学生的社会性逐渐增强，大学生最富有激情、热情、感情，因而客观事物作用于个体会产生强烈的主观体验，因此情感情绪日益丰富。思想教育应当运用情感沟通规律，打开被教育者心理的大门，减少逆反心理。

（三）自我适应增强

个体的自我适应，也可以说是个体的社会化。个体形成适应社会的人格并掌握社会认可的行为方式的过程叫做社会化，又称社会性发展。行为主义学派重视环境对人格发展的影响。班杜拉认为，个体的任何人格特质，都是在社会环境中通过耳濡目染向他人学习获得的，学习的主要途径是观察和模仿。一个学生升入大学以后，周围的环境变了，大学校园的社会化程度远远高于中学阶段，因此，大学生个体适应性随着环境的变化而不得不增强了。本质上讲自我适应增强既是主观要求，也是客观环境压力造成的结果。

（四）批判性思维增强

当今世界是一个开放的世界，信息技术的发展使信息流动加速，使信息能够得到最大程度的共享，现代市场经济的最大标志便是经济的全球化发展。在这种形势下，当代大学生是一个活跃的群体，接受能力强，理解能力强，对信息的接收快，较少盲从，大多数学生有了自己对问题的见解，因而能够对社会上的事情作出较理性、辨证的分析，批判性思维增强。

（五）感情脆弱、意志薄弱、依赖性强

中国犯罪学研究会会长、北京大学法学教授康树华所作的一项调查显示：1965 年青少年犯罪在整个社会刑事犯罪中约 33%，其中大学生犯罪约占 1%；"文革"期间，青少年犯罪开始增多，占到了整个刑事犯罪的 60%，其中大学生犯罪占25%；而近几年，青少年犯罪占到了社会刑事犯罪的 70%～80%，其中大学生犯罪约为 17%。康教授认为，和普通人群相比，大学生属于素质较高的群体，前途光明，其辨别是非的能力较强，但因其年轻、不成熟、意志薄弱，加之家庭、学校管理力度不足，一时糊涂就很容易走向犯罪。

（六）具有强烈的相对主义色彩的爱情、婚姻、性等道德观念发生变化

性心理是人类个体随着性生理发育而出现的一系列与性有关的心理现象,包括性情感、性兴趣、性兴奋和性意志。

（七）思维活跃,主体意识增强

当代大学生处在信息技术高度发达的现代社会,他们自身素质较全面,思维活跃、敏捷,容易接受新事物,但相对缺乏辨别真伪的能力;当代大学生生长在改革开放的这几十年里,生活条件优越,对周围环境的变化、学业的好坏、他人的评价、与他人的关系、社会要求与自身情况的差距较敏感。对家长和老师的教育不太接受,而且有时言行偏激。当代大学生正在逐步建立起自己的新的思维视角——主体意识。主体意识强调人是历史的主体,强调自我的主动性、积极性、实践性和建设性,是发挥人的潜能的内在基础。不再轻信,注重自我挑战、亲身经历,不服输,关注社会的发展和进步,但是目的是为了有所作为,在社会的发展中实现自我。他们对灌输越来越缺乏热情,对社会实践和社团活动却有极大的兴趣。

三、青春期饮食营养

大学生由于其年龄阶段特殊性和紧张学习生活,脑力和体力消耗都较大,可根据以下基本原则确定自己的饮食。

（一）加强早餐

早餐的热量要占全天的30%,质量上也应达到全天营养标准的1/3,它直接关系到学生能否有充沛的精力投入学习,因此,学校最好能推行营养配餐制度。

（二）注重营养搭配、互补和平衡

营养素种类要齐全,数量要充足,比例要适当,提倡粮豆搭配和动植物食品混食,这样可使营养素之间取长补短,相互补充,提高营养素的利用率。例如,大米、小米、大豆、牛肉分别单独食用,其蛋白质的吸收利用率分别为 77%,57%,64% 和 76%,若以上 4 种食物分别按 39%,13%,22% 和 26% 的比例混合食用,其蛋白质的吸收利用率可达 89%。具体到一日食谱的确定,一般选择两种以上的动物性原料、一至两种豆制品及多种蔬菜、两种以上粮谷类食物原料。

（三）特殊要求

大学生作为脑力劳动者还有 5 个特殊要求值得关注:①控制能量的供给量。②多选富含不饱和脂肪酸、具有健脑功能的食物,如坚果类(松籽、葵花籽、芝麻、花生仁、胡桃等)、种子类(南瓜子、西瓜子、杏仁等)、鱼类、虾类及牡蛎等水产品。③提高优质蛋白质的供给量,可多选择鸭、兔、鹌鹑、鱼、牛肉、大豆及其制品。④提供以单糖类为主的碳水化合物,多选择玉米、小米、干枣、桂圆、蜂蜜等。⑤注

意补充 B 族维生素,多选择香菇、鲜鱼、核桃、芝麻等。

健康饮食是指将患所有疾病的危险和患病的条件减低到最低程度的饮食。在营养学家当中有一个信条,即良好的健康所需的必要条件之一是良好的饮食。专家们断定,未来想要健康,药物不是最理想的出路,饮食对我们的命运起决定的作用。因此,每个人特别是对于当今大学生来说 ,完全可以设计出自己一日三餐的营养摄取。

第四节　艾滋病预防

一、艾滋病的根源与特征

(一) 艾滋病的起源

研究人员在美国《科学》杂志上报告,艾滋病病毒-1 型 M 组的共同祖先最早出现于 1920 年左右的金沙萨,那时刚果(金)叫做扎伊尔,是比利时的殖民地,金沙萨则叫做利奥波德维尔。

负责研究的牛津大学教授奥利弗·派伯斯说,1920 年至 1960 年间,一场“完美风暴”促成艾滋病病毒-1 型 M 组在当时的刚果(金)流行,相关因素包括城市人口增长、繁忙的运输网络、性交易增加以及未经消毒的注射行为等,其中最关键的是铁路系统。该国殖民时期的记录表明,20 世纪 40 年代末期,每年超过 100 万人途经当时中非最大的城市金沙萨乘火车出行。

研究表明,艾滋病病毒-1 型 M 组随运输网络从金沙萨传至刚果(金)最南部和最北部的城市,那里连接南部非洲和东部非洲,成为最早的次级传播中心。1960 年刚果(金)独立前后,艾滋病病毒进入更大规模人群传播,最终传遍全世界。

艾滋病起源于非洲,后由移民带入美国。1981 年 6 月 5 日,美国亚特兰大疾病控制中心在《发病率与死亡率周刊》上简要介绍了 5 例艾滋病病人的病史,这是世界上第 1 次有关艾滋病的正式记载。1982 年,这种疾病被命名为“艾滋病”。不久以后,艾滋病迅速蔓延到各大洲。1985 年,一位到中国旅游的外籍青年患病人住北京协和医院后很快死亡,后被证实死于艾滋病。这是我国第 1 次发现艾滋病。

艾滋病严重地威胁着人类的生存,已引起世界卫生组织及各国政府的高度重视。艾滋病在世界范围内的传播越来越迅猛,严重威胁着人类的健康和社会的发展,已成为威胁人们健康的第四大杀手。联合国艾滋病规划署 2006 年 5 月 30 日宣布,自 1981 年 6 月首次确认艾滋病以来,25 年间全球累计有 6 500 万人感染艾滋病毒,其中 250 万人死亡。到 2005 年底,全球共有 3 860 万名艾滋病病毒感染者,当年新增艾滋病病毒感染者 410 万人,另有 280 万人死于艾滋病。2008 年 7 月 29 日,联合国艾滋病规划署发布了《2008 艾滋病流行状况报告》。报告指出,2007 年,全球防治艾滋病的努力取得了显著进展,艾滋病流行首次呈现缓和局势,新增艾滋病毒感染者的数量以及因艾滋病死亡的人数都出现下降;不过,各国的情况并不均衡,全球艾滋病患者的总数也仍然居高不下。2007 年全球新增艾滋病毒感染者 270 万,比 2001 年下降了 30 万;因艾滋病死亡的人数为 200 万,比 2001 年下降 20 万。

据专家介绍,艾滋病病毒感染者从感染初期算起,要经过数年、甚至长达 10 年或更长的潜伏期后才会发展成艾滋病病人。艾滋病病人因抵抗能力极度下降会出现多种感染,如带状疱疹、口腔真菌感染、肺结核,以及特殊病原微生物引起的肠炎、肺炎、脑炎等,后期常常发生恶性肿瘤,直至因长期消耗,全身衰竭而死亡。

虽然全世界众多医学研究人员付出了巨大的努力,但至今尚未研制出根治艾滋病的特效药物,也没有可用于预防的有效疫苗。目前,这种病死率几乎高达 100％的“超级癌症”已被我国列入乙类法定传染病,并被列为国境卫生监测传染病之一。故此我们把其称为“超级绝症”。

1. 人为说

人为说的观点不够统一。有人认为 HIV 是基因工程带来的灾难,还有人认为 HIV 是生物武器或某些人企图进行种族灭绝、建立“世界新秩序”的产物。

日本神奈川县立医院内科主任永井明就认为艾滋病病毒是人为的产物。1969 年间,美国东部马萨诸塞州新英格兰地区的猴园出现 SIV,接着西部的加州大学洛杉矶分校的灵长类研究所也集体发生了猴子感染 SIV 的怪状。因此,他认为这显然是进行某种病毒的动物实验造成的结果。他还指出,从时代背景来看,遗传工程正迅速发展,与生物武器的对象从细菌变为病毒的时间刚好一致。作为实验对象,非洲绿猴很可能被使用,因此绿猴的艾滋病很可能是美军生物战研究中心实验过程中出现了基因重组继而产生的新品种病毒。

2. 自然说

长期以来,科学家们一直怀疑非洲黑猩猩与 HIV 有某种联系。最先主张非洲起源说是美国国家肿瘤研究所的罗伯特·盖洛博士,他于 1982 年提出“艾滋病病原体是逆转录病毒”的假说。艾滋病是由逆转录病毒引起的,这种病毒大量分布在中非和加勒比海各国,基于这个假说做出了向欧美传播途径的推测。

1999 年美国阿拉巴马大学的一个研究小组声称找到了证据。他们对一只偶然得到的黑猩猩玛里琳的器官组织进行了研究分析,结果他们在这只黑猩猩的组织中发现了 SIV。SIV 与 HIV 同属灵长类免疫缺陷病毒,科学家们认为 SIV 是 HIV 的祖先。

此后,法国巴斯德研究所的科研人员也宣布,发现了被 SIV 感染的黑猩猩。

3. 医源说

1999 年,美国新闻记者爱德华·胡珀出版了一本名为《河流》的书,向人们披露了一个艾滋病是 40 多年前通过接种小儿麻痹疫苗开始在人类中间传播的隐情。书中指出,20 世纪 50 年代末期,位于美国费城的威斯塔研究所曾经使用黑猩猩的肾脏生产了几批小儿麻痹疫苗。在 1957 年到 1961 年间,这些疫苗被用于预防接种。据估计,大约有 100 多万非洲人接受了接种。因此,胡珀断言艾滋病就是从此开始在人类中传播的。但胡珀的猜测遭到了很多科学家的驳斥。两位曾在威斯塔研究所从事过非洲疫苗试验的科学家否认他们在生产疫苗的过程中使用过黑猩猩的器官组织。威斯塔研究所更是于 2000 年找到了当年生产的疫苗样本,并邀请英国、法国、德国的同行对样本进行了分析,结果没有发现任何黑猩猩或是 HIV 的踪迹。

(二)艾滋病的特征

艾滋病的临床症状多种多样,一般初期的开始症状有伤风、流感、全身疲劳无力、食欲减退、发热、体重减轻,随着病情的加重,症状日渐增多,如皮肤、黏膜出现白色念球菌感染,出现单纯疱疹、带状疱疹、紫斑、血肿、血疱、滞血斑、皮肤容易损伤、伤后出血不止等症状;之后渐渐侵犯内脏器官,不断出现原因不明的持续性发热,可长达 3～4 个月;还可出现咳嗽、气短、持续性腹泻便血、肝脾肿大、并发恶性肿瘤、呼吸困难等。由于症状复杂多变,每个患者并非上述所有症状全都出现。一般常见一两种以上的症状。按受损器官来说,侵犯肺部时常出现呼吸困难、胸痛、咳嗽等;如侵犯胃肠可引起持续性腹泻、腹痛、消瘦无力等;如侵犯血管而引起血管性血栓性心内膜炎、血小板减少性脑出血等。

(1) 一般性症状。持续发烧、虚弱、盗汗、全身浅表淋巴结肿大,体重下降在 3 个月之内可达 10％以上,最多可降低 40％,病人消瘦特别明显。

(2) 呼吸道症状。长期咳嗽、胸痛、呼吸困难、严重时痰中带血。

(3) 消化道症状。食欲下降、厌食、恶心、呕吐、腹泻、严重时可便血。通常用于治疗消化道感染的药物对这种腹泻无效。

(4) 神经系统症状。头晕、头痛、反应迟钝、智力减退、精神异常、抽风、偏瘫、痴呆等。

(5) 皮肤和黏膜损害。出现弥漫性丘疹、带状疱疹、口腔和咽部黏膜炎症及溃烂。

(6) 肿瘤。可出现多种恶性肿瘤,位于体表的卡波希氏肉瘤可见红色或紫红色的斑疹、丘疹和浸润性肿块。

艾滋病临床症状主要包括以下 5 个特点：

（1）发病以青壮年较多，80％的患者发病年龄在 18～45 岁，即性生活较活跃的年龄段。

（2）在感染艾滋病后往往患有一些罕见的疾病，如肺孢子虫肺炎、弓形体病、非典型性分枝杆菌与真菌感染等。

（3）持续广泛性全身淋巴结肿大。特别是颈部、腋窝和腹股沟淋巴结肿大更明显。淋巴结直径在 1 厘米以上，质地坚实，可活动，无疼痛。

（4）并发恶性肿瘤。如卡波西氏肉瘤、淋巴瘤等恶性肿瘤等。

（5）中枢神经系统症状。约 30％艾滋病例出现此症状，如头痛、意识障碍、痴呆、抽搐等，常导致严重后果。

从感染艾滋病病毒到发病有一个完整的自然过程，临床上将这个过程分为四期：急性感染期、潜伏期、艾滋病前期、典型艾滋病期。不是每个感染者都会完整地出现四期表现，但每个疾病阶段的患者在临床上都可以见到。4 个时期不同的临床表现是一个渐进和连贯的病程发展过程。

（1）急性感染期。窗口期也在这个时间。HIV 侵袭人体后对机体刺激所引起的反应。病人发热、皮疹、淋巴结肿大，还会发生乏力、出汗、恶心、呕吐、腹泻、咽炎等。有的还出现急性无菌性脑膜炎，表现为头痛、神经性症状和脑膜刺激症。末梢血检查，白细胞总数正常，或淋巴细胞减少，单核细胞增加。急性感染期时，症状常较轻微，容易被忽略。当这种发热等周身不适症状出现后 5 周左右，血清 HIV 抗体可呈现阳性反应。此后，临床上出现一个长短不等、相对健康、无症状的潜伏期。

（2）潜伏期。感染者可以没有任何临床症状，但潜伏期不是静止期，更不是安全期，病毒在持续繁殖，具有强烈的破坏作用。潜伏期指的是从感染 HIV 开始，到出现艾滋病临床症状和体征的时间。艾滋病的平均潜伏期，现在认为是 2～10 年。这对早期发现病人及预防都造成很大困难。

（3）艾滋病前期。潜伏期后开始出现与艾滋病有关的症状和体征，直至发展成典型的艾滋病的一段时间。这个时期有很多命名，包括“艾滋病相关综合征”“淋巴结病相关综合征”“持续性泛发性淋巴结病”“艾滋病前综合征”等。这时，病人已具备了艾滋病的最基本特点，即细胞免疫缺陷，只是症状较轻而已。主要的临床表现有：①淋巴结肿大是此期最主要的临床表现之一，主要是浅表淋巴结肿大。发生的部位多见于头颈部、腋窝、腹股沟、颈后、耳前、耳后、股淋巴结、颌下淋巴结等。一般至少有两处以上的部位，有的多达十几处。肿大的淋巴结对一般治疗无反应，常持续肿大超过半年以上。约 30％的病人临床上只有浅表淋巴结肿大,而无其他全身症状。②全身症状。病人常有病毒性疾病的全身不适、肌肉疼痛等症状。约50％的病人有疲倦无力及周期性低热,常持续数月。夜间盗汗,1月内多于5次。约1/3的病人体重减轻10％以上,这种体重减轻不能单纯用发热解释,补充足够的热量也不能控制这种体重减轻。有的病人头痛、抑郁或焦虑,有的出现感觉神经末梢病变,可能与病毒侵犯神经系统有关,有的可出现反应性精神紊乱。3/4的病人可出现脾肿大。③各种感染。此期除了上述的浅表淋巴结肿大和全身症状外,患者经常出现各种特殊性或复发性的非致命性感染。反复感染会加速病情的发展,使疾病进入典型的艾滋病期。约有半数病人有比较严重的脚癣,通常是单侧的,对局部治疗缺乏有效的反应,病人的腋窝和腹股沟部位常发生葡萄球菌感染大疱性脓疱疮,病人的肛周、生殖器、负重部位和口腔黏膜常发生尖锐湿疣和寻常疣病毒感染。口唇单纯疱疹和胸部带状疱疹的发生率也较正常人群明显增加。口腔白色念珠菌也相当常见,主要表现为口腔黏膜糜烂、充血、有乳酪状覆盖物。其他常见的感染有非链球菌性咽炎、急性和慢性鼻窦炎和肠道寄生虫感染。许多病人排便次数增多、变稀、带有黏液,可能与直肠炎及多种病原微生物对肠道的侵袭有关。此外,口腔可出现毛状白斑,毛状白斑的存在是早期诊断艾滋病的重要线索。

(4) 典型的艾滋病期。有的学者称其为致死性艾滋病,是艾滋病病毒感染的最终阶段。此期具有3个基本特点:①严重的细胞免疫缺陷,发生各种致命性机会性感染。②艾滋病病情严重的会发生各种恶性肿瘤。③艾滋病的终期,免疫功能全面崩溃,病人出现各种严重的综合病症,直至死亡。确诊艾滋病不能光靠临床表现,最重要的根据是检查者的血液检测判定。

二、艾滋病的传播与危害

(一) 艾滋病的传播

艾滋病的传染源是艾滋病病人及 HIV 携带者。艾滋病病毒存在于感染者的体液和器官组织内,感染者的血、精液、阴道分泌液、乳汁、伤口渗出液中含有大量艾滋病病毒,具有很强的传染性。泪水、唾液、汗液、尿、粪便等在不混有血液和炎症渗出液的情况下含此种病毒很少,没有传染性。

艾滋病首要的传播方式是性接触传播、血液传播、母婴传播,下面就来详细解释艾滋病的传播方式这个问题。艾滋病病毒感染者虽然外表和正常人一样,但他们的血液、精液、阴道分泌物、肌肤黏膜破损或炎症溃疡的渗出液里都含有很多艾滋病病毒,具有很强的感染性;乳汁也含病毒,有感染性。唾液、泪水、汗液和尿液中也能发现病毒,但含病毒很少,感染不大。其中心是通过性接触传播和血液传播,一般的触摸并不能感染艾滋病,所以艾滋病患者在日常生活当中不应受到歧视,如共同进餐、握手等都不会感染艾滋病。

1. 性接触传播

包括同性及异性之间的触摸有着更大的感染危险。艾滋病感染者的精液或阴道分泌物中有很多病毒,在活动时,由于性交部位的冲突,很容易造成生殖器黏膜的细微破损,这时病毒就会趁虚而入,进入未感染者的血液中。值得一提的是,由于直肠的肠壁较阴道壁更容易破损,肛门交的危险比阴道交的危险更大。

2. 血液传播

(1) 输入污染了 HIV 的血液或血液制品。

(2) 静脉药瘾者共用受 HIV 污染的、未消毒的针头及注射器。

(3) 共用其他医疗器械或日常用具(如与感染者共用牙刷、剃刀)也能够经破损处感染,但较为罕见。

(4) 注射器和针头消毒不彻底或不消毒,特别是孩童预防注射未做到一人一针一管危险更大;口腔科器械、接生器械、外科手术器械、针刺治疗用针消毒不严密或不消毒;理发、美容(如纹眉、穿耳)、文身等的刀具、针具、浴室的修脚刀不消毒;和他人共用刮脸刀、剃须刀或共用牙刷;输用未经艾滋病病毒抗体查看的供血者的血或血液制品,以及类似情况下的输用骨髓和器官移植;救护流血的伤员时,救护者本身破损的肌肤触摸伤员的血液。

3. 母婴传播

也称围产期传播,即感染了 HIV 的母亲在产前、临产进程中及产后不久将 HIV 感染给了胎儿或婴儿。可通过胎盘或临产时通过产道,也可通过哺乳感染。

(二) 艾滋病的危害

1. 艾滋病的危害

艾滋病的最大受害者肯定是艾滋病患者本人,因为一旦感染艾滋病,患者前期无法察觉,到了发病期健康状况会急速恶化,将会受到疾病的折磨,同时也命不久矣。患上艾滋病之后,患者将终日处于恐惧之中,而且还会受到社会的歧视,甚至众叛亲离。

艾滋病不仅对个人有危害,对其家庭更是造成不可磨灭的伤害。由于艾滋病给患者带来身体上的不适,使患者无法获得经济来源,很多艾滋病患者的家庭分崩离析。很多艾滋病人的子女都无人照顾,父母也无人赡养。

感染艾滋病的高危人群往往处于青年或壮年,这些人本来应该为社会做出贡献,却因为患上艾滋病而长期卧床,无法投入劳动,这给社会的发展造成了不良影响。而社会上普遍对艾滋病人有歧视心态,不利于社会安定,也损害了正常的社会秩序。

一些儿童由于受到母亲的遗传或传染,一出生就染上了艾滋病,这给他们本来充满希望的人生带来黑暗的阴影。艾滋病也使许多儿童成为孤儿,并受到社会的歧视。

2. 艾滋病高危人群

艾滋病是一种传播途径较广的疾病,以下人群为感染艾滋病的高危人群:性行为泛滥的人、经常献血或输血的人、与他人公用注射用品的人、感染性病的人、同性恋者、准备怀孕的女性等。

三、艾滋病的预防

自艾滋病发生十多年来,医学界的专家们在艾滋病的流行病学、病毒学、免疫学、诊断学、预防学等领域里,取得了丰硕成果。这对今后预防控制艾滋病的流行与传播提供了科学依据。人们应当知道,艾滋病传播途径在很大程度上取决于人们的行为和习惯,因此,预防艾滋病是完全可能的,而且是可以做得到的。对个人预防来说,除掌握有关艾滋病知识外,尚须做到:

洁身自爱,不去非法采血站卖血,不涉足色情场所,不要轻率地进出某些娱乐场所;任何场合都应保持强烈的预防艾滋病意识;不要存在任何侥幸心理;不要因好奇而尝试吸毒。

生病时要到正规的诊所、医院求治,注意输血安全,不到医疗器械消毒不可靠的医疗单位特别是个体诊所打针、拔牙、针灸、手术。不用未消毒的器具穿耳孔、文身、美容。

不与他人共享剃须刀、牙刷等,尽量避免接触他人体液、血液,对被他人污染过的物品要及时消毒。

注意与艾滋病病人的接触:给艾滋病病人采血及注射时,注射器应采用一次性用品,病人的血液、排泄物、污染的物品应进行彻底焚烧。病人的器皿及医用器械要专人专用,如病人的刮脸刀、牙刷、毛巾、茶杯等应专人专用,排尿、排便后要用肥皂洗手,可达到消毒的目的。

应禁止 HIV 抗体阳性者献血及提供其他体液。应告诉患艾滋病的妇女,不要口对口给婴儿喂食;月经期应特别处理好经血,不得使之污染他物;性生活时要采用避孕套,以防感染他人。同时,尽量说服病人不要怀孕,因为怀孕期可以将艾滋病病毒传染给后代。

病人的性伴侣、配偶要定期进行艾滋病病毒抗体检查;对抗体阳性者家庭的其他成员,在有条件的地区也要进行艾滋病病毒检查。

艾滋病虽是不治之症,但可以预防。最要紧的是要遵守政府法令,遵守性道德,特别要注意非法黑血站——再贫穷也不能去卖血,再紧急也不能输用可能污染 HIV 的血,以免感染艾滋病病毒。若有艾滋病感染可疑时,可以到各地医学科研机构、大医院及省、市级防疫机构接受检查。一次抽血艾滋病病毒抗体阴性,不能完全排除没有传染上艾滋病,应定期检查。

扩展知识:预防艾滋病基本 10 条知识

(1) 艾滋病是一种病死率极高的严重传染病,目前还没有治愈的药物和方法,但可以预防。

(2) 艾滋病主要通过性传播、血液传播和母婴传播 3 种途径传播。

(3) 与艾滋病病人及艾滋病病毒感染者的日常生活和工作接触不会感染艾滋病。

(4) 洁身自爱、遵守性道德是预防经性途径传染艾滋病的根本措施。

(5) 正确使用避孕套不仅能避孕,还能减少感染艾滋病、性病的危险。

(6) 及早治疗并治愈性病可减少感染艾滋病的危险。

(7) 共用注射器吸毒是传播艾滋病的重要途径,因此要拒绝毒品,珍爱生命。

(8) 避免不必要的输血和注射,使用经艾滋病病毒抗体检测的血液和血液制品。

(9) 关心、帮助和不歧视艾滋病病人、艾滋病病毒感染者是预防与控制艾滋病的重要内容。

(10) 艾滋病威胁着每一个人和每一个家庭,预防艾滋病是全社会的责任。

第四章　低碳节能校园与体育健康教育

第一节　低碳节能校园与大学生身体健康

一、低碳节能校园与身体健康概述

哥本哈根气候变化峰会自 2009 年 12 月 7 日开幕以来,就被冠以"有史以来最重要的会议""改变地球命运的会议"等各种重量级头衔。这个会议试图建立一个温室气体排放的全球框架,也让很多人对人类当前的生产和生活方式开始了深刻的反思。纵然世界各国仍就减排问题进行着艰苦的角力,但低碳这个概念得到了广泛认同。所谓"低碳生活(low-carbon life)",就是指生活作息要尽量减少所耗用的能量,从而减低二氧化碳排放量。

建设低碳校园似乎成为学校特别是高校发展的一种必然趋势,增强高校节能低碳环保意识,教育和引导广大学生积极参与资源节约型和环境友好型校园的建设,已是新世纪学校教育的重要内容。

根据《教育部关于节能低碳学校行动的通知》要求,各大高校积极开展以节能低碳为主要内容的主题教育活动和社会实践活动,营造节能低碳校园文化,坚持把节能低碳作为促进科学发展的主攻方向,把减排作为保护环境的重要举措,成效显著。

但是,在建设低碳校园的过程中,大部分高校是从教学设备、建筑、水电等方面努力实现低碳目标,而忽视了大学师生身体本身的低碳指标。低碳校园的建设主体是广大师生,特别是大学生群体,从他们个体本身出发就能为低碳校园建设做出重要贡献。

大学生身体健康的一项重要依据就体现在吸收氧的效率高,维持正常的身体运作所耗用的能量少。这与低碳校园减低二氧化碳排放量的目标相吻合。

低碳校园的建设与大学生身体健康密切相关,加强大学生健康运动是实现身体健康的主要途径,同时也是建设低碳校园的有效方法。

二、健康运动如何促进低碳校园的建设

大学生健康运动为什么能达到减少二氧化碳排放量、节省体能和充分利用能量的目标呢?

(一) 健康运动与肺通气效率

体育训练可使安静时呼吸深度增加、呼吸频率下降,运动时呼吸深度和频率的匹配更加合理。运动时,在相同肺通气量的情况下,运动者的呼吸频率比没有运动者要低。运动中,较深的呼吸会使肺通气量和气体交换率提高,呼吸肌的能耗量和耗氧量也随之下降,使肺通气变得更为有效,二氧化碳排放量自然就减少了。

(二) 健康运动与呼吸效率

正常人安静时的呼吸是经过鼻呼吸的方法进行的,但在运动时,为提高呼吸的效率,增加散热途径,常采取嘴鼻并用的呼吸方法。研究发现,运动时增加嘴的通气,肺通气量由仅用鼻呼吸的 80 升/分钟可增至 173 升/分钟,人体运动时对氧的需求量就会减少,二氧化碳排放量也会减少,还能让人体养成节省体力、充分利用能源物质的条件反射。

(三) 健康运动与代谢效率

在体育心理学领域也涉及健康运动与代谢的关系。美国健康和人类服务中心的研究报告指出,体育健康运动对情绪情感会有改善作用,如减少焦虑和抑郁程度。研究发现,将不同强度的持续 25 分钟的有氧运动与观看电视的控制组进行比较,发现运动后积极情绪增多,消极情绪减少。而情绪情感正是影响代谢变化的社会心理因素之一。1964 年,美国心理学家都德利和他的同事利用催眠暗示,比较了想象积极与消极的行为和情感时的代谢变化。当给予被试积极的暗示时,他们的肺通气量和氧耗量增加,而呼出的二氧化碳量下降;当给予放松和抑郁等消极暗示时,情况正好相反,肺通气量和氧耗量降低,而呼出的二氧化碳量升高。

科学、健康、适当的运动在使人产生轻微疲劳感的同时,也在体内产生一种内啡呔,使人有舒适感,既可健身又可健心。可见,健康运动能改善人的情绪情感,使人身心愉悦,提高代谢的效率,节省体能。

三、促进低碳校园建设的健康运动方法

大学生健康运动是建设低碳校园的有效方式,大学生在校园里如何通过运动来实现低碳生活目标? 实践证明,有氧运动锻炼法是最好的健康运动方法。

有氧运动是指运动时以有氧代谢系统供能为主的运动项目。经常参加一些有氧运动项目的锻炼,例如长跑、游泳、爬山、划船、骑自行车、滑冰及　些球类运动项目,能使人体呼吸差加大,肺活量增加,呼吸频率降低,单位时间内的肺通气

量提高,从而加强和不断改善呼吸系统的功能与适应能力,特别是增强心肺功能。而人体吸收氧气的能力有一定限度,随着运动强度增加,呼吸会加快,甚至出现气喘,但吸收氧气的量达到一定程度,就不会再增加,呼出的二氧化碳的量就少了。

第二节　低碳节能校园与大学生健康教育

一、低碳节能校园是大学生健康教育的重要组成部分

大学生健康教育是通过有计划、有组织、有系统的教育活动,促使大学生自愿地改变不良健康行为,消除或减轻影响健康的危险因素,达到预防疾病的目的。高校开展健康教育,不仅可以直接提高大学生的健康水平,而且对培养他们良好的身心素质,促进其全面发展,将产生重要作用。低碳校园要求大学生有充沛的精力承担起学习任务,面对繁重的工作不感到过分的紧张和疲劳,处处事事表现出乐观主义精神和对社会的责任感及积极的态度,对外界环境(包括自然环境与社会环境)各种变化有较强的适应能力,从身体、心理、生理方面达到低碳标准。

目前,低碳生活教育是大学生健康教育的重要内容,低碳指标已经成为大学生健康的标准之一,低碳校园成为大学生健康教育的重要组成部分。因此,体育课堂应加大对大学生健康教育的力度,鼓励大学生积极参加各项健康体育运动,用实际行动为低碳校园的建设贡献力量。

二、低碳节能校园对大学生健康教育的积极作用

当代大学生所处的时代和承担的使命,决定和要求他们不仅要有良好的思想道德和科学文化素质,而且要有健康的体魄和良好的心理素质。加强大学生健康教育是低碳校园的基本任务之一,体育课堂应利用自身的优势,通过多种形式和途径,充分发挥低碳校园对大学生健康教育的积极作用,承担起大学生健康教育的责任和义务。

随着改革的不断深入发展,社会经济成分、组织形式、就业方式、利益关系、分配方式等出现了多样化趋势,人们的生活方式、价值观念也发生了变化,这些不可避免地给大学生带来心理矛盾和压力。另外,受应试教育的影响,大学生健康知识贫乏,健康意识淡薄,不良的饮食习惯和生活习惯普遍存在,这些都是大学生身体健康的潜在危害因素。低碳校园的目标是对大学生存在的这些健康问题做出要求和提供解决问题的办法。无论是在大学生身体本身,还是从大学生生活方式,低碳校园分别对大学生的身体、心理、生理健康进行引导教育,对大学生健康教育效果起到了积极的促进作用。

第五章　大学生体育健身与文明修身实践

立德树人与健康教育是高校的根本任务。为进一步引导教育大学生自觉践行社会主义核心价值观和"健康第一"理念,带头倡导良好社会风尚,积极培育社会公德、职业道德、家庭美德,充分发挥大学生自我教育、自我管理、自我服务、自我健身的积极性,进一步拓展大学生素质培养途径,根据相关文件精神,结合学校实际情况,继续在大学中开设《大学生体育健身与文明修身实践课》(以下简称实践课),作为大学一年级学生必修课,成绩纳入学生综合素质测评。所有学生必须完成实践课所规定的任务内容,经考核合格获得相应成绩,成绩不合格的学生应在规定的时间内重修,否则不能获得相应的操行分。

第一节　大学生体育健身与文明修身实践概述

体育健身与文明修身实践课是指践行者通过规范自身健身文明行为,利用课余时间监督、带动、影响身边的同学,促进健身文明习惯和文明行为的养成教育过程。

一、大学生体育健身与文明修身实践意义

思想政治素质是人的基本素质之一,作为当代中国的大学生,其思想政治素质的内在要求应该如何界定? 高等院校对大学生思想政治素质培养又是如何实施? 高等教育法明确"高等学校的学生思想品德合格,在规定的修业年限内学完规定的课程,成绩合格或修满相应的学分,准予毕业"。当前学生政治素质培养大多是通过"两课"理论教学来实施,尽管大学的宣传部门、学工部门、团委等通过组织相应活动来配套实施,但经过近些年的实践表明效果不大、成效不突出,过于重视课堂教学而忽视实践,也就是说得多做得少,很大程度上归结为内容、手段、方法问题简单化。简单化主要表现为局限于上课、开会、讨论、谈心、活动为主要载体,水准不高,针对性、实践性、有效性不强,使得教育的手段和方法对大学生责任意识、公德意识、社会意识等培养成效不明显。也体现出校园中环境文化、卫生文

化、生活文化、宿舍文化等文明秩序程度不高,甚至出现许多不文明的课桌文化、厕所文化、墙裙文化等,很突出地体现了时代迫切需要改革大学生思想政治素质培养内容与方法。因此,研究者从当前大学生思想政治工作理论与实践研究实际出发,推出"大学生体育健身与文明修身实践课内容与方法研究",实践表明该研究是解放思想、实事求是、开拓创新地进行大学生思想政治教育内容、方法和手段改革发展的重要措施,是提高当前大学生思想政治素质培养成效的有效手段。实践过程将充分体现大学生体育健身与文明修身实践在大学生素质构建中具有综合表现作用,在个人素质中具有灵魂和基础的作用,是一个人的精神面貌、工作态度、学习精神如何在实践程度上对国家、社会、学校、教师、同伴和生活环境的情感反映,是对客观事件态度的反映,它暗藏于个体内在素质之中,又具有将个人修身内含与影响提高他人修身内含有机结合表现出来的功能。实践过程对改善大学生精神面貌、工作态度、学习精神、社会责任感、公德意识和责任意识意义重大。

二、大学生体育健身与文明修身实践特点

大学生体育健身与文明修身实践特点主要体现在以下 6 个方面。

(一) 观念新

课题紧紧围绕"健身与修身实践"强化大学生身体与道德养成教育,认为大学生文明修身实践是校园环境的"清洁剂",是校园精神文明的"凝固剂",是大学生素质培养的"营养剂",是学生人际交往的"润滑剂",是构建和谐校园的"推进剂"。

(二) 形式新

大学生文明修身实践课突破了传统纯理论封闭式的身体与道德教育模式,把学生从课堂引向开放的生活、学习、交往空间,使学生在开放复杂的环境中,在个性化的生活中,在紧张有选择的学习中,在思想与情感交融活动鲜活的人群中,在庄严激情的纪念馆里,进行自我约束,感受体验身体与道德教育的授课方式。

(三) 内容新

大学生体育健身与文明修身实践课内容体现了理论与实践相结合,体验与观赏相结合,自我教育和参与管理相结合,通过听报告、晨练健身、清晨内务、午间生活服务、傍晚健身自律和他律、爱国主义教育、主题讨论、社会爱心活动等内容进行实施,突破了传统的书本道德教育内容和形式。

(四) 方法新

大学生体育健身与文明修身实践课完全采用探究式、讨论式、合作式或观赏式、体验式、创造式等灵活性很强的授课方法和健身方式,完全突破了传统课堂接受式的培养方法。

(五) 感受深

大学生体育健身与文明修身实践课自开课以来,从参与体育健身与文明修身实践的总结中,充分体现了大学生参与这项实践活动的感受和体验,感受和体验到了约束自我、保健自我、管理他人、维护秩序、对构建和谐校园的贡献,大学生都认为通过实践,自己的管理能力、领导才能、个人素养得到了一次人生最有价值的过滤,使自己的意志力、责任感、成就感、自豪感和满足感得到了一次质的提升。

(六) 价值高

大学生体育健身与文明修身实践课的开出,使大学生找到了一条提升身体与品德素质的可持续发展之路,能有效地净化大学生的道德心灵,能激发大学生的健身热情,能完善大学生道德养成教育中与社会公民道德规范水准的不足,能有效提升高校人才培养质量,有很高的学术价值和应用推广价值。

第二节　大学生体育健身与文明修身实践课的内容与方法

实践课的内容与方法是指利用课余时间通过内务整理、晨读晨练、主题班会、文明规范的学习践行,健步走中环境卫生的维护与监督、健步走中公共设施的爱护与监督等途径,规范践行者自身的道德品行、学习行为、生活习惯,倡导富强、民主、文明、和谐,倡导自由、平等、公正、法治,倡导爱国、敬业、诚信、友善,积极树立和践行社会主义核心价值观。

一、实践课对象

全日制一年级学生,其他年级中主动申请参加实践课的学生。

二、实践课方式

在规定时间内完成规定的文明修身实践任务。

三、实践课主要内容

(一) 内务整理

践行者应在 6:30 之前完成寝室内务整理,学习用具、生活用品分类摆放整齐,垃圾一律实行分类袋装处理,放入指定的垃圾存放处。

(二) 晨读晨练

(1) 晨读晨练时间为 6:40—7:20。

(2) 晨读的内容由学生工作处和各二级学院商定,亦可由践行者自选学习资料。

（3）晨练内容由学生工作处和各二级学院参照《国家学生体质健康标准实施办法》商定。

（三）主题班会

各班辅导员（班主任）可以自行选定与践行社会主义核心价值观以及其他与大学生文明修身活动相关的学习内容，确定班会主题，做到先计划、有落实、重实效。

（四）文明规范学习践行

学习践行《公民道德建设实施纲要》《高等学校学生行为准则》《上饶师范学院学生文明行为规范》"十要十不准"和基本礼仪规范，文明行为从自身做起，从点滴做起。各班应通过文明礼仪知识讲座、班级辩论赛、朗诵比赛、知识竞赛（内容包括传统文化、党史、国情、校情校史等）、"我们身边的不文明行为"调查、"注意交往礼仪，争做文明学子"讨论、"文明诚信应考，杜绝考试作弊"等活动，逐步形成他律与自律相结合的良好风气。

（五）文明行为监督执勤

以健身的方式对出入公共场所人员的文明礼仪行为进行检查监督，对乱扔垃圾、浪费粮食、损坏公共设施、男女生交往不得体、衣冠不整、不文明用语、携带食物进学习场所等不文明现象和行为进行检查监督、劝导教育。

1. 执勤时间

每学年的第一学期为 16：30—17：10，每学年的第二学期为 17：00—17：40。

2. 执勤任务

（1）教学楼文明执勤队：对携带食物进入教学楼、穿背心拖鞋进入教学楼、乱扔垃圾、随意搬动教学设备、不文明用语、男女交往不得体等不文明现象和行为进行检查监督、劝导教育。

（2）图书馆文明执勤队：对携带食物进入图书馆、穿背心拖鞋进入图书馆、乱扔垃圾、大声喧哗、不爱护图书和设备、男女交往不得体等不文明现象和行为进行检查监督、劝导教育。

（3）交通文明执勤队：对校园内违规超速行驶等不文明行为进行劝导教育。

（4）用餐文明执勤队：对食堂内不排队就餐、浪费粮食、乱扔垃圾等不文明行为进行检查监督、劝导教育。

（5）环境卫生执勤队：对校园内公共区域卫生情况进行巡查，包括对乱扔纸屑、乱涂乱画、损坏公物、践踏花草苗木等不文明行为进行批评教育，促使同学们自觉维护校园环境卫生。

3. 执勤要求

(1) 实行分片包干,责任到人,持证挂牌上岗。

(2) 接受岗前培训,注意维护自身形象、文明执勤。

四、文明寝室评比

1. 评比等级

所有寝室分别按文明、卫生、基本合格、不合格寝室四等评比划档。

2. 文明寝室条件

(1) 团结互助:寝室全体同学关系融洽,团结友爱,互相帮助,礼貌待人,活泼乐观,学习风气浓厚,寝室长以身作则。

(2) 遵守纪律:遵守校规校纪,遵守学生宿舍管理规定,按时作息,无睡懒觉、晚归夜出等现象,室员无擅自在外住宿,不留宿外人,寝室无故意损坏公物、违章用电和拖交超用水电费现象。

(3) 文明健康:寝室全体同学能坚持四项基本原则,积极要求进步,寝室环境健康向上,明快大方,自觉抵制黄色、淫秽书刊和网络不良信息的腐蚀,积极参加学生宿舍区内举办的各项文体活动和栋委会工作,学风端正、行为规范、室员无受警告以上处分。

(4) 干净整洁:室内卫生保持干净整洁,不饲养宠物,符合寝室内务卫生标准,学期卫生检查获"卫生寝室"称号,无不合格现象。

3. 文明寝室评比的组织实施

(1) 学生宿舍管理员负责对学生寝室日常的检查及公布工作,室内卫生每日检查、每周公布,违纪情况现场记录,每月公布。

(2) 卫生检查在 85 分以上的寝室为 A 等、75～84 分为 B 等、60～74 分为 C 等、59 分以下为 D 等。

(3) 每学期所得 A 等最多的 60 个寝室评为"卫生寝室";每学期得 C 等和 D 等(D 等未到 5 次)超过 10 次的寝室为基本合格寝室;得 D 等达到 5 次以上的寝室为不合格寝室。

(4) 文明寝室必须在卫生寝室中产生,每学期评比一次。

(5) 对评出的文明寝室,学校予以表彰,并发给一定的物质奖励,文明寝室寝室长德育素质测评加 0.8 分,室员加 0.5 分。

(6) 基本合格寝室全体室员取消该学期所有评优资格;不合格寝室全体室员该学期奖学金下降一档,并取消该学期所有评优资格。

第三节　大学生体育健身与文明修身实践考核

一、实践课主要流程

（1）学生工作处统一安排各二级学院学生的实践课时间，提前下发时间安排表。各二级学院应提前做好实践课活动方案，利用海报、横幅、微博、微信等媒体进行广泛宣传，并提前一周召开实践课动员大会。

（2）各班辅导员（班主任）召开"自觉做社会主义核心价值观践行者"主题班会，并做好相关人员和相关事项的安排。

（3）践行者根据安排进行为期两周的实践课活动。主要有文明礼仪知识讲座、班级辩论赛、朗诵比赛、知识竞赛（内容包括传统文化、党史、国情、校情校史等）、"我们身边的不文明行为"调查、"注意交往礼仪，争做文明学子"讨论、"文明诚信应考，杜绝考试作弊"和文明行为监督执勤等活动。

（4）实践课结束，每人必须提交 500 字（A4 纸双面打印）的个人实践小结，由相关考核人员签署鉴定考核意见，报学生工作处汇总审核后，由各二级学院、各班统一将成绩载入学生综合素质测评记载册和评定册，并装入学生档案。

二、实践课考核、奖惩与管理办法

（1）实践课在学生综合素质测评体系中所占权重为 10％，即以 10 分计入学生综合素质测评总分。在内务整理、晨读晨练、主题班会、文明规范学习践行、文明行为监督等任务中，圆满完成 2 周（28 个学时）实践任务，考核合格的获得基本分 8 分，考核为优秀的（按实践人数 10％评选），学期内给予操行分加 2 分；各学院评出 1 个（超过 8 个班可评出 2 个）优秀班级，评定为优秀班级的可增加 1 个（超过 60 人的班级可增加 2 个）实践课评优名额。

（2）由学生工作处根据实践课内容编制出课程安排表、考核表，设置执勤岗位，并及时公布实践课的考核情况；各二级学院领导小组负责组织对本院践行者的考核。

（3）学生工作处学管科安排 1～2 名工作人员专门负责处理实践课实施过程中的考核和出现的有关问题，确保实践者顺利完成实践任务；校学生会自律委员会协助学生工作处学管科，对实践者进行考勤，对各项活动进行管理与检查。在实践过程中，学生工作处学管科检查发现实践者有不符合要求的行为，第 1 次要求限期改正，第 2 次及以上的为考核不合格，必须重修，该学期其实践课成绩为 4 分。

（4）实践课成绩实行动态管理。对已获该课程成绩的同学在实践期满后出现违纪行为的，视情节轻重扣除其该课程得分，属于违反学生文明行为规范的，每次扣除 1 分；该课程成绩扣除后在 6 分以下者，必须重修该课程；实践课过程与成绩计入《学生综合测评记载册》。

（5）学生工作处学管科设立实践课信息反馈信箱和热线电话，欢迎广大师生对实践课的开展情况及考核情况给予指导。

三、实践课工作要求

（1）实践课是我校育人工作的重要内容之一，各有关部门及负责人应把实践课作为加强校风学风建设，提高大学生综合素质，提高办学质量的基础性工作来抓，予以高度重视，齐抓共管，切实把工作落实到位。

（2）各二级学院要结合实践课内容，把创建良好的教学、生活秩序与校纪校风建设、精神文明建设有机结合起来，要通过学习《公民道德建设实施纲要》《高等学校学生行为准则》《上饶师院学生手册》，进一步统一思想，提高认识，通过广播、黑板报、横幅、微博、微信等舆论宣传阵地及主题班会等活动形式，积极引导同学们自觉、主动地参与各项文明修身的实践活动。

（3）要把大学生文明修身实践活动与"十要十不准"养成教育和争创先进班集体、文明宿舍、优秀学生干部、"系列十佳"等文明创建和创先争优活动结合起来。要充分培养典型，发挥基层党团组织和学生干部、学生社团的骨干作用，开展形式多样、生动活泼的文明实践活动，坚持"从我做起，从小事做起，从点滴做起"，自觉抵制不良现象，培养文明习惯，促进良好学风、校风的形成。

第六章　大学生体育军事训练与健康教育

根据教育部、解放军总参谋部、总政治部《高等学校军训大纲》精神以及学校关于广泛深入地开展好国防教育,全面推进素质教育;提高大学生思想政治觉悟、激发爱国主义热情、增强国防观念和国家安全意识、增强组织纪律观念、培养艰苦奋斗的作风,使其熟练掌握基本军事知识和技能,为国防和军队建设培养造就大批高素质后备兵员,促进学校军训工作全面发展的工作要求,学校统一组织对新生进行军事素质和基本要求训练,使每一位新生能圆满完成国防教育任务。

第一节　体育军事训练与健康教育的内容与方法

一、立正、稍息和跨立

(一) 立正与稍息

立正是军人的基本姿势,是队列动作的基础。军人在宣誓、接受命令、进见首长和向首长报告、回答首长问话、升降国旗、迎送军旗、奏唱国歌和军歌等严肃庄重的时机和场合,均应当立正。

口令:立正、稍息

要领:(1) 听到"立正"口令后,两脚跟靠拢并齐,两脚尖向外分开约 60 度;两腿挺直,小腹微收,自然挺胸;上体正直,微向前倾;两肩要平,稍向后张;两臂自然下垂,手指并拢自然微屈,拇指尖贴于食指的第 2 节,中指贴于裤缝;头要正,颈要直,口要闭,下颌微收,两眼向前平视。

(2) 听到"稍息"口令后,左脚顺脚尖方向伸出约全脚的 2/3,两腿自然伸直,上体保持立正姿势,身体重心大部分落于右脚。

(二) 跨立

跨立主要用于军体操、执勤和舰艇上分区列队等场合。可以与立正互换。

口令:跨立、立正

要领:听到"跨立"口令后,左脚向左跨出约一脚之长(与肩同宽),两腿挺直,上体保持立正姿势,身体重心落于两脚之间。两手后背,左手握右手腕,拇指根部与外腰带下沿同高;右手手指并拢自然弯曲,手心向后。

二、停止间转法

停止间转法是停止间变换方向的方法,分为向右转、向左转、向后转。需要时可以半面向左右转。

(一) 向右(左)转

(1) 口令:向右(左)——转。

(2) 要领:以右(左)脚跟为轴,右(左)脚跟和左(右)脚掌前部同时用力,使身体协调一致向右(左)转 90 度,身体重心落在右(左)脚,左(右)脚取捷径迅速靠拢右(左)脚,成立正姿势。转动和靠脚时,两腿挺直,上体保持立正姿势。

(二) 向后转

口令:向后——转。

要领:按照向右转的要领向后转 180 度。

(三) 半面向右(左)——转

口令:半面向右(左)——转。

要领:按照向右(左)转的要领向右(左)转 45 度。

三、蹲下、起立、坐下

(一) 蹲下与起立

口令:蹲下、起立

要领:(1) 当听到"蹲下"口令后,右脚后退半步,前脚掌着地,臀部坐在右脚跟上(膝盖不着地),两腿分开约 60 度。两手顺裤缝下滑至两膝之上,手指自然并拢。左手伸直,右手弯曲成 90 度,肘部贴紧身体。上体保持正直。

(2) 听到"起立"的口令后,全身协力迅速起立,右脚取捷径靠拢左脚,成立正姿势。

(二) 坐下与起立

口令:坐下、起立。

要领:(1) 听到"坐下"口令后,左小腿在右小腿后交叉,迅速坐下(坐凳子时,听到口令,左脚向左分开约一脚之长),手指自然并拢放在两膝上,上体保持正直。

(2) 听到"起立"的口令后,全身协力迅速起立,右脚取捷径靠拢左脚,成立正姿势。

四、敬礼与礼毕

敬礼是军人相互友爱,相互尊重的体现。军人必须有礼节,部属或下级遇到、进见首长或上级应当敬礼,首长或上级应当还礼。同事因事相互接触时应当相互敬礼。

单个军人敬礼的方式为:停止间,单个军人在距受礼者5～7步处,应当面向受礼者立正,行举手礼,待受礼者还礼后礼毕。行进间(跑步时换齐步),转头向受礼者行举手礼(手不随头转动),并继续行进,左臂仍自然摆动,待受礼者还礼后礼毕。

敬礼分为举手礼、注目礼和举枪礼。

(1) 举手礼。

口令:敬礼。

要领:①听到"敬礼"口令后,上体正直,右手取捷径迅速抬起,五指并拢自然伸直,中指微接帽檐右角前约2厘米处(戴卷檐帽、无檐帽或者不戴军帽时微接太阳穴,约与眉同高),手心向下,微向外张(约20度),手腕不得弯曲,右大臂略平,与两肩略成一线,同时注视受礼者。②听到"礼毕"口令后,将手取捷径放下,成立正姿势。

(2) 注目礼。

口令:敬礼。

要领:①面向受礼者成立正姿势,同时注视受礼者,并目迎目送(右、左转头角度不超过45度)。②听到"礼毕"口令后,将头转正,恢复立正姿势。

五、脱帽、戴帽

口令:脱帽、戴帽

要领:听到"脱帽"双手捏帽檐或帽前端两侧,将帽取下,置于左小臂,帽徽向前,掌心向上,四指扶帽檐或帽前端中央处,小臂略成水平。右手放下。听到"戴帽"口令后,按相反顺序,将帽迅速戴正。

六、步法的行进与立定

行进的基本步法分为齐步走、正步走和跑步走,辅助步法分为便步、踏步、移步和礼步。

(一) 齐步走与立定

齐步是军人行进的常用步法。

口令:齐步——走、立定。

要领:(1) 听到预令"齐步"后,身体稍息前倾。听到动令"走"后,左脚向正前方迈出约 75 厘米,按照先脚跟后脚掌的顺序着地,同时身体重心前移,右脚照此法动作;上体正直,手指卷握,拇指贴于食指第二节;两臂前后自然摆动,向前摆臂时,肘部伸直,小臂自然向里合,手心向内稍向下,拇指根部对正衣扣线,并与最下方衣扣同高(着夏常服、水兵服时,高于内腰带扣中央约 5 厘米;着作训服时,与外腰带扣中央同高),离身体约 25 厘米;向后摆臂时,手臂自然伸直,手腕前侧距裤缝线约 30 厘米。行进速度每分钟 116～122 步。

(2) 当听到"立定"口令后(立在左脚,定在右脚),左脚继续再向前大半步着地(脚尖向外约 30 度),两腿挺直,右脚取捷径迅速靠拢左脚,成立正姿势。

(二) 正步走与立定

正步主要用于分列式和其他礼节性场合。

口令:正步——走。

要领:(1) 听到"正步走"的口令后,左脚向正前方踢出(腿要绷直,脚尖下压,脚掌与地面平行,离地面约 25 厘米),适当用力使全脚掌着地,同时身体重心前移,右脚照此法动作;上体正直,微向前倾;手指轻轻握拢,拇指伸直贴于食指第二节;向前摆臂时,肘部弯曲,小臂略成水平,手心向内稍向下,手腕下沿摆到高于最下方衣扣约 15 厘米处(着夏常服、水兵服时,高于内腰带扣中央约 15 厘米处;着作训服时,高于外腰带扣中央约 10 厘米处),离身体约 10 厘米;向后摆臂时(左手心向右,右手心向左),手腕前侧距裤缝线约 30 厘米。行进速度每分钟 110～116 步。

(2) 当听到"立定"口令后,左脚继续再向前大半步着地(脚尖向外约 30 度),两腿挺直,右脚取捷径迅速靠拢左脚,成立正姿势。

(三) 跑步走与立定

跑步主要用于快速行进。

口令:跑步——走。

要领:(1) 听到预令"跑步"时,两手迅速握拳(四指蜷握,拇指贴于食指第一关节和中指第二节),提到腰际,约与腰带同高,拳心向内,肘部稍向里合。听到动令"走"后,两腿微弯,同时左脚利用右脚掌的蹬力跃出约 85 厘米,身体重心前移,右脚照此法动作;两臂前后自然摆动,向前摆臂时,大臂略直,肘部贴于腰际,小臂略平,稍向里合,两拳内侧各距衣扣线约 5 厘米;向后摆臂时,拳贴于腰际。行进速度每分钟 170～180 步。

(2) 听到"立定"口令后,继续向前跑 2 步然后左脚向前大半步着地(两拳收于腰际,停止摆动),右脚取捷径靠拢左脚,同时将手放下,成立正姿势。

(四) 便步走与立定

便步用于行军、操练后恢复体力及其他场合。

口令:便步——走。

要领:用适当的步速、步幅行进,两臂自然摆动,上体保持良好姿态。

立定:与齐步走立定一样。

(五) 踏步

踏步用于调整步伐和整齐。

停止间口令:踏步——走。

行进间口令:踏步。

要领:两脚在原地上下起落(抬起时,脚尖自然下垂,离地面约 15 厘米;落下时,前脚掌先着地),上体保持正直,两臂按照齐步或者跑步摆臂的要领摆动。

(六) 移步(5 步以内)

移步用于调整队列位置。

(1) 右(左)跨步。

口令:右(左)跨×步——走。

要领:上体保持正直,每跨 1 步并脚一次,其步幅约与肩同宽,跨到指定步数停止。

(2) 向前或者后退。

口令:向前×步——走、后退×步——走。

要领:向前移步时,应当按照单数步要领进行(双数步变为单数步)。向前 1 步时,用正步,不摆臂;向前 3 步、5 步时,按照齐步走的要领进行。向后退步时,从左脚开始,每退 1 步靠脚一次,不摆臂,退到指定步数停止。

七、步法变换

步法变换,均从左脚开始。

(1) 齐步、正步互换,听到口令,右脚继续走 1 步,即换正步或者齐步行进。

(2) 齐步换跑步,听到预令,两手迅速握拳提到腰际,两臂前后自然摆动;听到动令,即换跑步行进。

(3) 齐步换踏步,听到口令,即换踏步。

(4) 跑步换齐步,听到口令,继续跑 2 步,然后换齐步行进。

(5) 跑步换踏步,听到口令,继续跑 2 步,然后换踏步。

(6) 踏步换齐步或者跑步,听到"前进"的口令,继续踏 2 步,再换齐步或者跑步行进。

八、分列式方法

受阅部队列队从检阅台前通过,接受阅兵者检阅的仪式。

口令:踏步、前进、向右——看、向前——看。

要领:按步法的动作要领实施。

九、检阅式方法

口令:敬礼。

要领:受阅方阵行注目礼。方队长行举手礼。

十、请示汇报方法

1. 整理队伍(报数)。

2. 敬礼(回礼后)。

3. "×××同志,×××前队伍集合完毕,应到×人实到×人,请指示。值班员×××"。

4. "请稍息""是"。

5. 敬礼(回礼后)下达稍息口令,回队列中。

第二节　军体拳、擒敌拳动作名称介绍

(一) 军体拳

(1) 弓步冲拳;　　(2) 穿喉弹踢;　　(3) 马步横打;　　(4) 内拨下勾;

(5) 交错侧踹;　　(6) 外格内勾;　　(7) 反击勾踢;　　(8) 转身别臂;

(9) 虚步砍肋;　　(10) 弹裆顶肘;　　(11) 反弹侧击;　　(12) 弓步靠掌;

(13) 上步砸肘;　　(14) 仆步撩裆;　　(15) 挡击拌腿;　　(16) 击腰锁喉。

(二) 擒敌拳

(1) 贯耳冲膝;　　(2) 抓腕砸肘;　　(3) 挡臂掏腿;　　(4) 砍肋击胸;

(5) 缠腕冲拳;　　(6) 上架弹砍　　(7) 接腿涮摔;　　(8) 横踢鞭打;

(9) 直摆勾击;　　(10) 抱腿顶摔;　　(11) 跘腿抢摔;　　(12) 格挡弹踢;

(13) 侧踹下砸;　　(14) 马步侧击;　　(15) 提膝前戳;　　(16) 摆勾冲膝。

第三节　常用军歌推荐

(1)《强军战歌》

听吧,新征程号角吹响强,军目标召唤在前方。国要强我们就要担当。战旗上写满铁血荣光,将士们听党指挥、能打胜仗、作风优良、不惧强敌敢较量,为祖国决胜疆场,将士们听党指挥、能打胜仗、作风优良、不惧强敌敢较量,为祖国决胜疆场。

(2)《严守纪律歌》

军号嘹亮步伐整齐,人民军队有铁的纪律。服从命令是天职,条令条例要牢记。令必行禁必止,自觉凝聚成战斗集体。啊纪律纪律,纪律中有我,纪律中有你。纪律中有无穷的战斗力。一切行动听指挥,步调一致得胜利。嘿,步调一致得胜利。

(3)《当那一天来临》

这是一个晴朗的早晨,鸽哨声伴着起床号音。但是这世界并不安宁,和平年代也有激荡的风云。准备好了吗,士兵兄弟们。当那一天真的来临。放心吧祖国,放心吧亲人。为了胜利我要勇敢前进。

(4)《军中绿花》

寒风飘飘落叶,军队是一朵绿花。亲爱的战友你不要想家,不要想妈妈。声声我日夜呼唤,多少句心里话。不要离别时两眼泪花,军营是咱温暖的家。妈妈你不要牵挂,孩儿我已经长大。站岗值勤是保卫国家,风吹雨打都不怕。衷心的祝福妈妈,愿妈妈健康长寿。待到庆功时再回家,再来看望好妈妈。故乡有位好姑娘,我时常梦见她。军中的男儿也有情啊,也愿伴你走天涯。只因为肩负重任,只好把爱先放下。白云飘飘带去我的爱,军中绿花送给她。

(5)《打靶归来》

日落西山红霞飞,战士打靶把营归把营归。胸前红花映彩霞,愉快的歌声满天飞。mi sao la mi sao,la sao mi dao ruai。愉快的歌声满天飞。歌声飞到北京去,毛主席听了心欢喜。夸咱们歌儿唱的好,夸咱们枪法属第一。mi sao la mi sao,la sao mi dao ruai。夸咱们枪法属第一,一二三四。

(6)《团结就是力量》

团结就是力量,团结就是力量,这力量是铁,这力量是钢,比铁还硬,比钢还强。向着法西斯蒂开火,让一切不民主的制度灭亡! 向着太阳,向着自由,向着新中国发出万丈光芒。

(7)《文明礼貌歌》

大地上吹过绿色的风,军旗下闪耀红色的星,站如松坐如钟,军姿多严整。首长好同志们好,礼节周到又热情。人民战士形象美,精神文明当先锋;人民战士形象美,精神文明当先锋。

(8)《军中姐妹》

蓝天大道上彩云在追,年轻的我们歌声在飞。陆海空天亮丽的星,共和国女兵军中姐妹。风雨中几多浪漫真情,一起品尝一起回味。刚强中几分温柔妖媚,一起欢笑一起流泪。行进在赞美的目光里,太阳和月亮为我们举杯。青春换来和平阳光,共和国女兵军中姐妹。

(9)《中国人民解放军军歌》

向前,向前,向前! 我们的队伍向太阳,脚踏着祖国的大地,背负着民族的希望,我们是一支不可战胜的力量,我们是工农的子弟,我们是人民的武装。从无畏惧,绝不屈服,英勇战斗直到把反动派消灭干净,毛泽东的旗帜高高飘扬。听! 风在呼啸军号响。听! 革命歌声多嘹亮。同志们整齐步伐奔向解放的战场,同志们整齐步伐奔赴祖国的边疆。向前,向前,我们的队伍向太阳,向最后的胜利,向全国的解放。

(10)《当你的秀发拂过我的钢枪》

当你的秀发拂过我的钢枪,别怪我仍保持着冷俊脸庞,其实我既有铁骨也有柔肠,只是那青春之火需要暂时冷藏。当兵的日子既短暂又漫长,别说我不懂风情只重阳刚。这世界虽有战火,但也有花香,我的明天也会浪漫的和你一样,当你的纤手搭上他的肩膀,我也会回过头泪流两行。也许我们的路不是同一方向,我仍衷心祝福你,姑娘。当我脱下脱下这身军装,不怨你没多等我些时光,也许那时你我已是天各一方,相信你还会看到我的爱在海空飞扬。

(11)《离开部队的那一天》

我跟着他们上车,我跟着他们挥手,我跟着他们流着眼泪。我跟着他们上车,我跟着他们挥手,我跟着他们却不是假装的难过。离开部队的那一天,天空并没有下着雨,离开部队的那一天,说好你要来送行。要走的战友都上了车,送行的人却不肯走。离开部队的那一天,天空并没有下着雨。离开部队的那一天,说好你要来送行。要走的战友都上了车,送行的人话太多。我跟着他们上车,我跟着他们挥手,我跟着他们流着眼泪,我跟着他们上车,我跟着他们挥手,我跟着他们却不是假装的难过。

(12)《脱下军装》

握着我的手,再见吧战友,眼中的泪水,为啥还往下流,那是因为惧分离,那是因为不愿意,那是因为铁骨的心,与军营牢牢拴在一起。脱下军装,你不要悲伤,脱下军装,别忘了在一起的时光,一生都不愿尝,脱下军装的感伤。握着我的手,再见吧战友,往昔的拼斗,还历历在心头,想想曾经风雨走,同甘共苦不言酬,如今真的要分手,让我的心里怎能不难受。脱下军装,你不要悲伤,脱下军装,别忘了在一起的时光,一生都不愿尝,脱下军装的感伤。

(13)《女兵谣》

带着五彩梦,从军走天涯。女儿十七八,集合在阳光下,走进风和雨,走过冬和夏。心有千千结,爱在军营洒钢铁的营盘里。朵朵姐妹花,一身戎装靓丽我青春年华,钢铁的营盘里,深深战友情。一声令下,男儿女儿并肩出发并肩出发嘿!

(14)《中国海军陆战队之歌》

军中之军,钢中之钢,我们是祖国的热血儿郎。尖刀拔出鞘,炮弹压上膛,只等着冲锋号角吹响涌浪中。我们特别能吃苦,岸滩上我们特别能打仗,背水攻坚势不可挡,海军陆战队的战旗唯有向前方。

(15)《脊梁》

山有脊梁不塌方,虎有脊梁敢称王,人有脊梁腰杆硬,顶天立地响当当,铁脊梁啊钢脊梁,军人脊梁最坚强,擎雨雪啊擎风霜,擎起民族魂,看我英雄好儿郎好儿郎。

(16)《中国军魂》

如果祖国遭受到侵犯,热血男儿当自强。喝干这碗家乡的酒,壮士一去不复返。滚滚黄河滔滔长江给我生命给我力量,就让鲜血染成最美的花撒在我的胸膛上。红旗飘飘军号响,剑已出鞘雷鸣电闪,从来是狭路相逢勇者胜,向前进,向前进,向前进,中国军魂。

(17)《有一个道理不用讲》

有一个道理不用讲,战士就该上战场,是虎就该山中走,是龙就该闯海洋,谁没有爹?谁没有娘?谁和谁的亲人不牵肠,只要军号一声响,一切咱都放一旁。

(18)《一二三四》

一二三四、一二三四像首歌,绿色军营、绿色军营教会我。唱得山摇地也动,唱得花开水欢乐。一呀么一呀么一呀么一,一把钢枪交给我;二呀么二呀么二呀么二,二话没说为祖国;三呀么三,三军将士苦为乐,四海为家嘿!嘿嘿!!哪里有我、哪里有我,哪里就有一二三四……一二三四、一二三四,战士的歌

第二部分

体育运动与卫生健康教育实践项目

第七章 田径运动与卫生健康教育

第一节 田径运动概述

一、田径运动的概念

田径运动是由若干单个运动项目组成,以走、跑、跳、投为基本运动参与形式,以时间、高度和远度衡量运动效果的体育运动项目。田径运动包括田赛、径赛、公路赛、竞走和越野赛。在我国通常将以时间计算成绩的走、跑类项目统称为"径赛",以高度和远度计算成绩的跳、投类项目统称为"田赛",将由跑、跳、投部分项目组合的计分项目称为"全能"。

二、田径运动的起源和发展

田径运动起源于人类社会实践,随人类社会的发展而发展。远在上古时代,人们为了获取生活资料,在与大自然和禽兽的斗争中,必须走或跑相当长的距离,跳跃各种障碍,投掷石块和使用各种捕猎工具,在劳动中不断重复的这些动作形成了走、跑、跳、投的雏形。随着生产工具的改进和社会生产力的发展,人们有意识地把走、跑、跳、投作为生活技能传授给下一代,在生活中将这些生活技能演变成为娱乐性的游戏活动,并逐渐运用到军事上作为士兵身体素质训练的内容,在游戏和训练中逐渐发展成比赛项目。公元前776年举行的第1届古奥林匹克运动会上,田径已被列为正式比赛项目,但只有短跑一项,距离为192.25米。1896年,法国人皮埃尔·德·顾拜旦创立了第1届现代奥林匹克运动会,并确立了田径为奥运会的"第一运动"。1912年国际业余田径联合会成立并发展至今,田径运动已经成为历届奥运会金牌最多的项目之一(见表7-1)。

表 7-1 奥运会田径运动比赛项目

类别	男子项目(24 项)	女子项目(23 项)
径赛	100 米、200 米、400 米、800 米、1 500 米、5 000 米、10 000 米、110 米栏、400 米栏、3 000 米障碍、马拉松、4×100 米接力、4×400 米接力、20 公里竞走、50 公里竞走	100 米、200 米、400 米、800 米、1 500 米、5 000 米、10 000 米、100 米栏、400 米栏、3 000 米障碍、马拉松、4×100 米接力、4×400 米接力、20 公里竞走
田赛	跳高、撑杆跳高、跳远、三级跳远、推铅球(7.26 公斤)、掷标枪(800 克)、掷铁饼(2 公斤)、掷链球(7.26 公斤)	跳高、撑杆跳高、跳远、三级跳远、推铅球(4 公斤)、掷标枪(600 克)、掷铁饼(1 公斤)、掷链球(4 公斤)
全能	十项全能:100 米、跳远、推铅球、跳高、400 米、110 米栏、掷铁饼、撑杆跳高、掷标枪、1 500 米	七项全能:100 米栏、推铅球、跳高、200 米、跳远、掷标枪、800 米

　　四年一届的奥运会促使田径运动技术、场地器材不断改进,训练方法更科学合理,比赛规则日趋完善。1926 年,在荷兰出现了第 1 架用于终点摄影裁判的高速照相装置,以消除在终点裁判和计时中的人为因素,1928 年的阿姆斯特丹奥运会使用了这种装置。20 世纪 60 年代,尼龙竿、海绵包、橡胶跑道相继出现,使与此有关的田径项目技术发生了变化。这一时期的运动成绩提高幅度很大,男子 100 米、200 米和男子撑竿跳高分别突破 10 秒、20 秒和 5 米大关。在 1968 年的墨西哥奥运会上,美国运动员福斯贝里采用背跃式跳高取得冠军后,在世界各地仅两三年时间里背越式跳高便取代了俯跳卧式跳高技术。采用大运动量训练的捷克选手拉脱培克,在第 15 届奥运会上取得 5 000 米、10 000 米和马拉松 3 项冠军后,变速跑的方法立即推广于世界各地。1988 年,在汉城奥运会上,加拿大短跑名将本·约翰逊在男子 100 米决赛中取得第 1 名,但是他没有通过赛后的兴奋剂检测。1989 年,国际奥委会与其他国家奥林匹克联合会合作签署了禁止使用兴奋剂的联合宣言,同年开始赛场外随机兴奋剂抽查。20 世纪 90 年代以后,世界各国的田径水平都有了普遍提高,过去美国、俄罗斯、德国三足鼎立的局面开始弱化,越来越多的国家挤进分割奖牌的行列。2008 年北京奥运会田径比赛有多项纪录被打破,特别是牙买加运动员博尔特在 2008 年奥运会上以 9.69 秒的成绩打破男子 100 米世界纪录后,2009 年田径世界锦标赛上也再次以 9.58 秒的成绩打破自己创造的100 米世界纪录,预示着随着科学的不断发展,人体潜力将有待继续提高。

　　新中国成立后,几乎每年都举行规模较大的全国性田径运动会,在群众性体育运动广泛开展的基础上,我国田径技术水平和成绩与国际水平间的差距逐渐缩短。1957 年,我国优秀女子跳高运动员郑凤荣采用剪式跳高技术以 1.77 米打破了 1.76 米的世界纪录;在第 17 届奥运会上,我国台湾地区运动员杨传广获得十项全能银牌,并于 1963 年创造该项目世界纪录;1969—1970 年间,台湾地区女子跨栏运动员纪政曾 7 次打破世界纪录,被誉为"亚洲女飞人";1970 年倪志钦创造男子跳高 2.29 米的世界纪录;1983 年,徐永久以 45 分 13 秒 4 的成绩创女子竞走世界纪录,成为我国第 1 个在世界比赛中获得冠军的田径运动员;1983～1984 年我国优秀跳高运动员朱建华连续 3 次打破男子跳高世界纪录,最后成绩达到 2.39 米,在第 23 届奥运会上以 2.31 米的成绩获得跳高铜牌。

20 世纪 90 年代开始,我国田径运动步入辉煌时期。1992 年第 25 届奥运会上,我国女子竞走运动员陈跃玲夺得女子 10 公里竞走金牌,实现了中国奥运史上田径项目金牌零的突破;1993 年在德国斯图加特举行的第 4 届世界田径锦标赛上,我国获得奖牌的 4 金、2 银、2 铜;此后,我国女子运动员王军霞先后以 29 分 31 秒 78 和 8 分 6 秒 41 的成绩创造了 10 000 米和 3 000 米世界纪录,1996 年获第 26 届奥运会女子 5 000 米冠军;2000 年悉尼奥运会我国女子竞走运动员王丽萍获女子 20 公里竞走冠军;2004 年雅典奥运会刘翔以 12.91 秒平男子 110 米栏世界纪录,并获得金牌,这枚金牌是中国男选手在奥运会上获得的第 1 枚田径金牌,翻开了中国田径历史新的一页;同日,邢慧娜为中国又添一枚女子 10 000 米金牌;2006 年瑞士洛桑田径大奖赛上,刘翔以 12.88 秒的成绩打破了男子 110 米栏世界纪录,为中国田径运动又竖起一座新的丰碑。中国田径运动的优势项目主要在女子中长跑、竞走、投掷和男子 110 米栏、跳远、三级跳远。近年来,我国的田径整体水平与世界田径运动高水平差距正逐渐缩短。

第二节　田径运动的主要参与形式

一、跑步

跑是人类与生俱来的基本能力,是人体完成位移的主要方式之一。跑是单脚支撑与腾空相交替、两腿蹬摆相配合、动作协调连贯的周期性运动。

(一) 影响跑速的因素

1. 影响人体跑的力

跑进中对人体产生作用的力有内力和外力两种。内力是指肌肉收缩时产生的力,是人体运动的动力来源。外力是指人体与外界相互作用时所产生的力,包括支撑反作用力、重力、摩擦力、空气阻力。支撑反作用力是影响人体跑速的主要外力之一,它与人体跑进时蹬地的力量大小相等、方向相反。在整个支撑时期,支撑反作用力的大小和方向会不断变化,方向变化为向前上方——向上——向后上方。向前上方或向后上方的支撑反作用力均可分解为垂直分力和水平分力,它们所占比例的大小,决定着跑动的方向和速度。垂直分力大小决定了身体重心的起伏程度;水平分力大小决定了身体重心水平移动速度的快慢。重力是地心对人体的吸引力。身体重心在脚的支撑点前面时,重力起助力作用,反之起阻力作用,跑进中应尽可能缩短脚着地后的缓冲时间,使身体重心尽快移过支撑点转入后蹬。人体跑动中摩擦力的存在保证了脚与地面牢固的支撑点,运动员跑鞋的鞋钉的主要作用就是为了加大跑鞋与地面的摩擦力。人体跑进过程中,空气通常起阻力作用。跑速越快,阻力越大;人体截面积越大,空气阻力越大。

2. 步长和步频

步长和步频是影响跑速的两个主要因素。

决定步长的因素有:腿长、蹬地的力量和方向、下肢运动幅度、动作协调性、关节的灵活性、跑道的弹性和风向等。

决定步频的因素主要有:人体神经过程的灵活性、下肢运动环节比例、髋部和腿部肌肉力量、收缩速度、运动器官协调性等。

步长和步频相互依存、相互制约。两者同时提高,跑速必然提高。但在实践中,二者中的任何一个都不能超过一定的限度。步频太快会影响步长,步长太大会影响步频。因此,根据个人特点选择合理的步长和步频比例是获得最快速度的关键。

(二) 跑的项目分类

(1) 短跑:短跑比赛项目包括男女 60 米、100 米、200 米、400 米。运动员参加短跑比赛时必须使用起跑器,必须采用蹲踞式起跑。

(2) 中长跑:中长跑比赛项目有男女 800 米、1 500 米、5 000 米和 10 000 米。比赛时运动员采用站立式起跑。

(3) 跨栏跑:比赛项目分男子 110 米跨栏跑(栏高为 106 厘米)、女子 100 米跨栏跑(栏高为 84 厘米)、男女 400 米跨栏跑(男子栏高为 91.4 厘米,女子栏高为76.2 厘米)。比赛全程须跨越 10 个栏架。

(4) 接力跑:田径运动中唯一的集体项目。以队为单位,每队 4 人,每人跑相同距离。比赛项目有男女 4×100 米接力跑和 4×400 米接力跑。接力跑运动员必须持棒跑完各自规定的距离,并且必须在 20 米的接力区内完成传接棒。

(5) 障碍跑:障碍跑的距离为 3 000 米。女子障碍跑开展很晚,国际田联 1997年才开始推广。全程必须跨越 35 次障碍,其中包括 7 次水池。

(6) 公路跑:比赛项目有男女 15 公里、20 公里、半程马拉松、25 公里、30 公里、马拉松、100 公里和公路接力跑。

(7) 越野跑:越野跑是一种在野外自然条件下,选择一定路线进行比赛的项目,比赛的距离可根据性别、年龄等特点确定。一般男子成年组赛程为 15 公里、10 公里,女子组赛程为 10 公里、5 公里。

二、跳跃

田径运动中的跳跃项目,是运用人体自身的能力(或同时借助一定的器材——撑竿),通过一定的运动形式,使人体腾越尽可能高的高度或跳越尽可能远的远度。

(一)决定跳跃远度和高度的主要因素

跳跃项目都有一个明显的腾空过程,因此通常以抛射运动规律作为跳跃运动的力学基础。根据抛射运动原理,某物体以一定角度抛向空中,且抛射点和落点在同一水平面时,腾起初速度和腾起角是影响跳跃远度和高度的两个主要因素。

腾起初速度是指运动员结束起跳时,身体总重心所具有的速度。腾起初速度有一定的大小和方向。在跳跃中,腾起的高度和远度均与腾起初速度的平方值成正比。腾起初速度大小和方向由结束起跳时身体重心所具有的水平分速度和垂直分速度所决定。跳跃的高度项目,应在充分发挥和利用水平速度的前提下,尽可能获得更大的垂直速度。而远度项目则应在取得适宜的垂直速度的前提下,尽力获得更大的水平速度。

腾起角是指运动结束起跳时,身体总重心腾起初速度的方向与水平线所构成的角度。在实践中,优秀运动员背越式跳高适宜的腾起角为 50～55 度,跳远的腾起角大致为 18～24 度。

(二)跳跃项目分类

跳跃项目分为两类:一类为克服垂直障碍的高度项目,如跳高和撑竿跳高;另一类为克服水平障碍的远度项目,如跳远和三级跳远。

三、投掷

投掷是人体运用自身的能力,通过一定的运动形式,将手持的规定器械进行抛射以获得尽可能大的远度的运动项目。

(一)决定投掷远度的因素

投掷运动都属于抛射点高于落点,与落点不在同一水平面上的斜抛运动。器械飞行的远度主要取决于器械出手的初速度和出手角度,而铁饼和标枪等长投项目,投掷远度还要受出手高度和空气作用力的影响。

1. 出手角度

出手角度是指器械出手瞬间其重心轨迹的切线和水平线之间的夹角。出手角度主要受腿和躯干用力的方向和角度影响,同时在最后用力阶段持器械的手及手臂以良好的肌肉感觉正确控制器械运行的路线(在最后用力阶段,器械应控制在正确的空间位置,沿出手轨迹方向加速运行)。在实践中,推铅球适宜的出手角度为38～42度,掷标枪和掷铁饼约为30～35度,掷链球和掷手榴弹为42～44度。

2. 出手初速度

器械飞行的远度主要取决于器械抛射的初速度。器械出手的初速度与预加速阶段器械获得的预先速度有关,优秀运动员滑步或旋转推铅球可比原地远1.5～2.5米,掷铁饼可远8～12米,掷标枪和投手榴弹可远20～30米。在投掷运动中,应重视和掌握好预加速阶段的技术,使预加速阶段器械取得的预先速度在最后用力阶段能发挥作用。预加速阶段与最后用力技术衔接越好,速度利用率越高,出手初速度越快,运动成绩也越好。

器械出手的初速度主要取决于最后用力阶段对器械的加速度大小。为了提高器械出手的初速度,最后用力阶段须加大加快对器械的作用力,最后通过投掷臂将力量集中到器械上(铅球的重心,标枪的纵轴,铁饼的几何重心)以适宜的出手角度将器械投出。

3. 空气阻力

器械飞行中空气阻力的大小由器械飞行的垂直截面积和器械飞行的速度这两个因素决定。器械飞行的速度越快,空气阻力越大,但飞行速度是决定飞行远度的主要因素,因此,绝不能为了减小空气阻力而降低器械飞行的速度(即降低器械的出手初速度)。器械飞行的垂直截面积由器械的形状和器械飞行时的倾斜角与飞行姿态决定,垂直截面积越大,空气阻力也越大,因此,投掷标枪和铁饼时,应控制好器械的出手角度和器械飞行时的倾斜角与飞行姿态,同时通过出手瞬间屈腕拨指使器械按逆时针方向自转以保持飞行稳定,减小器械飞行的垂直截面积。

(二) 投掷项目分类

投掷类正式比赛项目主要有:铅球(男子7.26公斤,女子4公斤)、铁饼(男子2公斤,女子1公斤)、标枪(男子800克,女子600克)和链球(男子7.26公斤,女子4公斤)。

第三节　田径运动的主要参与方法

一、短跑练习

(一) 技术分析

听到"各就位"口令后,做2～3次深呼吸,轻快地走到起跑器前,两手撑地,两脚依次踏在前、后起跑器的抵足板上,后膝跪地,两手放在紧靠起跑线后沿处,四指并拢和拇指成八字形支撑,间隔比肩稍宽,两臂伸直,肩与起跑线平行,颈部自然放松,两眼视前下方约 40～50 厘米处(见图 7-1①和②)。听到"预备"口令后,平稳抬起臀部与肩同高或稍高于肩,重心适当前移,肩部稍超出起跑线,体重主要落在两臂和前腿上(见图 7-1③)。听到枪声后,两手迅速推离地面,屈肘做有力的前后摆动,两腿快速蹬离起跑器。

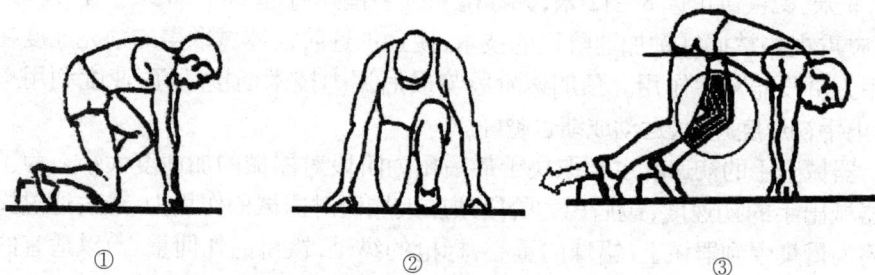

图 7-1　起跑

　　两腿蹬离起跑器后,身体处于较大的前倾姿势,为了不使身体向前摔倒,应积极加快两腿蹬摆与手臂摆动的频率。身体的前倾随着步长和跑速的增加逐渐减小,两脚内侧着地点随着跑速的加快逐渐合于假定的中线两侧。

　　步长与步频合理匹配,蹬摆协调配合是途中跑技术的关键。途中跑时身体稍前倾,脚的着地点距身体重心投影点较近,用前脚掌快速"扒地"着地,摆动腿折叠前摆并积极送髋以增大步幅,支撑腿蹬伸充分有力,后蹬角较小,两腿蹬摆配合协调,同时两臂配合腿的蹬摆以肩为轴作前后有力摆动,以维持身体平衡,使人体保持较好的向前性(见图 7-2)。

图 7-2　途中跑技术

　　离终点线 15～20 米时,应尽量保持上体前倾角度,加快两臂摆动的速度和力量。跑到距离终点线一步时,上体急速前倾用胸部或肩部撞终点线,跑过终点后逐渐减速。

(二) 练习方法

(1) 各种游戏性质的反应练习。

(2) 发令或听信号(口令、掌声等)起跑练习。

(3) 原地快速摆臂:两臂自然屈肘,以肩为轴做前后有力摆动。

(4) 原地快速摆腿:摆动腿,大小腿良好折叠以完成高速、大幅度前后摆动。

(5) 小步跑:小步跑主要用来改进短跑前脚掌"扒地"技术,练习时半高抬腿,膝关节放松,身体重心快速前移,直腿下压,用前脚掌"扒地"着地,两腿快速交替蹬摆(见图 7-3)。

图 7-3　小步跑

(6) 高抬腿跑:高抬腿跑主要用来改进短跑中腿折叠前摆技术,练习时在小步跑基础上加大摆腿幅度至大腿接近水平位置,落地与小步跑相同(见图 7-4)。

图 7-4　高抬腿跑

(7) 后蹬跑:适当减小后蹬角度,加大摆动腿前摆的幅度,然后积极下压,用前脚掌着地)。

(8) 折叠跑:折叠跑主要用来改进短跑折叠技术,练习时小腿在体后顺惯性向大腿折叠,脚后跟积极向臀部靠拢(见图 7-5)。

图 7-5　折叠跑

（9）加速跑 60～80 米。

（10）计时或计步快速后蹬跑 50～100 米。

（11）计时跑 30～60 米。

（12）短距离组合跑"20 米＋40 米＋60 米＋80 米＋100 米"或"30 米＋60 米＋100 米＋60 米＋30 米"。

（13）短距离变速跑 100～150 米（"30 米快跑＋20 米惯性跑＋30 米快跑＋20 米惯性跑"）。

（14）胶带牵引跑 30～60 米。

（15）反复跑 30～60 米。

（三）易犯错误

1. 起跑时两腿蹬离起跑器无力

产生原因："预备"姿势时臀部抬得过高或过低；两脚未压紧起跑器；两臂的前后摆动无力；起跑时过早抬起上体；起跑器安装不合适等。

纠正方法：正确安装起跑器；适当调整"预备"姿势时两腿膝关节角度；反复站立式起跑练习体会身体重心的前移。

2. 后蹬不充分，上体后仰，坐着跑

产生原因：髋、膝、踝关节力量较差；摆动腿前摆送髋和"扒地"着地不积极；腰、腹、背肌力量差，无法将躯干控制在正确位置。

纠正方法：反复做小步跑、后蹬跑练习以及橡皮筋牵引抗阻练习；加强腰、腹、背肌以及支撑肌群力量。

3. 前摆大腿抬不起来，向前甩小腿着地

产生原因：后蹬结束后小腿和大小腿折叠不紧，摆动半径过大；塌腰挺胸限制了髋的前移。

纠正方法：反复进行跑的专门练习（如高抬腿跑、折叠跑），练习过程中注意躯干保持正确姿势。

4. 摆臂紧张或往左右横摆

产生原因：肩关节紧张造成耸肩和上臂肌肉用力不协调；肘关节角度过大或过小。

纠正方法：反复进行原地摆臂练习，要求肩部放松，两臂自然屈肘，以肩为轴前后摆动；增强上肢力量特别是肩关节力量和灵活性。

二、中长跑练习

(一) 技术分析

听到"各就位"口令后，运动员从集合线走到起跑线处，两脚前后开立，将有力的腿放在前面，前脚尖紧靠起跑线后沿，后脚距前脚一脚距离左右，两脚的左右距离自然开立，上体前倾，两膝弯曲，两臂一前一后，身体重心主要落在前脚上，保持稳定姿势，集中注意力听枪声。起跑后上体保持前倾，脚尖着地，腿的蹬地和前摆以及两臂的摆动都应快速积极，逐渐加大步伐和加快速度，随着加速段的延长，上体逐渐抬起进入到途中跑。加速段距离的长短和速度，应根据个人特点、战术需求和临场情况而定。

途中跑段运动员上体正直或稍前倾，头部与脊柱成一条直线，胸部正对前方，下颌微收，两眼平视，颈部放松，上身不要过大地左右晃动，整个躯干自然而不僵硬。两臂弯曲约成 90 度，两手放松或半握拳，肩带放松，以肩为轴，自然地做前后摆动。前摆时稍向内，后摆时稍向外。上下肢动作协调配合，要注意向前运动的效果，身体重心起伏不能过大，两腿、两臂动作自然放松省力，两腿落地要柔和并有弹性。弯道跑时左脚用前脚掌外侧着地，右脚用前脚掌内侧着地，左腿膝关节外展，右腿膝关节稍内扣，身体重心向内倾斜协调用力，速度越快倾斜角度越大，右臂的摆幅稍微大于左臂。

中长跑的距离长，能量消耗大，机体要产生一定的氧债，为了保证机体对氧气的需求，呼吸必须与跑的节奏相配合，有一定的频率和深度。一般采用口鼻同时进行呼吸的方法，两步一吸、两步一呼，或三步一呼、三步一吸。由于氧气的供应落后于身体的需要，跑到一定距离时，会出现胸部发闷、呼吸节奏被破坏、呼吸困难、四肢无力和难以再跑下去的现象，这种现象在中长跑中称之为"极点"。出现"极点"现象，要以顽强的意志继续跑下去，同时加强呼吸，调整步速。常常在继续跑一段距离后，呼吸变得均匀，动作重又感到轻松，不适感渐渐消失。

(二) 练习方法

1. 一般耐力练习

跑走交替练习；越野跑、定时或定距离跑的练习；长时间的游泳、滑冰、打篮球、踢足球等练习。

2. 间歇训练法

85%～95%的次极限强度,间歇时间可根据运动员的训练水平和恢复能力来确定,通常以心率恢复到20～22次/10秒开始下一次练习为宜。

(1)"400米×5次",每次间歇3分钟;

(2)"200米+400米+800米+1 000米",每次间歇3分钟;

(3)"400米+间歇3分钟+400米+间歇2分钟+400米+间歇1分钟+400米";

(4)"2 000米+1 600米+1 000米+800米+400米",每次间歇时间5分钟;

(5)"(400米×4次)×3组",每个400米间歇2分钟,跑完4个为一组,组间歇时间为10分钟,共跑3组。

3. 重复训练法

800米运动员,选跑600米;1 500米运动员,选跑1 200米;5 000米运动员,选跑3 000～4 000米。重复次数以2～4次为宜。

4. 变速训练法

(1)"(100米快+100米慢或200米快+100米慢或400米快+100米慢)×(10～20次)";

(2)"(1 000米快+200米慢或2 000米快+400米慢)×(4～8次)"。

(三)易犯错误

1. 起跑抢跑和起跑后加速过快

产生原因:不重视中长跑的起跑技术,身体重心过分前移,不善于分配体力,急于抢位。

纠正方法:加强中长跑起跑技术练习,强调"各就位"姿势时身体重心的稳定,教会学生合理地分配体力和加速跑的方法。

2. 跑的动作紧张不协调

产生原因:技术概念不清,不会放松肩部和腿部的肌肉,身体姿势不正确,过于前倾或后仰。

纠正方法:了解正确的动作过程,多做柔韧性练习,增强弱肌群的力量,使各部分肌肉力量发展平衡;多做上体保持正直的慢跑、中速跑、变速跑和跑的专门性练习,强调身体放松。

3. 身体重心起伏过大,跑的直线性差

产生原因:后蹬角度太大,摆臂方向不正确,脚着地成八字形使两腿的力量不均匀。

纠正方法:注意膝关节向正前方摆动,用适宜的后蹬角度跑;加强弱腿力量练习,增强手臂、肩带的力量,加强摆臂技术练习。

4. 呼吸方法不正确,跑的节奏性差

产生原因:对跑时的呼吸方法、跑的节奏掌握不好,跑的速度感及均匀分配体力的能力差。

纠正方法:了解正确的呼吸方法及跑的节奏性的重要意义。原地跑步,练习呼吸步子的协调配合,逐渐过渡到途中跑,保持呼吸和步子的协调配合;多做各种跑的练习,在练习中强调保持稳定的步长和步频以及均匀的跑速,通过分段报时的方法,逐渐培养跑的速度感。

三、接力跑练习

(一) 起跑技术

接力跑第 1 棒运动员一般以右手持棒,持棒方法主要有 3 种:

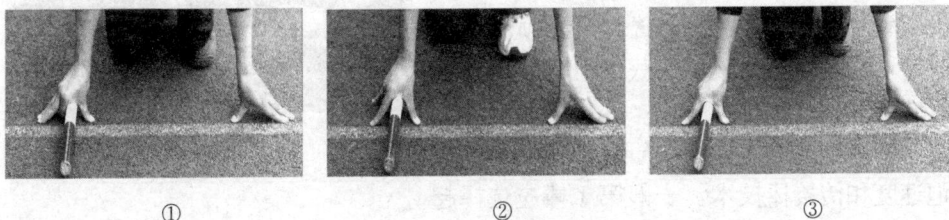

①　　　　　　　②　　　　　　　③

图 7-6　起跑持棒方法

(1) 右手的食指握住棒的后部,拇指与其他三指分开撑地(见图 7-6①)。

(2) 右手的中指、无名指握住棒的后部,拇指、食指和小指成三角撑地(见图 7-6②)。

(3) 右手的中指、无名指和小指握住棒的后部,拇指和食指分开撑地(见图 7-6③)。

后面 3 棒的接棒人应站在接力区后端线内或预跑线内,选定适当的起跑位置和起动标志,两脚前后开立,两膝弯屈,上体前倾,单手撑地保持平衡,头部略向后转,目视传棒人跑进。当传棒人员跑到起动标志线时,接棒人员迅速起跑。

(二) 传接棒技术

1. 上挑式

接棒人的手臂自然向后伸出,手臂与躯干约成 40～50 度角,掌心向后,拇指与其他四指自然张开,虎口朝下,传棒人将棒向前上方送入接棒人的手中(见图 7-7)。采用这种传棒方法接棒人向后下方伸手臂和传棒人的传棒动作都比较自然,容易掌握,但接棒人接棒后,手已握在接力棒的中部,如果棒不换手紧接着

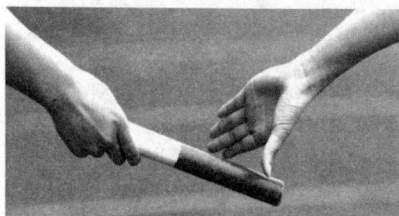

图 7-7 上挑式

再传给第 3 棒,第 3 棒的接棒人只能握住接力棒的前部,容易造成掉棒,而换手则影响快速前进。

2. 下压式

接棒人的手臂后伸,与躯干约成 50～60 度角,掌心向上,拇指与其他四指自然张开,虎口向后,传棒人将棒的前端由上向下传到接棒人手中(见图 7-8)。下压式传接棒技术的优点是每一棒次的接棒人都能握住棒的一端便于持棒快跑,但接棒人手臂后伸时容易紧张。

3. 传接棒的时机

在 20 米接力区内传、接棒双方都达到较高跑速时完成传接棒,即为传、接棒的良好时机。利用运动员的身高、臂长熟练顺利地完成传、接棒,能获得较大的获益距离。

4. 棒次安排

接力跑成绩主要取决于各棒运动员的短跑速度和传接棒技术。一般第 1 棒应选择起

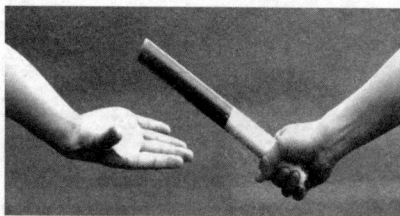

图 7-8 下压式

跑好并善于跑弯道的选手;第 2 棒应是传、接棒技术熟练的运动员;第 3 棒除具备第 2 棒的长处外,还要擅于跑弯道;通常把短跑成绩最好、冲刺能力最强的运动员安排在第 4 棒。

四、跳远练习

(一) 技术分析

图 7-9 起跳技术

运动员从静止状态或行进间起动,根据自身体能水平采用积极加速或逐渐加速方式助跑并准确踏上起跳板。

起跳时起跳脚积极主动着地,屈膝缓冲以减轻着地时的冲撞力,使身体快速前移。当身体重心前移超过支撑点垂直面时及时蹬伸髋、膝、踝三关节,同时摆动腿屈膝向前上方摆至大腿接近水平。躯干正直,手臂配合两腿的蹬摆动作做有力的前后摆动,带动躯干提肩拨腰,整个身体离地后保持腾空步充分向前向上腾起(见图 7-9)。

蹲踞式空中动作:腾空后,起跳腿屈膝由后向前向上靠近摆动腿,两腿一起尽力向胸部靠拢成收腹团身姿势。

挺身式空中动作:腾空后,摆动大腿积极下放带动小腿向下、向后摆动,靠近在体后的起跳腿,然后两腿同时屈膝上举收腹团身(见图7-10)。

图 7-10　挺身式跳远空中动作

身体即将着地时小腿快速前伸,两臂配合向上向前摆动,落地后及时屈膝缓冲,双臂迅速后摆,帮助臀部快速移过落地点(见图7-11)。

(二) 练习方法

(1) 原地模仿起跳:起跳脚快落,摆动腿膝领先向前上方摆出。随着摆动速度和幅度的加大,由不离地起跳过渡到起跳后蹬离地面腾起。练习中体会两腿蹬摆、上下肢的协调配合。

图 7-11　落地技术

(2) 行进中连续完成起跳练习:注意力集中在上、下肢的配合和蹬摆动作的配合上。

(3) 连续4步助跑起跳成腾空步练习。

(4) 短、中距离助跑起跳成腾空步练习。

(5) 原地空中动作模仿练习。

(6) 短、中距离完整蹲踞式或挺身式跳远练习。

(7) 全程助跑完整跳远练习:固定助跑起动的方式,加速节奏稳定。

(三) 容易出现的错误

1. 助跑步点不准

产生原因:助跑起动姿势不固定;助跑节奏不稳定;心理因素或客观环境的影响。

纠正方法:固定起动姿势、加速方式和助跑节奏;正确设置助跑标志。通常在助跑的最后4～6步处设置标志以检查调整助跑的准确性。对已确定的助跑距离,要根据外界条件的变化,如风力、风向、气温、助跑道质地、比赛时间,并结合自身状态,反复进行检查和调整。

2. 起跳后身体前旋,失去平衡

产生原因:起跳时身体过于前倾;过早向前收起跳腿,急于做落地动作。

纠正方法:反复进行助跑起跳成腾空步练习,注意起跳时头和上体的正确姿势。

3. 着地时,小腿前伸不够

产生原因:上体过分前倾,腰腹力量和下肢柔韧性差。

纠正方法:进行立定跳远练习,要求着地前快速前伸小腿。

五、推铅球练习

(一) 技术分析

1. 握持球

手指自然分开,把球放在食指、中指和无名指的指根上,大拇指和小指支撑在球的两侧,持球于肩上锁骨窝处(见图7-12)。

图7-12　握持铅球

2. 背向滑步

预备姿势:持球后,背对投掷方向,两脚前后开立,身体重心压在弯曲的右腿上,右脚脚尖贴近投掷圈后沿,左脚在后,成"团身"姿势。

背向滑步:臀部略向后坐带动身体重心向投掷方向移动,左腿以大腿带动迅速向抵趾板方向摆出,落地瞬间外旋以前脚掌内侧着地,同时右腿积极蹬伸,及时拉收小腿并向内扣膝,以前脚掌落于圆心附近,体重大部分落在弯曲的右腿,两腿摆蹬协调配合推动身体向投掷方向快速移动,形成最后用力前的良好姿势(见图7-13)。

图7-13　背向滑步

3. 最后用力

滑步结束,右腿积极转蹬,推动右髋向投掷方向运动,上体在转动中逐渐抬起,左臂向投掷方向牵引摆动,右腿继续蹬伸加速右髋向投掷方向转动和上体的前移,体重逐渐移向左腿,左腿被动微屈,左臂由上向身体左侧靠压制动,同时抬头挺胸,快速转体送右肩,向前上 35～39 度角方向伸肘,铅球快出手时,手腕稍向内转同时屈腕,快速而有力地拨球,使铅球从手指离开(见图 7-14)。推球的同时,左腿用力向上蹬直,以增加铅球向前和向上的力量。铅球出手后,两腿迅速屈膝或换腿支撑并降低身体重心,缓冲向前的力量,以维持身体的平衡。

图 7-14　最后用力

(二) 练习方法

(1) 原地正面单手推实心球或小铅球:正对投掷方向,两脚前手开立稍比肩宽,左脚在前,右手持球贴于颈部,然后上体向右扭转,左臂和左肩稍内扣,目视投掷方向,利用躯干扭转和手臂力量将球从肩上推出。

(2) 原地背向推球:在原地侧向推铅球的基础上,加大躯干向右转的幅度,推球前上体成背对投掷方向,然后右腿发力蹬转,结合躯干和手臂力量将球推出。

(3) 徒手或持球背向滑步练习。

(4) 背向滑步推铅球练习。

(三) 易犯错误

1. 推铅球时手指、手腕用力不当

产生原因:推球时手指完全放松;手指、手腕力量较差;推球时用力过猛。

纠正方法:握球时手指有一定紧张程度;注意发展手指、手腕的力量;用较轻的铅球进行练习,并注意用力顺序。

2. 推铅球时肘关节下降,抛球

产生原因:持球臂肘部过低;滑步过程中或开始推球时,头部过早转向投掷方向。

纠正方法:反复做正面推球练习;滑步过程中固定视线以控制头部过早转动。

3. 用不上腰背肌肉和下肢力量,单纯用手臂的力量推球

产生原因:投掷臂过早用力;用力顺序不明确;身体各部分动作不协调。

纠正方法:用助力的方式帮助体会腰背肌和下肢的用力,多做原地推铅球练习体会正确的用力顺序。

4. 铅球出手时臀部后坐

产生原因:右腿蹬地不充分,髋部未能转至正对投掷方向;最后用力时两脚前后之间的距离过长;左脚制动过大;心理上怕出圈犯规。

纠正方法:用助力的方式帮助转髋、送髋;徒手做最后用力练习,用右手触前上方一定高度和远度的标志物。

5. 推球时身体向左侧倾

产生原因:左臂过分向左后方摆动;左脚的位置过于偏左,两脚左右间隔过大,造成左侧支撑不稳。

纠正方法:右肩正前方固定标志物,原地推球时顺标志方向推出;在地上画出两脚的位置,要求滑步结束后两脚落于标志上;反复进行原地推铅球练习。

第四节　田径运动在人类健身中的作用与方法

一、田径运动在人类健身中的作用

田径运动健身是指人们以易于开展的田径竞技运动项目和其他由各种接近人体自然的走、跑、跳跃、投掷等多种运动方式构成的非竞技项目为基本内容和形式,进行身体锻炼,有效而全面地发展身体素质和基础运动能力,达到增强体质和提高健康水平的过程。

田径运动健身以现代科学技术以及运动与健康基础理论为基础,以健康为目标,全面发展人的基础运动能力,在全民健身运动和学校体育中具有重要的基础地位和作用。

（一）不受场地器材限制,练习内容和形式多样,利于在学校和社区开展

田径运动健身多是以个人为单位进行的走、跑、跳、投掷等练习,参加者无人数限制,或多或少,灵活方便;练习负荷可以随练习者年龄、性别和身体状况进行自我控制和调节,老少皆宜;田径健身运动对运动场地、器材的要求不高,走跑运动可在平坦的各种道路上进行,跳跃运动可以在沙坑或松软的土地上进行,投掷运动则可利用各种投掷物在空旷的场地做投远或投准练习。

（二）促进身体素质的全面健康发展，提高人体对外界环境的适应能力

田径运动健身项目较多，活动形式多样，经常参与能够巩固和提高人的基本活动能力，全面、有效地提高人们的力量、速度、耐力、灵敏和柔韧等身体素质，为参与田径运动竞技项目以及其他体育项目打下良好的身体素质基础。

田径运动健身大多在户外进行，在锻炼过程中人体更多地接触到空气和日光等自然条件的刺激，从而可以提高人体自身的调控能力，增强人体对自然环境的适应能力和对疾病的抵抗能力。

（三）提高人体各运动器官系统的机能

经常参与田径运动健身可改善神经系统机能；促进骨骼肌肉生长，提高骨骼抵抗损伤的机械性能；利于呼吸肌的锻炼和增强，增大肺活量，改善和提高呼吸系统和心脏机能；加快血液循环，促进物质代谢，促进青少年生长发育。

（四）培养良好心理素质与终生参与意识

田径运动健身练习方法与日常生活中的动作比较接近，练习难度较小，练习者不易产生厌倦、排斥和畏惧心理，可以积极主动地参加锻炼，在发展身体运动能力的同时，逐渐养成锻炼身体的好习惯，培养终身体育参与意识，并对健康心理品质的培养有积极的促进作用。

二、田径运动在人类健身中的方法

通过对田径竞技项目进行生活化、趣味化、游戏化的改造、挖掘、开拓，形成了田径运动在人类健身中的主要方法：健身走、健身跑、健身跳和健身投。

（一）健身走

走是人体最基本的运动方式。观察走姿、走速，可以判断一个人的健康情况，通过多种多样的"走"的锻炼可以达到强身健体的目的。休闲散步是最为常见的健身走，中华养生谚语"饭后百步走，能活九十九"就是对散步的健身效果的总结；齐步走、正步走有助于培养正确的走姿，塑造良好的体形；快步走可以发展腿部力量和耐力；"竞走"则是运用"走"来表现人体运动能力的最高形式。

1. 散步

散步是一种步伐轻松、步幅较小、步速较慢、运动负荷较小的健身运动，适用于妇女、中老年、体胖者以及关节炎、心脏病患者。散步多在户外如田野、林荫路、公园等环境中进行，时间可选择早晨、饭后半小时后或睡前。散步的姿势应自然、轻松，脚柔和着地，两臂随两腿节奏自然摆动，散步过程中两臂还可以随意做扩胸、振臂、转体或下蹲等简单动作。

2. 快走

快走指以较快的速度步行。快走可改善心血管系统、神经系统机能，对减肥、

美腿也有较好功效。快走时双臂需积极前后摆动,重心快速前移,抬头挺胸收腹,步频、步幅都大于散步。快走的速度应根据自己的体能来确定,一般步速可控制在 120～140 步/分,心率控制在 120～130 次/分,时间不少于 30 分钟。练习时快走可以和慢走、慢跑交替进行。

3. 倒退走

由于倒退走身体参加活动的肌肉工作性质与正常走相反,对提高腰背肌肉力量、柔韧性以及提高全身协调性都有积极作用。倒退走时,脚应由脚尖过渡到全脚着地,两臂在体侧自然前后摆动。由于背对行进,不易把握行进方向,可在地面做标志帮助辨别方向,或在有分道线的跑道上进行,为防止意外也可两人结伴练习互相提醒。倒退走可与正常走交替进行,如倒退走约 100 米后,换正常走一段距离,再换成倒退走。

(二)健身跑

健身跑又称慢跑,是采用较长时间、慢速度、较长距离的有氧锻炼方法。该项运动技术特点简单,不受场地、器材限制,可在田径场、公路、树林、公园及田间小路等地练习,而且男女老少均可参加,是我国群众性体育活动中普遍开展的项目之一。

1. 健身跑基本技术

上体略向前倾,腹部微收,两眼平视前方,两手半握拳,两臂以肩为轴前后摆动,摆动腿的大小腿顺惯性自然折叠,两腿的蹬摆轻松、协调,两臂微屈,与腿部动作协调配合做自然有力的前后摆动,用前脚掌或全脚掌柔和着地,身体重心起伏小,不左右晃动,步伐轻快有弹性,直线性好。

跑进中注意正确的呼吸方法和适当的体能分配,跑的节奏应适合个人特点。跑进过程中的呼吸节奏应和跑步节奏相配合,一般采用"三步一呼,三步一吸"或"两步一呼,两步一吸"的呼吸方法。为了加大肺通气量,呼吸时要注意加大呼吸深度。口鼻可同时进行呼吸,但嘴不能张得太大,否则吸进冷气会引起腹痛。呼吸快、慢、深、浅因人而异。

2. 练习方法

(1)走跑交替练习法:如跑 100 米和走 100 米交替进行。根据个人身体情况,确定走和跑的距离、速度及练习时间。

(2)变速跑:慢跑与中速跑交替进行,可根据练习者的实际情况随意变换跑速,随着练习水平的提高,不同速度跑的距离也应有所变化。

(3)定时跑:有不限速度和距离的定时跑以及限定距离和时间的定时跑两种。定时跑对提高练习者的耐力和体能有很大帮助。

3. 健身跑注意事项

(1) 认真做好运动前的准备活动和运动后的整理活动。

对于经常锻炼的人来说，很容易适应健身跑的强度和运动量，但对于平时很少锻炼的人来说，刚接触健身跑时，可能身体会有一些不适应，如跑完步后 12～24 小时，有些人会产生肌肉酸痛和全身乏力的现象，要想适当缓解这种不适症状，除了运动前注意热身，运动后还要做整理活动。

准备活动能使身体从相对安静状态逐步过渡到肌肉适度紧张状态，提高中枢神经系统的兴奋性和各器官的活动能力，健身跑前先活动肩关节、肘关节、背腰肌肉、腿膝踝关节等部位，以强化肌肉韧带的力量，提高机体的灵敏性和协调性，防止受伤。健身跑后应做好放松整理活动(如深呼吸)，慢走一段距离，再做几节放松操；或者对身体大肌群部位进行放松性的抖动、拍打或与同伴互相按摩等，以尽快恢复体力和肌肉力量。

(2) 循序渐进，逐渐加快跑的时间、距离和速度。

掌握好运动强度是健身跑的关键。衡量健身跑运动强度一般采用心率指标，适宜的心率为(170—年龄)次/分，如跑步者 40 岁，他跑步时的适宜心率应为 130 次/分左右。青少年每周可练习 4～5 次，每次 25～30 分钟，距离 3 000 米左右；中老年人每周 3 次，每次 15～20 分钟，距离为 1 500 米左右。如每周练习 3 次，运动量采用小、大、中来调剂比较好。运动负荷的增加一定要严格遵照循序渐进的原则，切不可操之过急。

(3) 舒适着装，跑进中随时观察身体状况。

跑步时所穿的鞋袜应柔软合脚，跑步结束后应立即披上外衣，以防伤风感冒。跑的过程中如出现心绞痛、胸痛、心跳显著加快、头痛、恶心、脸色苍白、出冷汗、跑步步态不稳等，应立即中止运动。

(4) 运动后适量补糖。

健身跑前后可适量补糖提供身体能量，以减轻运动后的肌肉酸痛症状，避免身体过度疲劳。

(三) 健身跳

1. 健身跳的练习方法

(1) 立定跳远：两脚左右开立与肩同宽，两臂向前上摆动，两腿伸直呈高重心支撑，随着两臂后摆两腿屈膝降低重心，紧接着两腿快速蹬地，同时两臂协调配合由后往前上方摆动，带动身体充分伸展髋、膝、踝关节，向前上腾起并充分展体，然后两腿及时屈膝收腹上举，着地瞬间小腿快速前伸以脚跟先着地，两臂配合自上向下向后摆动，落地后屈膝缓冲。每次练习 5～8 次，重复 3～4 组。

(2) 蹲跳：两脚平行，左右开立，屈膝向下深蹲或半蹲，两臂自然后摆，然后两腿迅速蹬伸,使髋、膝、踝3个关节充分伸直,同时两臂迅速有力向前上摆,使身体充分向上跳起,落地时用前脚掌先着地过渡到全脚掌屈膝缓冲,接着再连续跳起。每次练习10~15次,重复3~4组。

(3)蛙跳:两脚分开成半蹲,上体稍前倾,两臂在体后成预备姿势,然后两腿用力蹬伸,充分伸直髋、膝、踝3个关节,同时两臂迅速前摆,身体向前上方跳起,然后用全脚掌落地屈膝缓冲,两臂摆成预备姿势。连续跳5~7次,重复3~4组。

(4)台阶跳:两手背在身后,两脚平行开立,屈膝半蹲,用前脚掌着地支撑连续跳上台阶。连续跳20~30个台阶,重复3~4组。

(5)跨步跳:摆动腿折叠用力前摆后,积极向后下方以全脚掌"扒地"着地,并支撑腿在摆臂和摆动腿的配合下,做大幅度后蹬。跨步跳的动作幅度大,腾空高度较高,连续跨步跳应形成较好的跳跃节奏。连续跳10~15次,重复3~4组。

(6)单足跳:在两臂协调摆动的配合下,支撑腿膝关节适度缓冲,主要通过膝关节的屈伸用力,使人体连续向前跳跃。连续跳4~8次,重复3~4组。单足跳着地时腿需承受较大的冲击力,一般应有一定跳跃基础后再进行。

其他健身跳练习如原地纵跳摸高、立定三级跳远、多级跳、收腹跳、障碍跳等,也是发展身体协调性和腿部力量常用的练习方法。

2. 健身跳练习注意事项

(1)尽量选平坦而不过硬、过滑的地面进行练习,以免造成足、踝挫伤或膝关节劳损。

(2)练习前应做充分的准备活动如慢跑、徒手操、柔韧练习,以防肌肉拉伤,练习动作幅度应由小到大,速度由慢到快。

(3)中老年人受身体状况的限制,跳跃动作可以只强调身体的上下起伏,脚不离地的跳跃动作同样也能锻炼下肢肌肉力量。

(4)跳跃练习最好与上肢和腰腹活动交替进行,以免局部过度疲劳。

(四)健身投

健身投主要利用铅球、实心球、垒球、木棒等器材,用抛、投、推等练习方法投远或投准。

1. 练习方法

(1)沙包投掷练习。

重量轻、尺寸小的沙包投掷练习,对发展手对器械的控制,提高手指、手腕和手臂的力量有很好的作用。

(2)前抛实心球练习。

面对抛球方向,两脚左右开立与肩同宽,双手头后持球,抛球时先屈腿降低身体重心,上体后倾,然后两腿迅速充分蹬地,双臂由后向前上挥摆,将球向前上方抛出。每组练习 8～12 次,重复 3～4 组。

(3) 后抛实心球练习。

背对抛球方向,两脚左右开立,与肩同宽,屈膝降低身体重心,双手持球两臂自然下垂,抛球时身体重心略向后移,两腿用力蹬伸和展髋,将球经头部向后上方抛出(见图 7-15)。每组练习 8～12 次,重复 3～4 组。

(4) 仰卧投实心球练习。

练习者面对投掷方向,仰卧,双手接同伴抛过来的实心球后用力向前上方掷出,同时上体抬起与地面垂直。每组 10～15 次,重复 3～4 组。

图 7-15　后抛实心球

(5) 掷地滚球练习。

采用硬质实心球,在平坦的地面上设置饮料罐或其他类似物,在设定的远度,抛掷实心球将饮料罐碰倒,练习时注意手臂充分后摆,加长工作距离。可以游戏或比赛形式完成该练习,也可个人单独完成。每组练习 8～15 次,重复 3～4 组。

(6) 快速后抛投准游戏。

1～2 公斤实心球 10～15 个,从起掷线 5～20 米纵向画若干个同心圆,规定投中每个圆圈的得分,一名练习者抛球,另一人传递,连续抛若干时间或若干次,累计得分多者胜。该练习可多人分组进行比赛。

其他健身投如原地推铅球练习、侧向滑步推铅球练习、原地单手掷垒球、助跑投垒球等练习,也是发展手臂和腰腹肌肉力量的有效手段。

2. 健身投练习注意事项

(1) 练习前的准备活动要充分,器材的重量、练习的次数以及动作速度逐渐增加,以防受伤。

(2) 练习时注意安全,以防投出的器械伤及自己或旁人。

第八章 篮球运动与卫生健康教育

第一节 篮球运动概述

一、篮球运动的概念

篮球运动是双方队员在同一块场地上进行的以投篮为中心的对抗性体育运动。篮球运动由于其参与度高、竞争激烈、观赏性强以及其社会功能和教育价值等方面的特点,得到了社会的广泛认可,并且受到了广大人民群众的喜爱,成为了群众健身娱乐的一个重要选择。

二、篮球运动的起源与发展

1891 年,现代篮球之父美国人詹姆士·奈斯密斯博士任教于美国马萨诸塞州斯普林菲尔德基督教青年会国际训练学校,为了使学生在冬季可以在室内参与体育运动而发明了篮球运动。为了完善篮球游戏,1892 年他在综合了足球、橄榄球、曲棍球等其他球类项目特点的基础上制定了 13 条规则。

现代篮球运动发展到今天无论从规则还是从比赛的组织等方面都已经很成熟,并且在 5 人制篮球比赛的基础上衍生出很多以篮球为媒介的健身娱乐活动,如小篮球运动、三人制篮球比赛、花式篮球、街头篮球等。

小故事:奈斯密斯的篮球运动

奈斯密斯在 1891 年发明了篮球运动。当时奈斯密斯在美国马萨诸塞州斯普林菲尔德基督教青年会国际训练学校任教,他受这所学校体育系主任卢瑟·古利克教授为贯彻冬季体育课教学大纲的委托设计一项室内集体游戏。当时,他从当地儿童在室外喜欢用球投桃子筐(当地盛产桃子,家家户户备有桃子筐)的游戏中得到启发，发明了篮球游戏。

奈斯密斯把两个盛桃子的篮筐钉在室内运动房两端看台、离地面3米多的地方作为球篮，并用足球为比赛用球，挡板用铁丝网代替。最初篮球游戏比较简单，场地大小和参加游戏的人数没有限制，通常将上体育课的学生分成人数相等的两队，分别站在球场的两端，在裁判员向球场中央抛球后，双方队员立即冲进场内抢球，并力争将球投入对方的篮筐。当初桃筐是有底的，球投中以后就在篮子里，必须登上专设的梯子将球从篮筐取出，然后由裁判员重新向球场中央抛球，再次开始比赛，最后，以投球进筐多的一方为胜方。

随着场地设施的不断改善和改进，篮筐取消了筐底，并用铁圈代替桃篮，用木板制成挡板代替铁丝挡网，场地增设了中线、中圈和罚球线，比赛改由中场跳球开始。与此同时，场上比赛队员也通常改为每队9人，开始有后卫、守卫、中锋、前锋、留守等位置之分。此外，奈斯密斯还制订了一个不太完善的竞赛规则，共13个条款，其中规定不允许带球跑、抱人、推人、绊人、打人等。这大大提高了篮球游戏的趣味性。

1939年奈斯密斯逝世后，国际业余篮球联合会为了纪念他，在1950年创办首届男子篮球锦标赛期间举行的第1次中央局会议上，决定以他的名字命名世界锦标赛冠军杯——詹·奈斯密斯杯。

（摘自 http://zhidao.baidu.com/question/964820.html）

第二节　篮球运动的主要参与形式

篮球运动作为人们喜闻乐见的体育运动项目之一，在群众体育、社区体育和学校体育中开展得特别广泛。五人制篮球比赛、三人制篮球比赛甚至1对1的篮球比赛存在于城市的各个角落，如今花式篮球、街头篮球这些更加具有观赏性的篮球活动也在青少年中蓬勃开展起来。本书主要介绍五人制篮球比赛和三人制篮球比赛。

一、五人制篮球比赛

如今在全球举行的奥运会篮球比赛、篮球世界锦标赛、各大洲锦标赛以及各个国家的职业联赛等，都是五人制的篮球比赛，这些篮球比赛基本都是在国际篮球联合会(FIBA)规则下进行的比赛，美国 NBA(National Basketball Association)

的比赛在场地、规则等方面略有不同。

国际篮球联合会组织下的五人制篮球比赛都是在长 28 米、宽 15 米的场地内进行,每场比赛上场队员 5 人,替补队员最多为 7 人,在一定换人规则的限制之下可以进行任意的替换。比赛时间分为 4 节,每节比赛时间为 10 分钟,第 1 和 2 节和第 3 和 4 节之间休息 2 分钟,第 2 和 3 节(即半场)之间休息 10 分钟或者 15 分钟。

篮球比赛在 1936 年进入奥运会的大家庭以后,一直到 1992 年巴塞罗那奥运会都只允许业余篮球运动员参加,但是,作为篮球起源地的美国已几乎统治奥运会篮球比赛,只有在 1972 年和 1988 年没有获得冠军,1980 年因抵制莫斯科奥运会未参赛。1992 年奥运会篮球比赛放开了对职业运动员的限制后,被称为"梦之队"的美国队更是无人能敌,仅仅在 2004 年奥运会篮球比赛中让金牌旁落。不过,随着近年来篮球运动的国际化,众多国际球员加盟 NBA,美国男子篮球在国际比赛中独大的局面日益改变,逐渐呈现出多极化的趋势,例如西班牙、阿根廷等队伍已经逐渐威胁美国队的霸主地位,这样的发展趋势也推动了篮球运动的发展和推广。

从 1984 年洛杉矶奥运会开始至今,中国男子篮球队从来没有缺席过奥运会篮球决赛阶段比赛,在奥运会上获得的最佳名次是第 8 名,分别在 1994 年、2004 年和 2008 年奥运会上一共获得 3 次第 8 名的成绩。

表 8-1　历届奥运会男子篮球比赛前三名成绩单

届次	举办地	时间	冠军	亚军	季军
11	柏林	1936	美国	加拿大	墨西哥
14	伦敦	1948	美国	法国	巴西
15	赫尔辛基	1952	美国	苏联	乌拉圭
16	墨尔本	1956	美国	苏联	乌拉圭
17	罗马	1960	美国	苏联	巴西
18	东京	1964	美国	苏联	巴西
19	墨西哥	1968	美国	南斯拉夫	苏联
20	慕尼黑	1972	苏联	美国	古巴
21	蒙特利尔	1976	美国	南斯拉夫	苏联
22	莫斯科	1980	南斯拉夫	意大利	苏联
23	洛杉矶	1984	美国	西班牙	南斯拉夫
24	汉城	1988	苏联	南斯拉夫	美国

（续表）

届次	举办地	时间	冠军	亚军	季军
25	巴塞罗那	1992	美国	克罗地亚	立陶宛
26	亚特兰大	1996	美国	南斯拉夫	立陶宛
27	悉尼	2000	美国	法国	立陶宛
28	雅典	2004	阿根廷	意大利	美国
29	北京	2008	美国	西班牙	阿根廷
30	伦敦	2012	美国	西班牙	俄罗斯
31	里约热内卢	2016	美国	塞尔维亚	西班牙

　　与中国男子篮球队相比较,中国女子篮球队在奥运会中的成绩更好一些,曾经在1992年巴塞罗那奥运会中获得亚军,在1984年洛杉矶奥运会上获得第3名,在2008年北京奥运会上也获得了第4名的好成绩。

表 8-2　历届奥运会女子篮球比赛前 3 名成绩单

届次	举办地	时间	冠军	亚军	季军
21	蒙特利尔	1976	苏联	美国	保加利亚
22	莫斯科	1980	苏联	保加利亚	南斯拉夫
23	洛杉矶	1984	美国	韩国	中国
24	汉城	1988	美国	南斯拉夫	苏联
25	巴塞罗那	1992	独联体	中国	美国
26	亚特兰大	1996	美国	巴西	澳大利亚
27	悉尼	2000	美国	澳大利亚	巴西
28	雅典	2004	美国	澳大利亚	俄罗斯
29	北京	2008	美国	澳大利亚	俄罗斯
30	伦敦	2012	美国	法国	澳大利亚
31	里约热内卢	2016	美国	西班牙	塞尔维亚

二、三人制篮球比赛

　　与正式的五人制篮球比赛相比较,三人制篮球比赛更加风靡和流行于社区、学校、厂矿。三人制篮球比赛一般都是在半场内进行,对于场地的要求略低,场地利用率更高;三人制篮球比赛的人数相对较少,场地内空间较大,有利于突破和进攻,更加能够展示出个人的技术能力,从某种意义上来讲三人制篮球更加侧重于个人技术的发挥。

在国际篮球联合会的组织之下是没有正式的三人制篮球比赛的,一般的三人制篮球比赛都是在民间进行组织并且开展的,在我国的很多大城市每年都会举行大规模的三人制篮球比赛,例如阿迪达斯杯、肯德基杯三人制篮球比赛等。由于三人制篮球比赛没有官方的正式比赛,因此也没有正式的比赛规则,一般都是由组织者根据赛事参与者的特点、赛事规模特点、赞助商要求等制定规则,但是这些规则只有在例如比赛时间、比赛决定胜负的方式等方面有特殊要求,对于犯规、违例等情况都是按照国际篮球联合会的要求来进行判罚的。

第三节　篮球运动的主要参与方法

篮球技术是指在比赛中为了攻守的目的所运用的各种动作的总称,篮球技术根据其在比赛中的目的、任务分为进攻技术和防守技术。篮球技术是篮球运动的核心,任何高超、熟练的篮球技术都是从最基本的技术开始练起的。

一、运球

运球是篮球技术中的一项最基本技术,运球技术是指持球队员在原地或移动中用单手连续按拍球的一种动作方法。运球技术可带球移动到球场上的其他位置,它是运动员个体摆脱防守的有效方法,同样也是创造突破、传球、投篮机会的重要手段。

(一) 动作分析

运球方式和方法虽然分为很多种,但是无论哪一种运球方式,都由以下环节构成。

1. 身体姿势

运球的身体姿势一般是两脚前后开立,两膝弯曲,弯曲程度与运球高低相关,上体微前倾,抬头平视。运球时,一手运球,一手屈肘平抬,用以将球和防守队员隔开,以起到保护球的作用。

2. 手臂动作

手臂动作是控制球和支配球的关键。运球时,五指自然张开,手心空出,以肩为轴,大臂带动小臂,通过手指、手腕的按拍球完成对球的控制与支配。按拍球时,手应随球有迎送动作,从而缓冲球的反弹力量,并尽量延长手接触球的时间。按拍球的部位决定了运球的方向。通常原地运球时,按拍球的上方;变向运球时,按拍球的侧上方;向前运球或向后运球时,按拍球的后上方和前上方。按拍球的力量决定了球反弹的力量和速度。通常高运球时,大臂带动小臂,手指、手腕按拍球的力量较大,速度较慢;低运球时,主要依靠小臂和手指、手腕的力量,按拍球的力量较小,速度较快。

3. 球的落点

根据运球的方式、防守的情况,选择不同的落点。有效地控制球的落点,并利用身体、手臂的作用,可以有效地保护球。通常在无人防守或消极防守时,球的落点在运球手的同侧前方,离身体较远;在对方积极防守或防守位置较近时,球的落点在体侧或侧后方,离身体较近。运球高速推进时,球的落点离身体较远;在变向运球或运球急停急起时,球的落点离身体较近。

4. 手脚的协调配合

运球是一项对身体协调性要求较高的技术,它除了要求手臂的动作,还要求手脚、身体的协调配合。而手脚协调配合的程度与脚步动作的熟练程度、手臂的动作、身体移动的速度和方向等因素有关(见图8-1)。

图 8-1 运球动作

(二) 易犯错误

(1) 运球时身体姿势不正确,不屈膝而是弯腰。

(2) 运球时低头看球,不注意观察场上情况。

(3) 低运球时手指、手腕的动作僵硬、不放松;高运球时没有从肩部发力,球不跟手。

(三) 练习方法

1. 原地运球练习

每人一球在原地进行运球,运球动作包括:高运球、低运球、左右手交替运球、胯下运球、背后运球等。

2. 原地或者行进间运双球练习

每人两个球,可以在原地或者行进间进行左右手同时运两个球的练习,在拍击两个球的时候可以选择同时拍击,也可以选择交替拍击。

3. 运球急停急起练习

每人一球在场地内按照一个方向运球,听教练口令进行急停急起的练习。

4. 体前变向运球练习

每人一球在篮球场内沿球场标志线进行自由运球,每当遇到有线与线的交叉位置时则完成一次体前变向;或者是在场内摆放标志物,运球遇到标志物时做一次体前变向运球。

5. 变速运球练习

每人一球,听教练口令在球场内进行变速运球,变速运球要求除了改变运球速度,还要改变运球高度。在慢速运球时运球高度可以略高,当听到口令之后则突然加速(步幅也加大),并把运球高度降至膝部位置,快速突破向前。

6. 运抢球练习

方法一:在半场范围内每人一球运球移动,另设两个学生进场抢球,被抢球的学生继续抢别人的球。

方法二:在半场范围内,把学生分成人数相等的两个组,一组在场内运球移动,另一组一对一抢球,抢到球后两人交换攻守。

7. 各种运球方式交替运球练习

每人一球,在场地内摆放若干标志物,运球每遇到一个标志物则做一种运球的方式,如体前变向、胯下运球、运球转身、背后运球、变速运球等。

扩展知识:篮球球感练习方法介绍

(1) 持球:使用五指持球,并将手指向内紧缩。在球落下的一刻使用手掌接住。

(2) 躯干盘球:将球放在腰际盘旋,这个动作的关键在于脸面朝前,同时眼睛不要看着球,然后做顺时针、逆时针的盘球练习。

(3) 颈部盘球:将球沿着颈部环绕练习,这个练习同样脸面朝前,颈部切忌移动,并且做顺时针、逆时针方向的交替练习。

(4) 单脚盘球:两脚分开并且重心放低,持球在单脚一侧做盘球练习。眼睛不要看球,并利用左、右脚做顺时针、逆时针方向的交替练习。

（5）跨下前后抛球：两脚分开同时重心放低，将球从前方轻抛到后方，两手迅速由后方接住球，并将球轻抛回前方，如此反复计时练习，试试看 30 秒内能完成几次。

（6）膝部盘球：两脚稍微靠拢同时身体重心放低，将球沿着两膝做盘球练习。眼睛不要看球，并按顺时针、逆时针方向交替练习。

（7）跨下 8 字形盘球：这是单脚盘球的应用，将球沿着双脚在跨下做 8 字形的盘球，同时眼睛不要看着球，并按顺时针、逆时针方向交替练习。

（摘自 http://nbastar.cn/news/skill/2008/5-29/nbastar.cn_08529716813.htm）

二、传球

传球是队员之间有目的、有意识地支配球和转移球的方法，它是组织战术配合的纽带。传球是全队整体技术和战术发挥的重要保证，可以充分体现篮球意识和智慧。

（一）动作分析

1. 双手胸前传球

双手胸前传球是最基本的传球技术，可以在静止和行进间做出正面、侧面、远距离、短距离、反弹以及高吊球等多种方式的传球，容易与其他动作进行结合（见图 8-2）。

在进行双手胸前传球时，双手持球，拇指置于球的后侧部位，四指分开置于球侧，掌心不要触球，两手手指自然分开，拇指成八字形，两肘自然弯曲于体侧，将球置于胸前。传球时以基本篮球姿势站立，后脚蹬地，重心前移，前臂迅速前伸，手掌翻转，拇指用力下压，手腕前屈，食指中指用力拨球并将球传出，球向后旋转。传球高度在接球队员的胸部位置，方便接球队员接球。

图 8-2 双手胸前传球

2. 双手头上传球

双手头上传球的出球点高,适合于身体较高的队员,并能与篮下投篮相结合(见图8-3)。这种方式多用于抢篮板球后第1传、外线队员转移球和传给内线队员。

在进行双手头上传球时,双手持球举于头上,两肘稍屈,持球手法与双手胸前传球相同,传球时小臂前挥,手腕前扣外翻的同时,拇指、食指、中指有力拨球。传球距离较远时,加脚蹬地,腰腹用力,全身协调发力,将球传出。

图 8-3　双手头上传球

3. 单手肩上传球

单手肩上传球由于手臂摆动幅度大,用力距离远,因此传球力量比较大,球速快,落点远,特别适合快攻长传。

在进行单手肩上传球时由双手持球的基本姿势开始,持球手手腕向同侧肩处翻转,到达合适传球位置后,以肘关节为轴,借助下肢蹬转或腰腹转动的力量,顺势带动前臂的挥动,同时,手腕、手指前屈,球通过指端自然产生向后的旋转,飞向预定目标。出球后,手臂自然顺势跟随出球方向。

(二) 易犯错误

(1) 胸前传球时用力翻腕,手将球推出,肘关节外展。

(2) 单手肩上传接球时,手腕、手指用力不够,单手握球不稳。

(3) 单手体侧传球时,手腕、手指用力不够,没有假动作,无法给传球创造出足够的空间。

(4) 双手头上传球时,两手用力不均,与腰部配合不够。

（三）练习方法

1. 两人面对原地传接球练习

两人一组一球,相距3～5米的距离进行各种传接球练习。在传球时保持基本站立姿势,持、传、接球的手法正确。传接球动作由慢到快,距离由近到远。进行单手传球时要左右手交替练习。

2. 迎面上步接传球练习

参加者排成纵队,两列纵队相向而立,两纵队相距5～7米的距离,持球者传球给对面的同伴,传球后跑到对面纵队末尾,接球者上步接球,做急停后,再传球给对面队员,然后跑向对面队伍的后面,如此反复进行。在该练习中要求上步接球手法正确,接球后要平稳,传球的力量要柔和。

3. 两人两球对传练习

两人各持一球,相向站立相距3～5米距离,两人同时进行传球,传球到对方左胸的位置,球在空中呈水平移动,两球一左一右不发生碰撞,待熟练以后换成传向同伴右胸位置。另外,还可以进行一人传平直球、一人传反弹球的练习。

4. 移动中接前、后、左、右的球

两人一组,相距4～6米。一人为传球者,一人为接球者,传球者把球传给接球者时传出去的球可前、可后、可左、可右,接球者则根据传出的球向前、后、左、右移动接球,并回传。在练习过程中接球者移动要保持正确姿势,要判断好来球方向、路线及时移动接球,接球停稳后将球回传。

5. 跑动中传接球练习

两人一组,从球场一端的端线开始,相距4～5米距离进行跑动中互相传球,跑动时双方略微侧身站立,传球略向接球者斜前方传出,使接球者能够做到人到球到,如此反复,一直到对面端线。

6. 跳起双手、单手空中传接球

两人面对站立,相距3米左右。练习时,持球者用双手(或单手)将弧线传给对方,使球向对方头前上方落下,接球者跳起在空中用双手或单手接球,并在空中用双手或单手回传。依此两人交替练习空中传接球。

三、投篮

投篮是在比赛中,队员运用各种专门、合理的动作将球投进对方球篮的方法,是篮球赛中的得分手段。投篮是篮球运动中的一项关键性技术,是唯一的得分手段。进攻队运用各种技术、战术的目的,都是为了创造更多更好的投篮机会,并力求投中得分;防守队积极防御,都是为了阻挠对方投篮得分。随着篮球运动的发展,运动员身高、身体素质及技术水平的提高,促使投篮技术不断发展:出手部位由低到高,出手速度由慢到快,投篮方式越来越多,命中率不断提高。

投篮的方式虽然很多,但是最基本的投篮方式有两种:一种是双手胸前投篮,这种投篮方式主要是女篮运动员运用;另外一种运用最广泛的投篮方式是单手肩上投篮。

(一)技术分析

1. 双手胸前投篮

在进行该投篮练习时,双手持球基本同双手胸前传球。两肘自然下垂,将球置于胸前,目视瞄准点。两脚前后或左右开立,两膝微曲,重心落在两脚之间。投篮时,两脚蹬地,腰腹伸展,两臂向前上方伸出,两手腕同时外翻,拇指稍用力压球,食指、中指拨球,使球从拇指、食指、中指指端飞出。球出手后,脚跟提起,身体随投篮出手方向自然伸展。

2. 单手肩上投篮

在进行该投篮练习时,持球手五指自然分开,翻腕持球的后部稍下部位,异侧手扶在球的侧下面,将球举到头部侧上方位置,目视球篮,大臂与肩关节平行,大、小臂约 90 度角,肘关节内收。投篮时,由下肢蹬腿发力,身体随之向前上方伸展,同时抬肘向投篮方向伸臂,用手腕前屈和手指拨球动作,使球柔和地从食、中指端线投出。球离手时,手臂要随球自然跟送,脚跟提起(见图 8-4)。

图 8-4　单手肩上投篮

(二)易犯错误

(1)持球时掌心触球,手指指端未贴球体,影响手腕、手指用力。

(2)投篮时肘关节过分外展,致使投篮出手时,身体各部分用力不协调一致。

(3)双手投篮时,两手用力不均匀。

(三) 练习方法

1. 徒手模仿练习

做好准备姿势,全身协调用力模仿原地投篮姿势进行;做好原地跳投的准备姿势,两脚迅速蹬地起跳,同时两臂上振,做举球跳投出手动作。

2. 无篮筐投篮练习

为了防止练习的过程中过分关注命中率,可进行无篮筐的投篮练习,持球进行对模拟篮筐进行投篮练习,特别注意动作的规范性。

3. 变换投篮距离练习

变换投篮的距离,由近渐远,由远渐近,做原地跳投练习。根据不同距离,使用不同的力量。

4. 原地篮下擦板投篮

在篮下 1 步位置,依据投篮动作要求进行投擦板球;该距离投篮练习 10～20 天后,若动作较合理便可进一步晋升到中距离投篮。

5. 近距离接球跳投练习

在篮下 3 秒区的两个边线零角度位置和罚球线位置,接同伴传球做跳投练习。

6. 运球两步急停跳投

从 3 分线位置做运球两到三步后,然后做急停跳投;练习位置建议在球场两边 45 度投空心球练习,在球场两边 20 度则做擦板投篮练习。在练习过程中要关注以下问题:运球要强而有力,运球过程就需瞄篮,急停收球要快速,跳起来就投。

7. 传球接三步上篮练习

两人一组,从球场一端的端线开始做传接球练习,当传球到对面三分线附近时,此时接球人接球后直接完成三步上篮,可以做高手上篮和低手上篮。

第四节　篮球运动的基本规则与场地

一、五人制篮球比赛

(一) 比赛场地

奥运会篮球比赛和世界篮球锦标赛的比赛场地要求长度为 28 米,宽为 15 米,其他比赛(如地区或洲的比赛、或国内的比赛)场地长度可减少 4 米,宽度可减少 2 米,要求其变动互相成比例(现在所有新建比赛场地要与国际篮联的主要正式比赛所规定的要求一致)。球场的丈量从界线的内沿量起,所有界线宽为 0.05 米。

天花板或最低障碍物的高度至少应为 7 米。

一块正式的篮球场地由以下区域构成：中线、中圈、罚球线、限制区、罚球区、三分投篮区、球队席区域等。

（二）篮板及球篮

篮球场的篮板要用适宜的整块透明材料制成（也可用 0.03 米厚、漆成白色的硬木板制成），篮板的尺寸如下：横宽 1.80 米，竖高 1.05 米，下沿距地面 2.90 米。篮板安置在球场的两端，与地面垂直，与端线平行；它们的中心要垂直地落在球场上，距离端线内沿中点 1.20 米的地方；篮板的支柱要距离端线外沿至少 2 米，为了使比赛队员看得清楚，其颜色要鲜明，并与端线后面的背景有明显区别。

球篮由篮圈和篮网两部分组成。篮圈要按如下要求制作：①实心铁条，内径为 0.45 米，漆成橙色；②圈条的直径最小为 0.017 米，最大为 0.020 米，圈的下沿设有小环或类似的东西，以便悬挂篮网；③它们要牢固地安装在篮板上，篮圈顶面要成水平，离地板 3.05 米，与篮板两垂直边的距离相等；④篮板面距篮圈内沿的最近点是 0.15 米；篮网用白色的细绳结成，悬挂在篮圈上；它的结构要能够使球穿过球篮时有暂时的停顿。网长不短于 0.40 米，不长于 0.45 米。

（三）比赛时间

一场国际篮球联合会组织下的篮球比赛时间为 40 分钟，比赛分为 4 节，每节时间为 10 分钟，第 1 和 2 节为上半场，第 3 和 4 节为下半场，上下半场中间休息 10 分钟或者 15 分钟，两节之间休息 2 分钟。如果在正式比赛时间中比分战平，则进行加时赛，加时赛的比赛时间为 5 分钟。

（四）比赛人数

一场五人制篮球比赛进行时，每队要有 5 名队员上场，并可按照规则的规定进行替换。每场篮球比赛替换人数不限，只要被登记在上场队员名单中的队员均可在合适的时机被替换上场，这些时机包括：球成死球；停止比赛计时钟；当裁判员正在向记录台报告一起犯规，在他报告完毕时。并且这些被替换上场的运动员只有在裁判员招手示意后方可进场。

（五）主要违例情况

1. 带球走规则

带球走是指当持活球的队员用同一脚向任何方向踏出一次或数次，另一脚（称为中枢脚）不离开与地面的接触点时出现了旋转。判罚带球走主要关注以下一些问题：

（1）确定中枢脚。

①队员双脚着地接到球，可以用任一脚作中枢脚。一脚抬起的一刹那，另一脚就成为中枢脚。

② 队员在移动或运球中接到球,可以按下列情况停步并确定中枢脚:

a. 双脚同时着地,则任一脚都可以是中枢脚。一脚抬起的一刹那,另一脚就成为中枢脚。

b. 两脚分先后着地,则先触地的脚是中枢脚。

c. 一脚着地,队员可以跳起那只脚并双脚同时着地,则哪只脚都不是中枢脚。

(2) 持球移动。

① 确定了中枢脚后。在传球或投篮中,中枢脚可以抬起,但在球离手前不可以落回地面;运球开始时,在球离手前中枢脚不可以抬起。

② 停步后,当哪只脚都不是中枢脚时。在传球或投篮中,一脚或双脚都可以抬起,但在球离手前不可以落回地面;运球开始时,在球离手前哪只脚都不可以抬起。

2. 三秒钟规则

三秒钟规则是指某队控制球时,该队队员在对方的限制区内停留不得超过持续的 3 秒钟。限制区的各线都属于限制区的一部分,队员触及任何一线都算位于限制区内。

3. 十秒钟规则

十秒钟规则是指当一名队员在后场控制活球时,该队必须在 10 秒钟内使球进入前场,否则视为违例。当球触及前场或触及有部分身体接触前场的队员时,球即进入前场。

4. 球回后场

球回后场是指位于前场的控制球队的队员不得使球回后场。例如,当球已经进入前场之后有运球回后场或者踩踏中线;当球进入前场后同队队员之间传接球时回后场或者触球队员踩踏中线等。如果在球进入前场后由对方队员直接触及球使球回后场,则不算球回后场违例。

5. 攻、防中的干扰球

在投篮的时候,当球在飞行中下落,并完全在篮圈水平面之上时,进攻或防守队员不可以触及球。除非出现球触及篮圈或者球明显不会触及篮圈的情况。

(六) 主要侵人犯规情况

侵人犯规是在活球、球进入比赛状态或死球时涉及与对方队员接触的队员犯规。队员不准通过伸展臂、肩、髋、膝、脚或弯曲身体成不正常姿势以阻挡、拉、推、撞、绊等动作来阻碍对方行进;也不准使用任何粗野动作。主要包括以下 8 种情况:

(1) 阻挡:阻止对方队员行进的身休接触。

(2) 撞人:持球或不持球的队员推动或移动到对方队员躯干上的身体接触。

（3）从背后防守：防守队员从对方队员的背后与其发生的身体接触。即使防守队员正在试图去抢球，与对方队员发生身体接触也是不正当的。

（4）用手挡阻：防守队员在防守状态中用手接触对方队员，或阻碍其行动，或帮助防守队员来防守对手的动作。

（5）拉人：干扰对方队员移动自由而发生的身体接触。能用身体的任何部位来造成这个(拉人)接触。

（6）非法用手：发生在队员试图用手抢球而接触了对方队员时，如果仅仅接触了对方队员持球的手，则被认为是附带的接触。

（7）推人：用身体的任何部位强行移动或试图移动已经或没有控制球的对方队员时发生的身体接触。

（8）非法掩护：试图非法拖延或阻止非控制球的对手到达希望到达的场上位置。

二、三人制篮球比赛

三人制篮球比赛规则除了以下的这些规定之外，其余规定均按照最新国际篮球规则执行。

（一）场地和器材

三人制篮球比赛场地在半个标准的篮球场地(14 米×15 米)或按照半场比例适当缩小(长度减少 1 米，宽度减少 2 米)的场地进行。一般比赛球篮跟五人制篮球比赛没有区别，即距地面 3.05 米的球篮，另外还有距地面 2.8 米的球篮，是供男子小学组、女子初中和小学组使用的。

（二）比赛人数与时间

三人制篮球比赛上场运动员人数为 3 人，比赛双方报名可以报 4～5 人。比赛不分上下半时(组织者可以根据实际情况分上下半场)，全场比赛时间为 10 分钟(组织者可根据参赛队数多少，修订时间为 12 或 15 分钟)，比赛分别进行到 5 和 9 分钟时，记录员各宣布一次时间。如果只有 10 分钟比赛时间，则双方队都不得暂停(遇有队员受伤，裁判员有权暂停比赛 1 分钟)。如比赛安排为 12 或 15 分钟，则分别允许请求一次或两次暂停，每次暂停时间为 30 秒。

比赛中除了在罚球、暂停、球员受伤及比赛结束等情况下停止计时外，其余情况均不停表。

（三）攻守转换

每次投篮命中后，都由对方发球，所有交换发球权的情况(如违例、界外球及投篮命中后)，均为死球，在发球区掷界外球继续比赛。所有不交换发球权的情况(如不执行罚球的犯规)，则在就近的三分线外发球。在这种情况下，发球前必须由裁判员递交球。

守方队员断球或抢到篮板球后,必须将球运(传)出三分线外(持球队员必须双脚踏在三分线外),才可以组织进攻,否则判进攻违例。

(四) 犯规法则

比赛中,每个队员允许 3 次犯规,第 4 次犯规被罚出场。任何队员被判取消比赛资格的犯规,则取消该队比赛资格。每个队累计犯规达 5 次后,该队第 6 次以后的侵人犯规由对方执行 2 次罚球。前 5 次犯规中,凡对正在做投篮动作的队员犯规,如投中,记录得分、对方个人和全队犯规次数,不追加罚球,由守方发球继续比赛;如投篮不中,则判给攻方被侵犯的队员 1 次罚球,如罚中得 1 分,并由攻方继续掷界外球,如罚不中,仍由攻方掷界外球。

(五) 得分相等和决胜期

比赛时间终了,以得分多者为胜方。初赛及复赛阶段,比赛时间终了,如得分相等,执行一对一依次罚球,只要出现某队领先 1 分即为胜方,比赛结束。

在决赛阶段,比赛时间终了,如得分相等,则增加 3 分钟决胜期,发球权仍以掷硬币的形式决定。如果决胜期得分仍相等,执行一对一依次罚球,只要出现某队领先 1 分即为胜方,比赛结束。

第九章　排球运动与卫生健康教育

第一节　排球运动概述

一、排球运动的概念

排球运动是由两支人数相等的球队,在被网隔开的两个均等的场内,根据规则以身体的任何部位,将球从网上击入对方球场内,而不使球在本方场内落地、集体攻防对抗的体育项目。

二、排球运动的起源与发展

1895 年,美国人威廉·摩根发明了排球运动。当时,篮球运动刚刚诞生 4 年时间,在美国霍利奥克城基督教青年会任体育干事的威廉·摩根在工作中发现,篮球运动对常坐办公室的人和年龄较大的人来说过于剧烈,他们不愿在球场上玩命地奔跑、冲撞,需要一项新的运动来满足他们既要参与运动、又不太累的需要。于是,摩根根据人们的这一需求,在体育馆内挂上网球网子(高度为 6 英尺 6 英寸,即 1.98 米),用篮球胆在球网上空来回打。打法上采用网球和手球的一些技术,规则类似棒球,由 9 局组成,连胜 3 分为 1 局,双方上场人数不限,但须对等。摩根给这种运动形式取了一个颇为有趣的名字"Mintonette",意即"小网子"。"小网子"活动满足了中年人娱乐和体育之需,受到人们欢迎。排球运动就这样从嬉戏篮球胆的球戏中发展起来。

排球在 1900 年左右传入加拿大,1905 年传入古巴、巴西等美洲国家,在第一次世界大战期间,美国士兵将排球运动带入欧洲国家,先后在法国、意大利、苏联、波兰等国家广泛开展。排球运动在 1900 年左右先后传入印度、中国、日本和菲律宾等亚洲国家。

1946 年 8 月 26 日,法国、捷克斯洛伐克、波兰 3 国排球的代表在布拉格召开会议,倡议成立国际排球联合会,第 2 年(1947 年)4 月,国际排球联合会在巴黎正式召开成立大会,同时成立了各类相关委员会,正式出版了国际排联竞技比赛规则。在此之后,各项排球锦标赛先后开展起来(见表9-1)。

表 9-1　各项排球大赛第 1 届举办情况介绍

时间	比赛名称	举办地
1948 年	第 1 届欧洲男子排球锦标赛	意大利
1949 年	第 1 届世界男子排球锦标赛	捷克斯洛伐克
1949 年	第 1 届欧洲女子排球锦标赛	捷克斯洛伐克
1952 年	第 1 届世界女子排球锦标赛	苏联
1964 年	第 18 届奥运会男、女排球比赛	日本
1965 年	第 1 届世界杯男子排球赛	波兰
1973 年	第 1 届世界杯女子排球赛	乌拉圭
1977 年	第一届世界青年男、女排球锦标赛	巴西

小故事:最早的排球比赛与规则

　　1896 年,美国马萨诸塞州斯普林菲尔德基督教青年会体育指导大会在霍利奥克城举行。大会期间举行了历史上最早的"小网子"比赛,两队各出 5 人,双方队长分别是霍利奥克市市长库兰和消防队队长林奇。到场观战的 A·T·哈尔斯博士兴致勃勃观看完比赛表演以后,觉得"小网子"一词意犹未尽,提议把"Mintonette"改为"Volleyball",取"空中飞球"之意,这一提议形象地概括了排球运动的性质,得到与会者一致同意。同年 7 月出版的美国《体育》杂志发表了第 1 部排球规则,最初的排球比赛没有人数规定,赛前由双方临时商定,只要双方人数相等即可。

第二节　排球运动的主要参与形式

　　由于对于技术的要求相对较高,因此正式的排球比赛在全民健身活动中开展得比较少,但是,人们为了使排球运动能够广泛地开展起来,发明了很多易于开展的排球项目,如软式排球、气排球等。下面将对六人制排球比赛、软式排球比赛和气排球比赛进行讲解。

一、六人制排球比赛

六人制排球比赛经过百年发展,经历了娱乐排球、竞技排球和现代排球3个阶段,比赛越来越精彩,竞争也越来越激烈。随着世界大赛的频繁举行,各国排球水平都有着长足的进步与发展,排球技术也越来越成熟。

排球运动能够长期存在、逐渐发展,并且得到全世界人们的认可,主要是因为其具有以下特点。

(1)广泛的群众性:排球场地设备简单,比赛规则容易掌握。既可以在球场上比赛和训练,亦可以在一般空地上活动,运动量可大可小,适合于不同年龄、不同性别、不同体质、不同训练程度的人。

(2)技术的全面性:规则规定每个队员都要进行位置轮转,既要到前排扣球与拦网,又要轮到后排防守与接应。要求每个队员必须全面地掌握各项技术,能在各个位置上比赛。

(3)高度的技巧性:规则规定比赛中球不能落地,不得持球、连击。击球时间的短暂,击球空间的多变,决定了排球的高度技巧性。

(4)激烈的对抗性:排球比赛中,双方的攻防转换始终是在激烈的对抗中进行。高水平比赛中,对抗的焦点在网上的扣拦上。在一场比赛中,夺取1分往往需要经过六七个回合的交锋。水平超高的比赛,对抗争夺也越激烈。

(5)攻防技术的两重性:排球是多种技术都可以得分、也能失分的项目,这种情况在决胜局比赛中更加突出,所以说每项技术都具有攻防的两重性,要求技术既要有攻击性,又要有准确性。

(6)严密的集体性:排球比赛是集体比赛项目,除发球外,都是在集体配合中进行的。没有严密的集体配合,再好的个人技术也难以发挥,更无法发挥战术的作用。水平越高的队,集体配合就越严密。

二、软式排球

软式排球由柔软的橡胶和海绵制成,1988年10月在日本山梨县出现。最初,只是作为日本家庭成员的一种娱乐健身的活动形式。但它问世后,即以其趣味性强和易学习等特点,吸引了众多想学排球而又被6人排球的技术和身体素质的高要求排除在门外的爱好者。并且,软式排球一问世即以家庭成员组织参赛的形式出现,使每个想享受天伦之乐的参与者均乐此不疲。1989年软式排球的竞赛规则在日本正式推出。1992年软式排球进入日本中小学和部分高校的体育教材,日本的软式排球推广普及工作已经有组织、富有成效地开展。

目前,软式排球在日本、新加坡、韩国、意大利、美国等国已广泛开展。1995 年 8 月,软式排球开始进入中国。虽然,它是排球家庭的新成员,历史不长,但它具有球体柔软、重量轻、不易伤手指、易学易掌握,以及比赛形式多样、健身特点突出和具备集体性、技巧性、对抗性等特点。这样的特点既满足了男女老少健身娱乐的需要,又成为了一项很有发展潜力的体育锻炼运动项目,深受人们的欢迎。

1995 年我国国家体委排球处处长高沈阳宣布,中国排协拟大力开展和推广沙滩和软式排球活动,以吸引广大青少年投身其中。1995 年 8 月,北京体育大学利用从日本购回的软式排球,开始了学习推广软式排球进程。1996 年国家体委在其制定的"中国排球事业 2001 年计划纲要"中规定,要通过开展软式排球激发青少年对排球运动的兴趣,并要求把软式排球发展成为全民健身和文化娱乐的基本构成单元,在全国开展和普及这项运动。

三、气排球

气排球是我国土生土长的一项群众性排球活动。1984 年,呼和浩特铁路局济宁分局为了开展老年人体育活动,在没有规则限制的情况下,组织离退休职工用气球在排球场上进行游戏。由于气球过轻且易爆,他们将两个气球套在一起打,最后又改用儿童软塑球。随后又参照 6 人排球规则制定了简单的比赛规则,并将这种活动形式取名为"气排球"。

1991 年,在北京举行的全国铁路老年体育工作会议决定在全路老年人中推广气排球。火车头老年体协依据排球规则,编写了第 1 本《气排球竞赛规则》,并在上海特制了比赛用气排球。1992 年 3 月,在石家庄举办了第 1 期全路气排球学习班。同年 11 月,在武汉举行了首届全路老年人气排球比赛,共有 7 支男队和 6 支女队参赛。1993 年 3 月,火车头老年人气排球协会在北京正式成立。同年 7 月全路第 2 届老年人气排球赛分别在齐齐哈尔和锦州举行。

第三节 排球运动的主要参与方法

排球技术是指运动员在比赛规则允许的条件下采用的各种合理击球动作和配合动作的总称。它是排球运动的基础和重要组成,排球技术有两种,分为有球技术和无球技术,其中有球技术包括传球、垫球、扣球、发球和拦网;无球技术包括准备姿势、移动、起跳、扣球和各种掩护动作。本节主要介绍无球技术的准备姿势以及有球技术的各种技术动作。

一、准备姿势

准备姿势是指为了完成各种技术动作而采取的合理的身体姿势。一般来讲，按照身体重心的高低，准备姿势可以分为半蹲准备姿势、稍蹲准备姿势和低蹲准备姿势。

(一) 动作分析

1. 半蹲准备姿势

两脚左右开立稍比肩宽，一脚稍前，两脚脚尖内收，脚跟提起。膝关节保持一定的弯曲，上体前倾，重心靠前。两臂放松自然弯曲，双手置于腹前，全身肌肉放松，两眼注视前方，两脚始终保持微动(见图 9-1)。

图 9-1 半蹲准备姿势

2. 稍蹲准备姿势

稍蹲准备姿势比半蹲准备姿势重心稍高，动作方法一致(见图 9-2)。

图 9-2 稍蹲准备姿势

（二）易犯错误

重心过高；过分弯腰，而不屈膝；准备姿势时脚下站死，没有始终保持微动的状态；全脚掌着地等。

（三）练习方法

(1) 听口令迅速从站立、蹲、躺等姿势变换成为准备姿势。

(2) 起跳落地或者跑步急停后迅速变换为准备姿势。

二、发球

发球是比赛的开始，也是进攻的开始。准确而有攻击性的发球，不仅可以得分，而且还可以瓦解对方的战术组合。因此，发球既要有准确性又要有攻击性。发球可分为正面上手发球、正面下手发球、侧面下手发球、高吊球、勾手发球、勾手大力发球等。

（一）动作分析(以右手发球为例)

1. 正面下手发球

下手发球动作技术简单，是学习发球技术的入门。下手发球技术是女生考试项目。面对球网，左脚在前，两膝微屈，左手持球于胸前，右手自然下垂。眼视前方。左手将球在体右侧抛起，高约 20 厘米，抛球时，身体重心后移，同时右手后摆。右脚蹬地，身体重心前移，右臂伸直，以肩为轴向前摆至腹前，用掌根击球的后下部。击球后，随着击球动作身体重心前移，迅速入场(见图 9-3)。

图 9-3　正面下手发球

2. 正面上手发球

面对球网，两肢自然开立，左脚在前，左手托球于体前，左手用掌平稳而准确地将球抛在体前右肩前上方，高度约 50 厘米，同时，右臂抬起，屈肘后引，肘略高于肩，上体稍向后仰。五指并拢，指尖朝上，手腕稍后仰保持一定的紧张，眼睛注视球体。右脚蹬地,重心前移,以收腹、屈体迅速带动手臂的挥动。挥臂成直线,在右肩前上方,用手掌坚硬部位击中球的后下部。发球完成后迅速入场到达自己的位置(见图9-4)。

图9-4 正面上手发球

(二) 易犯错误

(1) 抛球时有屈腕动作,使抛出的球不平稳,影响发球效果。

(2) 抛球的高度中位置不准确。

(3) 正面上手发球时,做不出推压带腕动作。

(4) 勾手发飘球时,弧线挥臂击不准球。

(5) 勾手大力发球时,挥臂动作不协调,没有用上转体的力量。

(三) 练习方法

1. 初学阶段

(1) 徒手做抛球的练习。要求平稳地向上抛,使抛出的球不旋转。最好使抛出球的高度固定。

（2）徒手模仿发球动作练习。

（3）击固定球。两人一组，一人持球举至击球点高度，另一人挥臂击固定球。体会击球点和挥臂动作。

2. 巩固提高技术练习

（1）在发球区的不同位置发直线、斜线球。

（2）向网前和后场发球。

（3）向后场两角发球。

三、垫球

垫球是指在排球运动中通过手臂和身体其他部分的迎击动作，使来球从垫击面上反弹出去的击球动作。垫球动作在排球比赛中占有很重要的地位，主要用于接发球、接扣球和接拦回球。

垫球技术按照动作分类，可以分为正面双手垫球、体侧垫球、背垫、挡球、跨步垫球、跪垫、让垫、前铺垫、滚翻垫、卧垫球、鱼跃垫等。本书主要介绍最基本的垫球技术——正面双手垫球技术。

（一）技术分析

两脚开立稍比肩宽，做好准备姿势。看准来球，两臂夹紧前伸，插到球下，用前臂腕关节以上10厘米左右的地方、两臂桡骨内侧形成的平面击球的下部。在垫球过程中保持好垫球手型，手型主要有抱拳互握式、叠掌式、互靠式等，每种姿势均可。在击球时垫球手臂与地面所形成的夹角，对控制球的方向、弧度、落点影响很大。一般来说，来球弧度高，手臂与地面的角度应该小些；来球弧度平，手臂与地面的角度应该大些。双脚向前上方蹬地抬臂，迎击来球，使插、夹、抬、蹬连贯完成，灵活控制传球方向和力量（见图9-5）。

图9-5　垫球技术

（二）易犯错误

(1) 击球时手臂靠不拢,伸不直。

(2) 臀部后坐,身体用力不协调,主要用抬臂的力量垫球。

(3) 垫球不抬臂,身体向上顶或者向前冲。

(4) 击球时上体后仰或者耸肩膀。

(5) 击球时屈肘。

（三）练习方法

1. 初学阶段

(1) 原地做徒手模仿垫球动作练习。

(2) 垫固定球。两人一组,一人持球于腹前,另一人用垫球动作击球,体会击球动作。

(3) 垫抛球。两人一组。一人抛球,一人垫球。

2. 巩固提高技术练习

(1) 两人一组,一人向各个方向交替抛球,一人移动垫球。

(2) 三人一组,跑动连续垫球。

(3) 单人连续垫多球。

四、传球

传球技术是排球基本技术之一,是利用手指、手腕的弹击动作将球传至一定目标的击球动作。

传球技术主要用于二传,为进攻创造条件,在比赛中起着组织进攻的作用;同时,传球也可以用来吊球和处理球,起到直接进攻的作用。

（一）技术分析

在进行正面传球时,应该采用稍蹲的准备姿势,抬头看球,双手自然抬起,放松置于脸前。当球接近前额时,开始蹬地、伸膝、伸臂,两手微张经脸前向前上方迎球。击球点在额前上方约一球的距离处。当手触球时,两手自然张开呈半球状,手腕稍后仰,两拇指相对成一字形或八字形,两手之间有一定的距离,用拇指内侧、食指全部、中指的二三指节触球后下部,无名指和小指在球两侧辅助控制球的方向。两肘适当分开,两臂之间约成 90 度角,传球时主要靠蹬地、伸臂和手指、手腕的力量,以及球的反弹力将球击出(见图 9-6)。

（二）易犯错误

(1) 手型不正确,形不成半球状。

(2) 击球点过前或者过高。

(3) 传球时臀部后坐,用不上蹬地的力量。

图 9-6　正面传球

（三）练习方法

（1）自己抛球后，摆好手型，在击球后接住球，但不传出，加强对手指、击球部位、接触球顺序要领的印象。

（2）摆好手型接住球，推送给同伴，对方接推；将传球动作分解练习，为巩固手型，熟练移动，合理取位，提高手指、手腕弹力练习。

（3）人离墙约一球远，球在头上额前一球距离。"三屈二仰一稳定"，即膝、髋、肘关节弯曲，手腕、头仰对来球，身体要稳定。在保证手型正确的前提下，轻推球练习，手感和球感不断增强，传球速度由慢到快。

五、扣球

扣球是队员跳起在空中，将高于球网上沿的球有力地击入对方区域的一种击球方法。扣球技术在排球运动中占有很重要的地位，是得分的主要手段，是进攻中最积极有效的武器。

扣球技术按照动作方法，一般分为正面扣球、小抡臂扣球、单脚跳起扣球和勾手扣球等几种；按照扣球的节奏，可以分为强攻和快攻。在本节中主要介绍最基本的正面扣球技术。

（一）技术分析

正面扣球主要分为 3 个环节，分别是起跳、空中击球和落地。

（1）起跳：在助跑跨出最后一步的同时，两臂绕体侧向后引，左脚在落地制动的过程中，两臂自后积极向前摆动，随着双腿蹬地向上起跳，两臂配合起跳用力上摆。

（2）空中击球：起跳后，挺胸展腹，上体稍向右转，右臂向后上方抬起，身体成反弓形。挥臂时,以迅速转体、收腹动作发力,及至带动肩、肘、腕各部位关节成鞭甩动作向前上方挥动。击球时,五指微张成勺形并保持紧张,用全手掌包满球,以掌心为击球中心,击球的后中部,同时主动用力屈腕、屈指向前推压,使扣出的球加速上旋。击球点在起跳和手臂伸直最高点的前上方(见图9-7)。

图 9-7 扣球空中击球动作

(3) 落地:空中完成击球动作后,身体自然下落,为了避免腿部负担过重,应用双脚的前脚掌先着地,同时顺势屈膝,缓冲身体下落的力量。

(二) 易犯错误

(1) 助跑起跳时机选择不正确,或早或晚,不能在最高点击球。

(2) 起跳没有稳定住身体重心,使身体前倾,击球点偏后。

(3) 击球时手臂下压。

(三) 练习方法

1. 初学阶段

(1) 原地双脚步练习。要求两脚用力蹬地,两臂划弧摆动配合起跳,在空中扣球手臂抬起并后引成扣球前的动作,落地要双脚前脚掌着地,屈膝缓冲。

(2) 一步助跑起跳练习。要求手脚配合协调。

(3) 网前助跑起跳。掌握助跑起跳步法。

2. 巩固提高技术练习

(1) 在4号位和2号位扣直线、斜线球。

(2) 在3号位扣抛球。要求用转体和转腕动作将球扣到场区两腰。

(3) 在4号位和2号位扣抛来的调整球。

六、拦网

拦网是指队员靠近球网,将手伸向高于球网处阻拦对方来球的行动。本节主要介绍单人拦网技术。

（一）技术分析

拦网队员面对球网,两脚左右开立约与肩宽,距网 30～40 厘米,两膝微屈,两臂在胸前自然屈肘。移动可采用并步、交叉步、跑步向前或斜前移动。原地起跳时,重心降低,两膝弯曲,用力蹬地,使身体垂直起跳。如果是移动后起跳,制动时双脚尖要转向网,同时利用手臂摆动帮助起跳。拦网时两手从额前平行球网向网上沿前上方伸出,两臂平行,两肩尽量上提,两臂尽力过网伸向对方上空,两手接近球,自然张开,手触球时两手要忽然紧张,用力屈腕(见图 9-8)。

图 9-8 单人拦网

（二）易犯错误

(1) 判断对方扣球节奏错误,起跳时机把握不好。

(2) 为了取得更好的拦网效果,在手下压的时候出现触网的情况。

(3) 拦网时低头闭眼。

(4) 起跳时身体重心控制不好,身体前扑触网。

（三）练习方法

(1) 徒手练习:原地做拦网的徒手动作练习。

(2) 两人一组,一人站在高台上持球,另一人跳起拦固定球。

（3）低网扣拦练习：两人一组，原地一扣一拦。

（4）在网前徒手做有助跑的拦网练习。

第四节　排球运动的基本规则与场地

一、六人制排球比赛规则

1896 年，第 1 部排球规则在美国产生。1916 年美国出版发行了第 1 部排球规则书。1925 年，苏联出版了第 1 本正式的有关排球规则的书，主要内容与美国的排球规则基本相同。1947 年，国际排联正式成立，将美洲排球规则同欧洲排球规则相合并，制定了世界六人制排球规则，使世界性的排球比赛在统一的规则限制下进行，排球运动水平向更高的方向发展。

1950 年，中国首次介绍了国际排联制定的六人制排球规则，1951 年审订出版了第 1 本六人制排球竞赛规则。中国排球运动正式与国际排球运动接轨，执行统一的国际排球规则。

随着排球运动的不断发展，规则中的一些条文已难以适应这种发展的需要。从 1947 年至今，排球规则做了若干次重大的修改。每一次修改都对排球运动产生了巨大的推动作用，使排球运动更具吸引力，更加精彩。

（一）比赛场地与区域

比赛场地为对称的长方形，包括比赛场区和无障碍区。比赛场区为 18 米×9 米的长方形。其四周至少有 3 米宽的无障碍区，比赛场区上空的无障碍空间从地面量起至少高 7 米，其间不得有任何障碍物。国际排联世界性比赛场地边线外的无障碍区至少宽 5 米，端线外至少宽 8 米，比赛场地上空的无障碍空间至少高 12.5 米。

在场地上用于界定各种区域的界线都宽 5 厘米，其颜色与地面以及其他项目场地画线颜色不同。两条边线和两条端线划定了比赛场区，边线和端线都包括在比赛场区的面积之内。中线在网下连接两条边线的中点，中线的中心线将比赛场区分为长 9 米、宽 9 米的两个相等场区。每个场区各画一条距离中线中心线 3 米的进攻线，标出了前场区。国际排联世界性比赛时，在每条进攻线两端各画 5 段长 15 厘米、宽 5 厘米、间隔 20 厘米的虚线，虚线总长 1.75 米。

在球场中间有一个将球场分为相等两部分的球网架，其设在中线上空，高度为男子 2.43 米、女子 2.24 米。球网的高度应从场地中间丈量，球网两端（边线上空）的高度必须相等，并不得超过规定网高 2 厘米。球网上有两条标志带，该标志带是宽 5 厘米、长 1 米的白色带子,分别系在球网两端,垂直于边线。标志带被认为是球网的一部分。另外,在球网两端还有两根标志杆,长 1.8 米,直径 10 毫米,由玻璃纤维或类似材料制成。两根标志杆分别设置在标志带外沿球网的不同侧面,标志杆高出球网 80 厘米,高出部分每 10 厘米应涂有明显对比的颜色,最好为红白相间。标志杆被认为是球网的一部分,并视为过球网的边界。

(二) 球员人数

比赛每队上场队员人数为 6 人,每一局每队最多可替换 6 人次。每局开始上场阵容的队员在同一局中可以退出比赛和再次上场各 1 次,而且只能回到原阵容的位置上。替补队员每局只能上场比赛 1 次,替补开始上场阵容的队员,而且他只能由被他替换下场的队员来替换。合法替换需要主教练向裁判做出换人手势,经同意后执行;自由人替换下后排队员则不需要裁判的许可。

(三) 排球比赛中的位置

排球比赛中有特别关注上场队员位置的规定,靠近球网的 3 名队员为前排队员,其位置为 4 号位(左)、3 号位(中)和 2 号位(右)。另外 3 名队员为后排队员,其位置为 5 号位(左)、6 号位(中)和 1 号位(右)。发球队员击球时,双方队员(发球队员除外)必须在本场区内按轮转次序站位。规则规定每一名后排队员的位置必须比其相应的前排队员距离中线更远;前、后排队员左右之间的位置按前排"4—3—2",后排"5—6—1"的规定站位。

规则规定排球比赛整局比赛中,轮转次序、发球次序以及队员位置均按位置表的顺序进行,即发球队获得发球权后,该队队员必须按顺时针方向轮转一个位置;2 号位队员转至 1 号位,1 号位队员转至 6 号位等。如果在比赛中出现位置错误或者轮转错误都将被罚一球,并站回正确的位置。

(四) 比赛中的击球

排球比赛中队员与球的任何触及都被视为击球,球可以触及身体的任何部位但球不能被接住。每队最多击球 3 次(拦网除外)将球击回对区,如果超过则判为"4 次击球犯规"。规则规定 1 名队员不得连续击球两次,但是 2 名或 3 名队员可以同时触球,不过同队的 2 名(或 3 名)队员同时触到球时,被记为 2 次(或 3 次)击球(拦网除外)。两名不同队的队员在网上同时触球,比赛继续进行,获球一方可再次击 3 次。

队员不得在比赛场地之内借助同伴或任何物体支持进行击球。但是队员可以挡住或拉住另一名即将犯规(如触网、过中线等)的同队队员。

(五) 进攻性击球

进攻性击球是指除发球和拦网外,所有直接向对方的击球都是进攻性击球,当球的整体通过球网垂直平面或触及对方队员,则认为完成进攻性击球。规则对于进攻性击球有着明确的限制:前排队员可以对任何高度的球完成进行性击球;后排队员可以在进攻线后对任何高度的球完成进攻性击球,但是起跳时脚不得踏及或超过进攻线;击球后可以落在前场区;后排队员也可以在前场区完成进攻性击球,但触球时球的一部分必须低于球网上沿;接发球队员不能对处于前场区内高于球网上沿的对方发球完成进攻性击球。

(六) 拦网

拦网是队员靠近球网,将手伸向高于球网处阻挡对方来球的动作。只有前排队员可以完成拦网。无论是单人拦网还是集体拦网,只要是在一个动作中,球可以连续(迅速而连贯地)触及 1 名或更多名的拦网队员。拦网时队员可以将手或手臂伸过球网,但不得妨碍对方击球。过网拦网的触球必须在对方进攻性击球之后,拦网的触球不算作球队 3 次击球的 1 次,拦网后可以由任何 1 名队员进行第 1 次击球,包括拦网时已经触球的队员。

二、沙滩排球比赛规则

(一) 比赛场地

沙滩排球比赛场地为一长 16 米、宽 8 米的长方形,四周延伸至少 3 米宽的无障碍区,场地平面上空须有至少高 7 米的无障碍物空间。在国际排球联合会组织的比赛中四周从边线和端线向外延伸至少 5 米、最宽 6 米的无障碍区,而比赛场地平面向上最少须有 12.5 米的无障碍物空间。

比赛区域场地必须铺上细沙,尽可能平坦而一致,不得渗入石子、贝壳等异物,以避免球员遭割伤或因而导致受伤。在国际排球联合会世界性比赛中,沙子的深度必须至少 40 厘米,且为松软的细沙。

比赛场地指由两条边线和两条端线所标示出的区域。而边线和端线皆包括在比赛场地的面积内。场地使用的边线必须为绝缘材质的带状线,且两端固定点应使用柔软富弹性的材料,所有界线的宽度皆为 5~8 厘米,界线的颜色必须相同,且与沙子的颜色呈明显对比。

(二) 球网

球网长 8.5 米、宽 1 米(误差不超过 3 厘米),垂直张挂于球场中心轴上方,网面由 10 厘米见方的网孔组成(在国际排球联合会的世界级比赛中,所使用的球网网孔为 8 厘米),其网顶和底纹皆以 7~10 厘米宽的水平帆布对折缝住,可选择使用深蓝色或荧光色,其长度即为整面球网的全长。网顶的两端各有一个孔,绳索穿过该孔并系紧于球柱,使网顶成水平状态。男子比赛网的高度为 2.43 米,女子比赛网的高度为 2.24 米。不同年龄阶段比赛的网高有所区别。

(三) 球员与装备

登记在记录表上的两名球员才能组成参赛队伍参与比赛。参加比赛的球员必须穿着短裤或泳装,如竞赛规则中未特别规定,则可穿着紧身上衣或背心。球员可以带帽子,同队球员需穿着同一式样及颜色的服装,球员必须赤脚比赛,除非取得裁判允许。球员的上衣(或短裤,如经裁判同意,可不穿着上衣比赛)须有明显的号码"1"号和"2"号。且号码必须绣于胸前(或短裤正面),号码的颜色须与上衣的颜色呈明显对比,最小需10厘米高,号码的笔画须有1.5厘米宽。

(四) 赛制

沙滩排球比赛采用每球得分制,一场比赛中先胜两局者即取得本场比赛的胜利。在前两局比赛中先取得21分且最少领先2分的队伍即赢得该局,若形成20比20平手的情况,则比赛继续进行,直到任一队领先对队2分为止,如果两队在前两局比赛中各胜1局时,决胜局(第3局)为15分制,且必须领先对队2分为止。

(五) 击球

每一球队在1次进攻中最多有3次击球机会,也就是说在第3次击球时必须将球回击过球网到对方场地,而且3次击球不仅包括球员的主动击球,也包括被动的触球动作。同一球员不得连续击球2次。若同队两名球员同时触球,则视为2次击球(拦网动作例外),如果两队球员在网上同时触球且比赛继续进行,则接球的一方仍有3次击球。

比赛中运动员可用身体的任何部位触球。但是,球员击球时,不得接住球或丢球、掷球,球可接触身体的数个部位,但必须是同时触及。

三、气排球比赛规则

(一) 比赛场地

气排球运动是一项集运动、休闲、娱乐为一体的群众性体育项目,作为一项新的体育运动项目,如今已经受到越来越多老年朋友的青睐。气排球由软塑料制成,比赛用球重约120克,比普通排球轻100～150克;圆周74～76厘米,比普通排球圆周长15～18厘米;比赛场地长13.4米、宽6.1米(采用羽毛球场地即可),比普通场地长宽各少5米和3米;比赛网高男子2.10米,女子1.90米,混合网2.00米。参赛队员5人,球的颜色为黄色。其打法和记分方法与竞技排球基本相同。气排球规则规定,人体任何部位触球都可以,有时候为了救球,手来不及的情况下,可以用脚踢。只要按规则要求,将球打到对方场内地面上空为有效。

(二) 规则

(1) 每队最多可有8名队员,队员上衣必须有号码,应为1～8号。身前号码10厘米见方,身后号码15厘米见方。场上队长应在上衣胸前有一明显标志。

（2）教练员和队员应了解并遵守规则,以良好的体育道德作风服从裁判员的判定。如有疑问,只有场上队长可向裁判员请求解释,教练员不得对判定提出异议或要求解释。

（3）教练员和队员必须尊重裁判和对方队员,不得以任何行为影响裁判的判断。不得以任何行动和表现去拖延死球时间或被认为有意延误比赛进行。

（4）队员场上位置:双方队员各分为前排 3 名、后排 2 名。前排左边为 4 号位,中间为 3 号位,右边为 2 号位;后排左边为 5 号位,右边为 1 号位。每局比赛开始,场上队员必须按位置表排定的次序站位,在该局中不得调换。在新的一局,每个队上场队员的位置可重新安排。

（5）每局比赛中,每个队可请求 2 次暂停,每次暂停时间为 1 分钟。只有成死球时,经教练员或场上队长向第 2 或第 1 裁判员请求后才准予暂停。第 1 裁判员鸣哨后,比赛应立即继续进行。某队请求第 3 次暂停,应予拒绝并提出警告。第 1 裁判员已鸣哨发球,队员尚未将球发出或于鸣哨的同时请求暂停,均应拒绝;如第 2 裁判员在此时间错误鸣哨允许暂停,第 1 裁判员也不得同意,应再次鸣哨发球。

（6）换人:每局每队最多可替换 6 人次,一下一上为 1 人次。某队换人时应由教练员或场上队长在死球时向第 2 或第 1 裁判员提出要求,并说明替换人数和队员的号码。裁判员准许换人时,上场队员应已做好准备,并从前场区上下场。如队员未做好准备,则判罚该队 1 次暂停。

（三）成绩计算

（1）得分:只有发球队胜 1 球时,才得 1 分,决胜局则不论发球队或接发球队胜 1 球即得 1 分。

（2）胜 1 局:某队先得 15 分并超出对方 2 分时,或双方得分成 16∶16 时谁失得 1 分成 17∶16 时,则该队胜 1 局。决胜局谁赢得 15 分并超出对方 2 分时,即算该队获胜。

（3）规定比赛时间 5 分钟后仍不到场者,作弃权处理,对方则以每局 15∶0 的比分和 2∶0 的比局取胜。各队无正当理由不得无故弃权和罢赛。

（四）发球

（1）发球队胜 1 球或接发球队取得发球权时,该队队员必须按顺时针方向轮转一个位置,由轮转到 1 号位的队员发球,如没有按发球次序轮转发球,则为轮转错误,必须立即纠正,并判失去发球权。

（2）发球队员必须在第 1 裁判员鸣哨发球后 8 秒钟内将球发出,球被抛出发球队员未击球,球也未触及发球队员而落地,允许继续发球。

（3）发球队的队员不得以任何方式阻挡对方观察发球队员和球的飞行路线。

（4）发球时判断队员的位置错误,应以队员身体着地部分为依据,在发球队员击球的一刹那,球未击出前,同排队员的站位不得左右超越或平行,前后排队员不得前后超越或平行,即:4 号位队员不得站在 3 号和 2 号位队员的右边,2 号队员不得站在 3 号和 4 号位队员的前面或平行。否则,应判失球权或对方得分。发球队员与本方 5 号位队员不受站位的限制。

(5) 发球触网算违例,发球和比赛过程中球触顶按违例处理。

(6) 击球队员击球时,有意或无意把球接住停在手中,或用双臂将球夹住停留时间较长,或用手将球顺势冲至停留时间较长再将球送出,均判击球犯规。队员身体任何部位连续触球多于 1 次,则判连击犯规(拦网除外)。

(7) 过中线和触网比赛进行中,队员踏越中线,应判过中线犯规;队员身体任何部位触及球网,判触网犯规。因对方击球入网而使网触及本方队员时,不算触网犯规。

(五) 进攻性击球

(1) 队员在后场区可以对任何高度的球做进攻性击球,但在起跳时不得踏及或踏越限制线,否则即为违例犯规。

(2) 队员在前场区采用攻击力强的扣、抹、压吊动作将高于球网上沿的球击入对区,则判犯规。如采用攻击力小的传、顶、挑的动作,击球的底部或下半部,使球具有一定向上的弧度过网不算犯规。

(3) 队员在前场区对低于球网上沿的球,可用任何击球动作将球击入对区。

(六) 拦网与过网

(1) 后排两名队员不得拦网。如有参加拦网并起到拦网作用时应判犯规。

(2) 拦网不算 1 次击球,还可再击球 3 次。

(3) 不得拦对方的发球和对方队员进入前场区直接击过网的球,只允许拦对方队员在后场区直接击过网的球。

(4) 甲方队员完成直接向对方击球前,乙方的手触及甲方地区上空的球时,应判乙方队员过网犯规。

第十章　足球运动与卫生健康教育

第一节　足球运动概述

　　足球运动是以脚支配球为主,两个队在同一场地内进行攻守的体育运动项目。足球运动具有整体性、对抗性、多变性、易行性等特点,参与足球运动可以不受场地、天气、人员等因素的限制,而且参与方式众多。正因如此,足球运动在世界范围内有着巨大的影响力,也被称为"世界第一运动"。

　　现代足球运动起源于英国,1863 年 10 月 26 日英格兰足球协会成立之日被称为现代足球的诞生日,同时也产生了世界上第 1 个统一的足球竞赛规则,共 14 条。1872 年 11 月 30 日,在苏格兰格拉斯哥城举行的英格兰与苏格兰之间的比赛是现代足球史上第 1 场国际比赛。1857 年,英国成立了世界上第 1 个足球俱乐部,1885 年,英格兰又成为了世界上第 1 个职业足球俱乐部。

扩展知识:14 条最简足球规则

　　(1)场地面积在长 150 码、宽 100 码以内。在每条边线上距端线 25 码处,各树立两根标志杆。

　　(2)球门由两根立竿组成,相距 15 英尺。

　　(3)用投币选择球门或开球权。

　　(4)上半时比赛时间结束后,交换场地。

　　(5)当队员将球踢出时,同队任何队员站在球的前面较对方队员更接近对方端线时,不得参加比赛接触球,也不得以任何方式阻碍其他队员接触球。

　　(6)当球被踢出边线外则为死球,由对方在出界地点将球直接踢入场内,恢复比赛。

　　(7)当一队将球踢出对方端线时,对方任何队员谁先拿到球,便可持球在垂直端线 25 码处发任意球。

(8) 当球踢来时,队员在对方端线后面不可触球。

(9) 如果球落到端线之后和边线标志杆之外时,任意球应该在距端线 25 码处发。

(10) 当队员踢任意球时,同队队员不得处在他与对方端线之间,并且对方队员不可站在距离他 10 码之内。

(11) 队员可选择任何方式踢任意球。

(12) 球从两竿之间或从其间上方无限高度穿过,算胜一球。

(13) 在比赛进行中,可用身体任何部位接触球,但不得用手、臂、肩部持、击球。

(14) 所有冲击都是公平合法的,但禁止用手抱、推,用脚绊或吵闹。

第二节　足球运动的主要参与形式

足球运动容易开展,在世界各地人们采用各种形式参与其中,比如说十一人制的正式足球比赛、五人制的室内足球比赛、沙滩足球比赛、抢圈游戏、网式足球比赛等。本节主要介绍十一人制的正式足球比赛和五人制的室内足球比赛。

一、十一人制正式足球比赛

足球运动世界性的大赛包括了世界杯男子足球赛、奥运会足球比赛、19 岁以下世界青年足球比赛、17 岁以下世界少年足球比赛、五人制足球比赛以及世界女子足球锦标赛,这些世界大赛除了五人制足球比赛以外其余的比赛都是十一人制的足球比赛。

世界杯男子足球比赛是世界范围内涉及范围最广、参与国家最多、观众人数最多、影响力最大的足球赛事。世界杯男子足球比赛从 1930 年开始举办,以后每 4 年举办 1 届,到现在为止,世界杯男子足球比赛已经举行了 18 届(1942 年和 1946 年因为第二次世界大战而中断),获得世界杯冠军最多的国家是巴西,其获得过 5 次世界杯冠军(分别是 1958 年、1962 年、1970 年、1994 年和 2002 年)。

表 10-1　历届世界杯男子足球比赛前 3 名成绩单

届次	举办地	时间	冠军	亚军	季军
1	乌拉圭	1930	乌拉圭	阿根廷	南斯拉夫
2	意大利	1934	意大利	捷克斯洛伐克	联邦德国
3	法国	1938	意大利	匈牙利	巴西
4	巴西	1950	乌拉圭	巴西	瑞典
5	瑞士	1954	联邦德国	匈牙利	奥地利
6	瑞典	1958	巴西	瑞典	法国
7	智利	1962	巴西	捷克	智利
8	英国	1966	英国	联邦德国	葡萄牙
9	墨西哥	1970	巴西	意大利	联邦德国
10	联邦德国	1974	联邦德国	荷兰	波兰
11	阿根廷	1978	阿根廷	荷兰	巴西
12	西班牙	1982	意大利	联邦德国	波兰
13	墨西哥	1986	阿根廷	联邦德国	法国
14	意大利	1990	联邦德国	阿根廷	意大利
15	美国	1994	巴西	意大利	瑞典
16	法国	1998	法国	巴西	克罗地亚
17	日本、韩国	2002	巴西	德国	土耳其
18	德国	2006	意大利	法国	德国
19	南非	2010	西班牙	荷兰	德国
20	巴西	2014	德国	阿根廷	荷兰

　　中国男子足球队仅 1 次进入世界杯男子足球赛决赛阶段的比赛,即 2002 年韩日世界杯赛。中国男子足球队在决赛阶段被分到了 C 组,同组包括巴西、哥斯达黎加和土耳其,结果中国队以三战全负的战绩结束了第 1 次世界杯决赛阶段的比赛。

二、五人制足球比赛

　　五人制足球赛与十一人制足球赛制不同,五人制足球场地小,比赛人数少,比赛用球有别于十一人制足球比赛用球,比赛时间短,技术复杂,战术灵活多样。现代的五人制足球运动起源于乌拉圭首都蒙得维的亚。1930 年,胡安·卡罗斯·切里安尼为基督教青年会的年轻人发明了五人制足球比赛。1949 首届五人制足球少儿锦标赛在巴西里约热内卢举办;1954 首个五人制足球的官方组织——五人制足球城市联盟在里约热内卢成立;1955 圣保罗建立五人制足球联盟;1956 首届五人制足球锦标赛在里约热内卢开幕,共有 42 支队伍参加了比赛。

1989 年第 1 届世界五人制足球世界杯在荷兰举行。在 6 届比赛中巴西和西班牙分别获得 4 次和 2 次冠军。

中国五人制室内足球队在 1992 年、1996 年和 2008 年 3 次进入世界杯决赛阶段的比赛,但是在 3 次比赛中都未小组出线,并且数战皆没,不过中国五人制足球队的成绩与十一人制成年足球队的成绩比起来已经好了很多。如今,中国五人制足球联赛也已经开展起来。

表 10-2 历届世界杯五人制足球赛比赛地点及前 3 名成绩单

届次	举办地	时间	冠军	亚军	季军
1	荷兰	1989	巴西	荷兰	美国
2	香港	1992	巴西	美国	西班牙
3	西班牙	1996	巴西	西班牙	俄罗斯
4	危地马拉	2000	西班牙	巴西	葡萄牙
5	中国台北	2004	西班牙	意大利	巴西
6	巴西	2008	巴西	西班牙	俄罗斯
7	泰国	2012	巴西	西班牙	意大利
8	哥伦比亚	2016	阿根廷	俄罗斯	伊朗

第三节　足球运动的主要参与方法

足球技术是运动员在足球场上运用的各种合理动作的总称,包括无球技术和有球技术两种。足球技术是运动员在比赛中实施战术、完成配合、决定战术效果的基础,现代足球比赛的攻守转换速度日益加快,对于运动员的技术要求越来越高。

一、颠球

颠球是指运动员用身体的各个有效部位连续地触击球,并加以控制尽量使球不落地的技术动作。人体共有 12 个部位可以用于颠球练习,分别是双脚的脚背正面、脚内侧、脚外侧、大腿、头部、双肩和胸部。本节主要介绍双脚脚背正面颠球技术。

(一) 动作分析

双脚脚背正面颠球技术要求双脚以膝关节为轴交替向前上方摆动,用脚背正面接触球的正下方,击球时踝关节固定。击球时用力均匀,击球高度尽量不超过腰,将球始终控制在身体周围,支撑脚根据球的位置要不断地移动调整位置控制球(见图10-1)。

(二) 易犯错误

脚击球时踝关节松弛,造成用力不稳定;击球时脚尖向下或向上勾,造成球受力后向前或向后触碰身体,使球难以控制;球还未下落到一定的高度便急于击球;双腿摆动时以髋关节为轴进行直腿的摆动。

图 10-1　颠球技术

(三) 练习方法

(1) 初学者可以用手持球开始颠球,每颠球一下,用手抱住颠起的球,如此反复,逐渐发展成为颠2次抱1次、颠3次抱1次……如此反复,直到可以连续颠球为止。

(2) 初学者也可以不用手持球开始颠球,每颠球一下,让球落地1次,当球落地反弹起来后再颠1次,再落地……如此反复,直到可以连续颠球为止。

(3) 单脚颠球练习,当颠球练习到一定程度时练习者的优势脚颠球比弱侧脚更加熟练,这个时候可以优势脚单脚颠球,在一定的时候可以用弱侧脚进行过渡,并且慢慢增加弱侧脚颠球的次数。

(4) 双人颠球练习,当颠球练习到比较熟练的程度时,可以两个人进行对颠练习,每人可以控制1次球就将球传给对方,也可以控球多次再传给对方,保持球不落地。

二、踢球

踢球指运动员有目的地用脚把球击向预定目标的技术。踢球是足球技术中最主要的技术之一,所有的踢球技术都由5个环节构成:助跑、支撑脚的站位、摆动腿的摆动、脚触球、踢球后的随前动作。踢球的方法很多,在这里主要介绍3种最主要的踢球方式:脚内侧踢球、脚背正面踢球和脚背内侧踢球。

(一)动作分析

1. 脚内侧踢球(又称脚弓踢球)

脚内侧踢定位球时直线助跑,支撑前的最后一步稍大些,支撑脚站在球的侧面约15厘米处,脚尖正对出球方向,支撑腿膝关节微屈。在支撑脚着地时,踢球腿大腿带动小腿由后向前摆动,在前摆的过程中外展,当膝关节的摆动接近球的正上方时小腿做爆发式摆动,在触球前将脚底与地面平行,脚尖微微翘起,踝关节功能性地紧张使脚型固定,触(击)球后身体跟随移动,髋关节向前送(见图10-2)。

图10-2 脚内侧踢球技术

2. 脚背正面踢球(又称正脚背踢球)

脚背正面踢定位球时直线助跑,最后一步稍大些,支撑脚积极着地支撑,在球的侧面10~12厘米处,脚尖正对出球方向,膝关节微屈,踢球腿随跑动向后摆动,小腿屈曲,支撑的同时踢球腿以髋关节为轴,大腿带动小腿由后向前摆动。当膝关节摆至接近球的正上方时,小腿做爆发式的摆动,脚趾屈,以脚背正面部位击球的后中部。击球后身体及踢球腿随球前移(见图10-3)。

图 10-3　脚背正面踢球

3. 脚背内侧踢球（又称内脚背踢球）

斜线助跑，助跑方向与出球方向约成 45 度角，最后一步稍大，以支撑脚底积极着地，脚尖指向出球方向，支撑脚位于球侧后方约 20～25 厘米，膝关节微屈。在支撑同时，踢球腿已完成后摆，并开始以髋关节为轴、大腿带动小腿由后向前摆动，此时脚尖外转、脚背绷直，以脚背内侧部位触击球。击球后踢球腿及身体继续随球向前（见图 10-4）。

图 10-4　脚背内侧踢球技术

（二）易犯错误

（1）助跑方向不正确，助跑最后一步有跳跃动作。

（2）支撑脚位置不正确，或者离球距离太近，或者离球距离太远，无法按照要求踢出相应性能的球。

（3）踢球腿的后摆较小或没有后摆，仅是将球踢出以至前摆过分，造成踢球无力或出球较高。

（4）踢球摆腿不正确，基本所有踢球方式都要求大腿带动小腿、小腿折叠摆动发力，而很多初学者容易形成以髋关节为轴进行摆动。

(5) 在前摆过程中小腿的爆发式摆动过早,使得脚出球时并非是小腿摆速最大之时,因而出球无力(对出球方向也有影响)。

(6) 踢球腿摆动方向不正,以至踢球施力方向没通过球的重心,出球旋转。

(7) 踢球脚与球接触时未能按要求接触球的合理部位(或者是脚的合理部位),影响了出球的准确性,对出球力量及性质也相应产生影响。

(三) 练习方法

1. 无球练习

各种踢球方式都可以在无球的情况下完成踢球 5 个环节的动作。

2. 固定球练习

两人一组,一人用脚底踩住球的一个侧面,另一人在相对的一侧进行助跑踢球练习,注意踢球的时候控制好力量,点到为止。该练习主要为了让学生熟悉助跑、支撑脚站位和摆动腿摆动等环节。

3. 对墙踢球练习

一人一球,按照各种踢球方式的不同要求进行对墙踢球的练习,练习脚内侧踢地滚球时可以距墙稍近一些,不熟练的同学每次都将反弹回来的球停住再踢,熟练的同学可以连续踢;练习脚背正面踢地滚球的时候可以距墙稍微远一些,不熟练的同学每次都将反弹回来的球停住再踢,熟练的同学可以连续踢;练习脚背内侧踢高空球的时候,距离墙的距离需要更远一些,每次反弹回来的球都停下来再踢。

4. 两人一组、三人一组同学对踢练习

两人一组对踢时,脚内侧和脚背正面踢地滚球,可以选择不停球直接踢,也可以选择停球后再踢;练习脚背内侧踢高空球的时候,则需要每次都停球以后再踢。三人一组踢球练习时,两人站在同一侧,另外一人站在对侧,两人一侧的同学持球开始踢球练习,每次踢球以后,踢球的同学迅速跑到对侧站好准备下一次踢球,如此反复。

三、接球

接球是指运动员有目的地用身体的合理部位把运行中的球接下来,控制在所需要的范围内,以便更好地衔接下一个技术动作。接球技术是足球技术中的一个衔接性技术,主要运用于踢球、运球等技术动作的衔接,各种接球动作都是为下一个动作服务的,接球质量的好坏直接影响下一个动作能否顺利完成。接球方法有很多,但是所有接球动作的结构都是由 4 个环节组成的:观察和移动,选择接球的部位和接球方法,改变来球力量以及随球移动。

(一) 技术分析

1. 脚内侧接球

(1)脚内侧接地滚球:支撑脚脚尖正对来球,膝关节微屈,接球腿提膝,大腿外展,脚尖微翘,脚底基本与地面平行,脚内侧正对来球并前迎,当脚内侧与球接触的一刹那,迅速后撤或者改变来球的方向,把球接在脚下。当来球力量不大时,只需要将脚提到一定的高度,并使脚内侧与地面形成锐角轻触球。也可在触球时用下切动作使球前进之力部分转变为旋转力,而将球接在脚下(见图10-5)。

图 10-5　脚内侧接地滚球技术

(2)脚内侧接空中球:根据来球的方向和运行轨迹,及时移动到位。若为抛物线较小的平空球,则应根据临场的实际情况判断适当高度的接球点,将接球腿抬起,使脚内侧部位对准来球的方向并前迎,脚在接触球的一瞬间后撤,并将球接在所需的位置上(见图10-6)。

图 10-6　脚内侧接高球技术

2. 脚背外侧接球

用脚外侧接球的时候,双臂需自然张开,保持身体平衡,支撑腿微屈,脚尖自然地指向身体前方。接球腿保证可以自由摆动的状态,脚尖向支撑腿的内侧旋转,使脚背外侧可以正对来球,当球进入摆动腿的控制范围之内时,摆动腿稍微向前,踝关节保持适度紧绷,控制脚背外侧的方向,用脚背外侧接触来球的内侧中部,当脚背外侧与球接触后,踝关节向接球方向自由轻微摆动,尽量增加球与脚背外侧的接触时间,从而更好地控制球的方向和稳定性。脚背外侧接球一般用于接地滚球和反弹球(见图10-7)。

图10-7　脚背外侧接地滚球技术

3. 脚底接球

(1)脚底接地滚球:身体正对来球方向,移动前迎,支撑脚站在球的侧面(或后面均可),脚尖正对来球方向,膝关节微屈。同时接球腿提起,膝关节微屈,脚略背屈,使脚底与地面约小于45度角(且脚跟离开地面),一般以前脚掌接触球的上部为宜。在触球瞬间接球脚可轻微跖屈(前脚掌下点)将球停住,也可根据需要在接球同时将球推向前方或拉向身后(见图10-8)。

图10-8　脚底接地滚球技术

(2) 脚底接反弹球:根据来球落点,及时前移迎球,支撑脚站在落点侧后方,脚尖正对来球方向,球落地瞬间,用前脚掌去触球的中上部,微伸膝,用脚掌将球接在体前(见图 10-9)。

图 10-9 脚底接反弹球技术

4. 大腿接球

(1) 大腿接抛物线较大的下落球:面对来球方向,根据球的落点迅速移动到位,接球腿大腿抬起,当其与大腿接触的瞬间,大腿下撤将球接到需要的位置上。

(2) 大腿接低平球:面对来球方向,根据来球高度,接球腿大腿微屈,送髋前迎来球,当球与大腿接触瞬间,收撤大腿使球落在所需的位置上(见图 10-10)。

图 10-10 大腿接高空球技术

5. 胸部接球

(1) 挺胸式接球:多用于接来球弧度较高的球。面对来球站立(两脚左右或前后开立),两膝微屈,重心置于支撑面内,上体后仰,下颌微收,两臂自然张开,维持身体平衡。接触球瞬间,两脚蹬地,膝关节伸直,胸部轻托球的下部使球微微弹起于胸前上方(见图 10-11)。

图 10-11　挺胸式接球技术

(2) 含胸式接球:多用于接齐胸高的平直球。面对来球,两脚左右或前后开立,两臂自然张开,挺胸迎球,触球瞬间收胸、收腹、臀部后移,将球接在体前。若需将球接在体侧时,则触球瞬间转体,将球接在转体后相应的一侧(见图 10-12)。

图 10-12　含胸式接球技术

(二) 易犯错误

1. 接地滚球

掌握不好脚接球抬起的高度,使球卡在脚底和地面之间或者直接从脚底下滑过;接球时没有进行缓冲或者未适时改变来球的线路,使球反弹出去,无法控制住球;接球后由于身体未跟上球,使球失去控制。

　　2. 接反弹球

　　判断不好球的落点和从地面反弹的路线,使球从脚下漏过;接球时,不能很好地判断来球反弹的时机,将脚抬得过高或者有踩球的动作,使球从脚下漏过;接球时将球卡在触球点,影响下一个动作的衔接。

　　3. 接空中球

　　对球在空中运行的速度与轨迹判断不准确,无法很好地判断来球的落点,从而无法找到正确接球的位置,导致漏接,或者不能在第一点接球;接球时选择接球的方式错误,或者缓冲、改变来球方向做得不好,从而使自己失去对球的控制。

　　(三)练习方法

　　1. 自抛自接练习

　　练习运用脚内侧或者脚底接反弹球的时候,可以自己将球抛起到一定的高度,待球反弹的一瞬间运用两种接球方式中的一种接球。

　　2. 踢墙接球练习

　　在练习踢球时运用踢墙进行练习,同时也可以练习接球,当踢出去的球反弹回来以后,可以根据来球的不同力量、高度等,选择各种接球方式进行接球练习。

　　3. 双人练习

　　两个人一组,互相有针对性地抛球或者踢球,进行各种接球练习。

　　4. 3 人练习

　　3 人一组进行接球转身的练习,每人相距 10 米站成直线,甲传球给中间的乙(正对接球人传,或传到接球人附近),乙迎上来接球转身,传给另一端的丙,丙迎上来接球,然后再传回给乙,乙接球后,转身传给甲,如此循环往复。中间位置的人可轮流交换。也可采用这种方法练习接反弹球与空中球,并要适当地加大距离。

四、运球

　　运球技术从狭义上讲,仅是指运球的方法,即指用身体的某一部分触球,使球能随运球者一起运动;从广义上来讲,则不仅让球随人运动,还必须越过对方的防守,也就是说,如何使用这些运球方法达到越过对方防守的目的。运球的方式和方法很多,但是所有的运球方式都由 3 个环节构成:选择和准备、跑动中间断触球和为下一个动作的连接做好准备。

　　(一)技术分析

　　1. 脚背正面运球

　　该运球方式要求身体保持正常跑动姿势,上体稍前倾,步幅不宜过大,运球腿提起,膝关节稍屈,髋关节前送,提踵,脚尖下指,在着地前用脚背正面部位触球后中部将球推送前进。

2. 脚背外侧运球

该运球要求身体持正常跑动姿势,上体稍前倾,步幅不宜过大,运球腿提起,膝关节稍屈,髋关节前送,提踵,脚尖绕矢状轴向内旋转,使脚背外侧正对运球方向,在运球脚落地前用脚背外侧推拨球的后中部。

(二) 易犯错误

脚背正面运球和脚背外侧运球时,脚无法绷直立起,无法达到脚背正面或者脚背外侧接触球的目的;运球过程中掌握不好每次触球的力量,无法将球控制在自己的控制范围之内;运球与下一个动作的衔接不好。

(三) 练习方法

1. 直线运球练习

每人一球,在规定范围内进行各种运球方式的直线运球。

2. 运球绕杆

运用合理的运球方式绕过直线摆放的杆或者"Z"字杆、无规律摆放的杆。

3. 运球变向接射门练习

每人一球,从球场中线开始运球,到达罚球区弧附近运用脚内侧或者脚背外侧忽然变向射门。

4. 运抢球游戏

每人一球在一个相对比较狭小的范围内运球,并且在控制好自己球的同时去抢截、破坏其他人的球。

五、头顶球

头顶球是指运动员有目的地用前额将球击向预定目标的动作。头球技术结构包括移动选位、身体的摆动、头触球和触球后的身体平衡4个环节。

(一) 技术分析

头球技术动作有很多,在此主要介绍原地正面前额头顶球。

身体正对来球方向,眼睛注视运动中的球,两腿左右开立或者前后开立,膝关节微屈,重心置于两腿间的支撑面或者后脚上,两臂自然张开。当球运行至将垂直于地面的垂线时,两腿用力蹬地,迅速向前摆动身体,微收下颌,在触球瞬间颈部做爆发式振摆,用前额正面击球中部,上体随球前摆(见图10-13)。

(二) 易犯错误

眼睛不能正视来球,对来球有恐惧心理,头接触球前闭眼,从而导致顶球方向错误、部位错误等;头顶球时腰腹不能发力,从而导致出球没有力量;顶球之前低头,使头触球的部位错误(不是前额正面或者侧面);判断来球的高度、力量不正

图 10-13   原地前额正面头顶球技术

确,导致顶不到球或者触球部位不正确。

（三）练习方法

1. 顶固定球

两人一组,一人持球拿到另外一人头顶球合适的高度,另外一人原地进行顶固定球的练习。

2. 自抛自顶球练习

两人一个球,自己抛球,将球顶向对方。

3. 互相抛球顶球练习

两人一个球,互相抛球做顶球练习。

扩展知识:足球战术简介

足球战术就是比赛中为了战胜对手,根据主客观实际所采取的个人和集体配合的手段的综合表现。比赛实践证明,熟练而巧妙地运用战术是夺取胜利的重要因素。

足球比赛是由攻和守这对矛盾组成的,攻和守不断地变换,组成比赛的全过程。因此,足球战术可分为进攻和防守战术两大系统,其中又分别包含着个人和集体战术两类。比赛的实践已证明:成功地组织战术和巧妙地运用战术是夺取比赛胜利的重要因素。做到扬长避短才能克敌制胜。

最初的战术在现在看起来很不可思议,当"1—0—10"战术出现后,当时的许多球员都以为进攻就是最好的防守,球场上的进球非常频繁。"1—0—10"打法在初期曾经是 19 世纪球员的主流打法,后来有人通过总结发现当 10 个前锋都在前场的时候,对手只要一个大脚解围到本方半场,本方就没有一个队员能够及时回撤,而不得不眼睁睁地看着对手面对空门将足球踢入网内。这一现象又导致后来有人提议打"1—1—9"战术,此战术的最大特点是从原先的前锋线撤回一个防守队员,这在一定程度上遏止了对手的单刀球机会,但进球仍然很频繁,守门员几乎形同虚设。

足球于 19 世纪中叶在英国兴起,到了 20 世纪才真正被当作学科来看待。作为现代足球的发源地,英国足球在足球运动的早期为现代足球发展作出了不可磨灭的贡献。当英国人打"1—0—10"战术和"1—1—9"战术的时候,世界各国还对足球一片茫然。随着经验的增多,已经有不少人发现足球比赛除了前场和后场,还有一个中场的承上启下。于是,新的战术体系产生了,当时有人将前场的 9 个前锋又进行了细致的划分,就好像国际象棋里的棋子一样,有的安排在前面,有的安排在后面,这是足球真正意义上的阵型:"2—3—5""WM""3—3—4""3—2—5""4—2—4""4—3—3""1—3—3—3""4—4—2"等,有些阵型一直沿用至今。

（摘自 http://baike.baidu.com/view/41632.htm）

第四节 足球运动的基本规则与场地

一、十一人制足球比赛

(一) 比赛场地

球场边线长度不得多于 120 米或少于 90 米,球门线的长度不得多于 90 米或少于 45 米,在任何情况下,球场边线的长度必须大于球门线的长度。国际足联规定世界杯决赛场地为长 105 米、宽 68 米。

(二) 比赛时间

一场正式的足球比赛时间为 90 分钟,上下半场各 45 分钟(某些级别的比赛可以根据竞赛规程调整比赛时间),半场之间休息时间不超过 15 分钟。

(三) 球员人数

一场正式的足球比赛每队上场人数不得超过 11 人,且每队上场队员中至少有 1 名守门员。当比赛中某队队员因为任何原因人数不足 7 人时,裁判员应终止比赛,判罚该队 0 比 3 告负(如果比赛终止时比分超过 0 比 3,则按照当时的比分计算)。

（四）越位

处于越位位置的3个条件包括：该队员处于对方半场；该队员较球更接近于球门线；在该队员与对方球门线之间，对方队员不足两人。处于越位位置的队员并不构成越位犯规，只有当处于越位位置的队员卷入比赛时才构成越位犯规，其中卷入比赛包括3种情况：干扰对方队员，干扰比赛，利用越位位置获得利益。

扩展知识：越位规则至产生之日起发生的主要变化

（1）最早的越位规则规定，如果队员在球传向他后，他跑在球的前面，即为越位。

（2）1866规则规定，进攻方前面有3名防守队员就不存在越位。

（3）1907年规则规定，处于自己半场不存在越位。

（4）1913年规则经修改补充规定，掷界外球不存在越位。

（5）最具革命性的改变是在1926年，经苏格兰足球协会提议，将前面有3名防守队员改为2名，这一改变结束了长期以来滥用防守、干扰进攻，使比赛枯燥的现象。

（6）1978年6月国际足球理事会对规则作了更新的修改，规定只有处于越位位置的队员在干扰对方踢球或试图获得利益的情况下，才判罚越位。

（7）1994年进一步的修订规定，进攻队员平行于对方最后第2名防守队员或者2名以上防守队员时不存在越位。

（五）判罚直接任意球

裁判员认为，如果队员草率、鲁莽或使用过分的力量违反下列6种犯规规定中的任何一种，将判给对方踢直接任意球：①踢或企图踢对方队员；②绊摔或企图绊摔对方队员；③跳向对方队员；④冲撞对方队员；⑤打或企图打对方队员；⑥推对方队员。

如果队员违反下列4种规则中的任何一种，也判给对方踢直接任意球：①为了得到对球的控制而抢截对方队员时，在触球前触及对方队员；②拉扯对方队员；③向对方队员吐唾沫；④故意手球（不包括守门员在本方罚球区内）。

（六）判罚间接任意球

如果守门员在本方罚球区内违反下列4种犯规规定中的任何一种，将判给对方踢间接任意球：①用手控制球后在发出球之前持球超过6秒；②在发出球之后未经其他队员触及，再次用手触球；③用手触及同队队员故意踢给他的球；④用手触及同队队员直接掷入的界外球。

裁判员认为,队员在出现下列情况时,也将判给对方踢间接任意球:①动作具有危险性;②阻挡对方队员;③阻挡对方守门员从其手中发球;④违反规则以前未提及的任何其他犯规,而停止比赛被警告或罚令出场。

二、五人制足球比赛

(一) 比赛场地

五人制足球场是一块边线长度必定大于球门线长度的长方形场地,边线长度不得长于 42 米、短于 25 米,球门线长度不得长于 25 米、短于 15 米。国际比赛的球场边线不得长于 42 米、短于 38 米,球门线不得长于 22 米、短于 18 米。

扩展知识:球场主要区域和标记

(1) 中线、中央点和中圈:球场中线划分球场为两个半场。球场中央点应标示在中线的正中央。以中央点为圆心、3 米为半径,划一圆圈是中圈。

(2) 罚球区:以两球门柱为圆心、6 米为半径,向场内各划一个四分之一圆弧。圆弧由球门线划至从球门柱外侧与球门线垂直的假想线。两圆弧的上端划一条平行于球门线的 3.16 米连接线。两圆弧与连接线及球门线围绕的区域是罚球区。

(3) 罚球点和第二罚球点:从两球门柱之间的中点,垂直于球门向场内量 6 米设置一个罚球点,该罚球点在罚球区的线上,称为罚球点;从两球门柱之间的中点,垂直于球门向场内量 10 米设置一个罚球点,称为第二罚球点。

(4) 角球弧:以球场四角为圆心、25 厘米为半径,在球场四角内各划一个四分之一圆弧线。

(5) 换人区:换人区的位置在各球队座位的正前方,长度 5 米,两侧各划一线与边线垂直,宽度 8 厘米,长度 80 厘米,40 厘米在球场内,40 厘米在球场外。

(6) 球门:球门由两根直立门柱、上架一根水平横梁组成。两根球门柱(从门柱内缘丈量)距离 3 米,从球门横梁下缘至地面距离 2 米,两根门柱及横梁的宽度与厚度同为 8 厘米。

(二) 比赛时间

比赛为两个时间相等的半场,上下半场各为 20 分钟,中场休息时间不得超过15 分钟。比赛计时由计时员执行,当球在比赛外(出界、犯规等比赛停止的情况),

停止计时,踢界外球、掷球门球、角球、罚球点球或第二罚球点球、暂停或坠球之后,重新开始计时。

另外,比赛球队有权利要求 1 分钟暂停,上下半场各 1 次。

（三）球员人数

一场比赛应由两队参加,每队上场球员不可多于 5 人,其中必须有 1 人是守门员,如果任何一队球员少于 3 人,裁判员应该停止比赛。一般正式的比赛替补球员最多以 7 人为限,在比赛时,替换球员的次数没有限制。

（四）对于球员被处罚后的规定

如果 1 名球员被罚下场(收到两张黄牌或一张红牌),该球员不得再上场比赛。其球队必须在缺少 1 名球员的情况下打 2 分钟,除非在这 2 分钟结束前出现进球。在这种情况下,应使用以下规则:

(1) 如果出现五人对四人的情况,并且人数多的一方进了 1 球,这时只有 4 人的一方可以补足到 5 人。

(2) 如果双方都只有 4 名球员在场上比赛,并且出现 1 次进球,这时双方都可以补足到 5 人。

(3) 如出现五人对三人或四人对三人的情况,并且人数多的一方进了 1 球,这时只有 3 人的一方只可以补充 1 人。

(4) 如果双方都只有 3 名球员在场上比赛,并且进了 1 球,这时双方都可以增加 1 名球员。

(5) 如果进球的一方是人数较少的球队,比赛应继续,不改变场上球员人数。

扩展知识:五人制足球比赛的罚界外球和球门球的方法

(1) 踢界外球:踢界外球是重新开始比赛的一种方法,踢界外球时球必须静止放在边线上,在踢球的瞬间,任何一只脚的一部分必须站在边线上或边线外的地面,且不能直接得分。守方球队的球员在球未踢出之前,距离踢界外球的地点至少 5 米。

(2) 掷球门球:掷球门球是重新开始比赛的一种方法。当整个球体越出球门线,无论是在地面或空中,而球最后触及攻方球员,则判掷球门球。掷球门球时,由守方球队的守门员在罚球区内任何一点掷球门球,守门员不可在球触及其他队之前第 2 次触球,对方球员必须在罚球区外,直到球进入比赛中,且掷球门球不能直接得分。

第十一章　乒乓球、羽毛球、网球、门球、游泳运动与卫生健康教育

第一节　乒乓球运动与卫生健康教育

一、乒乓球运动概述

（一）乒乓球运动的概念

乒乓球运动是由两名或两对选手、用球拍在中间隔放一个球网的球台两端轮流击球的一项球类运动。乒乓球运动发展至今，已由最初的单一式的削球打法发展为具有 5 大类型、12 种打法的一项运动。乒乓球运动的特点是器材设备简单，室内室外都可以进行，运动量可大可小，不同年龄、性别和身体条件的人都可以参加，很容易被大众所接受。乒乓球速度快，变化多，要求练习者在短时间内对瞬息万变的击球有较强的反应能力和应变能力，能有效提高人体神经系统的灵敏性、协调性。乒乓球运动还可以有效地提高人的身体素质。长期参加乒乓球运动，随着水平的不断提高、活动范围的加大、运动量的加大，不仅相应地提高了速度素质、力量素质和身体的灵敏性、协调性，而且使肌肉发达、结实、健壮，关节更加灵活稳固。经常参加乒乓球运动，可以改善心血管系统和呼吸系统的功能，能使心血管系统的结构和机能得到改善，提高心脏的工作效率，有利于身体的新陈代谢，提高整个身体的机能水平。乒乓球是竞技运动，竞争激烈，成功和失败的条件经常转换，参赛者情绪状态也非常复杂，参赛者经受这些变幻莫测、胜负难料的激烈竞争的锻炼，能够体验各种情绪，同时，在比赛中要对对方战术意图进行揣摩，把握自己的战术应用，因此使练习者的心理素质得到了很好的锻炼。

（二）乒乓球运动的起源与发展

乒乓球运动于 19 世纪末起源于英国，最早流行于欧洲，英文名字叫"Table Tennis"，是由网球运动派生而来的。1900 年左右出现了赛璐珞做的球，由于拍与球相撞击时发出"乒"而落台时发出"乓"的声音，故而又名为"乒乓球"。

1926 年 12 月 6 日至 11 日在伦敦弗灵顿街麦摩澳大厅举行了第 1 届世界乒乓球锦标赛。比赛设男子团体、男子单打、女子单打、男子双打和男女混合双打 5

个比赛项目。由于参赛的女运动员总共才 16 名,因此没有进行女子团体和女子双打的比赛。第 1 届世界锦标赛结束了乒乓球项目作为娱乐的历史,使之成为一项体育运动项目而发展起来。

乒乓球运动的发展,从某种意义上讲,是在球拍工具不断革新、使球在速度旋转之间相互竞争过程中向前推进的。从 1926 年第 1 届世界乒乓球锦标赛到现在,乒乓球运动的发展大致经历了 5 个阶段。第 1 阶段为欧洲全盛时期,此时期乒乓球运动的重点和优势在欧洲。欧洲选手的基本打法是防守多于进攻,主要靠稳削下旋球取胜对手。第 2 阶段优势转向亚洲,为日本长抽打法称霸乒坛时期。日本选手采用远台长抽打法,结合快速的步法移动,打破了欧洲运动员的垄断地位。第 3 阶段为中国直拍近台打法崛起于世界乒坛时期。此时期中国选手逐渐形成和创造了以"快、准、狠、变"为技术风格的独特的直拍近台快攻打法。其优点是站位近、速度快、动作灵活、正反手运用自如,比日本远台长抽打法又向前发展了一步。第 4 阶段为欧洲的复兴和欧亚对抗时期,此时期欧洲选手创造了适合他们的以弧圈球结合快攻和以快攻为主结合弧圈球这两种先进打法,世界乒坛呈现出欧亚对抗的格局。第 5 阶段为乒乓球进入奥运时代,欧亚竞争更加激烈的时期。

乒乓球运动的技术打法向快速方向发展是总趋势中的一个重要方面,速度与旋转互相渗透,要求更好地结合;弧圈球技术和反弧圈球技术将在相互牵制、相互斗争的矛盾中发展提高;力争主动,先发制人,争取前三板发挥出个人技术特长,是各种类型打法发展的另一个趋势。削攻打法在比赛中增多进攻成分,利用两面不同性能球拍搞旋转变化、伺机进攻等,都要在"变、转、攻"上下工夫争主动。总括起来,世界乒乓球技术将朝着"更加积极主动,技术全面,无明显漏洞,特长突出,战术变化多样"的方向发展。

(三) 国际乒联及重大的乒乓球赛事

国际乒乓球联合会简称为国际乒联,是参加国际乒联的各个乒乓球组织(简称协会)的联合体。英文为 International Table Tennis Federation,缩写为 ITTF。国际乒联于 1926 年 12 月在英国伦敦成立,总部原设在英国东苏塞克斯郡的黑斯廷斯,2000 年迁至瑞士洛桑 。国际乒联的宗旨是维护现行乒乓球比赛规则;保证制定出版现行章程、纪律规程、比赛规则和国际比赛规程;促成并监督世界锦标赛团体赛和个人赛;协调各协会之间以及协会同其他团体的关系;在全世界帮助推广乒乓球运动,提高技术水平,发扬运动员以及各协会之间的友好互助精神;维护国际乒联的原则等。

世界乒乓球的重大赛事主要有 3 项。

(1) 奥运会乒乓球比赛:设男子单打、女子单打、男子双打和女子双打 4 块金牌。直到 2008 年,北京奥运会将乒乓球赛改为设男子团体、女子团体、男子单打和女子单打 4 块金牌。

(2) 世界乒乓球锦标赛:从 1926 年 12 月在伦敦举办的第 1 届世界乒乓球锦标赛开始,至 2017 年一共举行了 54 届世界乒乓球锦标赛。世乒赛共设 7 个比赛项目,分别是男子团体、女子团体、男子单打、女子单打、男子双打、女子双打、混合双打。

(3) 世界杯乒乓球赛:1980 年 8 月在香港举行了由 16 名选手参加的第 1 届世界杯乒乓球比赛,参赛者都是世界优秀选手和各大洲单打冠军以及东道主的 1 名选手。1990 年增设了世界杯团体赛和双打比赛,1996 年 9 月在香港举办了首届世界杯女子单打比赛,参赛方式同男子选手,且每年举行 1 届。

二、乒乓球运动的参与形式

(一) 单项比赛

乒乓球单项比赛包括男子单打、女子单打、男子双打、女子双打和混合双打 5 个单项,其中男子单打又名圣·勃莱德杯,女子单打又名吉·盖斯特杯,男子双打又名伊朗杯,女子双打又名波普杯,混合双打又称赫杜塞克杯。奖杯名称分别以捐赠者所在国家(伊朗杯)、获胜者所在俱乐部(圣·勃莱德杯)、捐赠者姓名(吉·盖斯特杯、赫杜塞克杯、波普杯)命名。

乒乓球单项比赛采用七局四胜制,每局 11 分,决胜局一方先得 5 分时双方交换方位,比赛用球采用直径为 40 毫米的白色或橙色乒乓球。其中,双打比赛球台面积与单打相同,各台区应由一条 3 毫米宽的白色中线,划分为两个相等的“半区”。中线视为右半区的一部分。在双打中,首先由发球员合法发球,再由接发球员合法还击,然后由发球员的同伴合法还击,再由接发球员的同伴合法还击,此后,运动员按此次序轮流合法还击。在双打中,球应先后触及发球员和接发球员的右半区。在双打的第 1 局比赛中,先发球方确定第 1 发球员,再由先接发球方确定第 1 接发球员。在以后的各局比赛中,第 1 发球员确定后,第 1 接发球员应是前一局发球给他的运动员。在双打中,每次换发球时,前面的接发球员应成为发球员,前面的发球员的同伴应成为接发球员。

(二) 团体比赛

乒乓球团体比赛分为男子团体比赛和女子团体比赛,男子团体比赛又名斯韦思林杯,女子团体又名马赛尔·考比伦杯,分别由国际乒乓球联合会首任主席伊沃·蒙塔古先生的母亲、前任国际乒乓球联合会名誉主席斯韦思林女士,以及1934 年首次设立团体赛项目的第 8 届世界乒乓球锦标赛的东道主法国乒乓球协会主席马赛尔·考比伦先生捐赠。

团体比赛与单场比赛的赛制相同,均采用五场三胜制和五局三胜制。其中,每局比赛 11 分,决胜局一方先得 5 分时双方交换方位,5 局比赛只能派 3 名选手参赛,每人最多打 2 场比赛。比赛形式一般采用由 5 场单打构成的五场三胜制,即一个队由 3 名运动员组成。双反出场顺序分别为 A—X, B—Y, C—Z, A—Y 和 B—X;或者采用由 4 场单打和 1 场双打构成的五场三胜制,一个队由 2,3 或 4 名运动员组成。

团体比赛基本程序由以下几部分构成:团体比赛前由抽签的中签者优先选择 A,B,C 或 X,Y,Z。由队长将该队名单提交给裁判长或其代理人,并对每一名单打运动员确定一个字母所代表的相应位置。双打比赛的配对不必立即提交,直到前一场单打比赛结束。需要连场的运动员有资格在连场的比赛之间有最多 5 分钟的休息时间。当一个队赢得足够多数场次时,一次团体比赛即为结束。

三、乒乓球运动的主要参与方法

(一) 基本站位

1. 站位的基本特点与作用

站位是指运动员与球台之间所处的位置。不同类型打法的选手,其基本站位的范围大小也不相同。

2. 站位的动作方法

站位的范围是指运动员离球台端线的远近距离。

(二) 准备姿势

1. 准备姿势的特点与作用

准备姿势是指击球员准备击球时身体各部位的姿势。运动员在每一次击球之前,均应当使身体保持合理正确的基本姿势,有利于腿脚蹬地,用力和腰、躯干各部位的协调配合与迅速起动。

2. 准备姿势的动作要点

两脚平行站立,略比肩宽,身体稍右侧,面向球台。两膝微曲并内旋,前脚掌内侧着地,提踵,重心置于两脚之间。上体略前倾,含胸收腹,注视来球。执拍手和非执拍手均应自然弯曲置于体侧,前臂、手腕、手指自然放松,使拍面成半横状置于腹前。

(三) 握拍

1. 握拍的基本动作

(1) 横拍握法。

横拍握法因手指动作相似,又称八字式握法,其握拍方法如下:虎口压住球拍右上肩,中指、无名指和小指自然地握住拍柄,拇指在球拍的正面轻贴于中指旁边,食指自然伸直斜贴在球拍的背面。深握时,虎口紧贴球拍;浅握时,虎口轻微贴拍。

（2）直拍握法。

食指和拇指自然弯曲，食指的第2指关节和拇指的第1指关节分别压住球拍的两肩，食指与拇指间的距离要适中（一般为一指宽距离）。中指、无名指、小指自然弯曲斜形重叠，中指的第1指关节侧面顶在球拍背面约1/3处。这种握拍法是目前直拍近台快攻打法最常用的握法。

（3）直拍横打握法。

与直拍近台快攻握法相比，拇指往里握得深一点，食指移至球拍边缘处，球拍不能握得太紧，后面的三指略伸开一些，这样有利于发力及控制拍形。

2. 握拍时易犯的错误

（1）握拍过深，妨碍拍形调节。

（2）握拍过浅，不利于控制拍形和影响击球发力。

（3）拍后三指过屈，妨碍拍形调节和影响击球发力。

（4）拍后三指张开，妨碍拍形调节和不便于反手击球。

（5）横握拍虎口偏右，有利于反手，不利于正手。

（6）横握拍虎口偏左，有利于正手，不利于反手。

（四）步法

1. 步法的基本因素与要求

步法是指乒乓球运动员为选择合适的击球位置所采用的脚步移动方法。它是乒乓球击球环节中的一个重要组成部分，也是一名优秀运动员必须具备的重要技术。

打乒乓球时，对步法的要求基本有两条：一是反映判断要快；二是脚步移动要灵活。

2. 步法的种类与动作要点

乒乓球步法的区分：从移动范围来说，有大、中、小3种不同范围；从移动方向来说，有向前、向后、向左、向右、斜前方、斜后方等不同移动方向；从移动形式来说，有平动、滑动、跳动等。其种类有单步、并步、跨步、跳步、垫步、侧身步、交叉步、小碎步等。

（1）单步（见图11-1、图11-2、图11-3、图11-4）。

单步一般是在来球离身体不远的小范围内运用。它具有移步简单、灵活、重心平稳等特点，在还击近网短球或追身球时常采用此步法。

动作要点：以一只脚的前脚掌为轴，另一只脚向前、后、左、右的不同方向移动，当移动完成时身体重心也随之落到摆动脚上。

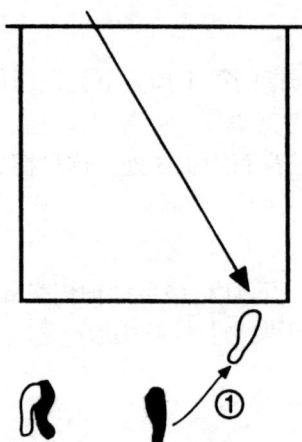

图 11-1　单步向右前方移动　　　　图 11-2　单步向左前方移动

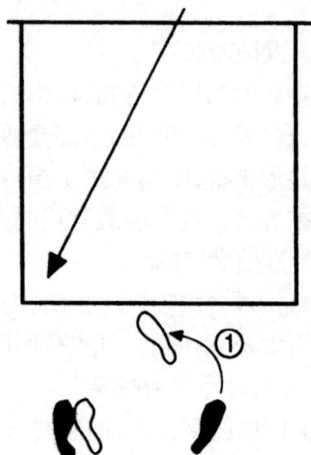

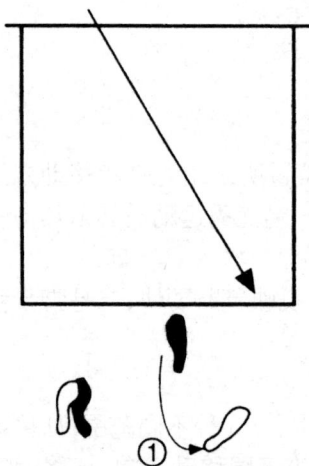

图 11-3　单步向右后方移动　　　　图 11-4　单步向左后方移动

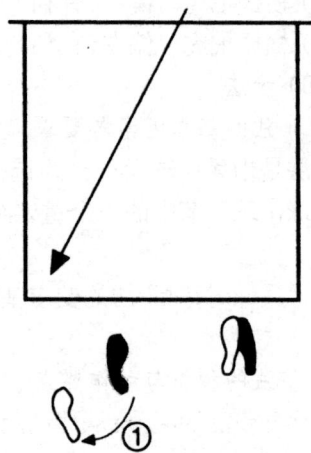

(2) 并步(亦称换步或滑步)。

并步的移动幅度比单步要大,它在移动时没有腾空动作,重心起伏小,能保持身体的平衡和稳定。进攻型选手或削球型选手在左右移动时常采用此步法(见图 11-5、图 11-6)。

动作要点:先以来球异侧方向的脚用力蹬地向另一脚移(或叫并)半步或一小步,另一只脚在并步落地后即向同方向移动。

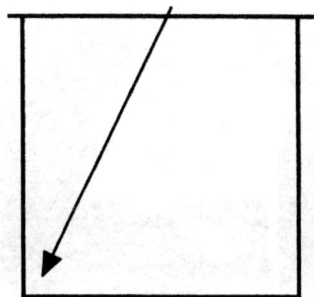

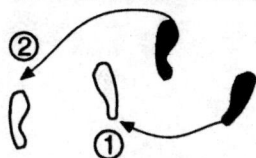

图 11-5　并步从右向左移动　　　　　　　　图 11-6　并步从左向右移动

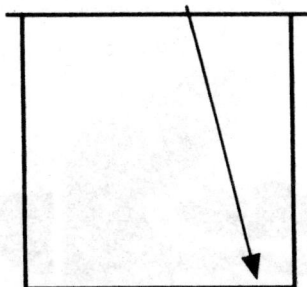

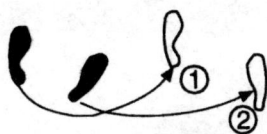

（五）发球技术

1. 发球的方法与动作要点

发球的方法是多种多样的,按形式来划分,可分为低抛发球、高抛发球和下蹲式发球;按方位来划分,可分为正手发球、反手发球和侧身发球;按性质来划分,可分为速度类发球、落点类发球、旋转类发球,如侧上、侧下、转与不转、长球、短球等。

下面选择几种主要的发球技术分述。

（1）正手发左侧上（下）旋球。

① 特点与作用:这种发球以旋转变化为主,飞行弧线向对方左侧偏拐,对方用平挡回击,也向左侧上（下）反弹。

② 动作要点:左脚在前,右脚在侧后,当球向上抛起的同时,执拍手向右后上方引拍,身体随之向右转动,球拍稍后仰,手腕外展。当球下落时,手臂自右上方向左下方挥摆,在球拍触球的瞬间,加大小臂、手腕的爆发力,增强球的旋转。随势挥拍的动作幅度要小,以便还原动作快。

发左侧上旋球时,球拍从球的右侧中下部向左侧面摩擦,并微微勾手腕以加强上旋（见图 11-7）。

发左侧下旋球时,手臂自右上方向左前下方挥摆,球拍从球的右侧中下部向左侧下部摩擦,腰配合向左转动。

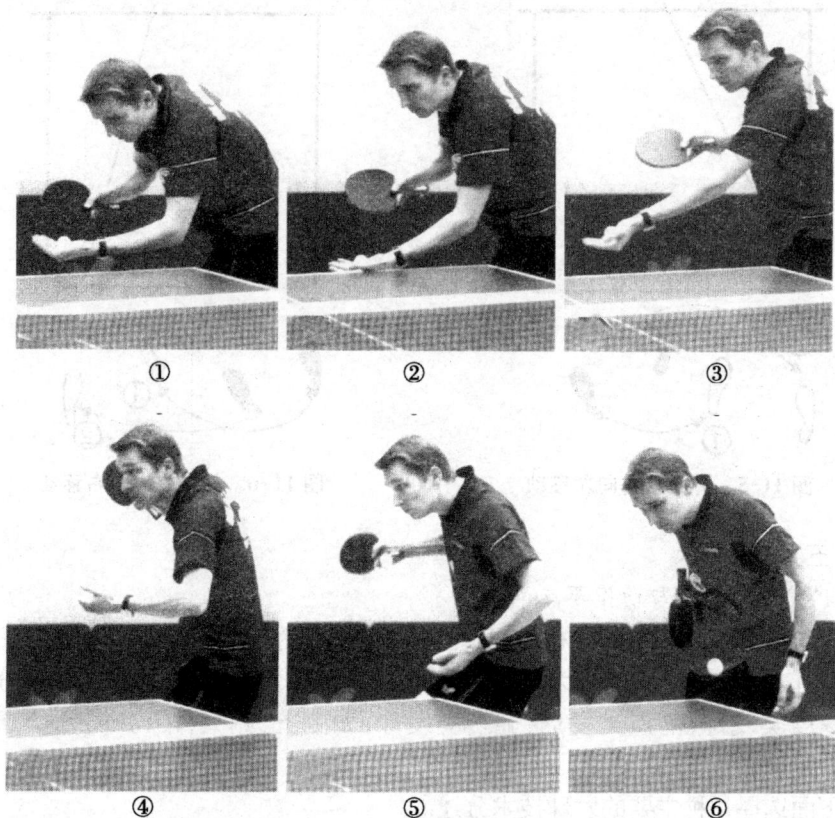

图 11-7　正手发左侧上旋球

(2) 反手发右侧上(下)旋球。

① 特点与作用:与正手发左侧上(下)旋球基本相同。飞行弧线向对方右侧偏拐,对方用平挡回击,也向右侧上(下)反弹。

② 动作要点:右脚稍前,重心在右脚上。抛球的同时向左后方引拍,腰略向左转,拍面稍后仰,手腕适当内旋,当球下落时,手臂自左上方向右下方挥摆。在触球瞬间,加大小臂、手腕的爆发力,同时注意配合转体动作,使腰、臂协调用力,增大发球的速度和力量以增强球的旋转。

发右侧上旋球,触球时拍面从球的中下部向左侧上部摩擦。

发右侧下旋球,触球时拍面从球的左侧中下部向右侧摩擦(见图 11-8)。

图 11-8　反手发右侧下旋球

2. 发球时易犯的错误

(1) 发球犯规,不懂规则,平时要求不严,致使比赛时被判罚失分。

(2) 击球点过高或过低,击球点位置概念不清,击球动作与抛球动作配合不协调,致使发球准确性差、球易出界或下网。

(3) 发球时的触拍部位不准确,抛球不稳定,调节、控制拍形能力差,致使发球准确性差、发球质量不高。

(4) 球发出后的第 1 落点位置不当,致使发球不过网或发球出界。

(六) 推挡球技术

1. 推挡球的技术特点与作用

推挡是我国直拍快攻打法的基本技术之一,它具有站位近、动作小、球速快、稳定性比较高等特点。

(1) 快推球技术的特点与作用:具有动作小、回球速度快、变化多、稳定性比较好等特点。在比赛中,可用落点变化控制对方起到助攻作用。

(2) 快推球技术的动作要点:左脚稍前,上臂内收,自然靠近身体右侧。击球前手臂适当后撤引拍,前臂稍外旋,在来球的上升期,拍形前倾,手腕外展,击球的中上部,食指用力,拇指放松。击球后,手臂、手腕继续向前随势挥动,距离要短,并迅速还原成击球前的准备姿势。

2. 推挡球易犯的错误

(1) 挡球时,判断球的落点不准,拍形掌握不好,致使球不过网或出界。

(2) 推挡时,拍形前倾过大,击球时间过早,致使球不过网。

(3) 推挡时,拍形前倾不够,击球时间过早或过晚,致使球出界。

(4) 击球时,肘关节离开身体,致使动作不协调。

(5) 加力推,手臂没有向前伸展出去,致使推挡力量不大。

3. 练习方法

(1) 做徒手模仿动作练习,体会动作要点,做徒手模仿时还可面对镜子来判断自己动作是否到位。

(2) 两人一组在台上对练反手推挡球,先练中线范围,再练推挡斜线、直线,并逐步加快击球速度。

(3) 先练定点,一点推两点,再练不定点,一点推两点。

(4) 先练双方对推,再练一方攻一方推。

(七) 攻球技术

1. 攻球技术的特点和动作过程

攻球是乒乓球技术中最重要的基本技术,是进攻型选手在比赛中争取主动、克敌制胜的主要手段。因此,不论是直拍或横拍的快攻型打法,还是快攻结合弧圈型打法,或是削攻型打法,选手都必须具备全面或相应的攻球技术。

(1) 正手快攻(见图 11-9)。

① 特点与作用:具有站位近、动作小、出手快、多借力还击等特点。在比赛中,可直接得分或在相持中结合落点变化调动对方,伺机进行扣杀。

② 动作要点:左脚稍前,身体离台约 40 厘米左右,引拍至身体右侧方,右肩稍沉,重心移至右脚,拍形稍前倾呈半横状,拇指用力,食指放松,在上升期击球的中上部,配合前臂做旋内转动,向左上方挥拍,身体重心由右脚移至左脚。击球后随势挥拍至前额,并迅速还原。

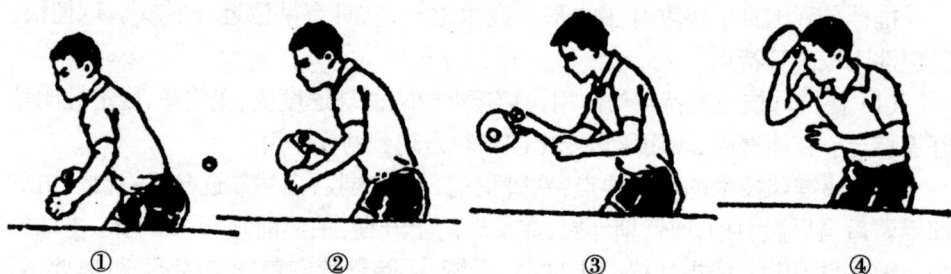

图 11-9　正手快攻

(2) 正手突击。

① 特点与作用:具有动作小、球速快、突然性强、有一定攻击力量的特点。在比赛中,处理好下旋来球,进行低球突击抢攻,可以直接得分或为扣杀创造机会。它是我国直拍和横拍正胶快攻型选手对付削球或搓球的主要得分技术。

② 动作要点:站位近台,左脚稍前,前臂引拍至身体的右前方,同时腰向右转,重心在右脚上。在来球比网稍高时;拍形垂直或稍后仰,上臂带动前臂加速向前上方发力,在来球的高点期击球的中下部。当来球下旋强时,球拍向上摩擦时间

长一些,回球弧线应稍高;若来球为一般下旋球时,则应触球中部偏下些,摩擦时间短,弧线应稍低,球击出后迅速还原。

2. 攻球时易犯的错误

(1) 正手攻球时,手腕下垂,使球拍与前臂成垂直,致使击球时动作僵硬不协调。

(2) 正手攻球时,手腕上挺,使球拍与前臂成一直线,致使击球时动作僵硬不协调。

(3) 正手攻球时,抬肘关节,致使击球时动作僵硬不协调。

(4) 判断球的落点不准,引拍动作不到位,致使击球落空。

(5) 击球后,球拍立即停止不前,致使动作不协调。

(6) 击球时,拍面前倾过早,致使球不过网。

(7) 击球时,拍面前倾不够,致使球出界。

3. 练习方法

(1) 做徒手模仿动作练习,体会动作要点,做徒手模仿时还可面对镜子来判断自己动作是否到位。

(2) 多球练习,一人发球一人练习攻球,先练定点,再结合步法练习两点(如1/2 台或 1/3 台)或多点。

(3) 一推一攻练习,一人推挡一人攻球,先轻打,多打回合以提高命中率和体会攻球动作结构,然后再用中等力量快打。

4. 对攻练习,正手对攻斜线、正手对攻侧身斜线、正手对攻直线、正手对攻中路。

(八) 搓球技术

1. 搓球技术的特点与动作方法

搓球是近台还击下旋球的一种基本技术,是用类似削球的动作回击对方发出来或削过来的下旋球,亦称"小削板"。

(1) 慢搓。

① 特点与作用:具有动作幅度较大、回球速度较慢、稳健性强的特点。适用于回接旋转较强、线路稍长的来球。如与快搓结合,能变化击球的节奏。

② 动作要点:对于反手慢搓,左脚稍前,站位近台,前臂和手腕内旋,将球拍引至身体左上方,拍面后仰,在来球下降前期用球拍的下半部摩擦球的中下部,前臂加速向前下方用力的同时,手腕外展配合用力。击球后,前臂随势前送,立即放松并迅速还原(见图 11-10)。

图 11-10 反手慢搓

（2）快搓。

① 特点与作用：具有击球动作幅度较小、回球速度快、弧线低、借助对方来球的前冲力进行回击的特点。常用于接发球或削过来的近网下旋球。快搓与其他搓球结合，能改变击球节奏，缩短对方准备击球的时间，为争取主动创造条件。

② 动作要点：对于反手快搓，站位近台，身体重心前移靠近来球，手臂自然弯曲，手腕适当放松，球拍稍向后引至腹前。击球时，拍面稍后仰，在来球上升期击球中下部，借对方来球的冲力，前臂手腕向前下方用力。随势挥拍动作尽可能短一些（见图 11-11）。

图 11-11 反手快搓

2. 搓球时易犯的错误

（1）球拍没有上引，击球时前臂由上向下动作不明显，致使回球下旋力不强。

（2）击球时，拍面后仰不够，致使球出界或下网。

（3）击球时，球拍与球接触的部位不准，没击到球的中下部，致使回球准确性差，质量不高。

（4）击球后，前臂前送不够，致使球不过网。

3. 练习方法

（1）按照搓球动作结构，做台下上肢徒手模仿练习。

（2）发下旋球，双方正手对搓斜线。

（3）发下旋球，双方反手对搓斜线。

(4) 发下旋球,一方正手搓直线,另一方反手搓直线,轮换练习。

(5) 一方正手搓对方左、右两点,另一方反手搓对方正手一点,轮换练习。

(九) 弧圈球技术

1. 弧圈球技术的特点与动作方法

弧圈球是一种将力量、速度和旋转结合为一体的进攻性技术,是比赛中的主要得分手段。弧圈球技术可分为正手弧圈球技术和反手弧圈球技术。根据旋转特征,弧圈球技术可分为加转弧圈球、前冲弧圈球和侧旋弧圈球。

(1) 加转弧圈球。

① 特点与作用:具有飞行弧线较高、球速较慢、上旋力很强的特点。着台后下滑速度较快,击出的球第 1 弧线较高,第 2 弧线较低,是对付下旋球的有效技术。在相持中,可以对击球节奏进行变化。

② 动作要点:对于正手拉加转弧圈球,左脚在前,身体重心较低。手臂自然下垂向右后下方引拍,身体随之向右转动,右肩下沉,重心在右脚上。拍触球时拍面稍前倾,大臂带动前臂向前上方挥动,手腕配合发力,身体向左侧转动。在来球的下降前期击球的中部或中上部,在摩擦球的瞬间迅速收缩前臂以加大摩擦力。击球后,身体稍向上抬起,随势挥拍至头部高度,重心移至左脚,并迅速还原。

(2) 前冲弧圈球。

① 特点与作用:具有出手快、球速快、弧线低、上旋强、着台后前冲力大等特点。它是一种将力量和旋转结合得较好的进攻性技术,也是对付发球、搓球、削球、推挡以及在相持中对拉的有效技术。

② 动作要点:对于正手拉前冲弧圈球,左脚稍前,根据来球选择站位远近。向右后方引拍时,腰向右转动,重心移至右脚。击球时拍面前倾,在上臂带动下,前臂加速向前上方挥动,手腕配合发力,在来球的上升后期或高点期摩擦球的中上部。随势挥拍后迅速调整身体重心并还原。

2. 拉弧圈球时易犯的错误

(1) 引拍动作不够大,重心较高,致使回球上旋力不强。

(2) 击球时碰撞多、摩擦少,致使回球上旋力不强。

(3) 击球时,拍形掌握不好,球拍与球接触的部位不对,致使球下网或球出界。

(4) 击球时,判断来球线路不准或击球时间不对,致使击球落空。

3. 练习方法

(1) 做徒手模仿动作练习,体会动作要点,做徒手模仿时还可面对镜子来判断自己动作是否到位。

(2) 一人正手快带或反手推挡斜线/直线,一人连续拉弧圈球。

(3) 一人正手或反手一点,拉对方左、右两点,先定点后不定点。

（4）二人对搓，一人搓中拉弧圈球。

（5）一人削球，另一人连续拉弧圈球。

（十）直拍横打技术

1. 直拍横打技术的特点与动作方法

直拍横打技术源于 20 世纪 80 年代末，发展于整个 20 世纪 90 年代，经过刘国梁、马琳、王皓 3 位代表人物的淬炼，现在逐步走向完善。直拍横打改变了原有直拍单面击球的状况，它是在球拍的另一面粘上覆盖物，使球拍正反面都可以击球。直拍横打完善、丰富、发展了直拍反手位技术，通过拨、拉、打、带、挑、撕等技术的运用，极大程度地弥补了直拍反手位的不足，拓宽了快攻打法的球路，使传统的左推右攻打法朝着“两面开攻”方向发展。直拍横打技术使直拍反手位的“死角”变活，并且带动了一场全方位的直拍对抗横拍的技术革命，是直拍的创新技术。

（1）直拍反面快拨技术。

① 特点与作用：直拍反面快拨技术是在相持中常用的技术。它和推挡结合，能起到变化击球节奏的目的，是反手位进攻得分的辅助手段。

② 动作要点：站位近台，两脚开立约比肩宽一点，左脚稍前，肘关节稍前顶，前臂外旋、手腕稍内屈，自然向左后上方引拍，上臂间的夹角大约 45 度左右。击球时拍形稍前倾，主要用拇指和中指发力，食指自然放松，在来球的上升期击球的中上部，向前方挥动。击球后手臂随势前送，然后迅速还原成准备姿势。

（2）直拍反面弹打技术。

① 特点与作用：直拍反面弹打技术具有动作小、速度快、突然性强等特点，是直拍运动员在相持中转为主动进攻的重要手段，也是必须掌握的反面主要技术之一。

② 动作特点：站位近台，两脚开立约比肩宽一点，左脚稍前。上臂抬起，身体重心略高一点。肘关节稍前顶，前臂外旋，手腕稍内屈，拇指压拍，食指放松，使拍形前倾。身体前迎，在来球的上升后期或高点期击球的中上部，触球瞬间要短促有力，以撞击为主，向前下方用力弹压。向下的力量越大，旋转越强；向前的力量大一些，旋转就稍弱。击球后，手臂随势前送的动作不宜过大，然后迅速还原成准备姿势。

（3）直拍反面拉弧圈球。

① 特点与作用：直拍反面拉弧圈球具有身体发力充分、球的旋转较强、带有侧上旋的性质等特点。它是直拍对付反手位下旋搓球的比较有效的进攻技术。

② 动作要点：两脚开立略比肩宽，重心在两脚之间，含胸收腹，身体重心下降。腰略向左转，肘关节略前顶。前臂外旋，手腕稍内屈，手臂下沉引拍至腹前下方。拇指压拍，食指放松，拍形稍前倾，在高点期或下降前期摩擦球的中部偏上位置，

向前上方挥拍。击球后,随势挥拍的动作稍大一些,然后迅速还原成准备姿势。

(4) 直拍反面攻技术。

① 特点与作用:直拍反面攻技术主要用于左大角扣杀半高球,或扑正手位后还原时回左方大角度的击球,具有动作较大、力量较重等特点。

② 动作要点:站位中近台,右脚稍前,身体重心在左脚上。肘关节略前顶。前臂外旋,手腕稍内屈,向左后上方引拍。击球时,拇指和中指用力,食指自然放松,在来球的高点期或下降前期,摩擦球的中上部向前方挥动,利用腰部和挺腹的力量协助发力。击球后,手臂随势前送,并迅速还原成准备姿势。

2. 直拍横打时易犯的错误

(1) 拍形错误,主要是手腕没后屈内旋,球拍的方向偏右,反打易出右边线,前倾角度过大,致使球易下网。

(2) 抬肘送肘,影响动作的发力。

(3) 手腕、小臂僵硬,影响对球的调节和控制及最后发力。

(4) 引拍偏左,影响击球后的方向。

(5) 拇指不压拍,影响击球的正确部位和击球角度。

(6) 处理与球网齐高或低于球网的球,一定要有弧线,否则球就不易过网。

(7) 选位移动不及时,直拍反打的击球位置、调节能力相对正手要小,由于到位不及时,极大地影响了击球正确的动作发挥。

3. 练习方法

(1) 做徒手模仿动作练习,体会动作要点,做徒手模仿时还可面对镜子来判断自己动作是否到位。

(2) 多球练习,一人发球一人练习直拍横打,先练定点,再结合步法练习两点(如 1/2 台或 1/3 台)或多点。

(3) 反手位斜线的对攻训练,可以采取一攻一守和互相对攻的方法,通过反复训练,达到动作的定型和技术的熟练。

(4) 一点打对方两点和对方一点打两点,训练平挡球落点的调节能力和正反手两面的结合能力。

四、乒乓球比赛的基本规则与场地器材

(一) 比赛场地和器材

1. 球台

乒乓球的球台长 2.74 米,宽 1.525 米,离地面高 76 厘米,球台的上层表面叫做比赛台面,比赛台面不包括球台台面的垂直侧面。比赛只能在比赛台面上进行,平时所说的擦边是指擦在比赛台面上,并不包括球台台面的垂直侧面。比赛

台面应呈均匀的暗色,无光泽。沿每个2.74米的比赛台面边缘各有一条2厘米宽的白色边线,沿每个1.525米的比赛台面边缘各有一条2厘米宽的白色端线。比赛台面由一个与端线平行的垂直的球网划分为两个相等的台区,各台区的整个面积应是一个整体。双打时,各台区应由一条3毫米宽的白色中线,划分为两个相等的半区。中线与边线平行,并应视为右半区的一部分。

2. 球网装置

球网装置包括球网、悬网绳、网柱及将它们固定在球台上的夹钳部分。球网应悬挂在一根绳子上,绳子两端系在高15.25厘米的直立网柱上,网柱外缘离开边线外缘的距离为15.25厘米,整个球网的顶端距离比赛台面15.25厘米。

3. 球

乒乓球的球应为白色或橙色且无光泽的圆球体,直径为40毫米,球重2.7克。

4. 球拍

乒乓球球拍的大小、形状和重量不限。底板应平整、坚硬,底板厚度至少应有85%的天然木材。用来击球的拍面应用一层颗粒向外的普通颗粒胶覆盖,连同黏合剂,厚度不超过2毫米;或用颗粒向外或向内的海绵胶覆盖,连同黏合剂,厚度不超过4毫米。球拍两面不论是否有覆盖物,必须无光泽,且一面为鲜红色,另一面为黑色。由于意外的损坏、磨损或褪色,造成拍面的整体性和颜色上的一致性出现轻微的差异,只要未明显改变拍面的性能,可以允许使用。比赛开始及比赛过程中运动员需要更换球拍时,必须向对方和裁判员展示将要使用的球拍,并允许检查。

(二) 现行乒乓球比赛规则主要条款

1. 合法发球

(1) 发球开始时,球自然地置于不执拍手的手掌上,手掌张开,保持静止。

(2) 发球员须用手将球几乎垂直地向上抛起,不得使球旋转,并使球在离开不执拍手的手掌之后上升不少于1厘米,球下降到被击出前不能碰到任何物体。

(3) 当球从抛起的最高点下降时,发球员方可击球,使球首先触及本方台区,然后越过或绕过球网装置,再触及接发球员的台区。在双打中,球应先后触及发球员和接发球员的右半区。

(4) 从发球开始,到球被击出,球要始终在比赛台面的水平面以上和发球员的端线以外,而且不能被发球员或其双打同伴的身体或衣服的任何部分挡住。

2. 比赛次序

(1) 在单打中,首先由发球员合法发球,再由接发球员合法还击,然后两者交替合法还击。

(2) 在双打中,首先由发球员合法发球,再由接发球员合法还击,然后由发球员的同伴合法还击,再由接发球员的同伴合法还击。此后,运动员按此次序轮流合法还击。

3. 一局比赛

在一局比赛中,先得 11 分的一方为胜方。10 分打平后,先多得 2 分的一方为胜方。

4. 发球、接发球和方位的次序

(1) 选择发球、接发球和方位的权利,应由抽签来决定。中签者可以选择先发球或者先接发球,也可以选择先在某一方位。

(2) 当一方运动员选择了先发球或先接发球、或选择了先在某一方位后,另一方运动员必须有另一个选择。

(3) 在获得每 2 分之后,接发球方即成为发球方。依此类推,直至该局比赛结束,或者直至双方比分都达到 10 分或实行轮换发球法。这时,发球和接发球次序仍然不变,但每人只轮发 1 分球。

(4) 在双打的第 1 局比赛中,先发球方确定第 1 发球员,再由先接发球方确定第 1 接发球员。在以后的各局比赛中,第 1 发球员确定后,第 1 接发球员应是前一局发球给他的运动员。

(5) 在双打中,每次换发球时,前面的接发球员应成为发球员,前面的发球员的同伴应成为接发球员。

(6) 一局中首先发球的一方,在该场下一局应首先接发球。在双打决胜局中,当一方先得 5 分时,接发球方应交换接发球次序。

(7) 一局中,在某一方位比赛的一方,在该场下一局应换到另一方位。在决胜局中,一方先得 5 分时,双方应交换方位。

第二节　羽毛球运动与卫生健康教育

一、羽毛球运动概述

(一) 羽毛球运动的概念

羽毛球运动是 2 人或 4 人在一块长 13.40 米、宽 5.18 米(单打)或 6.10 米(双打)、中间隔网的场地上,双方各处一端,用球拍往返击球的一项隔网对抗类体育运动项目。在我国,羽毛球项目因运动成绩突出,成为一项群众喜闻乐见的体育运动项目。

羽毛球运动强调手指发力,是指在球拍与球接触刹那,通过手指突然收紧,产生力量,使球拍面方向转换或加快挥拍速度。此种发力是击球动作最重要的一个环节,它是调整击球方向和调整击球距离的关键,也是快速提高技能的捷径。其中,手指发力又包括捻动发力和屈指发力。捻动发力主要是四指以顺时针方向旋转来搓动球拍柄,使拍面旋转。主要应用于网前力量较小的搓、推等动作。屈指发力是指拇指、食指扣紧拍柄为支点,其余三指由松到屈指握紧发力。主要应用于需发力的动作,如高远球、平高球、抽球、杀球等。

羽毛球运动是全面锻炼身体、增强身体机能的良好手段,也是培养良好的道德风尚、陶冶情操的有效方法,通过锻炼和比赛,还能培养顽强的拼搏精神和优良的意志品质,从而提高身体素质和心理素质。

(二)羽毛球运动的起源与发展

羽毛球运动最早起源于 19 世纪中叶的印度浦那城,近代羽毛球运动起源于 1873 年的英国。1875 年,第 1 个军人羽毛球俱乐部在英国成立。1877 年,第 1 本羽毛球比赛规则在英国出版。1893 年,在英国成立了世界上第 1 个羽毛球协会并于 1899 年举办了第 1 届"全英羽毛球锦标赛",每年举办 1 次,沿袭至今。1934 年,由英格兰、法国、爱尔兰、苏格兰、荷兰、加拿大、丹麦、新西兰和威尔士 9 个羽毛球协会共同协商成立了"国际羽毛球联合会"(简称国际羽联),是第 1 个世界性的羽毛球组织。1939 年国际羽毛球联合会通过了各会员国共同遵守的《羽毛球竞赛规则》。1978 年,世界羽毛球联合会成立。1981 年 5 月,国际羽联和世界羽联正式合并,名称仍为国际羽毛球联合会。在 1988 年汉城奥运会上,羽毛球被列为表演项目,1992 年巴塞罗那奥运会上被列为正式比赛项目。

世界性的羽毛球运动大赛包括奥运会羽毛球比赛、世界男子羽毛球团体锦标赛(汤姆斯杯)、世界女子羽毛球团体锦标赛(尤伯杯)、世界羽毛球锦标赛、世界羽毛球混合团体赛(苏迪曼杯)、世界杯羽毛球比赛及世界羽毛球大奖赛系列公开赛等。

羽毛球运动从开创至今,技术与战术的发展从简单到全面,从全面到快速灵活,从快速灵活到多变,其中产生了几次飞跃。第 1 次飞跃是在开创时期,这一时期英国选手垄断整个世界羽坛。第 2 次飞跃是在 20 世纪 50 年代至 60 年代中期,这是羽毛球的技术与战术全面发展的时期,男子技术优势从欧洲全面转向亚洲,形成了亚洲人在世界羽坛上称雄的局面。第 3 次飞跃是 20 世纪 70~80 年代,世界羽坛技术与战术向快速进攻、全面、多变的方向发展,以中国、印尼、印度、丹麦、马来西亚、韩国为代表的各国选手打法更全面,变化更多,速度更快,特长更加突出。90 年代羽毛球成为奥运会比赛项目后,羽毛球技战术发展又迈向了新的台阶。综观世界羽坛,世界羽毛球运动技术与战术发展总趋势正在向"快速、全面、进攻和多拍"方向发展。

二、羽毛球运动的主要参与形式

(一) 单项比赛

羽毛球单项比赛包括男子单打、女子单打、男子双打、女子双打和混合双打 5 个单项，奥运会羽毛球比赛、世界羽毛球锦标赛、世界杯羽毛球比赛及世界羽毛球大奖赛系列公开赛等均为羽毛球单项比赛。

羽毛球比赛采用三局两胜制，单打比赛在一块长 13.40 米、宽 5.18 米的场地上进行，双打比赛在一块长 13.40 米、宽 6.10 米的场地上进行，在羽毛球比赛中由抽签决定发球方和接发球方及各方在场地上所处的方位，实行每球得分制，每局 21 分，比赛中一方得分先达 11 分时为一次技术暂停，在技术暂停的时间内运动员方可接受指导。双打比赛的发球有效区域为长 3.88 米、宽 3.05 米，发球落点应位于前后发球线及双打边线与中线之间。

羽毛球单打的打法是根据比赛者的个人技术特点、身体素质、心理素质等条件而形成的技术打法，常见的有以下 5 种：控制后场，高球压底，打四角球，高短结合、下压为主，控制网前、快拉快吊，前后结合和守中反攻打法。双打站位及打法大致有前后站位打法、左右站位打法及轮转站位打法 3 种。

(二) 团体比赛

目前，羽毛球比赛实行的赛制有男子团体赛、女子团体赛、混合团体赛。世界男子羽毛球团体锦标赛又称汤姆斯杯，世界女子羽毛球团体锦标赛又称尤伯杯，世界羽毛球混合团体赛又称苏迪曼杯。汤姆斯杯由 1939 年时任国际羽联主席的英国人乔治·汤姆斯捐赠。尤伯杯是由英国 20 世纪 30 年代著名女子羽毛球选手贝蒂·尤伯夫人捐赠。为纪念印尼羽毛球联合会前主席苏迪曼先生对羽毛球事业作出的贡献，国际羽联决定将世界羽毛球混合团体赛奖杯命名为"苏迪曼杯"。苏迪曼杯与汤姆斯杯和尤伯杯不同的是，这项比赛是检验参赛队伍羽毛球运动整体水平的赛事，进行男女单打、男女双打和混合双打 5 个单项角逐。

羽毛球男子团体赛和女子团体赛最常用的竞赛办法为五场制，每场单项比赛为三局两胜制。每个团体赛一般由三单两双构成，每队限定报名人数，比赛顺序常用的有单—单—单—双—双、单—双—单—双—单等，比赛顺序也可以根据运动员兼项情况进行调整。男女混合团体赛，则采用两单三双的比赛办法，出场顺序由裁判长根据运动员兼项情况决定。

三、羽毛球运动的主要参与方法

羽毛球技术是指运动员在比赛中所采用的各种动作方法的总称。羽毛球的主要基本技术包括手法和步法两大类：手法有握拍法、发球法和击球法；步法有基本步法和前后左右移动的综合步法。羽毛球技术是运动员实施战术的基础,随着现代羽毛球运动的不断发展,羽毛球技术越来越朝着精细化的方向发展。本节主要选择手法作为介绍的主要内容。

(一) 握拍法

握拍是选手击球前最基本的准备,是学习各项羽毛球基本技术的起点。运动中,选手在掌握基本型正手握拍和基本型反手握拍的基础上,视对方从不同角度和方向击来的后场、前场、中场和发球,因时、因地适当地灵活调整握拍,才能完成高质量的击球。握拍方法大致分为基本型正手握拍技术和基本型反手握拍技术。

1. 动作分析

(1) 基本型正手握拍技术。

左手握拍中杆,使拍框与地面垂直,此时从左至右可看见拍柄上有 4 条棱线。张开右手,使虎口对准拍棱上的第 2 条棱线,用近似握手的方法握住拍柄,从正面看,手与拍柄的结合部位成 V 形。无名指和小指握紧球拍,拇指、食指和中指自然放松,贴在拍柄两侧的宽面上。球拍柄靠近手掌的小鱼际,拍柄与掌心留有空隙,准备发力击球(见图 11-12)。

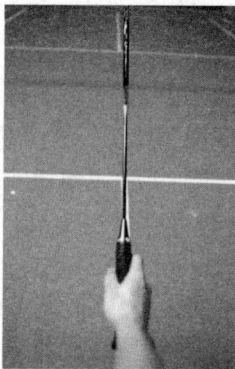

图 11-12 正手握拍

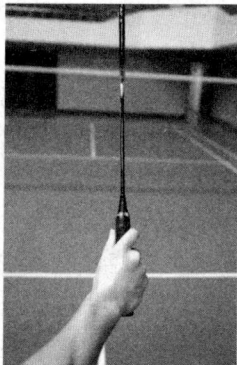

图 11-13 反手握拍

(2) 基本型反手握拍技术。

在基本型正手握拍的基础上,将拍柄稍向外旋,拇指上提,内侧顶在拍柄第 1 斜棱旁的宽面上,也可将拇指放在第 1 和 2 斜棱之间的窄面上。食指稍向下靠,同拇指一道卡住拍柄。其余的中指、无名指和小指自然贴靠在拍柄上,留有发力的空间(见图 11-13)。

2. 易犯错误

(1) 握拍手型错误,影响击球发力效果和击球拍面的角度。

(2) 拳头状握拍,造成手指与拍柄呈垂直状,影响握拍转换的灵活性。

3. 练习方法

(1) 单人结合挥拍、步法练习。练习者练习步法及挥拍时,注意在步法到位后提醒自己所应用的技术(如头顶吊球),然后检查自己的握拍方法。

(2) 持拍捡球练习。持拍手掌心虚握拍柄,将拍面置于羽毛球侧面,用手指捻动拍柄,用拍面将地上的羽毛球轻轻带起,正拍面和反拍面捡球均可(见图11-14)。

图 11-14　持拍捡球

(3) 抬球练习(见图11-15)。

图 11-15　抬球练习

(二) 发球法

发球法大致包括单打发球和双打发球两类。就发球的姿势而言,有正手发球和反手发球之分。一般情况下,双打中多采用反手发球姿势,单打中男子多采用反手发球姿势,单打中女子多采用正手发球姿势。就球的飞行角度和距离而言,可将发球分为发后场高远球、平高球、平射球和前场小球 4 种。除发高远球外,其余用正手或反手均可。

1. 动作分析

(1) 正手发高远球技术(以右手握拍为例)。

正手发球时身体左肩侧对球网,两脚分立,与肩同宽。左脚在前,脚尖向网;右脚在后,脚尖稍向右侧,重心放在右脚上。准备发球时,持球手松手放球,持拍手上臂外旋带动前臂充分伸腕,自下而上沿半弧形做回环引拍动作。同时身体随引拍动作转体,重心向左脚转移。当挥拍至身体右侧前下方,转体至接近于面对球网时,准备击球(以上为击球前的准备动作,同时也是正手发球技术的前期准备动作)。当拍面接触球的瞬间,上臂和前臂迅速内旋,带动手腕快速向前上方屈指展腕闪动发力,用正拍面将球击出。击球后,身体重心完全移至左脚上,持拍手随击球后的惯性动作自然向头部左前上方挥动,手腕呈展腕动作(见图 11-16)。

图 11-16　正手发高远球

（2）反手发球技术。

面向球网,两脚前后开立(右脚或左脚在前均可),上体稍前倾,身体重心在前脚上。右手臂屈肘反手握拍、拍头向下,拍面在身体左侧腰下。左手拇指与食指、中指控制球的两三根羽毛,球托朝下,球体或球托在球拍前对准拍面。击球时,前臂带动手腕向前推送或横切(见图11-17)。

图 11-17　反手发球技术

2. 易犯错误

（1）击球点距离身体过近,造成发球动作一致性不强。

（2）持球手将球向上抛,而不是放开球使球自然下落,造成发球稳定性差。

3. 练习方法

（1）无球练习:无球挥拍练习,结合意念练习。

（2）分区落点练习:练习时人为划分场区,如以不同发球技术将球击向同一区域,或以同一发球技术将球击向不同区域。

(三)击球法

羽毛球击球技术方法包括高球、吊球、杀球、搓球、推球、勾球、扑球、抽球、挑球等,每种技术又可分为正手和反手击球法。依据战术的需求,又可击出不同线路和落点的球。击球结构由"判断启动→移动引拍→击球→回动"构成。

1. 动作分析

(1)正手高远球技术。

判断好来球的方向和落点,侧身后退,使球处在自己右肩前上方的位置。左肩对网,左脚在前,右脚在后,重心在右脚上。左臂屈肘,左手自然高举,右手持拍,手臂自然弯曲,将球拍举在右肩上方,两眼注视来球。击球时,右上臂后引,随之肘关节上提明显高于肩部,将球拍后引至头部,自然伸腕。然后在右脚蹬地、转体收腹的协调用力下,以肩为轴,上臂带动前臂快速向前上方甩腕,在手臂伸直的最高点击球。击球后,持拍手臂顺势往左前下方挥动并收拍至体前,与此同时,左脚后撤,右脚向前迈出,身体重心由右脚移至左脚上(见图11-18)。

图 11-18　正手击高远球

（2）反手高远球技术。

当对方将球击到己方左后场区时，判断好对方来球的方向和落点，迅速将身体转向左后方，移动步伐，最后一步用右脚前交叉跨到左侧底线，背对网，身体重心在右脚上，使球处在身体右上方。击球前，迅速换成反手握拍法，持拍于右胸前，拍面朝上。击球时，以上臂带动前臂，通过手腕的闪动，自下而上地甩臂，将球击出（见图 11-19）。

图 11-19　反手击高远球

（3）后场正手吊球、劈球技术。

击球准备动作和前期动作同正手高远球。只是击球时拍面稍向内倾斜，手腕作快速切削下压动作，击球托的后部和侧后部。若吊斜线球时，则球拍切削球托右侧并向左下方发力；若吊直线时，则拍面正对前方向下方切削。吊球和劈球击球动作的主要区别是击球发力不同，吊球发力小，劈球则要加大击球力量。

（4）正手杀球技术。

击球准备动作和前期动作同正手高远球。只是击球点选择在右肩前上方较击高远球、吊球更前一点的位置。击球前为获得较大的力臂距离,可充分调动下肢、腰腹和上肢的力量,使身体后仰几乎成弓形准备发力击球。击球瞬间,前臂带动手腕由伸到屈迅速闪动,以正拍面向前下方全力发力压击球。击球后动作同正手高远球击球动作。

(5) 挑球技术。

挑球技术是将对方击至前场低手位的球,以由下至上的弧线回击至对方后场端线上空的球为挑高球。这是被动情况下为赢得回位时间而经常采用的一种过渡性技术。正手挑球时首先判断来球方向,降低身体重心,向来球方向移动,同时持拍手臂外旋带动手腕稍作回环引拍动作,伸向来球底部,左手拉举于体后侧与右手保持平衡(见图 11-20)。击球点在腰部或跨步脚膝盖以下位置,前臂迅速内旋带动手腕向前上方展腕发力击球。反手挑球时注意前臂外旋带动手腕,利用拇指的顶力向前上方收腕发力将球击出(见图 11-21)。

图 11-20　正手挑球

图 11-21　反手挑球

2. 易犯错误

(1) 正手高远球易犯错误。

①身体正对球网击球,准备时没有先半侧对球网。②击球点没有选择在右肩的前上方,而是偏低、偏前或偏后。③在击球前已握紧球拍,整个动作显得紧张僵硬,影响发力。④主要用肩和伸肘关节的力量击球,而不是主要采用前臂内旋和屈腕的力量、向前上方甩臂挥拍击球的正确方法。⑤击球后,球拍不是顺惯性收拍于体前,而是向右下方挥动,收拍于身体右侧。

(2) 吊球和劈球易犯错误。

①击球点不好,往下拉球拍,对方容易识破吊球意图。②拍面切角度太小,造成击球落点距网太远;拍面角度后仰较大,击球角度不好,造成球过网后离网太高。

(3) 杀球易犯错误。

①紧张,使不出劲,球不向下疾落。②击球点击球角度不好,击球时拍面角度和用力方向不合适。③以斜拍面击球,造成击球无力、大臂下拉。④手腕快速闪动下压动作不够,造成杀球落网等。

(4) 挑球易犯错误。

引拍时动作过大、击球时以肩为轴,手心面对自己,甩上臂屈腕击球,造成出球无力,又利于对方判断,收腕容易受伤。

3. 练习方法

(1) 镜面挥拍练习。

面对镜子做挥拍动作:面对镜子站立,进行发球、高远球、杀球、挑球等各种挥拍动作的练习。为更清晰地观察击球拍面,可在球拍顶端拴一条布带,观察击球点位置。同时通过布带发出的声音,判断发力的完整程度。

(2) 抬球练习。

开始练习时,用正或反拍面轻轻向上抬击球,尝试连续抬击并控制拍面。熟练后,可以挑球动作全力向上方抬击球,将球击得越高越好(见图 11-22)。

(3) 单人对墙壁击球练习(见图 11-23)。

(4) 双人对墙壁击球练习。

两人站立于墙壁前方 1.5~2 米处,面向墙壁击打羽毛球。不限定击球次数,两人互相配合,勿使球落地,连续击打次数越多越好,可有效地增强双打同伴间的默契配合,提高练习者的补位意识(见图 11-24)。

图 11-22　抬球练习

图 11-23　单人对墙壁击球练习

图 11-24　双人对墙壁击球练习

（5）固定击球技术单线球路练习。

前场、中场、后场各种单一线路技术练习：练习者站立于场地某一固定点上，按规定的击球技术和线路进行练习，体会击球动作要领。如一对一直线击高远球、吊球、杀球等，一对一搓球、勾对角、一对一杀上网练习等。

（6）固定击球技术复线练习方法。

在固定击球技术单线练习的基础上，规定击球技术，不固定击球线路的一种练习方法。如一点打两点练习：练习的一方固定一点，不固定直斜线击高远球、吊球、杀球、平抽平挡、挑球和推球等；另一方则加强判断，将对方击来的球回到固定点上。

（7）不固定击球技术复线球路练习方法。

多球边线接杀练习：在中场放一高凳，发球者站在高登上，用力将球扣杀到左、右、中场边线附近，练习者由重心位置准备，判断起动后移动接杀球。

四、羽毛球运动的基本规则与场地

（一）比赛场地

羽毛球比赛场地应是一个长 13.40 米、双打宽 6.10 米、单打宽 5.18 米的长方形，用宽 40 毫米的线画出。从场地地面起，网柱高 1.55 米。当球网被拉紧时，网柱应该与地面保持垂直，网柱及其支撑物不得伸入场地内。球网应由深色优质的细绳编织成。网孔为均匀分布的方形，边长 15～20 毫米。球网上下宽 760 毫米，全长至少 6.10 米。从场地地面起至球网中央顶部应高 1.524 米，双打边线处网高 1.55 米。

一块完整的羽毛球场应由单打边线、双打边线、底线、前发球线、双打后发球线、中线、球网、网柱、标记和器材组成。线的颜色应是白色、黄色或其他容易辨别的颜色。场地可由地板或塑胶铺制而成。球网的上沿是用宽 75 毫米的白带对折成的夹层，用绳索或钢丝从中穿过，夹层的上沿必须紧贴绳索或钢丝。绳索或钢丝应牢固地拉紧，并与网柱顶取平，球网两端与网柱之间不应有空隙，不论是单打还是双打比赛，网柱都应放置在双打边线上。

（二）比赛时间及计分方法

一场正式的羽毛球比赛不受时间限制，每局比赛，当一方先得 11 分时，允许有不超过 60 秒的间歇。所有比赛中，每局之间允许有不超过 120 秒的间歇。有电视转播的比赛，裁判长可在该场比赛前决定变更规定的间歇时间。采取三局两胜制，对方违例或球触及对方场区内的地面成死球，则该方胜这一回合并得 1 分。先得 21 分的一方胜 1 局，20 分平局后，领先得 2 分的一方胜该局，29 分平局后，先到 30 分的一方胜该局，一局的胜方在下一局首先发球。

（三）得分及发球与接发球顺序

一局中发球员的分数为 0 或双数时，双方运动员均应在各自的右发球区发球或接发球；一局中发球员的分数为单数时，双方运动员均应在各自的左发球区发球或接发球。单打中，发球员胜一回合则得 1 分。随后，再从另一发球区发球。接发球员胜一回合则得 1 分。随后，接发球员成为新发球员。双打中，发球方每得 1 分后，原发球员则变换发球区再发球。一局胜方的任一运动员可在下一局先发球，一局负方的任一运动员可在下一局先接发球。

（四）违例

违例是指在发球时及比赛进行中对比赛状态及运动员行为的一种判定。以下情况均属违例：

（1）不合法发球。

（2）发球时，球挂在网上或停在网顶、球过网后挂在网上、接发球员的同伴接到球或被球触及。

（3）比赛进行中，球落在场地界线外（即未落在界线上或界线内）、从网孔或网下穿过、未从网上方越过、触及天花板或四周墙壁、触及运动员的身体或衣服、触及场地外其他物体或人、被击时停滞在球拍上，紧接着被拖带抛出、被同一运动员两次挥拍连续两次击中（但一次击球动作中，球被拍框和拍弦面击中，不属违例）。被同方两名运动员连续击中、触及运动员球拍，而未飞向对方场区。

（4）比赛进行中，运动员球拍、身体或衣服，触及球网或球网的支撑物、球拍或身体，从网上侵入对方场区（击球时，球拍与球的最初接触点在击球者网这一方，而后球拍随球过网的情况除外）。球拍或身体，从网下侵入对方场区，导致妨碍对方或分散对方的注意力。发生阻挡对方紧靠球网的合法击球、故意分散对方注意力的任何举动，如喊叫、故作姿态等，属于运动员严重违例行为。

（五）重发球

比赛进行中由裁判员或运动员（未设裁判员时）宣报"重发球"，用以中断比赛。以下情况为"重发球"：

（1）发球员在接发球员未做好准备时发球。

（2）在发球过程中，发球员和接发球员都被判违例。

（3）发球被回击后，球停在网顶，球过网后挂在网上。

（4）比赛进行中，球托与球的其他部分完全分离。

（5）裁判员认为比赛被干扰或教练干扰了对方运动员的比赛。

（6）司线员未能看清，裁判员也不能做出裁决时。

（7）遇到不可预见的意外情况。

（六）比赛连续性、行为不端及处罚

除规则规定的间歇及比赛的暂停情况外，比赛自第一次发球开始至该场比赛结束应是连续的，否则应视为是对比赛的延误。延误比赛主要包括运动员为恢复体力、喘息或接受指导而延误比赛，以及运动员非法接受指导和离开场地。此外，运动员出现如下情况应视为其行为不端：故意延误或中断比赛，故意改变或损坏球，以此影响球的速度或飞行，举止无礼等。对于违犯者第 1 次出现行为不端或情节轻微应警告，对已被警告过的一方判违例，同一方违例两次则被视为"屡犯"。对严重违犯、屡犯或违犯规则的一方判违例，并立即报告裁判长。裁判长有权取消其该场比赛资格。

第三节　网球运动与卫生健康教育

一、网球运动概述

(一) 网球运动的概念

网球运动是 2 人或 4 人在一块长 23.77 米、宽 8.23 米(单打)或 10.97 米(双打)、中间隔一网的场地上,双方各处一端,用球拍往返击球的一项隔网对抗类体育运动项目。

网球的单打主要打法包括底线型打法、上网型打法和综合型打法,网球双打打法基本为双上网打法、双底线打法和一网一底打法 3 种。男子双打竞争的焦点基本上集中于网前的争夺。

网球运动的基本技术包括发球、抽球、截击球、高压球、放小球、挑高球、削球等。网球运动是一项集力量美、艺术美、形体美、服饰美与环境美于一体的运动。比赛中竞争的激烈性与观众的文明性有机结合在一起,即把竞争性、文化性、观赏性和参与性有机结合在一起,是一项极具魅力的体育项目,更是一项既有悠久历史,又不断得到普及发展的深受群众喜爱的时尚健身运动。

(二) 网球运动的起源与发展

网球运动最早起源于 12—13 世纪的法国,近代网球诞生于英国。1875 年,英国板球俱乐部制定了网球比赛规则。1877 年,英国在温布尔顿举办了第 1 届网球锦标赛。1881 年,世界上第 1 个全国性网球协会,即美国全国草地网球协会("全国"两字于 1920 年取消)成立。该协会于当年 8 月 31 日至 9 月 3 日,在罗德岛纽波特港举行第 1 届美国草地网球的男子单打和男子双打锦标赛,采用了温布尔顿的比赛规则。1913 年 3 月 1 日,英国、澳大利亚、法国等 12 国的网协在巴黎召开会议,成立了世界网球的最高组织——国际网球联合会,总部设在伦敦。1972 年,世界男子职业网球协会成立。1973 年,世界女子职业网球协会成立。目前,由国际网球联合会、世界男子职业网球协会和世界女子职业网球协会三大机构举办的不同等级、不同年龄的各类网球赛事贯穿整个年度,三大机构共同遵循一个赛程安排计划,并互相协调各项工作。

二、网球运动的主要参与形式

(一) 网球比赛

网球运动世界性的大赛包括世界男子网球团体赛(戴维斯杯赛)、世界女子网球团体赛(联合会杯赛)、澳大利亚网球公开赛、法国红土网球公开赛、温布尔顿草地网球公开赛、美国硬地网球公开赛、大满贯杯赛、年终总决赛(世界锦标赛)、大师系列赛、奥运会网球赛等。

四大网球公开赛,即温布尔顿网球公开赛、美国网球公开赛、法国网球公开赛和澳大利亚网球公开赛,是世界范围内最负盛名、奖金最高、运动竞技水平最高、运动员参与热情最高和影响力最大的网球赛事。四大网球公开赛每年举行1次,分别涵盖了草地网球、硬地网球和红土网球几个最具特色的网球比赛。其中,美国网球公开赛奖金最高,温布尔顿网球公开赛历史最为悠久,法国网球公开赛比赛时球速最慢、比赛耗时最长,澳大利亚网球公开赛最迟创建、却在每年最早开赛。

(二) 软式网球

软式网球产生于日本,是由硬式网球派生而来的。我国的软式网球运动始于1986年,1987年正式成立了中国软式网球协会。

软式网球场地由端线和边线连成的区域为内场,内场以外的平坦地面(距端线8米、距边线6米)为外场。场上的附属设备有网柱、裁判椅、挡网、凳子等。

球网为黑色,长12.65米,高1.06米,网孔边长3.5厘米,球网上端用两片5~6厘米的白布包裹(穿钢丝绳用)。球网两端要和球柱密接,球网下沿要与地面相连。

球拍用木料、金属及其他材料制成。拍框上要穿织网弦,拍长69厘米,拍框一般为椭圆形,长32厘米,宽22厘米,拍把长37厘米。软式网球是充气的白色橡胶球,直径1~6厘米,重30~31克,从1~5米高处下落的反弹高度为65~80厘米(国际标准为55~80厘米)。

比赛方法如下:场地中间以球网相隔,利用球拍相互对打落地反弹1次的球或扣杀空中的球,比赛不受时间和击球次数的限制,先得4分一方为胜1局,如双方均得3分时需某方连得2分,才算胜1局。正式比赛采用七局四胜制或九局五胜制。

三、网球运动的主要参与方法

网球技术即运动员在网球场上完成各种动作的方法,是运动员竞技能力水平高低的重要决定因素。网球技术是运动员实施战术的基础,随着现代网球运动的不断发展,为取得网球比赛的优胜,运动员必须具备精湛、全面的基本技术与特长技术。

(一) 培养球感的练习方法

初步接触网球运动的人常常会因为手眼协调能力较差、缺乏对球拍和球的控制力、自我判断及反应能力较差及缺乏时空感觉等因素造成不熟悉球性、缺乏"球感"的情况。因此,采取各种简便易行的练习方法和一些趣味性的练习手段,就显得极为重要。

1. 用手抓抛球练习

(1) 用球筐或纸盒作为目标,直接将球投入其中,距离逐渐拉长(见图 11-25)。

图 11-25　抛球练习

(2) 左右手分别对地面连续拍打球(见图 11-26)。

图 11-26　左右连续拍球

(3) 两手各抓一球,同时抛起,落地后再用同侧手同时接住。熟练后,同时抛起、同时在空中接住球(见图 11-27)。

(4) 两人面对面抛球,分别接住落地球或空中球,距离逐渐拉长,角度逐渐拉开(左右方向)(见图 11-28)。

图 11-27　空中接球练习

图 11-28　两人抛球练习

2. 单人持拍练习

（1）用球拍拍起地上的球，或用球拍与脚配合拾起地上的球（见图 11-29）。

图 11-29　拾球练习

　（2）用正、反拍面依次连续颠球。最好能加上用球拍拍框边缘练习颠球（见图 11-30）。

　（3）左右手同时使用两把球拍，分别练习颠球（见图 11-31）。

　（4）向下拍球。开始拍 1 下等一下，过渡到连续向下拍球；动作熟练后，可移动球拍、转圈拍球、蹲下拍球等(见图 11-32)。

(5) 距墙 1～2 米左右,持球拍向上颠球 5 次后,将球轻打向墙,撞回在空中接住,再颠球 5 次。连续 10 个回合,依次颠球 4 次、3 次、2 次、1 次,直至连续对墙碰击,距离可根据情况适当拉开(见图 11-33)。

图 11-30　正反拍颠球

图 11-31　左右手颠球练习

图 11-32　拍球练习

图 11-33 互颠球练习

3. 两人持拍练习

(1) 两人间隔 1～2 米,一人颠球 5 次,不落地直接送给同伴,同伴在球未落地之前接起,也颠球 5 次,再回送对方。10 个回合以后,依次颠球 4 次、3 次、2 次、1 次,直至连续多回合不落地轻打,距离可逐渐拉开(也称截击练习)。

(2) 一人将球停在球拍上,轻送给同伴,待球落地弹起后,同伴接住,颠球 1 次,并迅速将球停在球拍上。反复练习至熟练。

(3) 两人用两个球,隔网各颠球 3 次,同时送向对方,球弹起后各自再颠球 3 次,反复练习至熟练。

(二) 发球技术

发球是网球基本技术之一,也是网球比赛中唯一由自己掌握、不受对方影响的技术。发球技术基本动作环节由握拍法、准备姿势、抛球与后摆引拍、击球动作和随挥动作构成。

1. 动作分析

采用东方式反手或大陆式握拍,双脚前后自然分开站立,两脚的连线根据球员中不同的习惯可与底线相垂直,也可以保持另外一个合适的角度,身体自然前倾,最好只持一个球,自然持球到手的拇指、食指及中指三指上,在准备动作的基础上,持球手的肘部渐渐伸直并向下靠近持球手同侧的大腿,然后从腿侧自下而上将球抛起。同时,以准备姿势为基础,向持拍手一侧转身,同时持拍手引导球拍贴近身体,像钟摆一样将球拍引至体后,球拍后摆至一定高度后(此高度因各人习惯而异,至少大臂不应紧夹在体侧),以肘为轴,小臂、手、拍头依次向体后、背部下吊,同时屈双膝并伴随身体后展呈"弓"状。在屈膝、反弓背动作的基础上,自下而上依次蹬直踝部、膝部,反弹弓背并向前向上伸展,与此同时,仍以肘为轴带动手、拍头鞭打击球。

2. 易犯错误

①握拍方法错误,造成击球后无法准确控制击球落点。②用力将球握在手里或捏在手里,造成抛球动作不稳定。③抛球时出现勾指、甩手腕等多余的手部动作,影响球的平稳走势,使球在空中出现较大的旋转。④搔背动作不到位,手、臂动作僵硬,造成发球速度较低、力量较小。

3. 练习方法

(1) 抛球练习。

抛球练习可以由个人独自完成。采用正确的发球站位,在底线位置放一支球拍,如果是右手持拍者把球拍放在靠近自己身边左边一点的位置。放好球拍,把拍头对着球网,拍柄向后。用非持拍手抛球,并让球落地,抛球的目标就是在抛球后使球下落到球拍的拍弦上(见图 11-34)。

图 11-34　抛球练习

(2) 挥拍击球与抛球协调练习。

准备两个球,右手持拍者左脚对着右侧网柱,右脚大致与底线平行。两只手分别拿着一个球,左手正常向上抛球,右手将球抛出,争取击中抛起的球(见图 11-35)。

采用正确的发球姿势,面对墙或挡网站立。球拍放在持拍手的肩关节后,肘关节弯曲,非持拍手抛球,用球拍去击球,轻轻地用球拍把球打在墙上或挡网上(见图 11-36)。

图 11-35 挥拍抛球练习

图 11-36 对墙发球姿势练习

（3）完整发球动作辅助练习。

① 找一个小凳，分别放置在发球线后、中场和底线后。练习坐着发球，体会稳定重心后手臂、手腕击球时的动作感觉（见图 11-37）。

图 11-37 坐发球练习

② 短距离发球练习。从发球线而不是从底线开始发球,把更多的精力放在发球技术而不是发球的力量上。在退到底线发球之前,每次必须做 20 次这样的发球。

③ 在发球线后站立,练习向对方发球区发球。主要体会向下挥拍击球的感觉;练习至熟练后,向后移动 2～3 米,继续练习,体会"向前→向下挥拍"的感觉,最后移至底线处练习发球,体会"向上→向前→向下"挥拍的感觉。

(三) 抽球技术

抽球技术是现代网球基本技术中最常用的击球方法,也是初学者最先学习的技术。抽球的动作,从理论上讲,动作比较深长,击球有力,速度也快。而在比赛中正手击球的机会比较多,正手击球后,可使选手在场上的位置更有利。网球反拍抽球指的是与握拍手相反的落地球打法,和正拍击球一样,它也是网球的基本技术中最常用的击球方法。反拍的许多动作要领与正拍相似,只是方向相反。

1. 动作分析

(1) 正拍平击抽球。

以腰的扭转带动拉拍,动作放松,手腕控制好拍面。充分利用腰回转和腿部力量,整个手臂的挥动要快,用力要集中,击球时手背与前臂成 30 度角,球拍击球中部直接将球击出。在步法上,应根据对方来球的落点变化而作出相应的反应,用关闭式步法。挥拍动作不应过于向上,几乎平行地向前挥动击球,击中球时拍面要有推球的动作,击中球后要牢牢地握住球拍,避免拍面摇晃。自然向前挥拍,动作要大。

(2) 反拍双手抽球。

采取反拍的双手大力击球时,以平常心完成手腕动作是应有的心态,选手从拉拍到挥拍时,都应尽量使自身放松,使球拍能平稳地挥出,这时可加一点手腕动作。为了增加击球的威力,应该要利用身体的快速旋转。拉拍及转体要充分,利用身体回转的反动力,增加挥拍速度,身体重心必须从左脚向右脚移动,挥拍时不要太多考虑手腕动作,应尽量使拍头主动击球即可(见图 11-38)。

(3) 单手反拍上旋抽球。

击球时相对固定手腕,大幅度挥拍,应尽量使自身放松,拉拍及转体要充分,挥拍的动作必须大幅挺胸完成,在踏出的右脚腰部的位置处击球,手臂要由下而上挥起,但不要太多考虑手腕动作(见图 11-39)。

图 11-38　反拍双手抽球

图 11-39　单手反拍上旋抽球

2. 易犯错误

(1) 击球后握拍过松,使拍面摇晃,致使动作变形,影响下一拍击球。

(2) 击球点过于靠后或靠前,致使发力不充分,击球力量较小。

(3) 击球点过高,随挥拍跟进动作较小,影响击球的稳定性。

3. 练习方法

(1) 单人练习方法。

原地面向挡网站立,自抛球,用正手打不落地球。打一定次数后,再打落地反弹后再下降至腰高的球(见图 11-40)。

(2) 两人练习方法。

一人面对挡网 3 米左右站立,另一个人背靠挡网正面抛球,让同伴进行击球练习。视掌握动作的熟练程度,逐渐拉长击球距离,反复练习,然后进行同样的反手击球练习(见图 11-41)。

图 11-40　正反手挥拍练习

图 11-41　两人有球挥拍练习

（四）削球技术

削球技术较易控制击球落点，比较稳健和准确。常用于随击上网，可以协调连贯地把随击与上网结合起来，利用球的飞行时间和深而准的落点上网截击；也可以作为变换旋转和节奏的打法，扰乱对方取得主动，这是不可缺少的击球方法。

1. 动作分析

（1）正拍削球。

击球时使用大陆式握拍方法，球拍面稍向上倾斜，后拉拍的弧度尽量缩小。挥拍方向是由后上方至前下方切削，切击球的后下部使之产生旋转，切球时要与地面平行地做出动作。

（2）反拍削球。

击球时使用大陆式握拍方法，球拍面稍向上倾斜，虎口放在拍把的上半面与左上斜面的交界线上，这种握拍法介于东方式正拍握拍法与反拍握拍法之间。以右肩膀朝前的姿势往后拉拍，拉拍的幅度要尽量大。把拍子扛到左肩，挥拍是由后上方至前下方削切，打球的后下部产生旋转，身体重心必须从左脚向右脚移动，拍头和腰肩的转速越快，越能获得力量和速度。切球时要与地面平行地做出动作。避免拍面下垂，不要有太多向下的意识，挥拍要一直做完为止。后拉拍的拍头一定要高于击球点高度，手腕翘起，拍头高于手腕。击球点力争在转肩后的肩部前方，挥拍的幅度很重要，送球时间长才能击出深球。

2. 易犯错误

①击球时握拍方法不对。②击球时过于向下用力，导致回球下网。③挥拍幅度较小，回击球较浅。

3. 练习方法

（1）一人站在网前，练习者在网后 3 米左右，轻轻地用正反手截击对方手抛的球过网，进行反复练习。

（2）练习者站在发球线后,正反手削击对方用球拍送出的落地球,进行反复练习。

（3）练习者站在底线后,正反手削击对方用球拍送出的落地球,进行反复练习。

（4）对墙进行连续的正反手削球练习,要求由远到近、由轻到重,反复练习。

（5）两人分别站在场地的对角线上,进行从近到远的正反手削球连续练习。

四、网球运动的基本规则与场地

（一）比赛场地

（1）球场。

球场应为长 78 英尺(23.77 米)、宽 27 英尺(8.23 米)的矩形。中间由一条挂在最大直径为 1/3 英寸(0.8 厘米)粗的绳索或钢丝绳上的球网分开。

（2）球场线。

球场两端的界线叫底线,两边的界线叫边线。在距离球网两侧 21 英尺(6.4 米)的地方各画一条与球网平行的线,为发球线。球网与每一边的发球线和边线组成的场地再被发球中线分为两个相等的区域,为发球区。发球中线是一条连接两条发球线中点并与边线平行的线。

（3）永久固定物。

网球场地上的永久固定物不只包括球网、网柱、单打支杆、网绳、钢丝绳、中心带及网带,以下情况也算永久固定物,如球场四侧的挡板、看台、环绕球场固定或可移动的椅子、观众,以及所有场地周围和上方的配套设施,还有出于各自预定位置的裁判、司网裁判、脚误裁判、司线员和球童。

（二）比赛规则

1. 发球

（1）发球前的规定。

发球员在发球前应先站在端线后、中点和边线的假定延长线之间的区域里,用手将球向空中任何方向抛起,在球接触地面以前,用球拍击球(仅能用一只手的运动员,可用球拍将球抛起)。球拍与球接触时,就算完成球的发送。

（2）发球时的规定。

发球员在整个发球动作中,不得通过行走或跑动改变原来站立的位置,两脚只准站在规定位置,不得触及其他区域。

（3）发球员的位置。

每局开始,先从右区端线后发球,得或失 1 分后,应换到左区发球。发出的球应从网上越过,落到对角的对方发球区内或其周围的线上。

(4) 发球失误。

未击中球;发出的球,在落地前触及固定物(球网、中心带和网边白布除外);违反发球站位规定。发球员第1次发球失误后,应在原发位置上进行第2次发球。

(5) 发球无效。

球触网后,仍然落到对方发球区内,接球员未做好接球准备,均应重发球。

(6) 交换发球。

第1局比赛终了,接球员成为发球员,发球员成为接球员。以后每局终了,均依此互相交换,直至比赛结束。

2. 通则

(1) 交换场地。

双方应在每盘的第1,3,5等单数局结束后,以及每盘结束双方局数之和为单数时,交换场地。

(2) 失分。

发生下列任何一种情况,均判失分:在球第2次着地前,未能还击过网;还击的球触及对方场区界线以外的地面、固定物或其他物件;还击空中球失败;故意用球拍触球超过1次;运动员的身体、球拍,在发球期间触及球网;过网击球;抛拍击球。

(3) 压线球。

落在线上的球都算界内球。

3. 双打

(1) 双打发球次序。

每盘第1局开始时,由发球方决定由何人首先发球,对方则同样地在第2局开始时,决定由何人首先发球。第3局由第1局发球方的另一球员发球。第4局由第2局发球方的另一球员发球。以下各局均按此秩序发球。

(2) 双打接球次序。

先接球的一方,应在第1局开始时,决定何人先接发球,并在这盘单数局,继续先接发球。双方同样应在第2局开始时,决定何人接发球,并在这盘双数局继续先接发球。他们的同伴应在每局中轮流接发球。

(3) 双打还击。

接发球后,双方应轮流由其中任何一名队员还击。如运动员在其同队队员击球后,再以球拍触球,则判对方得分。

4. 计分方法

(1) 一局。

每胜1球得1分,先胜4分者胜1局。双方各得3分时为"平分",平分后,净胜两分为胜 1 局。

（2）一盘。

一方先胜 6 局为胜 1 盘。双方各胜 5 局时，一方净胜两局为胜 1 盘。

（3）决胜局计分制。

在每盘的局数为 6 平时，有长盘制和短盘制两种计分制。长盘制是指一方净胜两局为胜 1 盘；短盘制（抢七）是指决胜盘除外，除非赛前另有规定，一般应按以下办法执行。①先得 7 分者为胜该局及该盘（若分数为 6 平时，一方须净两分）。②首先发球员发第 1 分球，对方发第 2，3 分球，然后轮流发两分球，直到比赛结束。③第 1 分球在右区发，第 2 分球在左区发，第 3 分球在右区发。④每 6 分球和决胜局结束都要交换场地。

（4）赛制。

实行淘汰赛。一场比赛中，男子比赛除大满贯赛事和部分大师系列赛决赛采用五盘三胜制以外，均使用三盘两胜制。女子比赛全部采用三盘两胜制。

第四节　门球运动与健康教育

门球是在平地或草坪上用木槌击打球穿过铁门的一种室外球类游戏。本节主要介绍门球运动的起源与发展、门球运动技术的主要参与方式、门球的基本规则与场地等方面的内容。

一、门球运动概述

（一）门球运动的概念

门球运动是在长 25 米、宽 20 米（或长 20 米、宽 15 米）的长方形平整场地上，用木槌击球过门、撞柱得分的一项对抗性运动。门球运动项目具有占地少、花费省、很安全，且技术简单、比赛时间短、运动量也不大等特点。经常参加门球活动，可以健身健脑，促进全身血液循环和新陈代谢功能，促进消化吸收，在运用技、战术时，可以增强和保持脑细胞的活力，调节情绪，磨炼性格，对学生的身心健康起到非常积极的作用。

通过现有的材料考证，现在的门球运动是从类似于门球运动的游戏演变而来的。现在的门球运动从其场地、器材和游戏方法来看，与槌球运动非常相似。因此，可以认为门球运动是由槌球运动演变而来。

（二）门球运动的起源

门球运动始于法国，当时被称为槌球，槌球是起源于 13 世纪兰盖多一代流行的一种铁圈球游戏,这种游戏的特点是用棍击球,使球穿过一个或多个拱门并击中木桩的游戏。随后在 17 世纪门球传到苏格兰、意大利和美国等国家。在接近400 年的时间内,门球的发展和传播速度较慢,一方面,运动项目的发展与该地区的生活方式有关,另一方面,与所处时代的经济、文化、政治有密切联系。门球起源于法国,但真正发展是在法国之外的一些国家。

1861 年英国人 E·劳特利吉第一次编印了槌球规则后,槌球运动便在英国普遍开展起来。在 18 世纪 70 年代,专门成立了全英门球(当时叫槌球)俱乐部。19世纪 50 年代,门球已成为英国人最喜爱的户外运动项目之一。在 19 世纪 90 年代,由于器材的改进和运动形式的科学化,使得门球进一步成为人们最青睐的运动。

在英国 1882 年成立全国门球协会的同年,美国也成立了全国门球协会,健全了比赛的方法和规则,使门球在美国各地更加普及。

在 20 世纪 40 年代日本铃木和伸先生曾把门球作为一种游戏在大、中、小学推广普及,效果欠佳。经过铃木和伸的改良和精简(如每队由 6～8 人改为 5 人,球门也由 6 个精简为 3 个;场地规格改为长 20 公尺,宽 15 公尺,最大为长 25 公尺、宽 20 公尺,门球最终成为风靡日本的运动。

门球在欧美发展的同时,也传到了亚洲的中国。据《中国百科全书》介绍,门球在 20 世纪 30～40 年代传入中国。当时的燕京大学(即今北京大学),曾把门球作为体育课在学校推广,并由刚从美国回来的林启武教授担任此课。

(三) 门球的发展

最初引进门球运动的铃木和伸,原本只希望用这种轻柔的运动来教导幼儿,使日本在战败后的黑暗时代找到光明的希望。铃木和伸的行为一开始并没有引起社会的太大注意,后经铃木和伸在北海道多次举办讲座介绍,才逐步引起了人们的注意。1951 年,日本在木垢县召开的第 7 次全国娱乐大会上专门向社会介绍和推荐了门球,从此,一些城市的体育组织开始组织门球活动,开展对抗赛,使门球这项运动得以全面推广。

门球在日本盛行,与当时的时代背景有密切联系。第一,20 世纪 70 年代后期,随着老龄化社会的出现,日本老年人的健康、长寿日益成为人们关注的问题。门球运动项目因其所具有的特点,被广大老年人所接受和采纳。第二,政府对于门球运动的支持和重视。一方面,对于门球运动,做了广泛的宣传;另一方面,积极在各地设立门球协会,经常在全国各地举办比赛。第三,门球运动的配套设施的完善。1991 年日本部省决定把门球纳入中、小学义务教育的体育教材,并要求使用规定的教材和器材,在专科学校和大中学推广门球的活动。所以,门球运动在日本老、中、青、少不同年龄层次广受喜爱。第四,竞赛规则的统一,使门球运动更加顺利地开展。1983 年 12 月,日本民间门球团体协商成立了"日本门球联合会",统一了门球规则。此外,日本国民的参与人数多达 600 万,各级门球裁判员的人数也是最多的,这为门球在日本的顺利开展提供了保障。

此外,门球运动在法国、英国、美国、巴西、加拿大、新西兰、阿根廷、新加坡、韩国、澳大利亚、泰国以及中国台北、香港等国家和地区都有不同程度的开展。

1983 年 10 月,日本门球联合会指导部长上妻国秋先生率领第 1 个门球访华团访问北京体育大学、上海体育学院,对该项运动进行了介绍,并做了表演和比赛。1985 年国家体委在上海举办"全国门球训练班",培训骨干。同年,制定了《门球竞赛规则》。1986 年在河北石家庄举办了第 1 届全国老年人门球比赛。国家体委于 1987 年正式成立中国门球协会,1989 年 10 月加入了世界门球联合会,1991年 5 月加入了亚洲门球联合会。

迄今为止,门球在中国已走过 20 多年的历程,在我国打门球的人口约 500 万人,全国每年都有正式比赛,门球运动在我国不断普及,不再是老年人的专利,许多中青年甚至小学生对它都产生了浓厚的兴趣。全国比赛有全国中老年门球赛、全国门球锦标赛、全国少年儿童门球赛、全国百城市门球赛等。在 1995 年 6 月 8日至 11 日在韩国举行的第 3 届泛太平洋国际门球锦标赛上,中国延吉队获得冠军,取得了三连冠的优异成绩。2005 年我国首次举办了中国门球冠军赛,经过各赛区选拔,有 86 支球队、近千人参加总决赛的角逐。此外,中国门协每年都与世界门协、亚洲门协进行赛事往来和交流。

二、门球运动技术特点与分类

门球的技术包括基本技术、击球(含击球、撞击和闪击)、过门(含装柱)和送位4 个部分。

门球的基本姿势是击球的基础;击球是门球技术的核心。其中撞击和闪击是门球特殊的击球方式;过门和撞柱是门球得分的取胜关键;送位是构成门球战术连续性的技术手段。由于门球是集体性项目,集体的配合是由一个球员在获得击球后依靠个人技术来完成的,所以,扎实的基本功是比赛中取得优异成绩的前提。

(一) 准备姿势

准备姿势是指为了完成各种技术动作而采取的合理的身体姿势。门球的基本姿势包括握棒方法和身体姿势。

1. 握棒方法

(1)纵向击球握棒方法(以右手为例)。

左手在上,右手在下,两手虎口向下,掌心向前。右手拇指在球棒的左侧,食指可以伸直或接近伸直,贴在球棒正后面,其余三指自然弯曲,贴在球棒左侧。左手拇指贴在球棒左侧,其余四指贴在球棒右侧。一般来说,左手以固定球棒与地面角度,使球棒不左右转动,同时也可协助右手发力,右手则以控制击球方向和击球力量为主(见图 11-42)。

(2) 横向侧打握棒方法。

左手在上,右手在下。两手掌心相对,拇指在前。右手食指可以伸直贴在球棒右侧,其余三指在球棒左侧。左手食指伸直贴在球棒左侧,其余三指贴在球棒右侧。一般来说,右手控制击球方向和击球力量为主,左手固定球棒与地面角度,使球棒不左右转动为主(见图 11-43)。

图 11-42 纵向击球握棒方法　　　　**图 11-43 横向侧打握棒方法**

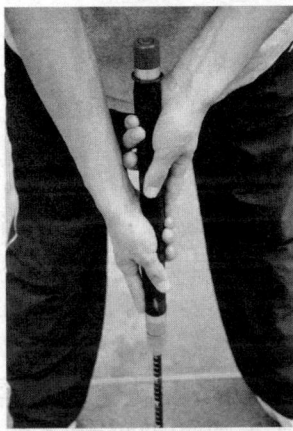

2. 身体姿势

门球的击球姿势一般分为基本姿势和闪击姿势两类,击球的基本姿势又分为纵向骑式击球、纵向体侧击球、纵向弓步击球、横向侧击球 4 种。击球的闪击姿势又可分为横向闪击、纵向闪击两种。

(1) 击球基本姿势。

① 纵向骑式击球。两脚开立,略比肩宽,两腿伸直或自然弯曲,站在球正后方,使球在两脚之间的中线上,身体重心在两脚之间,两眼注视在瞄准线上。握棒方法与前面讲的纵向击球方法相同(见图 11-44)。

② 纵向左弓步击球。左脚在前,站在球的右斜后方,脚尖离球 5～8 厘米,左脚与瞄准方向平行。右脚在斜后,呈弓步站立。槌体放在左脚内侧的瞄准方向线上,槌头前端略超出左前脚尖,两眼盯着击球点(见图 11-45)。

图 11-44　纵向骑式击球　　　　　图 11-45　纵向左弓步击球

（2）闪击姿势。

① 横向闪击。横向闪击握棒方法与横向侧击球相同。左脚在前,用左脚前脚掌内侧 2/3 的部位踩住自球,外侧 1/3 的部位踩住他球,右脚在斜后方后弓步,重心在右脚上(高姿势闪击球重心在两脚之间),使身体保持平衡稳定,身体面与击球的方向线平行。槌体放在两球中心的延长线上(见图 11-46)。

② 纵向闪击。纵向闪击握棒方法与纵向击球握棒方法相同。两脚前后开立,左脚在前,左脚踝稍向内转,用左脚前脚掌内侧 2/3 的部位踩住自球,外侧 1/3 的部位踩住他球,身体面对球的前进方向,棒体放在两球中心的延长线上(见图 11-47)。

图 11-46　横向闪击　　　　　　　图 11-47　纵向闪击

(二) 击球技术

击球技术就是运动员正确使用球棒,利用棒头端面直接击打自球,使球沿一定方向滚动的技术。

1. 动作分析(以右手发球为例)

(1) 侧面击球。

侧面击球是击球员站在击球方向的侧面,棒头与两脚尖的连线平行,两脚间距约为肩宽,上体前倾,手臂自然下垂,两手握住棒柄,食指顶住棒柄,瞄准后可击球。侧击时上体前倾幅度的大小、身体离球的远近,可根据各人情况而定。

(2) 正面击球。

正面击球是击球员面对击球方向,正面向前挥棒击球。两脚平行,约与肩宽,球在正前方或在两脚之间略前方的位置,上体自然前倾,两腿自然弯曲,双手握住棒柄,食指顶住棒柄,保持击球的稳定性。

2. 击球技术要点

(1) 击球前要平心静气地控制好自己的呼吸和情绪,击球的瞬间要全神贯注,心无杂念。

(2) 按正确的持棒姿势将球棒置于自球的正后方,棒柄直立。棒面与球相距2～4厘米。

(3) 通过瞄准线的校正,使棒头、球和目标(球门、球和终点柱等)三点在视觉上成为一条直线。

(4) 击球时,棒头的前进方向要和自球的中心保持平行,直至球被击出。不要过早地抬头或转体去看击球目标,以免打不准。

(5) 击球时,拉开棒头的距离与球20～30厘米,然后摆臂,用左右手发力,将球击出。但切忌过多地利用手腕力量击球,手腕的重要作用在于控制球棒击球时的稳定。

(6) 根据击球距离,考虑发力大小。但无论目标多远,挥棒都要匀速平稳,切忌"闪腕"击打。

(三) 撞击

撞击是门球运动最基本的技术,是指用自球直接(或先碰球门、终点柱)碰撞他球,包括本队的球与对方的球。

1. 正面撞击技术分析

击打自球撞击他球的正中点,瞄准时要求5点(即槌头与槌尾的中心点、球体前面与后面的中心点、要碰撞的他球球体前面与后面的中心点)在一条直线上。击球时要保证槌的稳定性,而且正好击打在自球的击球点上,这样才能保证自球在直线位置上撞击他球。

正面撞击方法如下：

(1) 瞄准。双脚站好位置，双手握住球棒，双眼瞄准，使要击中的目标、自球、槌头和槌尾构成一条直线（见图11-48）。

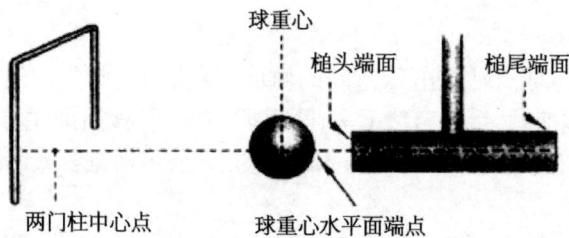

球重心

槌头端面　　　槌尾端面

两门柱中心点　　　球重心水平面端点

图 11-48　正面撞击方法

(2) 确定击球点。在瞄准构成一条直线的基础上，把注意力集中到自球的被击点上。这个点必须是自球重心水平面的端点。

(3) 挥棒击球。击球时，要使双臂肌肉放松，身体各部位和谐配合，保持棒头和棒尾的平稳状态，然后适度用力，使棒头端面不偏不倚地击中经过正确瞄准的自球的被击点上。

2. 撞击技术要点

(1) 上场后应根据场上形势和战术发展的需要，迅速确定撞击的目标，大致目测出适当的撞击范围和瞄准范围，切忌凭主观臆想来盲目击球，以免留下后患。

(2) 尽量预测出风力、土质等自然条件对撞击速度、旋转方向等因素的影响程度，做出合理的击球力量的选择。

(3) 撞击动作要果断，能对击球的后果进行控制。如击不中目标，也不能成为对方的靶子，或因力量过大而滚出界外。

(4) 要把撞击和击球、过门、撞柱、闪击、送位等其他技术有机地统一起来，综合使用，以争取事半功倍的效果。

（四）闪击

闪击是指自球撞击他球后，自球和他球均停留在比赛线内，自球方能获得闪击的权利。闪击也是门球的击球技术。闪击是用单脚踩住自球，将他球放在被踩在脚下的自球旁边（外侧），也就是将自球和他球同时踩在脚下，然后利用击打自球的冲击力量将他球击出去。

1. 技术分析

闪击技术的身体姿势与侧向式击球的身体姿势基本相同。闪击时，用左脚掌内侧2/3的部位踩住自球、外侧1/3的部位踩住他球，以球不滑离脚下为宜。人体重心落在自球上。自球与他球要尽量靠紧。然后,准确地击打自球,避免击在自己的脚上或地上(见图 11-49)。

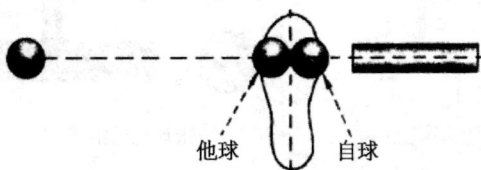

他球　　　自球

图 11-49　闪球技术

2. 闪击技术要点

(1) 由于闪击时必须通过自球把动量传给紧贴的他球,瞄准时应当把他球球心放在自球球心"射"出的瞄准线上。

(2) 由于闪击涉及自球与他球,因此必须用脚踩住它们,动作完成之前不能发生位移。

(3) 脚踩两球时,力量应适中,以使双球固定为宜,踩得太重或太轻,都影响闪击的效果。特别应注意,自球的传给他球的动量是他球运动时的全部动量,因此,他球必须贴紧自球,并用脚踩住固定好,稍有松动,动量就不能全部传给他球,使球受力不足或偏离击球方向,影响闪击的准确性。

(4) 闪击的击球力量要恰当把握,闪送自球时,最低限度要保证击球后,他球留在场内;闪击他球则应视情况加大力量,使其一定出界。

(五) 过门

过门指击球员通过击球,使球体旋转向前滚动,从场上球门的两柱之间穿过。过门是击球的目的之一,是门球得分的手段。

1. 技术分析

根据击球技术要求做好击球前的准备动作(过门时的握棒方法与纵向击球握棒方法相同,准备姿势与纵向骑式击球的基本姿势相同),并在两个球门柱之间选择好目标瞄准点,瞄准时用眼睛目测确定一条瞄准线,将球棒槌体放在这条瞄准线上,离自球 5 厘米左右。然后垂直向上提起球棒,棒柄与地面垂直,槌体离地面 1.5 厘米左右,并与地面保持平行,使槌尾中心点、槌头中心点正对自球中心点、球门线中心点,四点成一直线。

击球时以小臂、手腕、手指发力,击球正后中部,力量大小根据场地软硬度、光滑度及战术需要而定。击球后顺球前进方向随势向前摆棒,使球沿着瞄准方向线滚过球门(见图 11-50)。

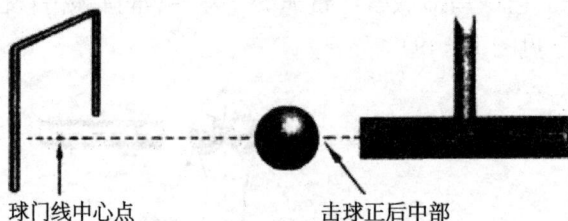

　球门线中心点　　　　　　击球正后中部

图 11-50　门球过门技术

2. 技术要点

(1) 按第 1,2,3 门的顺序依次通过,重复过门没有意义。

(2) 要根据自己的习惯或战术安排,选择好自球放在起始区内合适的击球点。

(3) 击球力量要适当,防止自球过门后出界,须考虑过门后要达到什么目的。

(4) 利用闪击、撞击的机会护送同伴过门,同时也为自己过门创造条件。

(5) 运用瞄准角、过门角的理论,提高过门质量,并结合撞击、闪击技术,使过门技术发挥更大的作用。

三、门球运动的比赛规则与场地

(一) 比赛规则

1. 击球的轮次

在门球比赛中,双方球员按号码的顺序呈一字形排列,按主裁呼号"1,2,3,…,10"依次上场击球,开始比赛。每击完 10 个号(人),为 1 轮次。然后再从"1"号呼起,循环往复,直至比赛结束(见图 11-51)。先攻方使用红球,后攻方使用白球。比赛时间为 30 分钟。

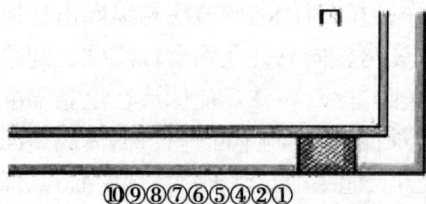

⑩⑨⑧⑦⑥⑤④②①

图 11-51　击球的轮次

2. 得分和胜负

(1) 通过 1 门,得 1 分。

(2) 通过 2 门,再得 1 分,共计 2 分。

(3) 通过 3 门,再得 1 分,共计 3 分。

(4) 撞终点柱,再得 2 分,共计 5 分。

(5) 两队比赛总分多者获胜。

注意:个人满分为 5 分,全队满分为 25 分。比赛结束时,各队每名队员所得分值相加为该队总分。

3. 击球权

(1) 击球员指被呼号后获有击球权的队员。

（2）击球员击出的球无撞击、无过门、出界、满分或击球员犯规时，击球权即告结束。

（3）击球权结束后，该队员应立即退场。

4. 10 秒内击球

当裁判员第 1 次呼号、闪击权发生、续击权发生时，击球员必须在 10 秒内完成击球或闪击。击球员超过 10 秒没有完成击球或闪击，判超时犯规（超时犯规由裁判员认定，裁判员计时为最终计时，比赛队员均需服从）。击球员超时犯规，均取消击球权，被移动的球放回原位。

5. 击球

击球时是指用槌头端面击打静止的自球。击球员获得续击权后，需待场内球全部停稳后方可续击，同时击球员不准"放弃"（包括闪击成功后的续击）击球。在正式击球中，击空或只击到地面而未击上自球，视为击球完成（击球前的空摆除外）。

当比赛中出现推球（在一次击球动作中，槌头和自球撞击时间过长，并有伴随动作）、连击（在一次击球动作中，槌头端面与自球有两次接触）、用槌头端面之外的部位击球、打到球门和终点柱或地面而间接地移动了自球或他球等情况发生时，均视为犯规。此时，取消该击球员的击球权，将已移动的自球放回原位。

6. 过门

（1）过门是指场内的球经合法击球，按逆时针方向，分别依次通过 1 门、2 门、3 门（见图 11-52）。直到球的整体完全超过球门线。球从门后向门前移动并停在球门线上（通称门后球），则在随后的有效移动中使球移动到球门后方，过门无效。

（2）球从门前向门里移动并停在球门线上，或球从门后移动到门前，且越过球门线（通称门前球），则在随后的有效移动中使球移动到门后，过门有效。

（3）闪击他球过门时，只要放置的他球没有与球门线接触，则过门有效。

（4）界外球进场时通过球门，过门无效。

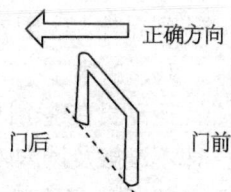

图 11-52　过门

（5）界外球进场时，球从门前进入球门并停在球门线上，该球在随后的有效移动中过门，过门有效；如果球是从门后方进入球门并停在球门线上，则以（1）之规定为过门无效。

7. 撞击

（1）撞击指正常击出的自球移动后触及他球。

（2）击球前自球已与他球接触，经裁判员确认后只需击打自球，不论他球是否移动，均为撞击有效。

（3）通过1门时，自球碰撞门前或门后的他球，撞击无效。

8. 闪击

（1）闪击是指放好自球和他球后，通过击打自球的冲击力使他球移动。

（2）放好自球和他球是指用脚踩住静止的自球，将被撞击的他球贴靠自球。

（3）被撞击的他球必须放在界内进行闪击。向界外闪击时，应该预先指示闪击方向。

（4）闪击权不得放弃。

（5）闪击成功后，所产生的球的移动均为有效移动。

9. 界内球和界外球球

（1）界内球。

界内球是指成功通过1门后，仍停在边线内的球。

界外球被击打进入边线内，则成为界内球。

（2）界外球。

界外球是指球出界或由于犯规而被裁判员放到界外的球。界外球应放在出界点或距离犯规地点最近的边线外垂直距离10厘米处。当界外球妨碍击球（指妨碍站位、妨碍挥杆、妨碍击球方向）时，击球员可以向裁判员申请临时移开。

（3）界外球进场。

击打界外球进入边线内为界外球进场。击球员击界外球进场后，球又滚出边线，该球成为新出界点的界外球。

（4）界外球进场犯规。

指界外球在进场的过程中触及他球。界外球进场犯规按以下方式处理：①自球放到界外。②因界外球进场犯规而使他球移动，将他球放回原位。

10. 触球

运动员在整个比赛中，除击球通过1门和闪击他球时可以拿球外，其他情况一律不准触及场内外的任何球。击球员除在闪击允许触球外，击球员的裤脚、衣袖及脱手落下的球、槌触及球（包括界外球）时，判为触球犯规。但身上的携带物掉下触及球或衣袖、裤脚和帽子掉下触及静止球，并不犯规。触球犯规取消击球权，并按以下方式处理：

（1）触及静止球，被触及球放回原位。

（2）触及移动和摇晃的自球，自球放到界外。

（3）触及移动和摇晃的他球，他球放回触球位置，自球放到界外。

（4）击球员球槌触及门球或终点柱，使球产生移动，被移动的球放回原位。

（5）如触及静止球发生在闪击过程中，按有关闪击犯规的规定执行。

11. 撞终点柱

撞击终点柱(通称撞柱)是指已成功过 3 门的球撞上终点柱,称为"满分"。

(1) 成功过 3 门的球停止时与终点柱接触,为满分有效。

(2) 闪击他球撞柱,如放置他球时,他球已与终点柱接触,则满分无效。

(3) 已过 3 门的界外球进场撞击终点柱,为满分无效。

(4) 满分的球应立即拿出场外。

(二) 比赛场地

1. 门球场地

(1) 门球场地为长方形,由限制线圈定,平整且无任何障碍物(见图 11-53)。

(2) 比赛线长 20～25 米,宽 15～20 米。

(3) 限制线在比赛线 1 米处,与比赛线平行。

(4) 原则上比赛线为带状,宽 1～5 厘米,限制线和其他线要清楚可见。场地的尺寸以线的外沿为准。

(5) 线的颜色与场地地面要易于识别。

(6) 比赛线构成 4 个角,自开球区开始,按逆时针方向,依次为第 1 角、第 2 角、第 3 角、第 4 角。

(7) 第 1 角和第 2 角之间的比赛线为第 1 线(短线);第 2 角和第 3 角之间为第 2 线;第 3 角和第 4 角之间为第 3 线;第 4 角和第 1 角之间为第 4 线。

(8) 开球区是一长方形,其边线由第 4 线及其限制线以及从第 1 角向第 4 角方向的 1 米和 3 米距离的两条垂直于第 4 线的线组成。

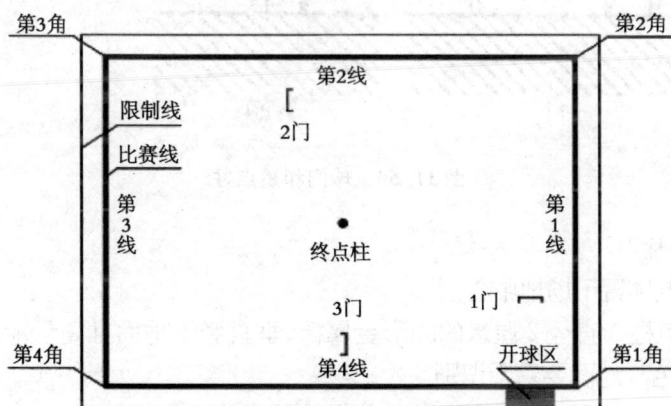

图 11-53　门球场地

2. 球门

(1) 球门包括第1门、第2门、第3门,球门柱之间为球门线(见图11-54)。每个球门的位置如下:

第1门线的位置:球门线与第4线平行,与其外沿垂直距离4米,其中心点与第1线外沿垂直距离2米。

第2门的位置:球门线与第1线平行,其中心点与第2线外沿直线距离2米,与第1线外沿垂直距离为第2线全长的3/5。

第3门的位置:球门线与第3线平行,其中心点与第4线外沿之间距离2米,与第3线外沿垂直距离第4线全长的1/2。

(2) 球门由直径为1厘米的圆形金属棒制成,有两个直角,形状为"⌐"。球门垂直固定在地面上,球门横梁下沿距离地面19厘米,球门柱内宽22厘米。球门的颜色与场地要易于识别。比赛组委会可视情况决定1门的位置,1门距离可小于4米。

(3) 每个球门正上方可设号码标志,规格不超过10厘米×10厘米。球门号码标志在球门上的位置以及球门的颜色,由比赛组委会决定。

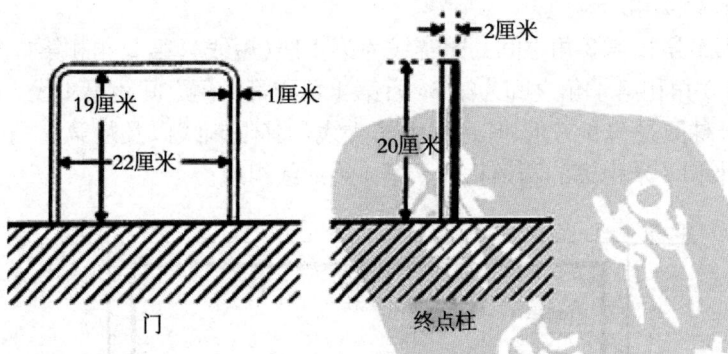

图 11-54　球门和重点柱

3. 终点柱

(1) 终点柱置于场地中心。

(2) 终点柱为直径2厘米的圆形金属棒,垂直竖于地面且高于地面20厘米。终点柱的颜色与地面要易于识别。

说明:终点柱顶上可设置标志物,如场地号码牌。

4. 自由区

(1) 自由区设在限制线外。

(2) 为了确保比赛顺利进行,自由区应有足够的空间。

(3) 比赛进行期间,队员、教练员、裁判员以及经过允许的人员可以进入自由区。

5. 替换席

(1) 替换席设于自由区。

(2) 替换席应为队员、教练员准备座位。

(3) 自由区的大小以及替换席的设置,由比赛组委会决定。

第五节 游泳运动与卫生健康教育

一、游泳运动概论

(一) 游泳运动的概念

游泳是一种凭借自身肢体动作和水的相互作用力推动人体在水中活动或前进的技能活动。人类的游泳是一种有意识的活动,一直与人类的生存、生产、生活紧密联系,是人类在同大自然斗争中为求生存而产生的,随着人类社会的发展而发展,逐渐成为一项重要体育运动项目。在不断的发展中逐渐形成了竞技游泳、实用游泳、大众游泳、康复游泳体系。

(二) 游泳运动的起源与发展

人类的游泳活动源远流长。人类生活的地球表面,超过 70% 都布满江、河、湖、海。人们为了生存必须与水打交道。为了捕捉水中的鱼虾和采捞水中可供食用的植物,人们需要下到水中;为了追猎动物和躲避猛兽的侵袭,经常需要跋山涉水,也不可避免地要与水打交道;当洪水泛滥时,人们为了保护生命与财产,更是要与水进行搏斗。人们在生活、劳动与大自然作斗争的过程中不断与水打交道,逐渐学会了游泳。开始时,人们只是模仿水栖动物的姿势与动作,在水中移动,久而久之,便积累了在水中行动的技能,学会了漂浮、游动和潜水,产生了各种游泳姿势,主要包括 3 种形式:涉——在浅水中行走;浮——在水中漂浮和移动;没——在水下潜泳。

随着生产力的发展、阶级的产生和阶级矛盾的激化,出现了战争,这时,游泳由单纯的生活技能又逐步成为一种军事技能。在古希腊时代,军队开始系统地进行水上军事训练。

除生产劳动和军事上的原因外,游泳本身的娱乐功能也是游泳活动能得以不断发展的重要原因。人们从沐浴开始,继而在水中嬉戏,逐渐形成各种水中娱乐活动。我国春秋时期的"天池",汉代的"太液池"等,都是当时贵族常去玩乐的游泳场所。南北朝时,游泳在民间和皇室中已相当流行。隋唐时期,宫廷专门设立了可以进行跳水、游泳、抛水球的"水殿"。

1888 年,法国教育家皮埃尔·德·顾拜旦提出了恢复奥林匹克运动会的建议,在 1896 年举行的第 1 届现代奥林匹克运动会中游泳被列为正式竞赛项目之一。在现代奥林匹克运动会发展的初期,运动员都是在自然水域中进行训练。随着奥林匹克运动会的发展,人们越来越重视训练,开始修建人工的游泳池、馆,游泳运动得到了长足发展,世界竞技游泳水平不断发展,大众参与程度也日益提高。

二、游泳技术特点与分类

(一)游泳技术特点

游泳是一种凭借自身肢体动作和水的作用力在水中活动或前进的技能活动。凡涉及水环境的运动项目,参与者都不可忽视水的自然属性。水是一种流动的介质,运动员在游进过程中主要受水的压力与浮力、流动性、黏滞性等自然特性的影响。因此,运动员在水中游进时表现出以下特征:

(1)水是一种流动的介质,人体在水环境中运动时,身体没有固定的支持,需要通过肢体的动作和水的相互作用力为肢体的运动提供一个相对稳定的支撑点。

(2)人体在水中受到水的压力和浮力,而人体可以通过呼吸和身体姿势来改变人体的漂浮状态,因此,运动员在水中运动时需要充分利用身体姿势的改变来维持漂浮平衡。

(3)水的黏滞性和水的密度大的原因使人体在水中运动时受到了水的阻力影响,而阻力也是推动人体前进的推进力产生的主要因素,因此,人体在游进中要充分利用水的阻力增大推进力的同时,还须尽可能地使身体姿势保持流线型以减小阻力的影响。

(4)水是一个传导性很好的介质,人体在水中时水温的高低会影响能量的消耗,水温过高或过低都会使机体能量过多损耗。

合理的游泳技术动作要素如下。

(1)保持身体流线型姿势。

身体姿势在游泳技术动作中占有重要的地位,身体姿势正确与否,决定外形姿态阻力的大小与游速的快慢。身体在不影响四肢动作实效的前提下,应尽可能保持高位而又舒展的姿势,呈现流线型体态。

由于各泳式动作结构不相同,身体在水中位置各有差异。自由泳和仰泳,身体在水中都具有较高、较平和相对稳定的位置,身体的纵轴线与水平面的夹角很小;蝶泳和蛙泳虽无固定的身体姿势,但在游进时身体波浪状幅度应保持在一定的范围限度之内,在动作周期的某些环节上仍可保持相对高而且平的身体姿势。

(2) 协调而有节奏的动作。

动作的协调性与节奏感是评价运动员技术掌握是否合理的标准之一。有高度的动作协调能力和良好的动作节奏可以节省体能,使动作更有实效。协调与节奏也有一定的内在联系,协调性不好,动作也就失去了节奏;当动作节奏受破坏时,动作配合也不可能协调一致。

(3) 高肘屈臂划水。

高肘屈臂划水是游泳技术的重要特点之一。运动员在水中能不能尽可能早地进入高肘抓水阶段,是运动员划水效果的重要影响因素。高肘屈臂划水能够延长有效划水路线;适宜的屈臂角度,能有效地动员更多的肌群参与划水动作,增加划水力量;屈臂划水增大了手臂外形姿态阻力系数和有效划水面积,增大了推进力;缩短了臂划水半径,加快了动作的角速度,有利于划水效率的提高。

(4) 螺旋曲线划水。

螺旋曲线划水是现代游泳技术的特点之一。划水动作持续作用于水的有效时间长,从而使身体获得向前的冲量持续时间增加;能够划到"静水"。由于是螺旋曲线划水,手掌的攻角沿划水轨迹不断调整改变,以期获得最佳的水平升阻合力的作用,随着螺旋曲线轨迹的延伸,手掌像螺旋桨一样不断地划到"静水";由于划水路线与肌拉力线方向一致,相应地也增加了划水时身体大肌肉群的合力,有利于游速的提高。

(5) 加速划水。

根据阻力与物体运动速度平方成正比的关系,划水的加速度对游进速度起着极其重要的作用。在划水过程中,加速划水是保证推进力增大的基本要素,加速度越快,推进力越大,身体位移的速度也就越快。

划水加速度的效果取决于加速前的动作速度、动作冲量和动作幅度。如果加速前的划水速度较快、冲量较大和幅度较长,加速划水效果将会更好。

(6) 适宜的动作频率与划幅。

合理的划幅与划频的关系是游泳速度的关键,过分地追求划幅、划频都会影响游进的平均速度。两者是统一的、协调配合的,要提高游速,就要增大划幅或划频。划频主要与神经过程灵活性、快肌在肌肉中所占比例、划水幅度、技术巩固程度和协调性有关;划幅主要由肌肉力量、关节柔韧性、肢体长度、技术动作质量和协调性决定。

(二) 游泳技术分类

在我国游泳的管理由国家体育总局游泳运动管理中心来负责。根据目的和功能来分,游泳可以分为竞技游泳、实用游泳、大众游泳、康复游泳。

1. 竞技游泳

竞技游泳是指有特定技术要求,按游泳竞赛规则规定进行竞赛的游泳运动项目。

竞技游泳分为游泳池比赛和公开水域比赛两大类别。游泳池比赛包括自由泳、仰泳、蛙泳、蝶泳4种泳式和由这4种泳式组成的个人混合泳以及接力比赛,标准的游泳池分为25米短池和50米长池。

公开水域比赛是指在江、河、湖、海这些自然水域进行的游泳比赛,如游渡海峡、横渡江河、长距离游泳比赛等。这类比赛各有特定的规则要求,但没有严格的游泳泳式要求,运动员多采用自由泳参赛。

2. 实用游泳

实用游泳是指直接为生产、军事、生活服务的游泳活动,包括踩水、侧泳、反蛙泳、潜泳、水上救护、着装泅渡等非竞技游泳。竞技游泳技术虽不包括在实用游泳技术中,但在泅渡、水上救护、运物和水上作积极性休息时,常采用蛙泳、仰泳和自由泳。

3. 大众游泳

随着人类社会的发展、生产力的提高、社会物质财富的不断丰富,人们对物质、文化、娱乐生活的质量要求也相应提高。一种以增强体质为宗旨、以丰富人们文化生活为目的的大众游泳活动,如水中游戏、健身游泳等,现已成为现代游泳运动的重要组成部分,在世界各地广泛开展起来。

4. 康复游泳

康复游泳是充分利用水的自然特性与水中运动的生理生化基础知识对练习对象进行治疗、训练的一种康复训练方法。

(三) 竞技游泳技术

1. 自由泳

游自由泳时,身体俯卧在水面,两腿上下交替打水,两臂轮流划水,动作很像爬行,故自由泳也被称为爬泳(见图11-56)。

游泳技术动作都由身体姿势、腿部动作、臂部动作、呼吸及完整配合几部分构成。

(1) 身体姿势。

在游任何一种泳式时,理想的身体姿势都应该能使游泳者最大限度地减小阻力。要想游得快,只有两种选择:增加推进力或减少阻力。而人在水里所受到的阻力随着速度的增加以平方的比率而递增。因此,靠增加功率来提高速度是非常不经济的,要想游得快,必须改进技术、减少阻力。为了达到这个目的,自由泳的身体姿势有以下特点:

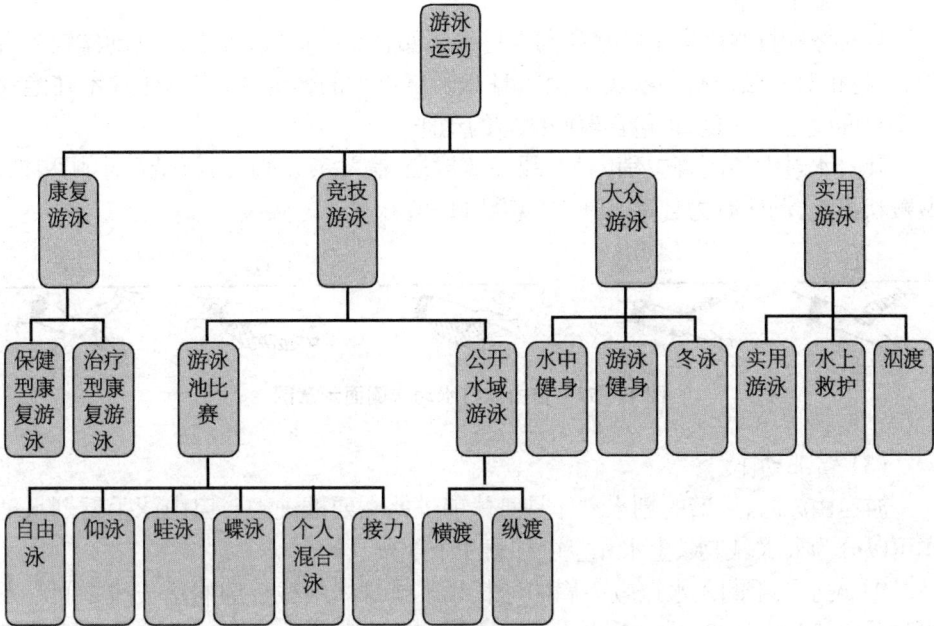

图 11-55　游泳分类结构示意图

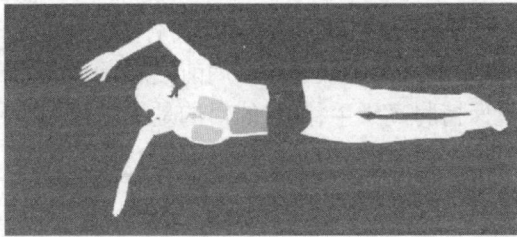

图 11-56　自由泳侧面示意图

① 身体呈水平姿势、保持良好的流线型。身体俯卧于水面,尽量将身体放平、伸直、收紧,保持良好的流线型。在游自由泳时,注意好头与肩的位置,只要将手臂伸得更远、身体收紧、打水时两腿不过于分开、动作保持在身体截面内完成,就能减小形状阻力,仅仅凭这些就能比过去游得更流畅、更快。

② 身体围绕纵轴有节奏地转动。自由泳在游进时整个身体随着手臂和腿部的动作围绕纵轴有节奏地转动。身体转动的作用:a. 保持流线型;b. 利用身体的转动发挥核心力量;c. 延长有效的划水距离;d. 使上肢处于最佳发力位置;e. 有助于移臂和呼吸。

（2）腿部动作。

自由泳腿打水由向下打水和向上打水两部分交替构成，其中下打动作较为有力，上打相对放松一些。事实上由于身体围绕纵轴的转动，打水动作并不在绝对的垂直面内上下往复，也包含着向侧方的动作。

腿打水过程中两脚应稍内扣，踝关节放松，髋关节发力，大腿带动小腿和脚，做鞭状打水，动作有力且富有弹性（见图 11-57）。

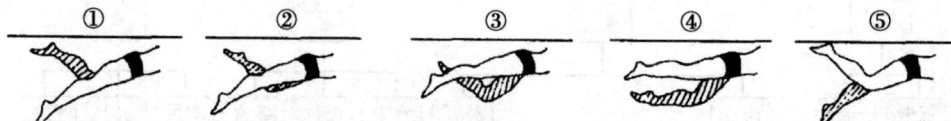

图 11-57　自由泳打水动作侧面示意图

（3）臂部动作。

游自由泳时，手臂的划水动作是身体前进的主要推进力。自由泳手臂划水动作可以分为入水、划水、出水和空中移臂 4 个部分。

① 入水。手的入水点应在肩的延长线上或身体中线与肩的延长线之间。入水时手自然并拢伸直，由大拇指领先斜插入水，手掌朝外下方。入水后手臂继续在肩的延长线上往前伸。

② 划水。手臂划水是产生推进力的主要阶段。手入水伸直手臂后，屈腕使手掌朝向下、向后抓水，逐渐形成肘高于手，随着身体的转动，上臂带着前臂及手掌向后加速划水，整个划水动作手的轨迹始于肩前，继之到腹下，最后到大腿旁，呈 S 形。划手过程中尽量保持肘高于手，高肘的目的是使前臂和手最大限度地向后对准水。

③ 出水和空中移臂。手臂出水的动作在推水后应随着身体的转动积极提肘，出水的顺序是肩、上臂、前臂和手。移臂宜自然放松，多数运动员采用高肘移臂，便于入水后快速抓水。

（4）两臂配合。自由泳两臂的配合有 3 种基本形式，即前交叉配合、中交叉配合和后交叉配合（见图 11-58）。

前交叉　　　　　　　　中交叉　　　　　　　　后交叉

图 11-58　自由泳手臂配合交叉形式示意图

前交叉配合比较适合于初学者，掌握臂的技术和呼吸技术，但是动作不连贯，速度均匀性差。运动员多采用中交叉和后交叉技术,中交叉和后交叉技术有利于保持身体匀速前进。

2. 蛙泳技术

蛙泳是一种比较古老的泳式,因其模仿青蛙的游泳动作而得名。蛙泳的内部技术结构是 4 种姿势中最为复杂的,臂腿变化方向多,与其他泳式的差别很大。但蛙泳的呼吸比较容易掌握,每个动作周期结束后都有一定的滑行放松时间,掌握动作节奏后很快就能游较长的距离,在我国游泳初学者一般都是先学习蛙泳(见图 11-59)。

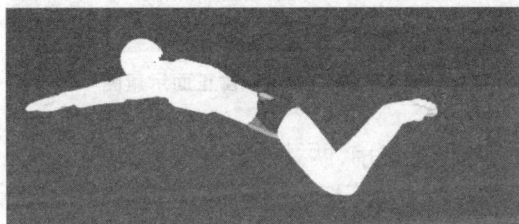

图 11-59　蛙泳侧面示意图

(1) 身体姿势。

蛙泳在游进中,身体位置是不断变化的。在一个动作周期(一次蹬腿、一次划手)结束后的滑行阶段,身体应较水平地俯卧于水面,保持好流线型。当划水与抬头吸气时,肩部上升,手臂内划时,身体位置较高,手臂前伸时,身体位置迅速回到水平,保持流线型。

(2) 腿部动作。

蛙泳的腿部动作是蛙泳游进的主要推进力,可分为收腿、外翻和蹬夹、滑行几个部分。

① 收腿。蛙泳收腿动作不产生推进力,只会给身体带来阻力。开始收腿时屈膝、屈髋,两膝边向前收边分开,小腿和脚尽量在髋关节的截面内前收以减小阻力,当脚接近臀部时停止收腿。

② 外翻。蛙泳腿的外翻包括向外翻脚和翻小腿。通过向外翻脚使脚尖朝外,同时膝关节内旋,使脚和小腿内侧对准蹬水的方向。外翻结束时小腿与水面几乎垂直。

③ 蹬夹。为获得较大的蹬水截面,通过大腿带动小腿向后蹬水,腿在向后蹬的同时向中间夹紧,这个动作要快速有力,才能表现出鞭状动作效果。

④ 滑行。蹬夹结束后有一个短暂的滑行阶段,两腿应尽量伸直并拢、自然放松,为下一个动作周期做好准备,初学者在滑行阶段可以得到短暂的休息,以便能

游更远的距离。

（3）臂部动作。

蛙泳的划水动作根据划水过程中手臂动作的用力方向，分为外划、内划、伸臂3个阶段（见图11-60）。

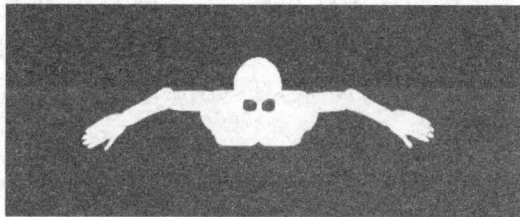

图 11-60　蛙泳手臂正面示意图

① 外划。手臂划水开始之前，两臂伸直与水平面平行，掌心向下，两臂边内旋边同时对称地向外划水，两手分开超过肩宽时，手臂略外旋、屈肘、屈腕。

② 内划。内划所产生的推进力是划水过程中最大的。外划结束后，手臂向外旋转，手先向内、向下和向后划水，在内划过程中，手掌的攻角在不断地变化，从向外和向下转为向内和向上，在内划即将结束时，应在肋下做夹肘动作。

③ 伸臂。当两手在下颌下接近并拢时开始前伸，通过向前伸肘和伸肩，两臂前移至伸直姿势。伸臂时，不同的运动员掌心的方向不同。

（4）呼吸与臂配合动作。

蛙泳每划水1次吸气1次。优秀运动员通常在内划接近结束时吸气，这是晚呼吸技术；一般初学者采用早呼吸技术，在手臂开始外划时抬头吸气，手臂前伸的同时低头吐气。

（5）完整配合动作。

蛙泳的完整配合动作是1次划手、1次蹬腿、1次呼吸的1∶1∶1配合，其配合时机较难。蛙泳配合口诀如下：划手抬头腿不动，收手再收腿；先伸胳膊后蹬腿，伸直并拢漂一会。

3. 仰泳

仰泳是人体仰卧在水中游进的一种泳式。游仰泳时，身体仰卧在水面，臂、腿轮流交替划水和打水（见图11-61）。由于仰泳呼吸容易掌握，动作简单易学，它在民间一直是较受欢迎的泳式。

（1）身体姿势。

游仰泳时，身体应该自然伸展，平、直地仰卧于水面，头和肩部略高于腰和腿部，身体纵轴与水平面构成一个很小的仰角。头部和髋部的位置关系非常重要，头的位置在很大程度上决定了整个身体的位置,起着"舵"的作用。

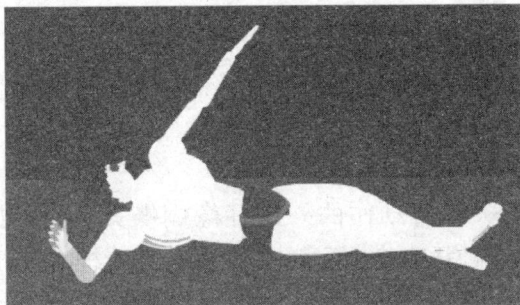

图 11-61 仰泳游进侧面示意图

(2) 腿部动作。

仰泳的打水很重要,首先是要保持身体位置和平衡,给身体一个稳定的支撑力,另外还可产生一定的推进力。仰泳腿的技术与自由泳腿相似,同样是鞭状打水动作。仰泳腿打水时由髋关节发力,大腿带动小腿,膝关节和踝关节应伸直放松,上下打动。

(3) 臂部动作。

仰泳手臂的划水动作是游进时的主要推进力。仰泳的臂部动作可以分为入水、划水、出水和空中移臂 4 个主要部分。

① 入水。仰泳臂的入水动作与身体的转动协调配合而成。入水时手臂应伸直,手的入水点应在同侧肩的延长线上,以小拇指领先,手掌朝外,干净利落地切入水中。

② 划水。手臂入水后,随着身体围绕纵轴的转动,手臂向外旋转屈腕、屈肘,使前臂内侧和手掌对准后方,形成高肘抓水动作。抓水结束后,肩带肌肉群和背阔肌随着身体的转动带动手臂,先向下再向上最后向下推水至大腿旁,整个划水过程呈明显的 S 形路线。

③ 出水和空中移臂。划水完成以后,借助手向下压水的反作用力以及身体的自然转动,使肩部首先出水,然后带动上臂、前臂和手依次出水。出水前手臂应先外旋,使大拇指领先出水,这样阻力小且手臂较自然放松。

空中移臂动作与身体的转动也是分不开的,手臂应尽量以直臂方式向前移动。移臂的前半段,手掌向内,使手臂肌肉尽量得到放松;当手臂移到头上,即与水平面垂直时内旋,使掌心向外,为入水做好准备。

(4) 呼吸与臂配合动作。

游仰泳时口鼻始终露出水面,呼吸不受水的限制,但为了避免吸气不充分造成的动作紊乱,运动员一般保持一定的呼吸节奏,正如长跑运动员用一定的节奏进行呼吸一样。

(5) 完整配合动作。

仰泳较常见的是6次打水、2次划臂、1次呼吸的配合技术(即6∶2∶1配合方式),两臂基本上处于对称位置。

4. 蝶泳

蝶泳游进时由于手臂动作的外形好像蝴蝶飞舞,因此被称为蝶泳(见图11-62)。蝶泳在4种竞技游泳姿势中是最年轻的一种泳式,它是从蛙泳技术中演变而来的。直到1952年,蝶泳才作为一种正式的竞技泳式产生。

图 11-62　蝶泳侧面示意图

(1) 身体姿势。

游蝶泳时,运动员身体各部分由于波浪动作而上下起伏,没有固定的身体位置,蝶泳的波浪动作要求重心平稳,保持前进速度的直线性。

(2) 躯干和腿部动作。

蝶泳打腿动作是两腿伸直并拢,从躯干发力大腿带动小腿,两腿同时下打和上移。经过髋、膝、踝关节的动量传递,并使脚获得最大的动作速度。

(3) 臂部动作。

蝶泳手臂的划水动作所产生的推进力是推动身体前进的主要因素,蝶泳的臂部动作是两臂同时对称地划水,臂部动作由入水、划水、出水和空中移臂4部分组成。

① 入水。手臂入水是划水的准备阶段,两手在两肩的延长线上或略宽于肩的延长线上,以大拇指、掌心朝向外下方斜插入水,然后前臂、上臂依次入水。

② 划水。手臂入水后,肘和肩关节前伸,两手立即内旋并外分,当两手外分至超过肩宽时屈腕、屈肘,经过向后、向内、向外,逐渐加速划水。

③ 出水和空中移臂。手划水到大腿两侧时掌心朝向大腿外侧,以便减小出水的阻力。手划水结束时,利用划水的惯性,肘和肩带动手臂提拉出水。

手臂出水后,在肩的带动下迅速从空中前移到头前,准备入水和做下一个周期的动作。移臂过程中手臂要放松,大拇指朝前下方,手前伸到接近入水时肘微屈。

(4) 呼吸与臂配合动作。高水平运动员多采用晚吸气技术,即手臂内划结束时头部开始露出水面,手臂上划及移臂的前半段完成吸气动作,手臂前移过肩前伸时低头入水。低头一定要在手入水前完成,或在入水同时完成,否则会使手臂和肩部难以伸展,影响入水的远度,使划水路线缩短。初学者一般采用早呼吸技术,在手臂外划时开始抬头吸气。

(5) 完整配合动作。臂腿的配合一定要准确协调,否则就会破坏动作内在的节奏,使推进力减弱。臂腿的配合方式是每划水 1 次,打腿 2 次,手入水时打 1 次腿,推水时打第 2 次腿。完整配合主要采用 2 次打水、1 次划水、1 次吸气(2:1:1)的配合方式。但不管在一个周期中是否吸气,移臂时肩都应该露出水面,以减小移臂的阻力。

(四) 实用游泳基本技术

实用游泳通常是指非竞技泳式但具有实用价值的游泳技术。常用实用游泳技术包括抬头自由泳、侧泳、反蛙泳、潜泳、踩水等。

1. 抬头自由泳

抬头自由泳是指在游自由泳时,把头始终抬出水面游进的姿势。抬头自由泳技术是游泳救生员的一种专项游泳技术。抬头自由泳技术四肢动作结构简单自然,既能快速游进,又能看清目标,当救生员决定要进行水上直接救护时,应首先选用抬头自由泳迅速接近溺者。

抬头自由泳技术与自由泳技术的不同之处在于,抬头自由泳游进时头的位置较高,身体位置稍微往下沉,需要游进时强有力地快速打腿。另外,手臂动作也有较大区别,抬头自由泳手的入水点比自由泳近,手臂入水后要尽快进入划水和推水阶段,划水路线比自由泳短。

2. 侧泳

侧泳是身体侧卧在水中,两臂交替划水,两腿做蹬剪水的一种游泳姿势,救生员在拖带溺者时常采用。侧泳技术分为手出水和手不出水两种,掌握一种后,另外一种也就容易掌握。这里介绍手出水的侧泳技术。

(1) 身体姿势。

侧泳游进时身体侧卧在水中,两肩稍向胸侧倾斜,与水平面成 10~15 度角,头的下半部浸在水中,水下面手臂置于体侧,两腿并拢伸直,游进时身体绕纵轴转动。

(2) 腿部动作。

图 11-63 侧泳腿部技术侧面示意图

侧泳腿的技术包括收腿、翻脚和蹬剪腿 3 个动作(见图 11-63)。

① 收腿:上腿屈髋提膝向前收,与躯干成 90 度角,小腿向后收,膝关节尽量弯曲,足跟靠近臀部。

② 翻腿:当完成收腿动作后,上腿钩脚掌,向后对准水。下腿将脚尖绷直,脚背和小腿前侧面向后方,对准蹬水方向。

③ 蹬剪腿:两腿的蹬剪动作是拖带溺者的主要推进力,上腿以髋关节发力,用大腿带动小腿稍往前伸,脚掌对着蹬水方向,由体前侧向后方加速蹬夹水;下腿以脚背面和小腿前侧对着蹬水方向,用力稍向下、再向后伸膝剪水,与上腿后蹬动作相配合,形成蹬剪水的动作。

(3) 手臂动作。

一臂在空中移臂称为上面手臂,另一臂始终在水下进行划水和移臂称为下面手臂。侧泳游进时,两臂交替划水,上面手臂与自由泳臂划水动作相似,下臂动作与蛙泳划水动作相似。

① 两臂配合动作。两臂在胸前交叉,下面手臂开始划水,上面手臂前移;上面手臂开始划时,下面手臂开始做前伸动作。

② 臂和腿及呼吸的配合。侧泳的完整配合为两腿蹬剪水 1 次,两臂各划水 1 次,呼吸 1 次。两腿蹬剪水后,在上面手臂划水结束与下面手臂前伸时,应有短暂的滑行动作。

3. 反蛙泳

反蛙泳是仰泳的前身,即身体仰卧水中,两腿同时向后蹬夹水,两臂在体侧同时向后划水(见图 11-64)。反蛙泳主要靠腿部动作就可以前进,两手可腾出来救护溺者或拖带物品,所以一般在水中拖带溺者或物品都采用这种技术。

图 11-64 反蛙泳侧面示意图

(1) 身体姿势。

身体仰卧于水中自然伸直,脸露出水面,尽量使头、肩、髋、膝处于一条直线。

（2）腿部动作。

反蛙泳腿的技术类似蛙泳，但由于身体仰卧水中，收腿、蹬腿时膝关节不能露出水面。收腿时，膝关节向两侧边收边分，大腿微收，小腿向侧下方尽量往回收。收腿结束时，脚和小腿内侧向后对准蹬水方向，然后大腿发力，使小腿和脚向侧后方蹬夹水。

（3）臂部动作。

两臂自然伸直，经空中在肩前同时入水，然后高肘屈臂，使手和前臂对准划水方向，用力在体侧划水。划水结束后，两臂停留体侧片刻，使身体向前滑行。

（4）臂和腿及呼吸的配合动作。

反蛙泳的配合技术有两种：一种是臂划水与腿蹬夹水同时进行（移臂与收腿同时）；另一种是手划水和腿蹬夹水交替进行，但手、腿各做 1 次动作之后身体自然滑行。

4. 潜泳

潜泳技术分为潜深技术和潜远技术。救助溺者以及水下工程等，都要采用潜泳技术。

（1）潜深技术。

潜深技术有两种：一种是脚朝下潜深，另一种是头朝下潜深，其原理都是利用身体的重力向下潜。在向下潜之前，先使上体跃出水面，利用身体的重力向下潜入水中。利用手的划水与腿的蹬水，加速下潜或改变游进方向。

（2）潜远技术。

潜远技术分使用器材和不用器材两种。不使用器材的潜远技术，主要有蛙式潜泳、蛙式长划臂潜泳。

① 蛙式潜泳是在水下用蛙泳方式游进的一种技术。在游进中采用平式蛙泳，为避免身体上浮，头的位置应稍低。

② 蛙式长划臂潜泳：为提高潜泳的速度和远度，人们常采用蛙式长划臂潜泳方式。其腿部技术与蛙泳相同，手臂划水路线如图 11-65 所示，两臂推水完毕，几乎在大腿两侧伸直。

5. 踩水

踩水是实用价值较大的游泳技术之一，广泛运用于水中停留休息、急救溺者、持物游进和水中观察等，也是初学游泳者应掌握的自救技术之一（见图 11-66）。

图 11-65 长划臂潜泳技术手臂划水路线示意图　　**图 11-66 踩水动作侧面示意图**

(1) 身体姿势。

踩水时,身体直立水中或稍前倾,头露出水面,收髋屈腿钩脚,如同坐在凳子上,两臂于胸前平屈,手掌向下。

(2) 腿部动作。

踩水的腿部动作有交替踩水和同时蹬夹水两种。两腿同时蹬夹水技术,同蛙泳腿动作相似,但大腿动作的幅度较小,用小腿和脚内侧向侧方蹬夹水,当两腿还未完全蹬直时收腿,动作要连贯。两腿交替踩水技术,身体在水中起伏不大,大腿动作幅度较小。

(3) 臂部动作。

手臂基本动作为肘关节弯曲,手和前臂在胸前做向外、向内弧形划水动作。手臂动作不宜过大,做向外划水时,掌心向外,掌内侧要有压水的感觉;向内划水时,掌心斜向内,掌外侧要有压水的感觉。

(五) 水上救生

水上救生工作是保证游泳者及在水周边从事有关活动者安全的一项重要措施。游泳救生、救护工作要贯彻"以防为主,以救为辅,防救结合,有备无患"的精神。

1. 溺水事故的原因

(1) 技术因素。不会游泳或刚学会,在体力不支或受人冲撞等情况下溺水。

(2) 生理、病理因素。患有不宜游泳的疾病,或在饥饿、过饱、过度疲劳等情况下游泳。

(3) 环境因素。对游泳场所的情况不清楚,盲目游泳而导致溺水。

(4) 心理因素。稍有意外而惊慌失措,或过分相信自己的游泳能力与潜水能力导致溺水。

(5) 组织管理因素。游泳场所的组织管理不当,或初学游泳时身上浮具突然脱落等因素。

2. 救生员对水面现场的观察方法

观察是指救生员观察水面情况、分析事故性质、判断急救措施,是救生工作"以防为主"的具体体现,是整个救生技术中最为重要的一环。具体操作如下:

(1) 救生人员必须思想高度集中,认真负责、不间断地扫视水域。在操作上必须定人、定点划分观察区域,做到"突出重点、照顾全面",既要看到自己的主责任区,也要留意交叉区域与整个水域。

(2) 观察方法上必须要"池面与池底、池面与岸边、点与面"三结合。观察时,既要看清池面上有可能溺水的游泳者,又必须看清水面下和池底有无溺水者。发现技术较差的游泳者时,需重点跟踪观察,但又要防止呆视一点,以防顾此失彼。

3. 救生员赴救

发现有人溺水时,救生员要及时赴救,赴救法分为间接赴救法和直接赴救法,间接赴救速度快、效率高,一般能间接赴救时就不采用直接赴救。

间接赴救法是指救生员利用救生器材,对较清醒的溺者施救的一种技术。游泳场所一般都应备有救生圈、竹竿、木板、泡沫块、轮胎、绳子等,间接赴救时发现溺水者将救护器材抛向溺水者,使溺水者得救。

直接赴救法是救生员不借助任何救生器材,徒手对溺者施救的一种技术。直接救护技术可分为入水前的观察、入水、游近溺者、拖带、上岸、岸上急救等过程。

(1) 入水前的观察:当发现溺者,立刻迅速扫视水域,判断溺者与自己的距离方位,在江河湖海中还要注意水流方向、水面宽窄等因素。救护者要遵循尽快游近溺者进行施救的原则选择入水地点。

(2) 入水:入水要迅速,并始终注意目标,通常用"八一式"入水动作(见图11-67)。动作要领为起跳后两臂侧前举,一腿前伸微屈,一腿稍向后屈成弓步状。当身体接近水面时,两腿夹水,两臂掌心向前下方压水,眼看溺水目标。"八一式"入水方法的优点如下:身体不会下沉过多,头部不入水,以便看清目标;能防止头部碰上石头或暗桩,避免救助者发生危险。

图 11-67　八一式入水示意图

(3) 游近溺者:一般采用速度较快的抬头自由泳。当游到离溺者2~3米处时,深吸一口气采用潜深技术接近溺者,从背后将溺水者控制住并带回。

(4) 拖带:分侧泳和反蛙泳两种技术。侧泳拖带法是救生员侧卧水中,一手从溺水者腋下扶住溺者,一手在体侧划水,两腿做侧泳蹬剪水的动作前进;反蛙泳拖带法一般采用两手扶住溺水者腋下,两臂伸直,以反蛙泳腿的动作游进(见图 11-68)。

图 11-68 救生拖带方法示意图

(5)上岸:当遇到处于昏迷状态的溺者时,将他拖带到岸边后,要帮助溺水者上岸。在上岸过程中要防止溺者再度溺水。在游泳池上岸的方法为救生员先将溺者两手重叠,用一手手掌压住溺者的双手支撑上岸,然后将溺者做 180 度转身,让溺者背靠池壁,借助浮力把溺者提拉上岸,立即进行抢救。

第十二章 户外运动与野外生存策略

第一节 户外运动基本知识

一、户外运动的概念

走出户外,融入自然,锻炼身体,缓解压力,净化心灵,超越自我,户外运动集旅游、运动、休闲、娱乐、探险为一体,每个人都可以选择户外运动这种生活方式和观念。

户外运动泛指在山地、峡谷、野外和荒漠等自然场地进行的,以健身、休闲娱乐、培养野外生存基本技能和团队协作精神为目的,带有探险性质或体验探险性质的体育运动项目群。主要项目有登山、露营、丛林穿越、攀岩、悬崖速降、探洞、漂流、溯溪、野营、越野山地车、冲浪、滑翔、滑水、蹦极、攀冰、定向运动、野外生存、野外拓展、远足、滑雪、潜水、滑草、高山速降自行车、热气球、飞行滑索,以及将以上项目综合设计进行的拓展训练等。

二、户外运动的发展

早期的户外运动如采药、狩猎是人类为了生存发展而进行的活动。"二战"期间,英国特种部队为了提高军人的野外作战能力和团队合作能力,开始利用自然屏障和绳网进行障碍训练,这是人类首次系统地把户外活动有目的地运用到实践中。"二战"后,全球人类居住方式开始大规模城市化,很多人离开土地、走出农村,进入城市生活,而城市狭窄空间的挤压又使人们渴望回归自然。随着战争的远离和经济的发展,人们开始寻找更高层次的身体和精神享受,当普通的观光旅游不能满足人们的需求后,野营和探险以及其他户外运动刚好符合人们这种愿望。从此,户外活动开始走出军事和求生范畴,成为人类娱乐、休闲和提升生活质量的一种新的生活方式。自1989年新西兰举办了首次越野探险挑战赛后,各种各样的户外活动和比赛在世界各地如火如荼地开展起来,目前在欧洲每年都举行众多的大型户外挑战赛,在美国户外运动的参与人数和产值位居所有体育运动的第 3 位,户外运动已被世界各国誉为"未来体育运动"。

1989 年 4 月,我国首家以登山、攀岩为主要活动的学生户外社团——北京大学山鹰社成立,户外运动开始在北京、广州、昆明、上海等地悄然兴起,电视、杂志、报纸和互联网等媒体给予了强力报道,使得户外运动迅速成为一种社会时尚,这种时尚很快扩展到国内其他大城市。在各大中型城市,参与户外运动的人群数量越来越大。媒体及各类从事户外运动的组织机构积极开展和宣传户外运动的同时,也在保障安全、提高大众安全意识和技能方面做了诸多工作,户外运动这种积极、健康、快乐、真实、自然的生活方式和观念,正被越来越多的年轻人甚至老年人接受和喜爱。

在国家体育总局的领导和各地方部门的配合下,中国登山协会近几年先后举办了多次攀岩、攀冰、户外拓展、蹦极等国际及全国比赛,推出了"元旦八达岭登长城活动""泰山国际登山节""莫干山登山节""健康老人登山活动"等在国内外较有影响的户外活动,对推动我国户外运动的发展、促进全民健身计划的实施、增进国际登山界的交流起到了积极的促进作用。2009 年 8 月 30 日,中国登山协会在重庆武隆举行的国际山地户外运动联盟筹备会上发出倡议,为规范与发展国际户外山地运动,希望成立国际山地户外运动联盟,以更好地开发户外运动知识和技能,保护户外环境及户外文化遗产,促进各国的交流与合作,整合更多国家的资源和经验,在户外运动和赛事方面,制定普适的知识、技能和技术规范,以及赛事组织规范和比赛规则,谋求共同发展。

三、户外运动主要装备

(一) 个人常用装备

1. 帐篷

帐篷是野外活动时的"家",是户外活动露营的重要装备。挑选帐篷要考虑帐篷的尺寸、重量、材料、防水指数、防风性能等,支撑杆最好选择可伸缩折叠的铝杆或者更轻的玻璃钢杆,颜色最好是鲜明的、非自然的色彩,以利于在树林、雪地、沙漠、海滩和遭遇不良天气时与周围环境区别开来。

户外露营搭建帐篷时应注意:尽量选择在坚硬、平坦的地上搭帐篷,远离河岸、干涸的河床和有石的山坡;为避免下雨时帐篷被淹,应在篷顶边线正下方挖一条排水沟;帐篷四角要固定结实,帐篷的入口要背风,篷内应保持空气流通。帐篷的面料容易着火,千万不能在帐篷内做饭或吸烟。

案例:河床露营女驴友被山洪卷走

案例回放:2006年6月底,武鸣县人梁某在时空网上发布召集组团到武鸣县境内的大明山赵江进行露营活动的消息,陈某得知此消息后,便邀请骆某一起参加此次户外露营活动。7月8日,在梁某的召集下,共有13名成员前往武鸣县两江镇赵江露营地,参加队员按梁某的要求向其交纳了60元的费用,当晚该团队在赵江河床裸露的石块上扎帐篷露营。7月8日晚至9日凌晨,该团队露营一带连下几场大暴雨,9日清晨7时许赵江山洪暴发,骆某与陈某同住一个帐篷内,骆某尚在熟睡,在毫无防备的情况下,被山洪冲走。险情发生后,在当地政府组织的搜救队的搜寻下,在下游离事发地约3公里的河床找到骆某的遗体。

分析总结:组织者应考虑到7月雨季可能造成的灾害因素,避免在河床上扎帐篷露营,选择正确的宿营地点并安排人员留守。出行者自己应具备相应的安全常识,团队之间的团结协作可避免安全隐患,减小事故发生率。

摘自http://www.8264.com/20977.html

2. 睡袋和防潮垫

睡袋是保证野外露营安全舒适的基本装备,其主要功能是保暖,应根据出行的季节、前往地区的气候条件等,选择轻而易于压缩的睡袋,质量好的睡袋对头部的保温也有合理设计。

防潮垫主要用来隔离野外环境中的潮湿和低温。自充气式防潮垫小巧轻便,是不错的选择。

3. 背包

背包是户外出行必备工具,宿营用品、食物、衣物以及各种野外要用到的零碎用品都得用背包承载。选择背包主要考虑其牢固性、舒适性和多功能性。

背包的负重能力一定要强,背包左右两侧重量应平衡,这样背起来肩受力均匀,不易感到难受和疲惫;背包的容量大小则视路程远近而定。装包时物品应分类放置,最好用单独的塑料袋包好以防水防潮。摆放包内物品时,应把轻的物品放在底层,重物放在上面;帐篷、睡袋、防潮垫分别竖着放进背包里,衣物则塞到这些物品的缝隙;经常用的物品如相机、雨衣、药品、指北针、笔、地图、笔记本、望远镜、水壶等,放在表层或侧包内便于取用。

4. 衣服

无论季节,野外活动的着装应以宽松、舒适、耐磨、随意为基本原则。多层薄衣服比几件厚衣服更能有效保温,贴身衣服应选择触感好、容易吸汗、易干燥的棉质内衣,选择长衣长裤可以避免受到蚊虫叮咬或带刺植物的伤害,推荐有条件的户外运动者选择冲锋衣裤或快干裤。

5. 鞋子

户外运动时鞋子的重要性大于背包,因为它直接关系到你的人身安全,轻、透气、散热性好、合脚的防滑鞋或登山鞋是最佳选择。如果在野外时间较长,鞋、袜等用品最好随身多带几套备用。

6. 帽子

人体大约50%以上的热量是从头部散失,户外活动帽子是必带装备。帽子的选择以结实、实用为原则。宽檐帽能遮阳避雨,在山间行走时还可以帮助挡避齐人高的乱草;风沙较大时,则可用头巾将头部包裹起来。

7. 贴身防潮袋

将钱包、证件、手机等重要物品装入贴身防潮袋中,即使摔进水里也不用担心被打湿。

8. 头灯或手电

延误行程需夜间赶路、露营、探洞、遇险时,头灯或手电可供照明或打信号,应同时准备备用灯泡和电池。

9. 刀具

户外运动遇紧急情况时,刀具可用来搭建避难所、生火、做担架、做拐杖等。刀具首选锋利的多功能军刀,锯子和刀在户外使用频率最高。

10. 指北针和地图

户外事故常常因迷路引起。指北针和地图可以帮助在陌生环境里定向以防迷失方向,是野外出行必备的个人装备。出行前须学会识图并熟悉指北针的使用方法。

11. 药品

(1) 外伤类:棉签、红药水、酒精、绷带、纱布、白胶带、止血带、创可贴、云南白药(粉剂、喷剂)、红花油(正骨水)、红霉素软膏、蛇药等。

(2) 肠胃药:胃舒平、氟哌酸、黄连素、藿香正气水等。

(3) 感冒药:速效感冒胶囊、银翘片、乙酰螺旋霉素、止痛片、退烧片等。

(4) 其他:清凉油、仁丹、藿香正气水、扑尔敏、息斯敏、乘晕宁等。

12. 急救盒

户外运动时,随身携带的急救盒在关键时刻可以救命。可用铝或不锈钢制的饭盒(可用作炊具,盒盖里面也可用作发信号的反光板)作急救盒用。盒内一般放置防水火柴、打火机、蜡烛、一小袋盐、糖果、复合维生素、胶布、针线包、求生卡等,求生卡上需记载个人资料及求生急救的步骤,用防水胶处理后,再放入求生盒内。

💡 小提示:巧做防水火柴

将蜡烛油均匀地滴在火柴全身,注意别被蜡油烫着手指,然后用两层宽胶带把间隔排列的防水火柴包封在中间,卷成一卷;再把同样胶封好的磷片擦纸(最好两个磷面相对)一同装入胶卷盒类的塑料小瓶,旋紧盖子;为以防万一,可在瓶盖缝隙处蜡封或胶封,并在瓶外注明"防水火柴"字样。使用时将火柴头上的蜡油刮除干净。

摘自 http://www.xici.net/b385982/d27915555.htm

13. 自备食物

食物和水是野外生活维持生命不可缺少的物质。应根据野外生活的气候环境、生活天数以及中途是否可以补给等情况,来控制自备食物的数量和品种,以免增加背包的重量和体积。自备食物可选罐头食品、饼干、八宝粥、火腿肠、肉干、咸菜、糖果、茶叶、巧克力、奶粉、少量盐等。根据天气情况带适量饮用水。为应付特殊情况,可选择高能、轻量、耐久的食物(如巧克力、牛肉干、糖类)等作为备用食品。

(二)专业装备

有的户外运动需要专业性很强的装备,如探险队的卫星定位器、登冰山用的冰爪、登山的登山索、滑雪运动的滑雪板、潜水运动的潜水器材等。

(三)团队装备

团队装备包括对讲机、领导旗、统一着装、烟雾弹、口哨、手册等。

案例:"狂风怒海"在清凉峰死亡

案例回放:2005 年 1 月 18 日晚上,13 个酷爱登山的驴友相约从杭州出发去爬海拔 1 787.2 米的清凉峰。晚上 9 点左右到达临安的马啸乡浙川村后,驴友们在那里的小学操场上扎营,第 2 天一早 6 点在当地向导的带领下向清凉峰进发。在野猪塘岔路口休整、准备冲顶的时候,领队要求把背包暂留原地,但一网名叫"狂风怒海"的驴友因强烈要求看日出而和领队的意见产生分歧,执意背包冲顶,冲顶后又一人留在山顶,等待与另一组户外旅行队朋友会合。因为在当地手机、对讲机都没有信号,其他 12 人回杭州再与其家人取得联系,才知道"狂风怒海"还未回家。12 天后村民发现"狂风怒海"摔下山崖的遗体。

　　分析总结:尽量不要单人进行高中强度和风险的户外运动,活动中不能意气用事,尽量不要在夜间行进。

摘自 http://www.8264.com/20977.html

第二节　野外生存策略

一、野外生存策略基本常识

(一) 野外方向的判定

1. 利用自然特征判定方向

(1) 利用太阳判定方向。

用一根直杆,使其与地面垂直。将一块石子放在标杆影子的顶点 A 处;约 15 分钟后,当标杆影子的顶点移动到 B 处时,再放一块石子。将 A,B 两点连成一条直线,这条直线的指向则为东西方向,与 AB 连线垂直的方向为南北方向,向太阳的一端是南方。直杆越高、越细、越垂直于地面,影子移动的距离越长,测出的方向会越准。

(2) 利用指针式手表对太阳的方法判定方向。

手表水平放置,将时针指示的(24 小时制)时间数减半后的位置朝向太阳,表盘上 12 点时刻度所指示的方向就是概略北方。假如现在时间是 16 时,则手表 8 时的刻度指向太阳,12 时刻度所指的就是北方。

(3) 利用北极星判定方向。

夜间天气晴朗的情况下,可以利用北极星判定方向。北斗七星(大熊星座)像一个巨大的勺子,在晴朗的夜空是很容易找到的,从勺边两颗星的延长线方向看去,约间隔其 5 倍处,有一颗较亮的星星就是北极星。北极星指示的方向即为北方。

2. 利用地物特征判定方向

利用地物特征判定方位时应根据不同情况灵活运用。独立树通常南面枝叶茂盛,树皮光滑。树桩上的年轮线通常是南面稀、北面密。农村的房屋门窗和庙宇的正门通常朝南开。建筑物、土堆、田埂、高地的积雪通常是南面融化得快,北面融化得慢。大岩石、土堆、大树南面草木茂密,而北面则易生青苔。

3. 利用指北针判定方向

利用指北针判定方向时,将指北针平放,待磁针静止后,标有磁北的一端所指的方向,就是现地的磁北方向。

(二) 复杂地形的行进

1. 山地行进

穿越山地和丛林时,人的视线会被密林和高山所遮挡,很难辨别方向和自己的方位,容易迷路。为避免迷路和迷失方向,应配备指北针和地图,队员行进不能太分散,相互间可利用无线电通讯系统、灯光或声音频繁联络,避开沼泽地、纵深大的深沟峡谷以及草丛、藤竹繁茂的地方,力求有路不穿林、有大路不走小路、走梁不走沟、走纵不走横。如果没有道路,可选择在纵向的山梁、山脊、山腰、河流小溪边缘,以及树高林稀、空隙大、草丛低疏的地形上行进。

团体行进时,出发前应讨论行动路线、可能遇到的障碍、紧急情况下失散后如何重新归队以及某些特殊情况的处理,进行固定分组以便于及早发现掉队者,队里每个成员都应负责注意紧跟在自己后面的成员的行进情况。探路并告知大家正确路线、搜寻途中可食植物、留意沿途合适的庇身地等,都应做到明确分工。

雨季在山地行进,应尽量避开低洼地(如沟谷、河溪),以防山洪和塌方。如遇风雪、浓雾、强风等恶劣天气,应停止行进,躲避在山崖下或山洞里,待气候好转时再走。

2. 攀登技巧

野外生存经常会遇到各种岩石坡和陡壁。攀登岩石前,首先应对岩石进行细致的观察,慎重地识别岩石的质量和风化程度,再确定攀登的方向和路线。

攀登岩石的基本方法是"三点固定法",即两手一脚或两脚一手固定后再移动剩余的一手或一脚,使身体重心逐渐上移。攀登时整个身体重心应落于双脚,而不是放在上体或双臂,身体要尽量贴紧岩石表面,前行时根据情况选择最合适的距离和最稳固的支点,手脚配合,"稳、轻、快"地移动,不要跨大步和抓、蹬过远的点。

爬坡一般采取"之"字形攀登路线,双腿微曲,上体前倾,内侧脚尖向前,全脚掌着地。在碎石坡上行进,特别注意脚要踩踏实,抬脚要轻,以免碎石滚动。通过草坡时,不要乱抓树木和攀引草蔓,以免拔断使人摔倒。在行进中如果不小心滑倒,应立即面向山坡,张开两臂伸直两腿,以减低滑行的速度,并设法在滑行中寻找攀引和支撑物,千万不要面朝外坐,因为那样不但会滑得更快,而且容易向前翻滚。

3. 野外渡河

河流是野外行进中常遇到的障碍。遇到河流时不要草率入水,应仔细观察,先用棍棒或石头试水流速度和深浅,选择河水较浅、水流平缓、无暗礁、暗流和漩涡的地点渡河。穿鞋涉水过河可避免河底尖石划破脚,同时也可以更好地保持平衡,如果河底是淤泥底,则应脱掉鞋袜,赤足过河。如水流湍急,涉渡时可用结实的棍棒支撑在水的上游方向或手持重约 10 公斤的石头以保持身体平衡。集体涉渡则可 3 人或 4 人一排,彼此环抱肩部,身体最强壮的位于上游方向。

二、野外求生技巧

(一)求救信号的发放

在野外,生存环境非常恶劣,各种灾难会不期而至。灾难面前至关重要的是了解自己所面临的困境,尽快与外界取得联系,使他人知道你的处境以求得救援。一般可根据自身的情况和周围的环境条件,发出不同的求救信号。SOS(Save Our Soul)是国际通用的求救信号。另外,几乎任何重复 3 次的行动都象征着寻求援助,如点燃 3 堆火,制造 3 股浓烟,发出 3 声响亮的口哨、枪响或 3 次火光闪耀。如果使用声音或灯光信号,在每组发送 3 次信号后,间隔 1 分钟时间,然后再重复。

1. 烟、火信号

燃放 3 堆烟、火是国际通行的求救信号。将火堆摆成三角形,每堆间隔相同最为理想。火种不可能整天燃烧,需随时准备妥当,使燃料保持干燥,一旦有飞机路过,就尽快点燃求助。

烟雾是良好的定位器,可往火堆里添加胶片、绿草、青树叶、苔藓和蕨类植物等以散发浓烟雾引人注意;有条件的话,可以用一些布料做灯芯带,在汽油中浸泡后放在燃料堆上。在雪地或沙漠中往燃料里添加橡胶和汽油,可产生黑色烟雾更加引人注目。

2. 地对空信号

地对空信号是指在比较开阔的地面,如草地、海滩、雪地上制作地面标志,设置易被空中救援人员观察发现的信号,如把青草割成一定标志图案,或在雪地上踩出求救标志,也可用树枝、海草等拼成标志信号。信号的规格以每个长 10 米、宽 3 米,每个信号间隔 3 米为宜。"I"表示有伤势严重的病人需立即转移或需要医生;"F"表示需要食物和饮用水;"II"表示需要药品;"LL"表示一切都好;"X"表示不能行动;"→"表示按这一路线运动。

💡 **小提示：记住8个单词**

SOS(求救)，SEND(送出)，DOCTOR(医生)，HELP(帮助)，INJURY(受伤)，TRAPPED(发射)，LOST(迷失)，WATER(水)。

3. 其他信号

(1) 光信号。

利用阳光和一个反射镜或玻璃、金属铂片、罐头盒盖、镜子、眼镜等任何明亮的材料，即可反射出信号光。

(2) 旗语信号。

将一面旗子或一块色泽亮艳的布料系在木棒上左右挥动，表示需救援。要求先向左长划，再向右短划，加大动作的幅度，做"8"字形运动。

(3) 声音信号。

离救援人员较近时，可大声呼喊，三声短，三声长，再三声短；间隔1分钟之后再重复。也可借助其他物品发出声响，如用斧子、木棍敲打树木。

4. 留下地面方向指示标志

离开危险地时，要留下一些信号物，以备让救援人员发现。一路上不断留下方向指示标志，不仅可使营救者了解到你的位置或者过去的位置，有助于他们寻找你的行动路径，而且在自己希望返回时，也不致迷路。

(二) 野外常见伤病的防治

1. 蚊虫叮咬的防治

(1) 防蚊：穿长袖衣裤、扎紧袖口和领口、皮肤暴露部位涂擦清凉油可防蚊。宿营时，在帐篷周围烧艾叶、青蒿、柏树叶、野菊花可驱赶蚊虫。被蚊虫叮咬后，可用氨水、肥皂水、盐水、小苏打水、氧化锌软膏等涂抹患处止痒消毒。若出现过敏反应，可服用苯海拉明或扑尔敏，严重者口服强的松或地塞米松并尽早找医生治疗。

(2) 防蚂蟥：穿长衣长裤并在鞋上涂肥皂、防蚊油、大蒜汁等驱避蚂蟥、防止蚂蟥上爬。若发现蚂蟥已叮在身上，千万不能用手拉扯，可用手拍或用肥皂液、盐水、烟油、酒精滴在其前吸盘处，或用燃烧着的香烟烫，让其自行脱落；然后压迫伤口止血，并用碘酒涂擦伤口以防感染。

(3) 防蜂：野外发现蜂群或蜂窝，尽快避开而不要惊吓蜂群。如遇蜂群攻击时,千万不要跑,应立即就地卧倒不动,并掩盖好暴露之处,等蜂群散后再行进。

2. 中暑

中暑的主要症状为头晕、恶心、烦躁不安、昏迷、无汗或湿冷、瞳孔放大、发高烧。感觉中暑应立即在阴凉通风处平躺,解开衣裤使全身放松,再服用十滴水、仁丹等药物。发烧时,可用凉水浇头,或冷敷散热。如昏迷不醒,可掐人中穴、合谷穴使其苏醒。

3. 晕厥

晕厥主要表现为脸色苍白、皮肤感觉湿冷、呼吸快而浅、脉搏快而弱,甚至失去知觉。遇到这种情况不必惊慌,尽快将患者移至阴凉处躺下。若患者已失去意识,可按压人中、百合、百谷等穴位,充分休息直至症状减缓,再送医院进行进一步救治。若患者意识清醒,可慢慢喝一些凉开水。如果患者大量出汗,或抽筋、腹泻、呕吐,应在水中加盐饮用(每公升 1 茶匙)。

4. 中毒

生吃食物或吃变质食物以及某些野生植物有可能中毒。中毒症状表现为恶心、呕吐、腹泻、胃疼、神志不清、心脏衰弱等。中毒后先迅速喝大量的水,用指触咽部引发呕吐,然后吃蓖麻油等泻药清肠,再吃活性炭等解毒药或其他镇静药,情况严重应立即送医院救治。

5. 水泡的防治

出行前预先准备一瓶防止起泡的喷雾剂,穿合脚的鞋、吸汗的棉或线袜,在容易磨出水泡的地方事先贴一块创可贴,可预防长途行进时脚磨出水泡。一旦磨出了水泡,应先用消过毒的缝衣针在水泡表面刺洞,将泡内的液体排出,然后用碘酒、酒精等消毒药水涂抹创口及周围,最后用干净的纱布包扎。

6. 防蛇

蛇常出没于野外草丛、石缝、枯木、竹林、溪畔或其他比较阴暗潮湿的地方。野外活动时应着长衣长裤,穿好鞋袜,扎紧裤腿。灌木草丛中行进时可"打草惊蛇",把蛇赶走;在山林地带宿营时,应随时将帐篷拉链完全拉上,睡前检查睡袋、压好帐篷,早晨起来检查鞋子、背包有无蛇潜入;遇见蛇时,应远道绕过;若被蛇追逐时,应向上坡跑,或忽左忽右地转弯跑,切勿直跑或直向下坡跑;如果蛇在身上,应屏住呼吸不能动,静等蛇自行离开。

被毒蛇咬伤的主要症状如下:如是出血性蛇毒,则伤口灼痛、局部肿胀并扩散,伤口周围有紫斑、淤斑、起水泡,有浆状血由伤口渗出,皮肤或者皮下组织坏死、发烧、恶心、呕吐、血压降低、瞳孔缩小、抽筋、昏迷、呼吸困难,甚至呼吸衰竭等。

如果不慎被蛇咬伤,首先应判断是否被毒蛇咬伤。若被无毒蛇咬伤,只需要对伤口清洗、止血、包扎,若有条件再送医院注射破伤风针即可。一般被毒蛇咬伤10～20分钟后,其症状才会逐渐呈现。被咬伤后,争取时间是最重要的。首先需要找一根布带或长鞋带在伤口靠近心脏上端5～10厘米处扎紧(为防止肢体坏死,每隔10分钟左右,放松2～3分钟)。为缓解毒素扩散,应用生理盐水或冷水(最好用1∶5 000的高锰酸钾溶液)反复冲洗伤口表面的蛇毒,然后以牙痕为中心,用消过毒的小刀将伤口的皮肤切成十字形,用两手用力挤压、拔火罐或在伤口上覆盖4～5层纱布,用嘴隔纱布用力吸吮(口内不能有伤口),尽量将伤口内的毒液吸出,立即服用解蛇毒药片,并将解蛇毒药粉涂抹在伤口周围,尽量减缓伤者的行动,并迅速送附近的医院救治。

有毒蛇和无毒蛇的区别如下:毒蛇一般头大颈细,头呈三角形,尾短而突然变细,体表花纹比较鲜艳;无毒蛇一般头呈钝圆形,颈不细,尾部细长,体表花纹多不明显。毒蛇与无毒蛇最根本的区别是毒蛇的牙痕为单排,无毒蛇的牙痕为双排。

7. 溺水的急救

溺水者被救起后,须立即清除口鼻内的淤泥、杂草及呕吐物,若还有心跳和呼吸,可将溺水者腹部置于抢救者屈膝的大腿上,头部下垂,用手平压背部,使气管内的积水倒出。呼吸停止者须立即进行人工呼吸,心跳已停止者抢救时,人工呼吸和胸外心脏按压应同时进行,不要轻易放弃抢救,送医院途中应持续进行。

8. 野外事故急救

(1) 急救的原则。

遇到事故时,应分清轻重缓急,先处理危重病人,再处理病情较轻的病人。对同一患者,先救治生命,再处理局部。观察现场环境,确保自己及伤者的安全。

(2) 处理前观察。

具体处理前,需观察伤者脸、嘴唇、皮肤的颜色和呕吐的情况,确认有无外伤、出血、意识和呼吸情况。

(3) 紧急处理。

若患者意识昏迷,需让伤者仰卧(有呕吐感者侧卧为宜),将患者衣领扣、领带、围巾等解开,清除口鼻内的污物,仰头举颌帮助伤者打开气道,以确保呼吸道畅通,如果需要,应对其进行人工呼吸使其心肺功能复苏。有严重外伤者,应当采取紧急止血措施,避免因大出血引起休克。紧急处理后等待救援时,需对患者进行保暖,避免其消耗体力。

(4) 外伤止血。

手指压迫止血:压迫伤口近端的动脉或直接压迫伤口出血处(如颈部、锁骨窝、腋窝、腘窝和腹股沟等)大血管止血,但不能持久。

加压包扎止血:用敷料盖在伤口上,再用绷带缠紧。这是急救时最常用的临时止血法,适用于静脉或中小动脉止血。

止血带止血:对四肢大出血急救时的一种简单有效的止血方法,可临时用绳子等物品代替止血带。注意缚扎止血带时尽量靠近伤口,松紧适宜,冬季时扎止血带后应注意保温,每小时应放松数秒后再扎紧。

(5)骨折包扎。

四肢发生骨折时,可用木板、木棍、纸板、树枝等做临时夹板进行包扎固定,布条、三角巾可用来悬吊上肢并固定于胸前。对有可能脊柱骨折的伤员,搬运时应尽可能保持脊柱于功能部位或中立位,避免扭曲或旋转造成加重或伤害脊髓。

9. 高山病

高山病是指从平原进入高原或由较低海拔地区进入更高海拔地区后,由于大气压力的降低以及氧气稀薄在短时期内发生的一系列身体缺氧反应,一般攀登3 000米以上高山时容易出现此病症。其初期症状为头痛、耳鸣、嗜睡、全身无力;中期表现为不停地咳嗽,痰中带粉红色血丝,无食欲,发烧;严重者会出现感觉迟钝,情绪不宁,精神亢奋,听、视、嗅、味觉异常,产生幻觉,严重咳嗽,浮肿,呼吸困难甚至昏迷。

给予大流量吸氧及降低高度是高山病最有效的急救处理。伴有肺水肿者应绝对卧床休息,注意保暖,并防止上呼吸道感染,严禁大量饮水,口服速尿剂并注射地塞米松。若疼痛严重,可服用镇痛剂止痛。在高海拔地区,任何药物只能暂时缓解病情,应及时将病人下撤至患者感到舒服或症状明显减轻的低海拔地区,严重者需入院治疗。

第三节　恶劣环境下的生存

一、恶劣天气条件下的求生策略

野外天气变化无常,出发前应关注天气预报,合理地制定活动计划,当天气情况恶劣时,应果断取消活动,特别是溯溪及沿海岸线的活动。在天气恶化前,先穿上雨衣或加衣御寒,收藏妥当预备替换的衣物以免被淋湿;提前补充食物,因为在恶劣天气中,没有充分时间慢慢进食,而且可能很长时间无法吃到东西。确认预定的行程(如行进路线、下一站的休息地点、露营区的位置)有无变更,注意队员的身体状况,以及是否有掉队者。

恶劣气候可能给野外行动带来种种不利影响,如岩壁受潮后很容易滑落,雨雾导致视线不佳、很难辨清路线而造成迷路或滑坠,强降雨引发山洪、滑坡、泥石流等地质灾害,行动时间表难以控制、队员身体比正常天气时更感疲劳、队伍很容易离散,因此恶劣天气环境下全体人员一定要行动一致、团结协作,队员中若有人身体状况欠佳,其他队员应帮助其减轻行李负荷,并考虑该队员的情况,减缓队伍行进步调或暂时休息以等候天气转晴,千万不要勉强行动,因为在恶劣天气之中勉强行动,往往会造成灾难性的后果。

在相当恶劣的天气里,全队均无余力可继续行动的场合,应考虑露营。遭遇恶劣天气侵袭之后,临时决定露宿,不仅找寻露营场所困难,在准备工作上亦非常吃力,因此,最好在发现天气恶化之前,尽快下达露宿的决定。如有可能,尽快进入附近的居民点较为安全。

下面主要讲述遭遇暴风雨、雷电等恶劣天气时的防护措施。

(一) 暴风雨

(1) 应根据行进的路段、雨势大小以及队员的身体状况,决定继续前行还是避雨。

(2) 暴风雨会影响能见度,若继续前行,应注意辨别方向,道路湿滑,必要时可使用安全绳确保行进安全。

(3) 避雨时应注意保暖、防雷、防山洪。

(4) 宿营时帐篷应搭放在安全地点,用地钉对帐篷进行加固,并挖好排水沟。

(5) 帐篷内的多余物品应整理好准备随时撤离。

(6) 休息时轮班值守巡逻,一旦有山洪或泥石流,马上通知撤离。

(二) 雷电

春夏是雷电天气多发季节,出行前应密切关注目的地当地的气象预报和突发灾害性天气预警信息,合理安排活动计划。天空乱积云变大,不久即将变成雷云,应赶紧想办法到安全地带躲避;用小型收音机收听广播时有刺耳的杂音、忽然下大粒雨滴,是可能打雷的预兆,应尽早加强自我保护。

(1) 雷电来时不要在山顶或空旷地区活动。

(2) 切勿使用手机,最好将手机关闭。

(3) 远离铁塔,拿离身上的一切金属物,必要时应当丢弃登山杖。

(4) 不要在大树底下避雨,避免走进有积水的地方。如在水域活动,须尽快上岸。

(5) 尽量寻找有避雷措施的场所或山洞、山崖背阴处避雨。如果是在空旷的山谷或者草原上,尽量采取低姿势或找低洼地蹲下。

(6) 如果头发竖起或皮肤发生颤动,应立即倒地以减轻雷击的危害。

(三) 炎热

缺水和身体的疲劳是夏季出行以及到亚热带、热带、沙漠等炎热地区常遇到

的困境。在炎热环境里应做到以下 5 点:

(1) 衣着宽松,戴浅色遮阳帽,尽量避开蚊虫和太阳。

(2) 口渴是危险的信号,说明体内已经失衡,应该在口渴之前就补充饮水,减少活动量以降低体能消耗。

(3) 腹壁和肢体肌肉出现痉挛是由于脱水和盐分丧失,适当补充盐分但不要过量,盐的摄入应伴随大量的饮水,若没有水就不要补充。

(4) 在求生的情况下,如果没有水,最好也不吃其他食物,因为消化食物需要水。

(5) 水的饮用应少量多次。

二、突发自然灾害时的求生策略

(一) 泥石流

持续大范围强降雨常会带来山洪、滑坡、泥石流等地质危害,导致事故的发生,所以进行野外活动时需格外谨慎。在我国的滇藏、川藏地区易发生泥石流,在山区、半山区行进时,若听到异常响声,看到有石头、泥块飞落,而且这样的情况逐渐加剧,表明泥石流即将来到,这时应立即弃重物逃生。逃避时,应顺泥石流来向横着往两侧高地跑。山区露营时,远离谷底泄洪通道、河道拐弯及河流汇合处。

(二) 雪崩

野外活动时应尽量避开易发生雪崩的地区,山坡上有雪崩大槽、山坡上方有悬浮的冰川、山脊上有雪檐的地方容易发生雪崩。雪崩发生时常伴有低沉的轰鸣声或冰层破裂声。遇雪崩逃离时应向雪下滑的横向跑,如被卷入雪中,手脚要快速像游泳一样运动,尽量使自己的头部浮在雪上,同时抛出身上携带的物品作为标识,以利于被救援人员发现。

三、极度寒冷条件下的求生策略

(一) 在水中

(1) 尽可能多穿衣服,但不要影响浮力。

(2) 保持颈部露出水面。

(3) 双手交叉抱于胸前,屈膝,尽量缩成一团,不要动,等待救援。

(二) 风雪天气中

(1) 躲进帐篷或临时避风所(如岩石旁、挖雪坑等),避风所不要建在雪流或雪崩路径上,以免被掩埋。

(2) 补充饮水,有条件时煮热水喝并活动身体,但绝对不能饮酒取暖。

(3) 打湿的衣物要脱掉,以免冻伤。

（4）说话、唱歌以免睡着，否则可能再也醒不过来。

（三）山区丛林中

可用防水火柴、放大镜(凸面镜)、手电的银光杯聚焦太阳光获取火源，生火取暖，但离开前必须熄灭火种。

四、水的获取和净化

（一）水的获取

野外生存中，水是维持生命最重要的物质。如果缺水，人在几天时间内就可能死亡。下面介绍几种获取水的方法。

1. 雨水

雨水可以直接饮用。下大雨时，可用雨布、塑料布、空罐头盒、杯子等收集雨水以供饮用。也可在大树干上挖孔，插入竹筒，使雨水沿竹筒聚流，或用长布条沿树干缠绕，约留尺许于容器内，将雨水沿雨布条引入容器内。

2. 地面水

凭借灵敏的听觉器官，多注意山脚、山涧、断崖、盆地、谷底等是否有山溪或瀑布的流水声，有无蛙声和水鸟的叫声等。如果能听到这些声音，说明已经离有水源的地方不远，并可以证明水源是流动的活水，可以直接饮用。另外，用鼻子嗅空气中的潮湿气味，或因刮风带过来的泥土腥味及水草的味道，然后沿气味的方向也可能寻找到水源。

3. 地下水

（1）根据气候及地面干湿情况寻找地下水源。

在炎热的夏季有地下水的地方，地面总是非常潮湿；地面久晒而不干的地方，地下水位较高；在秋季地表有水气上升，凌晨常出现像纱中似的薄雾，晚上露水较重，且地面潮湿，说明地下水位高，水量充足；在寒冷的冬季，地表面的缝隙处有白霜时，地下水位也比较高；春季解冻早的地方和冬季封冻晚的地方以及降雪后融化快的地方，地下水位均高。

（2）根据植物生长情况寻找水源。

生长着香蒲、沙柳、马莲、金针(也称黄花)、木芥的地方，水位比较高，水质也好；生长着灰菜、蓬蒿、沙里旺的地方，也有地下水，但水质不好，有苦味或涩味，或带铁锈；初春时，其他树枝还没发芽时，独有一处树枝已发芽，此处有地下水；入秋时，同一地方其他树枝已经枯黄，而独有一处树叶不黄，此处有地下水。另外，还如三角叶杨、梧桐、柳树、盐香柏这些植物只长在有水的地方，在它们下面一定能挖出地下水。

4. 从植物中取水

(1) 仙人掌:各种仙人掌含水都很丰富,切去顶部,汁液即从切口流出,也可捣碎果肉用吸管吸取汁浆。

(2) 野芭蕉:在南方的丛林中,到处都有野芭蕉(也叫仙人蕉)。这种植物的芯含水量很大,只要用刀将其从底部迅速砍断,就会有干净的液体从茎中滴出。

(3) 其他植物:也可从野葛藤、葡萄藤、猕猴桃藤、五味子藤等藤本植物中获取饮用水,体积粗大、叶阔大、多生果实的树木中藏水也很丰富。

小提示:

(1) 从仙人掌、藤或树木中获取的汁液如为乳浊状时,切勿饮用,因为可能有毒。

(2) 从植物中获取的饮用水容易变质,最好即取即饮,不要长时间存放。

(二) 水的净化

1. 沉淀法

将水收集到容器中,放入少量明矾并充分搅拌,沉淀约 1 小时后水就会变得清澈。如果没有明矾,挤少量牙膏到水中,搅拌后也有同样的沉淀效果。

2. 吸附法

在水中放入活性炭能有效净化水质,没有准备活性炭,也可用篝火剩下的木炭代替。

3. 过滤法

在水源较混沌、有悬浮物的情况下,可用长袜、手帕等多次重复过滤。

扩展知识:自制过滤器

将矿泉水瓶底割掉,瓶口向下,在瓶里依次填入木炭、干净的细沙并压紧。矿泉水瓶也可用竹筒代替。

4. 渗透法

在离水源 2～3 米处向下挖一个坑,让水自然渗透到坑里。

(三) 水的消毒

(1) 在海拔不太高(海拔 3 000 米以下)且有火种的情况下,将水煮沸是对水进行消毒最简便实用的方法。

(2) 用净水药片净水消毒。将净水药片放入盛水容器中,搅拌摇晃,静置几分钟,即可饮用。一般情况下,一片净水药片可对 1 升的水进行消毒,如果遇到水质较混浊,可用 2 片净水药片进行消毒。

(3) 用医用碘酒代替净水药片对水进行消毒。在已过滤、沉淀过的水中,每一升水滴入 3～4 滴碘酒,如果水质混浊,可加倍滴入碘酒。搅拌摇匀,静置 20～30 分钟后,即可饮用或备用。

(4) 用亚氯酸盐即漂白剂也可以起到消毒的作用。在已净化的水中,每升水滴入漂白剂三四滴,水质混浊则加倍,摇晃匀后,静置 30 分钟,即可饮用或备用。

(5) 如果以上的消毒药物都没有,可用食醋对水进行消毒处理。在净化过的水中倒入一些醋汁,搅匀后静置 30 分钟便可饮用。

💡 **小提示:维生素——户外必备**

求生食物中,找水比找填肚子的食物更重要。只要有水,一个人的生命可以维持 3～5 天以上,如果同时预备了维生素,人的生理机能短期内不会失调而引发病变,通常可支撑 5～14 天。

五、饥饿时可食的野生植物

常见的可食野果有山葡萄、笃斯、黑瞎子果、茅莓、沙棘、火把果、桃金娘、胡颓子、乌饭树、余甘子等。野栗子、椰子、木瓜也很容易被识别,是应急求生的好食物。常见的野菜有苦菜、蒲公英、鱼腥草、马齿苋、刺儿草、荠菜、野苋菜、扫帚菜、菱、莲、芦苇、青苔等。野菜可生食、炒食、煮食或通过煮浸食用。

对可食的野菜鉴别如下:

(1) 取嫩叶少许,品尝是否有苦涩、辛辣及其他怪味。若有,立即吐出,不要食用。

(2) 向煮野菜的汤里加入浓茶,若有大量沉淀,说明含有重金属,不能食用。

（3）煮后有大量泡沫的，说明含有皂甙类物质，不能食用。

（4）一般情况，牲畜能吃的，人也能吃。

（5）无法鉴别时，先少量食用，8～12小时后，如无头痛、恶心、头昏、腹泻、腹痛等症状，可继续食用。

第三部分

民俗、民间体育运动与健康教育实践项目

第十三章 武术运动与卫生健康教育

第一节 武术运动概述

一、武术运动的概念

武术是以攻防技击为主要技术内容、以套路演练和搏斗对抗为运动形式、注重内外兼修的民族传统体育项目。

中国武术植根于民间,历史悠久,延绵了数千年。它来源于人们的生产、生活以及军事活动,在中国文化的长期熏陶下,具有鲜明的民族文化烙印,世代相传,历久不衰,逐渐发展成为民族传统体育项目。

中国武术形式多样、内容丰富、文化意蕴深邃,具有防身健身、修身养性、竞技娱乐等多方面社会功能,无愧为中华民族创造的文化瑰宝,不仅为广大群众所喜爱,而且正得到世界上越来越多的人们的青睐。

二、武术运动的起源与发展

中国武术的产生源于我国远古祖先的生产、生活以及古老的军事活动。在原始社会生产力与社会条件极其低下,为了生存的需要,就必须依靠群体力量同自然界搏斗。为了在狩猎中获得收获,人们不仅依靠拳打、脚踢、躲闪等徒手动作与野兽搏斗,还得运用石头、木棒与野兽抗争,从而,逐渐积累了劈、砍、刺的技能。但是这些原始形态的攻防技击术是低级的,还没有脱离生产技能的范畴,却是武术技术形成的原始基础。

到了氏族公社时代,部落之间经常发生战争,武力不仅是解决矛盾的一种方式,还成为掠夺财富的一种最主要手段。在武器随作战的需要不断改进的同时,人们在战场上搏斗的经验也不断得到增加与提炼,人们把在战斗中运用比较有效的一击一刺、一拳一腿,反复模仿、习练与传授着,久而久之,武术的一些技术运用方法出现在古老的军事训练之中。因此,武术与古代军事技术在漫长的历史进程中相互交融,有着千丝万缕的关系。

武术作为一种独立的社会文化现象，与中华民族文化有着同样悠久的历史，并且深受中华民族文化的影响。商周时期，出现了"武舞"，譬如"刀舞""剑舞""矛舞"等形式，武王伐纣前夕，军中"前歌后舞"，鼓舞士气，周代设的"庠""序"等学校中也把射御、习舞干戈列为教育内容之一。武舞按照一定的程序来训练，是古代武术由感性认识向理性认识的升华，是由零散化向系统化演进的象征，也是早期武术器械已具雏形的象征，对后世套路的形成有着重要的影响。

进入春秋战国以后，列国争雄图霸，很重视技击格杀术在军事中的运用。春秋初期管仲在齐国，招募全国有"拳勇股肱之力，筋骨秀出众者"（《国语·齐语》）来训练军队。齐桓公春秋两季还定期举行全国性比武较力的"角试"来选拔天下豪杰俊雄，以勇授禄。

随着古代锻铸工艺的突飞猛进，尤在吴、越出现了善于制剑的名师大匠，当时社会不仅盛行击剑，以武会友，同时，文人佩剑也蔚然成风。正如"吴王好剑客，百姓多疮瘢"（《汉书·马廖传》），"赵文王喜剑，剑士夹门而客三千余人，日夜相击于前"（《庄子·说剑》）。除剑客、剑士、剑家的出现，同时社会上还出现了职业武士，如侠士之类。这些现象都反映出武术已开始从军事战场剥离出来，逐渐步入宫廷和广大民间，与军事武艺发展并行不悖。

秦汉以来，社会开始盛行角觝、手搏、击剑等项目。并在两汉逐渐发展，且规模很大。《汉书·艺文志》兵伎巧十三家中，就收入了《手搏》六篇、《剑道》三十八篇。《汉书·武帝本纪》中载："元封三年春，作角觝戏，三百里内皆来观。"可见作为一种竞赛形式已为群众所喜闻乐见。此外，武术逐渐与养生相结合，春秋战国时期就出现了以动健身的养生思想，提出了"静养"与"动养"两种不同的主张。战国时期《黄帝内经》的出现以及受两晋南北朝玄学和释、道教的影响，养生理论和练养功法有了很大的发展。

唐朝开始实行武举制，对武术在社会各个层次的发展起到了推波助澜之功效，譬如选拔武状元、对有一技之长的士兵授予荣誉称号等，其中对"猛殿之士"的定位标准是："引五石之弓，矢贯五扎，戈矛剑戟便于利用……"（《太白阴经·选士篇》）。这些都能反映出唐朝武术发展的勃勃生机。而唐代剑术的发展则遍及朝野，文人墨士、武将勇夫、妇女、道家中擅长剑术的大有人在。诗人李白"少年学剑术"，常在朋友中仗剑而舞。裴旻将军的剑术独霸一时，与李白诗歌、张旭草书并获"唐代三绝"的美誉。此外，诗人杜甫在《观公孙大娘弟子舞剑器行》里对公孙氏的剑术作了十分生动的描述，也可以形象地反映出武术不但作为一种技击之术，而且作为一种文化形式已甚具影响。

宋元时期，以民间结社的武艺组织为主体形式的民间练武活动蓬勃兴起，各类结社组织比比皆是。按地域分为农村结社与城市结社组织，譬如有拳打脚踢的

"忠义巡社",习枪弄棒的"英略社",习射练刀的"弓箭社",以射弩为主的"锦标社" "射弓踏弩社",以角抵为主的"相扑社"等。同时,由于宋代商业经济活跃,市民阶层壮大,逐渐出现了浪迹江湖、以习武卖艺为生的"路歧人",其目的是迎合市民娱乐消遣的需要。其表演形式多种多样,记载中有"使拳""踢腿""弄棍""舞刀、枪""舞剑"等内容。不仅有单练、对练,而且还出现了"枪对牌""剑对牌""对棍"以及打擂比武的"露台争交"等形式的比武。宋元时期,武术拳械技艺进一步丰富,套子武艺有了很大发展。

明清时期是武术发展体系趋于完善与成熟的时期,各种拳种纷呈、流派林立。有关明代拳术的记载中,就包括有三十二式长拳、六步拳、猴拳、少林拳、内家拳等几十家之多;棍术出现了俞大猷棍、少林棍、张家棍、青田棍等;枪术有杨家枪、马家枪、李家短枪、沙家杆子、六合枪、峨眉枪、少林枪等;刀术中有单刀、双刀、偃月刀等。剑术中有茅元仪《武备志》所记二十四剑势等,还有程子颐《武备要略》中记载的叉和鞭的套路。仅《青稗类钞·技勇类》就记载了几十种拳术和器械。此外,明末已有"内家""外家"拳法之说;对抗性的比武,如手搏、摔跤也各有所发展;中日武术交流活动相当活跃,空手道、柔道与中国武术有着渊源的关系。清代,大量的武术专著也逐渐问世,如《手臂录》《峨眉枪法》《拳经拳法备要》《太极拳论》《内家拳法》等。这些著作中包括图谱、口诀、图拳理阐述以及练气诀、养气论等内容,从而使武术理论进一步丰富发展。清代时期,拳术和器械的种类继续扩展。在明末清初至清末时期,武术与传统养生理论和方法等有了进一步的结合,在此基础上,太极拳、形意拳、八卦掌等尤其重内练的新拳种出现了,并独成体系迅速发展。

近代以后,冷兵器时代逝去,而武术并未因此消退。它作为健身防身、教育娱乐的运动,适应时代的变化步伐,逐步成为中国近现代体育的一个重要组成部分。

民国时期,民间出现了许多拳社、武士会、体育会等武术组织。1910年在上海成立了"精武体育会",1918年成立"中华武士会",1926年成立了"武当太极拳社""汇川太极拳社""尚武国术研究社"等,这些各式各样的武术团体,对武术的传播与发展起了不可泯灭的作用。1928年,国民政府在南京成立了中央国术馆。继后,在24个省市也都建立了国术馆,县级国术馆达300余所,这样就形成了一个较为完备的国术馆网络。中央国术馆曾在1928年和1933年在南京举办过两届国术国考,进行拳术、长兵、短兵、散打和摔跤等比赛,还组织过一些规模较大的武术表演活动,如1929年的杭州国术馆游艺大会,1936年中国武术旅行团访问东南亚,1936年中国武术队赶赴柏林奥运会参加表演等。

然而,由于旧中国仍处于半殖民地、半封建的社会时期,政治、经济、文化、教育都仍受帝国主义和封建主义的强大施压。再加上当时国民党政府对武术进行政治目的性的控制和利用,武术的发展举步维艰。

　　中华人民共和国成立以后,武术成为社会文化和体育事业的一个有机组成部分,得到了蓬勃发展。1950年中华全国体育总会召开了武术座谈会,倡导全面发展武术运动。国家体委成立后,为了推动武术及其他民族形式体育的发展,1953年在天津举行了全国民族形势体育表演及竞赛大会,武术是这次大会的主要内容之一。1954年,各地体育院系争先开始把武术列入正式课程。1956年中国武术协会在北京成立后,武术被正式定为体育表演项目,接着在北京举办了武术表演大会,首次采用试行评分的办法,比较具体地区分运动员技术水平高低。1957年国家体委正式将武术列为体育竞赛项目,并举行全国性的武术比赛和表演。国家体委还在1957年组织整理出版了简化太极拳及初级拳、刀、剑、棍、枪套路。1958年全国武术运动会开始,后来几乎每年都有几十个单位报名参赛。1959年国家实施了第一部《武术竞赛规则》,这些都对武术的进一步普及和发展,起到了至关重要的作用。

　　此外,在国家体委和全国武术协会的统一指导下,各省、市、自治区以至不少县都建立了武术协会、武术馆、武术社、研究会、业余体校武术队、辅导站等,形成了空前广泛的群众性武术活动网络,为武术的普及与发展开拓了广阔的道路。

　　国家于1961年将武术内容列入中小学体育教学大纲,除了成为各级各类学校的体育教育内容之一外,一些大专院校还相继成立了武术协会和武术队。体育院校和部分师范院校体育系还设置了武术专业,专门培养专科、本科生与研究生等武术专门人才,1982年由国务院首先批准上海体育学院具有了武术硕士学位授予权。随后,北京体育学院、成都体育学院也具有硕士学位授予权。此外,为了使这一宝贵的文化遗产得到继承和发展,1979年国家体委在全国范围内进行了普查,摸清了我国武术的现状,进行挖掘和整理工作,至1986年在北京召开全国挖整工作总结表彰会、展览会,认定了129个自成体系的拳种,在此基础上编写出版了各类拳种的拳谱资料,还有《中国武术史纲》和《中国武术拳械录》等著作,此次挖整工作获得了显著的成果。与此同时,国内外武术界开始开展广泛的交流。我国曾多次派武术代表团队出国进行表演访问,广播于五大洲,颇有影响。近几十年来,还派了不少专家与优秀运动员赴国外讲学和担任教练,使武术得以在世界各地更快、更广地传播开展。1985年在西安举行了首届国际武术邀请赛,1987年在日本横滨举行了第一届亚洲武术锦标赛,标志着武术将首先在亚洲扎下根基,此后,1990年在北京举行的第11届亚运会将武术列为正式比赛项目。1990年,国际武术联合会筹委会成立,这是武术发展中历史性的突破。欧洲、南美、亚洲的武术联合会相继成立。从20世纪80年代初提出把武术推向世界的战略方针,到20世纪末,武术终于以中国为发源地实现了竞技武术国际化目标。我们坚信,随着武术自身不断发展壮大,作为中华民族文化瑰宝的武术,定将受到世界上越来越多的人们的青睐。

第二节　武术运动特点与分类

一、武术运动的特点

(一) 武术运动的技击特点

技击特点是武术技术上最主要的特点,在它流传的过程中始终保持了这个特点,围绕着这个特点发展,并充分体现了这个特点。武术练习形式多样,其拳种丰富,器械繁多,汇集了不同地域、不同民族的攻防技击的技术。武术正是具备了这样的特点,才得以区别于其他的体育项目。虽然冷兵器时代已逝去,加之竞技武术技术的不断发展,武术套路技击特点也有所淡化,但技击本质属性仍将是武术运动表达的一个核心价值。

(二) 武术运动的文化特点

武术产生、发展深受中国传统文化的熏陶,它在各方面都带有浓厚的中国传统文化烙印,这表现为它的民族文化特点。

1. 武术套路——高度程式化的反映

武术套路正如众多其他中国传统文化一样,其运动形式始终体现出一种高度程式化的烙印。首先体现在对"道"的追求方面,道有原则、方法的含义,这是武术套路产生的思想基础。第二,崇尚礼仪是武术套路产生的伦理基础。中国人崇尚"礼",它包括人们的行为规范、仪节,它影响到中国人的政治、伦理、礼仪以及人们生活的各个方面,进而影响到中国人的思维方式。这样就使得中国社会上至国家大典,下至百姓,人们的一举一动都高度程式化,这也就促使了武术套路运动形式的产生。最后,中国人重视传承,讲究尊师敬祖,而程式化的套路恰恰符合这一要求,这也更有利于武术套路的世代继承与发展。

2. 自强与厚德的民族精神

中国传统文化的基本精神有诸多方面,而自强与厚德的精神尤其重要,它是中华民族的核心精神体现,它包括自强不息和厚德载物两个方面。

武术不仅是一种运动,更是一种技击术,崇尚勇武,追求制胜是其重要价值所在。正如宋人调露子所撰的《角力记》中说:"夫角力者,宣勇气,量巧智也。然以决胜负,骋矫捷,使观者远怯懦,成壮夫,已勇快也。"因此,无论是对习者还是对观看者都传达了一种顽强拼搏、勇往直前的精神。此外,武术人在崇尚自强、制胜时,更加注重自身的人格修养与相互交流。譬如:武术界讲求"未成习武先习德"

"点到为止""以武会友"等原则。

3. 崇尚和谐观

中国传统文化的最高价值原则体现在"和谐"两字上,这一原则所涉及的整体和谐的世界观与注重和谐的思维方式一起对中国传统文化产生了深远的影响,这也反映出中西文化的本质差异。由于注重人与社会的和谐,因此习武者尚武但不能随意用武,在解决各种矛盾时讲究先礼后兵,时刻遵循《论语》中"礼之用,和为贵"的思想。

此外,武术注重个人身心与动作之间的和谐,譬如形意拳讲究"内三合"和"外三合"。在武术不同拳种中都直接或间接提到有关内外合一的理论,可以认为它是中国各拳种的一个共同习练准则。武术所强调的"合",其实质就是协调、和谐之意。所以,武术中讲究的"合",并不仅仅是对动作上下内外协调技术的要求,更是对中国传统文化重和谐价值观的鲜明体现。

4. 强调形神兼备

武术动作的演练,不仅注重身形的塑造,更注重动作的传神效果,正如武术八法"手、眼、身、法、步;精、气、力、功"展示的那样,鲜明地体现出武术注重形神兼备的思想。然而,形神的问题不仅涉及武术动作技术,它更是来源于中国传统哲学中的重要范畴,如晋代画家将其运用于画论,使之有了深刻的美学含义,指出形的描画是为了充分传神,不仅要追求外在形式美,更要追求内在神情的美,此后在许多不同的中国传统文化领域里都可以发现以形神兼备作为要旨的身影,武术也必然从中摄取了充分养料。因此,形神兼备不仅是画论,而且是拳理,体现出了"画拳同理"的同源性。

5. 讲究整体的思维方式

中国文化强调整体思维方式,这种思维方式在武术中表现为既注重一招一式的规格和细节,又更加注重动作之间的编排衔接,重视全套动作演练的节奏、情境、路线、气势,从而使全套动作的演练达到气韵生动、气势连贯、动静传神的境界。此外,正如武术与书法艺术的异曲同工之妙,除了对单个动作、字体的关注以外,更加讲究武术套路整个合理的编排或书法的整个篇章布局。如王宗岳说太极拳"如长江大海,滔滔不绝也",就体现了太极拳演练时整体上气势磅礴的特征。所以,武术套路运动更加注重从演练的整个过程与效果去评价技艺的孰优孰劣。

6. 注重内外兼修

武术中的"外练"主要指由对人体骨骼、关节、肌肉所组成的运动系统的锻炼,以及由运动系统完成的各种动作。而"内练"常涉及传统养生中的"精、气、神"的问题。在武术的动作技术要领中通常强调呼吸和动作相互配合。譬如,长拳技法中要求"气宜沉",并有"提沉聚托"4 种呼吸方法;太极拳要求"宽胸实腹","气沉丹田";南拳要求"沉气实腹""发声助力"等,各拳种都把呼吸和动作的配合放到了一个很关键的位置,不仅是为了使动作更加协调自如,而且为了使人体中的循环系统和呼吸系统得到有效锻炼。这是养生理论与武术理论相互渗透的结果,更是中国哲理在拳理中的鲜明体现。

7. 拳种、流派繁多

武术内容体系丰富,拳种繁多,且一个拳种又常有多个流派存在,这种情况的形成有着诸多原因。

首先,文化地理的差异性决定其多样性。处于不同地理与文化环境位置的人,受到不同地理条件的影响,他们的文化起源和发展的根基也不尽相同,所以在中国不同的地区产生了形形色色的拳种、流派,并且相对独立地发展,虽然其技击的本质类似,但其风格特点有较大的差别,这都是由文化地理的因素造成的。正所谓"百里不同风,千里不同俗"。

其次,中国古代长期处于小农经济的封建社会之中,许多地区经济欠发达,人们的生活依靠和满足于自给自足,久而久之,这种经济状态使人们的思想趋于保守,因此,在不同地区流传的拳种,又由于经济与思想的原因而使其相对独立的发展成为可能。

最后,由于古代中国长期的宗法制度和家庭本位观念,使其具有家庭的向心力和排他性,虽然,许多人之间虽并无家庭血缘关系,但也由于某种组织使之具有了家庭组织的特点和类似于血缘关系的功能。这种情况在不同拳种、流派的流传过程中同样存在,一方面使拳种的发展更加封闭,缺少外来的交流;另一方面也为不同拳种、流派的相对独立发展创造了条件。

中国武术拳种、流派繁多的特点是深受中国传统文化影响的产物,而随着社会的不断进步,人们思想状况和生活方式的逐渐改变,交流的日益增加,各拳种、流派之间的切磋交流不仅不可避免,而且早已存在,这种不同拳种、流派的相互渗透将不断地持续发展下去。

二、武术运动的分类

武术运动发展到今天,它的内容和形式有很大发展变化,其分类方法也不尽相同,有按性质和功能进行分类的,也有按运动形式进行分类的。本节主要是按照运动形式来进行分类。

武术运动按照运动形式分类,可分为套路运动和搏斗运动。

(一) 套路运动

套路运动是以技击动作为素材,以攻守进退、动静疾徐、刚柔虚实等矛盾运动的变化规律创编而成的整套练习形式。套路运动按演练形式又可分为单练、对练和集体演练 3 种类型。

1. 单练

指单人演练的套路,包括徒手的拳术和器械。

(1) 拳术:是徒手演练的套路运动的总称,主要包括自选拳、规定拳、传统拳术。常见的主要拳种有长拳、太极拳、南拳、形意、八卦、通背拳、翻子拳、地躺拳、象形拳等,简介如下:

长拳是一种姿势舒展、动作灵活、快速有力、节奏分明,并有蹿蹦跳跃、闪展腾挪、起伏转折和跌扑滚翻等动作与技术的拳术。其主要包括拳、掌、勾 3 种基本手型,弓、马、仆、虚、歇 5 种基本步型,配合一定数量的拳法、掌法、肘法和屈伸、直摆、扫转等不同组别的腿法,以及平衡、跳跃、跌扑、滚翻动作。

太极拳是一种柔和、缓慢、轻灵的拳术。它以掤、捋、挤、按、采、挒、肘、靠、进、退、顾、盼、定等为基本方法。各式太极拳均要求静心用意,以意识引导动作,动作与呼吸紧密配合,呼吸平稳,深匀自然。其次,中正安舒,柔和缓慢,身体保持舒松自然,不偏不倚,动作绵绵不断,轻柔自然。第三,动作弧形,圆活不滞,同时以腰为轴,上下相随,全身形成一个整体。第四,连贯协调,虚实分明,动作之间衔接和顺,处处虚实分明,重心保持稳定。最后,轻灵沉着,刚柔相济,用力顺达,外柔内刚,发劲完整。传统的太极拳有陈式、杨式、吴式、孙式和武式等。为了普及与发展太极拳,国家体育总局先后整理出版了二十四式简化太极拳、四十八式太极拳及各式太极拳竞赛套路。

南拳是一种流传于中国南方各地诸拳种的统称。拳种流派颇多,主要以广东和福建南拳最为著名。广东主要有洪、刘、蔡、李、莫等家,而福建又有咏春、五祖等派。其动作朴实刚劲,拳势刚烈,步法稳固,多桥法,擅用标手,常以发声吐气来助发力和造拳势。

形意拳是以三体式为基本桩法,并且以五行拳(劈、崩、钻、炮、横五拳)和十二形拳(龙、虎、猴、马、龟、鸡、鹞、燕、蛇、骀、鹰、熊十二形)为基本内容而组成的拳术。其特点是动作整齐简练、严密紧凑、发力沉着、朴实明快。

八卦掌是一种以摆扣步绕圈走转为主的拳术。以站桩和行步为基本功,以绕圈走转为基本运动形式,步法变换以摆扣步为主,并包括推、托、带、领、扳、拦、截、扣等技法。基本八掌包括单换掌、双换掌、顺势掌、背身掌、磨身掌、回身掌、转身掌等。其运动特点是沿圆走转,势势相承,身灵步活,随走随变。

(2) 器械:是武术演练时使用的器具或兵器的总称。器械的种类很多,可分为短器械、长器械、双器械和软器械 4 种。目前在武术竞赛中,刀、枪、剑、棍是重点竞赛项目。

剑术。剑是短器械中的一种。主要以刺、撩、点、截、挑、崩等基本剑法,配合各种步型、步法等构成套路。其运动特点是轻快敏捷，潇洒飘逸，灵活多变，刚柔相济，富有韵律。

刀术。刀是短器械中的一种。主要以劈、砍、斩、撩、扎、挂、刺等基本刀法为主，并配合各类步型、步法、跳跃等动作构成套路。其运动特点是快速勇猛，气势逼人，刚劲有力，刚健彪悍。

枪术。枪是长器械中的一种。主要以拦、拿、扎、崩、穿、点、云、挑、劈等枪法，配合各种步型、步法、跳跃构成套路。其运动特点是力贯枪尖，走势开展，上下翻舞，阴阳变幻。

棍术。棍是长器械中的一种。主要以抡、劈、扫、挂、击、戳、崩、拨、云、点、挑、绞等基本棍法，配合各种步型、步法、身法等构成套路。其运动特点是勇猛泼辣，横扫一片，密集如雨，气势磅礴。

双刀是双器械的一种。以劈、绞、撩、斩等刀法结合双手左右缠头或裹脑、左右腕花、交互抡劈等变化构成套路。要求身械合一，步法与刀法上下相随，对上下肢的协调要求较高。双刀的运动特点是刀法密集，贴身严谨，左右兼顾。

九节鞭是软器械的一种。主要以抡、缠、扫、挂及各种舞花组成套路。其运动特点是鞭走顺劲，抡舞如轮，横飞竖打，势势相连。人们常以"抡起似车轮，舞起似钢棍""收回一团，放走一片"来形容九节鞭的运动特点。主要动作有手花、绕脖、腕花、缠腿、缠臂、背鞭等。

2. 对练

对练是两人或两人以上，按照预先设定的程序进行的假设性实战演练。其中包括徒手对练、器械对练及徒手与器械对练。

（1）徒手对练：是运用踢、打、摔、拿等方法，按照攻防格斗的运动规律编成的拳术对练套路。有对打拳、对擒拿、南拳对练、形意拳对练等。

（2）器械对练：是以器械的劈、砍、击、刺等技击方法组成的对练套路，如单刀进枪、三节棍进棍、双刀进枪、对刺剑等。

（3）徒手与器械对练：是一方徒手、另一方持器械进行的攻防对练套路，如空手夺刀、空手夺棍、空手夺匕首等。

3. 集体演练

集体演练是集体进行的徒手、器械或徒手与器械的演练。在竞赛中通常要求六人以上，可变换队形、图案，通常用音乐伴奏（无伴唱），要求队形整齐、动作协调一致。

（二）搏斗运动

搏斗运动是两人在一定条件下，按照一定的规则进行的斗智、斗勇、斗技的实战对抗形式。目前列为武术竞赛的项目有散打、推手等。

1. 散打

散打是两人按照一定的规则,使用踢、打、摔等方法制胜对方的实战对抗竞技项目。

2. 推手

推手是两人遵照一定的规则,使用掤、捋、挤、按、采、挒、肘、靠等手法,双方粘连黏随,通过自身肌肉的感觉来判断对方的用劲,然后借劲发劲将对手推弹出,以此决定胜负的竞技项目。

3. 短兵

短兵是两人手持一种用藤、皮、棉制作的似短棒的器械,在 16 尺直径的圆形场地内,按照一定的规则,使用劈、砍、崩、刺、斩、点等方法进行胜负对决的竞技项目。

第三节 武术运动项目介绍

一、长拳

(一) 长拳的定义与内容

长拳,又名北派拳,是将广泛流行于北方一带的查、华、炮、红、少林等具有拳势舒展、腿法较多、快速有力、节奏鲜明等共同特点的拳术统称为长拳。因此,民间常有"南拳北腿"的说法。而现代各类竞赛长拳,则是依托"北派拳"动作为素材,以其基本技术为基础创编的。长拳可分为两大类,即传统长拳和现代长拳。传统长拳包括查拳、华拳、炮拳、红拳、少林拳等拳种。现代长拳包括基本功和基本动作、单练套路、对练套路。单练套路又分为规定套路和自选套路。

(二) 长拳基本动作及方法

本节具体介绍长拳常见基本动作、方法以及入门基础练习(五步拳)。

1. 手型

(1) 拳。四指并拢卷握,拇指紧扣食指和中指的第二指关节(见图 13-1)。

要点:拳握紧,拳面平,直腕。

(2) 掌。四指并拢伸直,拇指弯曲紧扣于虎口处(见图 13-2)。

(3) 勾。五指第一指关节捏拢在一起,屈腕(见图 13-3)。

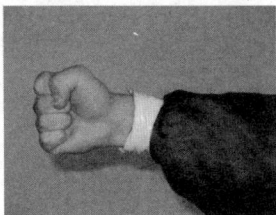

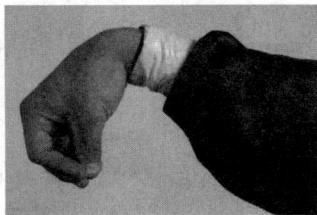

图 13-1　　　　　　　　　图 13-2　　　　　　　　　图 13-3

2. 步型

(1) 弓步。右脚向前一大步(约为本人脚长的 4～5 倍),右腿屈膝半蹲(大腿接近水平),脚尖微内扣,膝与脚尖垂直;左腿挺膝伸直,脚尖内扣(斜向前方),两脚全脚着地。上体正对前方。两手抱拳于腰间,眼向前平视,拳心向上。弓右腿为右弓步(图 13-4),弓左腿为左弓步。

要点:前腿弓,后腿绷;挺胸、塌腰、沉髋;前脚同后脚成一直线。

(2) 马步。两脚平行开立(约为本人脚长的 3 倍),屈膝半蹲,脚尖正对前方,膝部不超过脚尖,大腿接近水平,全脚着地,两手抱拳于腰间,拳心向上,身体重心落于两腿之间(见图 13-5)。

要点:挺胸、塌腰、脚跟外蹬。

(3) 仆步。两脚左右开立,右腿屈膝全蹲,臀部接近小腿,大腿和小腿靠紧,右脚全脚着地,脚尖和膝关节外展;左腿挺直平仆,脚尖里扣,全脚着地。两手抱拳于腰间,拳心向上。眼向左平视(见图 13-6)。仆左腿为左仆步,仆右腿为右仆步。

要点:挺胸、塌腰、沉髋。

图 13-4　　　　　　　　　图 13-5　　　　　　　　　图 13-6

(4) 虚步。两脚前后开立,屈膝半蹲,右脚外展 45 度;左脚跟离地,脚面绷平,脚尖稍内扣,膝微屈,虚点地面。重心落在后腿上。眼向前平视,两手叉腰。左脚在前为左虚步(见图 13-7),右脚在前为右虚步。

要点:挺胸、塌腰、虚实分明。

（5）歇步。两腿交叉靠拢全蹲,右(左)脚全脚着地,脚尖外展;膝部贴近右(左)脚跟处,左(右)脚前脚掌着地。两手抱拳于腰间,拳心向上。眼向左前方平视。左脚在前为左歇步,右脚在前为右歇步(见图13-8)。

要点:挺胸、塌腰、两腿靠拢并紧贴。

图 13-7

图 13-8

3. 手法

（1）冲拳。分平拳与立拳两种。平拳拳心向下,立拳拳眼向上。

预备姿势:两脚左右开立,与肩同宽,两拳抱于腰间,肘尖向后,拳心向上(见图13-9)。

动作说明:挺胸、直腰、收腹,右拳从腰间向前猛力冲出,转腰、顺肩,在肘关节过腰后,右前臂内旋,力达拳面,臂要伸直,高与肩平。同时左肘向后牵拉(见图13-10)。练习时,左右交替进行。

要点:出拳要快速有力,要有寸劲(即爆发力),做好拧腰、顺肩、急旋前臂的动作。

图 13-9

图 13-10

（2）架拳。

预备姿势:与冲拳同。

动作说明:右拳向下、向左、向上经头前向右上方画弧架起,拳眼向下,眼要看左方(见图13-11)。练习时,左右可交替进行。

要点:松肩,肘微屈,前臂内旋。

（3）推掌。

　　预备姿势:与冲拳同。

　　动作说明:左拳变掌,前臂要内旋,并以掌根为力点向前猛力推出(见图13-12)。推击时,左右可交替进行。

　　要点:挺胸、收腹、直腰。出掌要快速有力,体现寸劲;同时还要做好拧腰、沉腕、顺肩、翘掌等动作。

图 13-11

图 13-12

　　4. 步法

　　(1) 击步。

　　预备姿势:两脚前后开立,同肩宽。两手叉腰(见图13-13)。

　　动作说明:上体前倾,后脚离地提起,前脚随即蹬地前纵。在空中时,后脚向前碰击前脚(见图13-14)。落地时,后脚先落,前脚后落。眼要向前平视(见图13-15)。

　　要点:跳起在空中时,要保持上体正直并侧对前方。

图 13-13

图 13-14

图 13-15

　　(2) 垫步。

　　预备姿势:与击步同。

　　动作说明:后脚离地提起后,脚掌向前脚处落步,前脚立即以脚掌蹬地向前上提起,然后再屈膝提腿向前落步。眼要向前平视。

　　要点:与击步同。

　　5. 腿法

　　(1) 正踢腿。

预备姿势:两脚并步站立,两手立掌或握拳,两臂侧平举(见图13-16)。

动作说明:左脚向前上半步,左腿支撑,右脚脚尖勾起向前额处猛踢,两眼向前平视(见图13-17)。练习时左右交替进行(讲求三直一勾)。

要点:挺胸、直腰。踢腿时脚尖勾起绷落或勾起勾落。收髋猛收腹,踢腿过腰后加速,要有寸劲。

图 13-16

图 13-17

(2)弹腿。

预备姿势:两脚并立,两手叉腰。

动作说明:左腿屈膝提起,大腿与腰平,左脚绷直(见图13-18)。提膝接近水平时,要迅速猛力挺膝,向前平踢(弹击),力达脚尖。大腿与小腿成一直线,高与腰平,右腿伸直或微屈支撑,两眼要平视前方(见图13-19)。

要点:挺胸、直腰、脚面绷直、收髋、弹击要有寸劲(即爆发力)。

图 13-18

图 13-19

6. 基础练习:五步拳

(1)预备姿势:并步抱拳(见图13-20)。

(2)弓步冲拳:左脚向左迈出一步成左弓步,同时左手向左平搂并收回腰间抱拳,右拳向前冲成平拳。目视前方(见图13-21)。

图 13-20

图 13-21

（3）弹踢冲拳：重心前移，右腿向前弹踢，同时左拳由腰间向前冲拳成平拳，右拳收回腰间（见图 13-22）。

（4）马步架打：右脚落地向左转体 90 度，两腿下蹲成马步。同时左拳变掌，屈臂上架；右拳由腰间向右冲拳成平拳。关部右转。目视右前方（见图 13-23）。

图 13-22

图 13-23

（5）歇步盖打：左脚向右脚后插一步，同时右拳变掌经头下向下盖，掌外沿向前，身体左转 90 度，左掌收回腰间抱拳，拳心向上，目视右手（见图 13-24）。上动不停，两腿屈膝下蹲成歇步。同时左拳向前冲出成平拳，右掌变拳收回腰间。目视左拳（见图 13-25）。

图 13-24

图 13-25

(6) 提膝仆步穿掌:两腿起立,身体左转。随即左拳变掌,手心向下;右拳变掌,手心向上,由左手背上穿出。同时左腿提膝,左手顺势收至右臂前。目视右手(见图13-26)。左脚落地成仆步,左手掌指朝前沿左腿内侧穿出,目视左掌(见图13-27)。

图 13-26

图 13-27

(7) 虚步挑掌:左腿屈膝前弓,右脚蹬地向前上步,成右虚步。同时左手向上、向后画弧成正勾手,略高于肩;右手由后向下、向下顺右腿外侧向上挑掌,掌指向上,高与肩平,目视前方(见图13-28)。

收势:左脚向右脚靠拢,并步抱拳(见图13-29)。

继续练习,动作相同,方向相反。

图 13-28

图 13-29

二、太极拳

(一)"太极"一词和太极拳名称的由来

太极拳在武术运动中是主要拳种之一。"太极"一词来源于《周易·系辞》"易有太极,是生两仪",含有至高、至极、无穷大之意。太极拳这个名称取义于太极拳拳法变幻莫测,寓意丰富,同时运用中国古代的"太极""阴阳"这一哲学理论进行诠释。

（二）太极拳的起源、创始人及其分类

关于太极拳的起源与创始人，民间的说法各不相同。据考证，太极拳源于明末清初。据《温县志》记载，明崇祯十四年(1641)，陈王廷任河南温县"乡兵守备"，明亡后隐居家乡耕田习拳，如《遗词》所说"闷来时造拳，忙来时耕田，趁余间，教下些弟子儿孙，成龙成虎任方便"。

此外，太极拳在长时间演变过程中形成了在风格与特点上不同的很多传统流派，主要分为陈式太极拳、杨式太极拳、吴式太极拳、武式太极拳、孙氏太极拳5种。

（三）太极拳基本动作与方法

1. 手型

太极拳的主要手型为拳、掌、勾3种。

（1）拳。握拳方法同长拳，但拳要虚握，手心略含空。

（2）掌。五指自然分开并微屈，虎口成圆形，掌心微含。陈式太极拳的掌形要求拇指和小指内扣，食指、中指、无名指微向后伸张。

（3）勾。与长拳相同，可参阅长拳。惟须自然，不用力。

2. 步型

太极拳的基本步型与长拳相同，可参阅长拳的要求。在重心的高低方面就因人而异，得根据练习者的自身条件和需要来练习。

3. 手法

（1）掤。手臂呈弧形，前臂由下向上、向外张架，后手呈弧形按于胯旁，劲力圆满且有张力、有弹性(见图13-30)。

（2）捋。常以两手一前一后、掌心一下一上，有随腰旋转向后下方回捋之势(见图13-31)。

图 13-30

图 13-31

（3）挤。前手手背向外，另一手掌心对前手掌心作辅助，手臂呈弧形，由胸前向前方水平挤出，同时腰身有前进中寓后坐之意(见图13-32)。

4. 按

两手心前下方按,有迎截外力并引为向下之意(见图 13-33)。

图 13-32

图 13-33

4. 步法

(1) 进步。

由开立步起势,两腿膝盖微屈,右脚尖外撇,两手掌心向外,相叠背于身后。左脚经右脚内侧向前缓慢迈出,脚跟先着地,重心往前移,左脚踏实,成左弓步。重心后移,左脚尖外撇,重心前移,右脚经左脚内侧向前迈出,脚跟先着地,重心前移,成右弓步。重心后移,右脚尖外撇,重心再前移,准备左脚再向前迈(以左脚图为例,见图 13-34 至图 13-40)。可重复若干次。

要点:迈步时由脚跟先着地,随重心前移慢慢过渡到前脚掌着地。

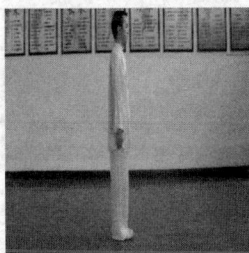

图 13-34

图 13-35

图 13-36

图 13-37

图 13-38

图 13-39

图 13-40

（2）退步。

开立步站立,两手上下相合放于丹田处,男子左手在下,女子右手在下。两膝微屈,重心慢慢移到左腿,右脚提起经左脚内侧向右后方退。由前脚掌先落地,随重心慢慢后移过渡到全脚掌着地,形成左虚步。然后左脚提起经右脚内侧向左后退。由前脚掌先落地,随重心慢慢后移过渡到全脚掌着地,成右虚步。再右脚提起经左脚内侧向右后退(以左退步为例,见图18-41至图13-44)。可重复若干次。

要点:退步时脚尖略外撇,前脚以前脚掌为轴转正。退步时的运动轨迹不是一条直线。

图 13-41

图 13-42

图 13-43

图 13-44

5. 退法

(1) 蹬腿。

屈伸性腿法。支撑腿微屈,重心稳;另一腿屈膝提起,然后小腿上摆,脚尖勾起,脚跟向前蹬出,腿伸直,脚高不过肩(见图 13-45)。

(2) 分腿。

基本要求跟蹬腿及大同小异。唯一不同的是脚背绷直,脚尖向前(见图 13-46)。

图 13-45

图 13-46

三、散打

散打是两人按照一定的规则,运用武术运动中的踢、打、摔等攻防技击法制胜对方的、徒手对抗的现代竞技体育项目,它是中国武术运动的重要组成部分。

散打运动具有对抗性、体育性、民族性的特点;具有培养竞争意识、健体防身、锻炼意志、发展心智的作用。散打分单个技术、组合技术两大类,组合技术由不同的单个技术组成,并对其进行有效地配合运用。

散打单个技术的基本技术与方法如下。

(一) 实战姿势

实战姿势就是准备姿势。它直接影响到进攻与防守的有效程度,因此初学者必须掌握好规范的格斗姿势,为进一步学习武术徒手格斗基本技术打好坚实的基础。格斗姿势一般分为左手在前的“正架”和右手在前的“反架”两种。练习者可以根据自己的习惯和爱好选择左右格斗架势,这里以正架为例。

动作过程:

(1) 身体侧向前方,两脚前后自然开立,距离稍大于肩。前脚掌稍内扣,后脚跟微离地;两膝微屈,两脚前后不能站在一条直线上,左右相距 5~10 厘米。重心放在两腿中间。

（2）手型要求四指内屈，并拢握拳，拳眼朝上，大拇指横压于食指和中指的第二节指节上。左手臂弯曲，左拳与鼻同高，肘自然下垂；右手臂弯曲，屈臂贴靠于右侧肋部，右拳心朝内放在右下颌处。用以保护头部，肘尖自然下垂以保护肋部。

（3）目平视，上体含胸、收腹，下颌微收，面部和左肩、左拳正对对手。

动作要点：

实战姿势要求进攻灵活，防守严密，移动方便。姿势不可太低，重心控制在两脚之间；两手、臂紧护躯体，暴露给对手的打击部位尽量缩小。

（二）基本步法

1. 进步

动作过程：

从实战姿势开始，上体保持不变，右脚蹬地，左脚向前进半步，右脚脚掌迅速向前跟半步。做完后又恢复到原来的格斗姿势。

动作要点：

进步和跟步保持等长的距离，后脚跟进后格斗姿势不变，进步与跟步的节奏越快越好。

2. 退步

动作过程：

从实战姿势开始，上体保持原有动作不变，左脚蹬地，右脚向后退半步，左脚随即向后退半步。动作完成后仍恢复到原来姿势。

动作要点：

退步的幅度不宜过大，两脚要保持平行以维持身体的平衡。

（三）基本拳法

1. 冲拳

冲拳属直线性攻击方法。一般分为左冲拳和右冲拳两种。着力点为拳面，攻击部位主要是对方头部和胸腹部。直拳属中近距离攻击的主要手段之一，由于其速度快、力度大，是给对手造成重创的主要手段，因此在徒手格斗中的使用频率较高。这里以左冲拳为例。

动作过程：

从实战姿势开始，同时重心前移，前脚掌微内扣，后脚微蹬地面。在转体的同时，由肩带动左手臂由屈到伸内旋90度，直线向前快速冲击，发力于腰，力达拳面。拳心向下，手臂需要自然伸直，后手保持原有的姿势不变。在击打动作完成后，应按原来的动作路线迅速收回到原来的格斗姿势。

动作要点：

第一，出拳关键环节：脚蹬地——转腰——转肩——肩催臂动——力达拳面的发力顺序,切勿只靠臂的力量出现"抖击"现象。

第二,出拳时上体不可过分前倾,以防重心压于前腿,应于两脚之间保持平衡。

第三,拳需直去直回,快打快收(见图13-47至图13-50)。

图 13-47

图 13-48

图 13-49

图 13-50

2. 贯拳

贯拳属于弧线型拳法,拳从侧面横向击打对方,其动作突然、力量大,因此同样是一种攻击性很强的拳法。这里以左贯拳为例。

动作过程:

从实战姿势开始,上体以腰带动,微向右转,左拳由外向前、向内成平面弧线横击,臂微屈,肘角约135度,拳心向下,前脚掌微内扣,转腰发力同时,力达于拳面。

动作要点:

贯拳转腰发力时,翻肘的高度应同肩齐高,不可过高或过低。切忌翻肘过早出现"甩拳"(见图13-51至图13-54)。

图 13-51

图 13-52

图 13-53

图 13-54

3. 抄拳

抄拳在散打技术中属近距离攻击的拳法,分为左抄拳和右抄拳两种。主要运用于双方近身对抗或缠抱时,一般可单独使用,亦可与其他拳法和腿法配合使用。因此,常在实战中起到意想不到的击打效果。这里以左抄拳为例。

动作过程:

从实战姿势开始,上体微向右转动,重心略微下沉。左手臂回收贴于左肋部,左拳自然置于面部侧下方,重心略偏左腿,左脚蹬地,前手拳随着挺胯的动作向前上方击出,大小臂之间的夹角在 90～120 度之间。同时,注意拳心向内,力达拳面。

动作要点:

第一,出拳时肩部放松,不能耸肩。

第二,充分利用好重心下沉后前脚蹬地、扭转的反作用力,以加大抄拳的打击力度,动作要连贯,力要顺达。

第三,抄拳发力时,腰部向内转动,发力要短促。切忌出现拳法后拉(见图 13-55至图 13-58)。

图 13-55

图 13-56

图 13-57

图 13-58

(四) 基本腿法

1. 正蹬腿

正蹬腿属直线性攻击腿法,一般分为前腿正蹬和后腿正蹬两种技术,主要用于直接进攻或缠抱、相互击打时作为摆脱对方的一种手段。另外,这种腿法还可以用来作为攻击对方腿法或破解对方弧线性腿法的方法来使用。此技在格斗中较多用于防守反击。这里以左腿正蹬为例。

动作过程:

从实战姿势开始,重心后移,左腿屈膝提起,脚尖勾起。上体不动,送髋,以脚后跟领先向正前方蹬出,力达脚跟,也可脚前掌下压,力达脚前掌。

动作要点:

第一,屈膝上提时膝关节要高出自己的腰部,尽量往胸前靠。

第二,完成动作要协调连贯,送髋伸膝蹬脚时快速有力(见图 13-59 至图 13-61)。

图 13-59   图 13-60   图 13-61

2. 侧踹腿

侧踹腿是一种直线性攻击腿法,可分为左腿侧踹、右腿侧踹。由于侧踹腿进攻性强,速度快,力量大,可在中远距离直接攻击对方的头部、胸腹部和腿部,也可结合多种技法进行攻击,因而被广泛运用于进攻和防守之中。这种腿法在格斗中使用的频率非常高。这里以左腿侧踹为例。

动作过程:

从实战姿势开始,重心稍后移,前腿屈膝抬起与髋同高,小腿外翻;上身向后微倾,同时迅速展髋伸膝向前方踹击,横脚,力达全脚掌。踹腿发力的同时,支撑腿的脚尖外展,踹腿时,两手臂配合动作,右手要放于下颌护住头面部及肋部,左手臂自然随踹腿的动作摆放在攻击腿的侧上方。动作完成后,按进攻路线屈膝收回攻击腿,恢复到格斗姿势。

动作要点:

提膝、翻髋、踹击 3 个动作要一气呵成,动作要连贯(见图 13-62 至图 13-65)。

图 13-62   图 13-63

图 13-64

图 13-65

3. 鞭腿

鞭腿是一种弧线性攻击腿法,分为前鞭腿和后鞭腿两种。由于鞭腿具有出腿和收腿速度快、力量大、杀伤力强、灵活性好,能连续出击等特点,因此,在格斗中常被使用。鞭腿在格斗中主要用于侧面防守与进攻。这里以左鞭腿为例。

动作过程:

从实战姿势开始,重心稍后移,左腿屈膝提起,支撑腿以脚前掌为轴微向右转,上体随脚部的转动向右后侧倒,同时翻左髋,随之以左腿膝关节为轴,小腿迅速用力弹出,脚面绷直,力达脚背。同时左手臂下落至攻击腿的侧上方,右手置于下颌处,动作完成后,小腿迅速按原来的动作路线收回,然后恢复到格斗姿势。

动作要点:

第一,注意提膝、翻髋、弹击3个动作要一气呵成,完成动作要连贯协调。

第二,鞭腿发力时注意挺髋,甩小腿,就如同用鞭子抽击,"鞭打"动作要明显(见图 13-66 至图 13-69)。

图 13-66

图 13-67

图 13-68

图 13-69

（五）基本摔法

1. 接腿摇涮摔

动作过程：

对方用左踹腿(蹬腿)进攻我胸部,我快速收腹,后撤,同时用双手接抱踝关节处弧形回拉,并将对方身体重心向下,左上回拉成弧形,将对手摔倒在地。

动作要点：

左、右手合抱踝关节准确牢固、移步、转腰、涮拉腿协调一致,快速有力(见图 13-70 至图 13-73)。

图 13-70

图 13-71

图 13-72

图 13-73

2. 接腿勾踢摔

动作过程：

对方以右鞭腿攻击我肋部时，快速上右步，随即用左手格挡，右手搂抱其小腿，同时上抬，以右腿勾踢对方支撑腿；双手用力向前上方掀其右腿，使其摔倒。

动作要点：

接抱腿时要注意用力在关节部位、勾踢腿时抱腿上掀用力协调一致（见图 13-74 至图 13-76）。

图 13-74　　　　　　　　图 13-75　　　　　　　　图 13-76

第十四章 舞龙舞狮运动与卫生健康教育

第一节 舞龙运动概述

一、舞龙运动的概念

舞龙运动是指舞龙者在龙珠的引导下,手持龙具,随鼓乐伴奏,通过人体运动和姿势的变化,完成龙的舞、游、穿、腾、翻、滚、戏、组图和造型等动作和套式,以展现龙的精、气、神、韵等内容的一项民族民间传统体育项目。它反映了龙所象征的中华民族不屈不挠、奔腾争跃、喜庆祥和的精神风貌。

舞龙自问世以来,一直深受各族人民的喜爱,历代相传,鼎盛不衰,经过几千年的嬗变发展,其形式种类繁多,风格流派异彩纷呈。据记载,山东沂南北寨村东汉晚期墓中室东壁上的乐舞百戏石刻,提供了汉代鱼龙之戏的形象资料,但形式与颜师古注有所不同,也正说明地域的不同,可能导致表现形式的不同。

近几年来,通过挖掘整理和试办各种舞龙比赛,使传统的民间舞龙习俗,发展成为寓身体锻炼于精彩表演之中的群众体育活动。1995年2月将其列为全国正式比赛(四类)项目,批准成立了"中国龙狮运动协会",出版了《中国舞龙竞赛规则》,并且创编了两套中国舞龙运动竞赛规定套路,举办了4届全国舞龙比赛;7届国际龙狮邀请赛;以及第3、4届农运会舞龙比赛,舞龙运动技术得到了迅速的发展。尤其是2001年7月在北京体育大学成功地举办了"首届全国各高等院校舞龙舞狮教练员裁判员培训班",有利于弘扬中华民族传统文化,振奋民族精神,促进舞龙运动的普及与提高,将其纳入大学课堂,使舞龙运动朝着规范化、科学化、竞技化的方向迈出了坚实的一步,这标志着舞龙运动进入了规范化发展时期。

二、舞龙运动的基本特点

(一) 鲜明的民族风格与特色

舞龙运动项目内容丰富,形式多样。不同民族、不同地区的舞龙都具有各自的独特风格和浓郁的民族特色,带有强烈的民族文化气息和内涵。舞龙运动的产生与发展是与其民族传统文化一脉相承的,与他们的生活息息相关,是他们对自己的宗教信仰、民族文化、风俗习惯的一种寄托及表达方式,而且各地舞龙的来源、造型、配乐、服饰、技术都蕴涵着不同文化特色,带有鲜明的民族特征,在相当程度上成为本民族和地区的象征。例如,北方的舞龙,性格较粗犷,风格上突出气势和大起大落,动作刚猛有力,激烈奔放,而动作粗中有细,并无毛糙之处,令人感受到雄者之风;南方的舞龙,以精巧与纤丽的荆楚之风见长,动作节奏轻快细腻,但又不失勇者风范;蒙古族在"那达慕"节日的舞龙,让人更多地感受游牧民族自由奔放的生活;红河哈尼族彝族自治州石屏县"凤舞龙"女子舞龙队,则表现其独特、美丽的民族服饰、优美独到的舞姿;三峡库区铜梁的"组龙",5 条九节的龙同时相互组合,穿绕缠结,其复杂之程度,连接之巧妙,画面之精美,几乎令人眼花缭乱,叹为观止。因此,舞龙运动无论是在形式上、内容上、表现形式上都具有鲜明的民族风格与特色。这正是舞龙运动项目自问世以来,一直深受各族人民的喜爱,历代相传,鼎盛不衰的原因所在。

(二) 舞龙运动是寓多种功能为一体的综合运动项目

舞龙运动是一项集体育、武术、舞蹈、音乐、艺术于一体的民族传统体育运动项目,它以强身健体、表演娱乐为主要目的。今天,在华夏各民族的传统节日、庆典和各种社会活动里,自然少不了舞龙的队伍表演助兴,在表演中,节奏鲜明的民族配乐将动作技术和艺术表现有机结合起来,在变化多端的节奏中,舞龙者利用人体多种姿态,在动态行进和静态造型中将力度、幅度、速度、耐力等糅合于舞龙技巧当中,完成各种"高、难、美"的动作,充分展现了舞龙者的形体美、姿态美、动作美、精神美、音乐和服饰美,展示出浓郁的民族风格和特色,给节日增添了许多吉祥、喜庆和欢快的气氛,成为广大人民群众喜爱、集多种功能于一体的综合民族传统体育运动项目。

(三) 舞龙种类、样式的多样性

中华民族是拥有 56 个成员的大家庭,同汉族一样,各少数民族也都与龙有千丝万缕的联系,同时也有许多动人的关于龙的传说和各种各样的龙舞。其内容丰富多彩,表现形式多样。例如,广州佛山的"伞笼""草龙"、陕西汉中的"板凳龙"、云南的"牵手跳龙门"、湖南湘西的"龙头蚕身灯"、铜梁的"草把龙"等,一般来讲,舞龙活动不受场地、性别、人数的限制,有三人龙舞、九人龙舞、十一人龙舞以至上百人的舞龙,有男子龙舞、女子龙舞;有成人龙舞、少年龙舞等。同时,它受时间、季节的限制也很小,对舞龙器械的要求也较低,完全可根据当地的情况,自制舞龙器械。例如,盛产草的地方可制作"草龙"、盛产布的地方可制作"布龙"、有长板凳的地方可舞"板凳龙"。即使没有器械,也还可以徒手组合起来舞"人龙"。总之,人们完全可以根据自己的条件、场地的大小和器械的变化来选择练习的内容和方法,较之不少体育运动项目更具多样性,这也是舞龙运动能在民间历久不衰的原因之一。

三、舞龙运动的主要分类

(一) 依据龙具制作材料进行分类

分布龙、纸龙、板凳龙、纱龙、百叶龙、香火龙、草龙、冬瓜龙、绳索龙、空心龙、人龙、凤凰龙、虾公龙、青蛙龙、鸭头龙、青龙、白龙、黄龙、赤龙、黑龙等。

(二) 依据舞龙的不同各地区、不同种类进行分类

有湖南的三人龙、竹叶龙、蓼叶龙、扁担龙、人龙、稻草龙、香火龙、七巧龙、板凳龙、滚地龙等;浙江的荷花龙、拼字龙等;云南的水龙等;江苏的片龙、罗汉龙等;河北的摆字龙等。

(三) 依据舞龙的舞法的不同进行分类

分鱼化龙、狮龙舞、龙虎斗、水龙船、旱龙船、滚地龙等。

(四) 依据舞龙的人数和龙数进行分类

分单人舞龙和多人舞龙,以及舞单龙、舞双龙和舞多龙等。

(五) 依据舞龙的目的进行分类

分宗教形式的舞龙、表演形式的舞龙、竞技形式的舞龙等。

四、竞技舞龙项目介绍

(一) 竞技舞龙

根据《国际舞龙竞赛规则》规定,现代竞技龙为九把一珠,其中龙珠为球形,球体直径 0.33~0.35 米,杆高(含珠)不低于 1.7 米。龙头重量不得少于 3 千克。杆高(含龙头)不低于 1.8 米。龙身以九节布龙参赛,龙身为封闭式圆筒形,直径为 0.33~0.35 米,全长不少于 18 米,龙身杆高(含龙身直径)不低于 1.6 米,两杆之间距离大致相等。舞龙者在行进动态中完成"龙"的游弋、起伏、翻腾、缠绞、穿插等动作,并充分利用人体多种姿态将力量、幅度、速度、耐力等揉于舞龙技巧之中,或动或静,组成优美形象的龙的雕塑,展现龙的精、气、神、韵(见图 14-1)。

图 14-1　竞技舞龙

(二) 夜光龙

夜光龙又称夜光舞龙,起源于新加坡,它是在日常舞的"日光龙"基础上演化而来的,它的表演是在漆黑的环境中进行的,运动员全身黑衣着装,通过紫外线灯的照射,由荧光材料制作而成的龙珠和龙体就在黑夜中凸现出来。因此,观众见龙不见舞龙人,等到全场灯光亮起来才能看见。

表演时舞龙运动员全身黑衣着装,运动员虽相隔不远,但却看不见对方。龙的舞动全部依赖整个团体成员的默契配合,通过快慢有致、高低起伏、婉转回旋、左右盘翻、屈伸绵延等动作来展现出龙本身阴柔秀美、变化万千的自然特性,它的综合技术要求比日光舞龙更高,表现力也更强。在20世纪80年代,新加坡就出现大规模的夜光龙竞技比赛,90年代末期,夜光龙开始在国内一些地区出现,并在香港、澳门等地进行了一些小规模的比赛。在竞赛评分标准上,夜光舞龙更侧重于龙的形神表现,以及编排风格,是更具艺术形象和竞技水平更高的一项创新舞龙运动。夜光舞龙整个比赛过程,可以说是一场竞技,也是一场艺术表演(见图14-2)。

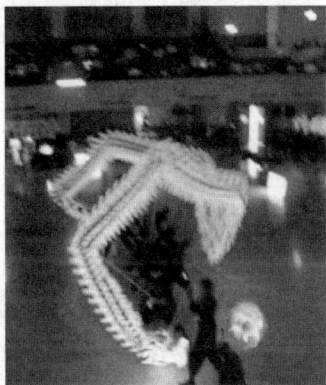

图 14-2　夜光舞龙

(三) 抽签舞龙

在原有舞龙比赛的基础上有所发展、有所提高,要求各参赛队在赛前临时抽取规定的比赛动作并进行套路编排,检验各参赛队的组织编排能力,以及运动队的应变、掌握能力和基本功技术(见图14-3)。

(四) 竞速舞龙

竞速舞龙是运动队用娴熟的技术、规范的标准,以最快的速度,在规定的场地内,完成规定的舞龙竞赛内容与动作数量。这是检验舞龙队专项技术、身体素质和舞龙技能水平的竞赛项目(见图14-4)。

(五) 障碍舞龙

障碍舞龙比赛是指参赛队以娴熟的技术,用舞龙动作中的游、翻、腾、穿等形式,绕过、穿过或越过场内所设障碍物,完成特定竞赛内容的一种比赛方法(见图14-5)。

图 14-3　抽签舞龙

图 14-4　竞速舞龙

图 14-5　障碍舞龙

五、舞龙运动的基本方法

(一) 舞龙珠基本方法

持龙珠者,即为龙队指挥者,在鼓乐伴奏下,引导舞龙者完成龙的游、穿、腾、跃、翻、滚、戏、缠、组图造型等动作和套路动作,整个过程要生动、顺畅、协调。

1. 目的

(1) 引导出场,认清出场方向。

(2) 了解比赛场地的大小,熟悉表演动作的方位,避免比赛时出现方位不正或场地利用不充分。

(3) 必须熟悉本队比赛套式中各种队形的变化以及场上的应变能力。

2. 要求

(1) 双眼随时注视龙珠,并环视整队及周边环境的情况变化。

(2) 与龙头保持1米左右的距离。

(3) 与龙头保持协调配合。

(4) 龙珠应保持不停地旋转。

(二) 持龙头的基本方法

持龙头者身材必须高大魁梧、有力,舞动时龙头动作紧随着龙珠移动,龙嘴与龙珠相距1米左右,似吞吐之势,注意协调配合,时时注意龙头应不停地摆动,展现出龙的生气有力、威武环视之势。

1. 目的

(1) 在龙珠引导下,紧随其后移动,从而带动龙身的摆动。

(2) 龙头左右摆动时,一定要以嘴领先,显示出追珠之势。

2. 要求

(1) 龙头替换时,不能影响到动作的发挥。

(2) 因龙头体积较大,在左右摆动时不得碰擦龙身或舞龙者。

(3) 与龙珠保持 1 米左右的距离。

(三) 舞龙身的基本方法

龙身舞者必须随时与前后保持一定的距离,眼观四方紧跟前者,走定位,空中换手时尽量将龙身抬高,甚至可跳起;舞低时,尽量放低,但千万别将龙身触地,在高低左右舞动中,龙翻腾之势即展现其中;还有必须随时保持龙身蠕动,造成生龙活虎之势。在跳与穿的动作中,应特别注意柄的握法,柄下端不可多出,以免刮伤别人。

1. 目的

舞龙身者将龙身舞动起来,展现龙翻腾之势,还要必须随时保持龙身蠕动,造成生龙活虎之势。

2. 要求

(1) 左右舞动时,龙身运动轨迹要圆滑、顺畅。

(2) 龙身不可触地,脱节。

(3) 龙体不可出现不合理的打结。

(四) 持龙尾的基本方法

持龙尾者身材需轻巧、速度快,龙尾也是主要部位,因为龙尾时常有翻身的动作,龙尾舞动时翻尾要轻巧生动、不拖泥带水,否则容易将龙尾打地,造成器材的损坏,而且会让人感到呆板,龙尾亦是时时成为带头者,因为有些动作必须龙尾引首,明确精练的头脑亦为持龙尾者必备的条件,龙尾还是整条龙舞动弧度大小的控制者,持龙尾者在穿和跳的动作里,更应注意尾部,勿被碰撞或碰撞人,最重要的是随时保持龙身的摆动。

1. 目的

随着龙身的带动,龙尾时刻摆动着,体现出龙的轻巧生动。

2. 要求

(1) 龙尾舞动时,不可触地。

(2) 龙尾在舞动过程中始终保持左右的晃动。

(3) 控制左右舞动弧度的大小。

第二节 舞狮运动概述

一、舞狮运动的概念

舞狮运动是中国传统的民俗民间体育活动。它历史悠久,种类繁多,一直深受广大人民群众的喜爱,有着很高的锻炼价值和审美价值,近年来舞狮运动已由民间节日庆典的表演,逐步发展成为一项集娱乐、喜庆、表演、交流、健身和竞技多种功能于一体的文化体育活动,并已走上规范化、科学化、竞技化、国际化的发展轨道。

狮子并非产于我国,它的故乡远在西亚和非洲。由于狮子的外形雄壮,威武有力,又有百兽之王的美誉,因此,人们往往把它作为权力、威严的象征。据记载早在公元 87 年,与我国相邻的西域大月氏和安息等国为了结好汉室,和睦邻国,建立友谊,每年都派使者不远万里把象征吉祥、威武的狮子进贡给我国,中国有狮子的历史才由此开始。到了唐代狮子舞已发展成为上百人集体表演的大型歌舞活动,唐代大诗人白居易在《西凉使》一诗中更是绘声绘色地记录了当时西域胡人舞狮的场面:"假面胡人假狮子,刻木为头丝为尾,金镀眼睛银贴齿,奋速毛衣摆戏了。如从流沙来万里,紫髯深目两胡儿。鼓舞跳梁前致辞……"南北朝出版的《乐舞集》和《百戏》两书和隋朝的《乐府杂录》一书,对狮子舞已有详细的记载,当时的狮子舞被称为"五方狮子舞"(黄狮子舞),5 头狮子,每头 32 人,有 1~2 名狮子郎走在每头狮子前,各执拂尘,边舞边逗弄狮子,有 140 人穿红戴绿,华丽非常,伴着《太平乐》跟随着狮子翩翩起舞,以取天下太平、吉祥如意的好兆头,这是记载宫廷中的表演狮子舞盛况。随后狮子舞在民间广为流传,每逢佳节,大街小巷,锣鼓声声,处处能看到人们围观舞狮的场面。

中国的舞狮有北方狮子舞和南方狮子舞,在狮子的造型上南北各异,舞法也不尽相同。北方的舞狮以河北的双狮和北京的太狮最为有名,北狮着重于动态姿势的惟妙惟肖,极力模仿狮子的摔、跌、扒、跃等动态(见图 14-6);南狮则以神似为基础,同武术相结合,摆脱具体形态的局限,塑造了一个夸张、威猛的形象,具有独特的艺术风格,它以广东等地区的舞狮最具有代表性,南狮较形象化地表露狮子的英勇和威武,并有严谨的规律、礼节和采青阵法(见图 14-7)。

图14-6　北狮1

图14-7　南狮1

二、舞狮运动的基本特点

(一) 鲜明的民族特色

舞狮活动在中国,原是一种以娱乐、表演为特点的民间传统习俗活动,发展成为一种现代的体育运动比赛项目,无论是形式还是内容,都带有鲜明的民族特征。

(二) 强调集体配合

舞狮运动是两个人相互配合共同完成的一个集体表演项目,两个人通过狮被将其联系在一起,来完成各种动作,因此,如果没有集体的智慧和力量,就不可能将狮舞好。

(三) 鼓乐伴奏

鼓乐伴奏是舞狮运动不可分割的一个组成部分。但是,由于舞狮运动本身存在着地区差异,因此在舞狮的鼓乐配合上不尽相同,南狮有南狮的鼓乐风格,北狮则更多地融入了北方鼓乐的特点。

(四) 种类繁多、竞技性强

舞狮这种形式的民俗民间体育活动,由于地区的不同,受当地传统文化和民间习俗的影响,其形式和种类也是丰富多彩的。舞狮的表演,技巧性较高,因此也有着极强的竞技性。

(五) 与节日娱乐密切联系

在华夏各民族的节日和庆典里,有许多传统节日和社会活动都与舞狮有着千丝万缕的联系。像北方地区正月十五各地举行的庙会上,自然少不了舞狮的队伍,由于舞狮表演热烈,加上人们对狮子的崇敬,给节日增添了许多吉祥、喜庆的气氛。

三、舞狮运动的主要分类

以舞法分,可分为文狮和武狮;以形态分,可分为太狮和少狮;以地域分,可分为南狮和北狮。

图 14-8　南狮 2

(一) 南狮的主要分类

1. 依据狮子制作进行分类

如岭南佛、鹤装两大流派。

2. 依据舞狮技艺水平的高低进行分类

如"瑞狮""醒狮""狮子-",即"高、中、低"3 个基本的等级。

3. 依据舞狮的方法进行分类

如上架舞狮、中架舞狮、下架舞狮(见图 14-8、图 14-9)。

4. 依据舞龙的不同各地区、不同种类进行分类

如佛山的大头狮、鹤山的鸭嘴狮、清远英德的鸡公狮、雷州半岛的鹦雄狮、猫型狮、龙型狮、麒麟狮、貔貅狮、鼠型狮、土狮、祁东狮、灵狮等。

5. 依据狮头的图案设计、色彩的不同进行分类

如关刀纹、太极纹、螺旋纹、云头如意纹、刘备狮(金狮)、关公狮(红狮)、张飞狮(黑狮)、赵云狮(青狮)、马超狮(白狮)、黄忠狮(黄狮)、白面书生(白狮)等。

6. 依据舞狮的目的进行分类

如宗教形式的舞狮、表演形式的舞狮、竞技形式的舞狮等。

(二) 北狮的主要分类

北狮主要分为宁海狮舞、北京的太狮会(太狮十三堂)、河北徐水的舞狮(墨九狮图)、李家狮舞、焦作的舞狮、绍兴的舞狮、福建泉州的舞狮、福建莆田的舞狮、河南马桥的舞狮等,此外还有宗教形式的舞狮、表演形式的舞狮、竞技形式的舞狮等。

图 14-9　南狮 3

四、竞技舞狮项目介绍

(一) 南狮

1. 场地、器材、服饰介绍

(1) 场地。

为 20 米×20 米的平整场地。要求地面平整、清洁,场地边线宽为 0.05 米,边线内沿以内为比赛场地。边线周围至少有 1 米宽的无障碍区。上空从地面量起,至少有 8 米的无障碍空间。

(2) 器材。

桩阵:高度不得超过 3 米,不低于 0.5 米,半数桩必须达到 2 米,桩顶脚踏圆盘直径不超过 0.38 米,桩阵长度不超过 1.5 米,最短不少于 10 米,宽度不得超过 1.5 米,不能少于 0.5 米(见图 14-10)。

图 14-10 南狮 4

(3) 服饰:狮头、狮被、狮裤。

2. 竞技舞狮项目介绍

(1) 竞技南狮。

竞技南狮是利用人体多种姿态和狮头、狮尾双人配合,在行进动态和静态造型变化中将力度、幅度、速度、耐力等揉于南狮技巧中,完成各种高难度动作,或动或静,组成优美形象的狮雕塑,表现狮子的勇猛剽悍、顽皮活泼等习性。

(2) 抽签南狮。

抽签南狮是指在临场比赛前,抽取规定组合动作签,即时在完成规定数量的组合动作要求下,计算速度快慢,是检验南狮队专项基本技能和基本素质的一种竞赛项目。

(3) 竞速南狮。

竞速南狮是运动队以最快的速度、采用娴熟的技术,以采高青低青为主题,在规定的场地内,完成规定程序的南狮竞赛内容,是检验南狮队专项技术、身体素质和技能水平的一种竞赛项目。

(4)障碍南狮。

障碍南狮比赛是指参赛队以娴熟技术,通过狮头狮尾的密切配合,穿过或跃过场内所设各类青阵,完成特定竞赛内容的一种竞赛项目。

(二)北狮

1. 场地、器材、服饰介绍

(1)场地。

为 20 米×20 米的平整场地。要求地面平整、清洁,场地边线宽为 0.05 米,边线内沿以内为比赛场地。边线周围至少有 1 米宽的无障碍区。上空从地面量起,至少有 8 米的无障碍空间。

(2)器材。

方桌:规格 1.5 米×1.5 米×0.8 米。

绣球:球体直径不少于(0.3±0.02)米,颜色、图案不限(见图 14-11)。

(3)服饰:狮头、狮被、狮裤。

图 14-11 北狮 2

2. 竞技舞狮项目介绍

(1)竞技北狮。

竞技北狮是利用人体各种动作,通过两人配合,表现狮子各种形态的一种体育活动。在北狮套路演练的过程中,通过完成各种高难度动作,利用狮子的形神表现以及和引狮员的配合,组成各种优美的狮子造型,表现出狮子的勇猛剽悍、顽皮活泼等习性。

（2）抽签北狮。

抽签北狮是指在临场比赛前，抽取规定动作签，即时编成组合，完成规定数量，计算用时多少，是检验北狮队专项技术组合能力、基本技能以及素质的一种竞赛项目。

（3）竞速北狮。

竞速北狮是运动队用娴熟的技术、规范的标准，以最快的速度，在规定的场地内，完成规定的竞赛内容与动作数量，是检验北狮队专项技术、身体素质和技能水平的一种竞赛项目。

（4）障碍北狮。

障碍北狮比赛是指参赛队利用北狮的飞跃、滚翻等娴熟技术动作，以跳跃、穿绕等形式，通过场内所设计的器材和障碍物，完成特定竞赛内容的一种竞赛项目。

五、舞狮运动的基本方法

（一）南狮

南狮的舞法以武术功架为基础，融狮子舞于一体，以"三、五、七星鼓"配之。鼓手是舞狮子的核心和灵魂，它能增强南狮的威猛慓悍、声势，烘托气氛，转换节奏，激励队员情绪。同时南狮历来十分注重头、眼、口的使用，要想形、神、意演绎得逼真，就必须步到眼到，头、眼、口的操作要合理、协调。根据不同的动作表情，狮子会做出不同的眼法、口法、头法的演示。总之，头、眼、耳、口的活动协调得好，才能充分显示狮子的形、神、意。

1. 狮头

基本握法：单阴手、单阳手、双阴手、双阳手、开口式、合口式等。

2. 狮尾

基本握法：单手握法、双手握法、摆尾等。

3. 采青方法

（1）采青的含意。

采青是南狮套路演练的主题，其种类繁多。"长命草"是"采青"之源，"青肉"通常是摆设青菜、树叶、生果、烟、酒、米、水、筷子、红包等吉祥物品。狮子出洞为南狮始演套路，也是最为传统的舞法，而其中采地青、蟹青、桥青、櫈青、盆青等是最为流行的舞法。"采青"通常经过有寻青、见青、喜青、惊青、探青、弄青、拆（散）青、吃青、吐青、醉青等程序，根据实际情况，做到合情、合理、合法，切忌有"饿狮"（没有采青程序，一下子吃完青）、"盲狮"（有青不采）、"外行狮"（无采青程序或拆青、破阵、吃青时不合情理）等的出现。

（2）采青的类别。

采青主要分为采高青(天青)、地青、水青3大类:

高青(天青):悬挂在天空(上门框、二三层楼高的阳台、树上等)、约3米以上的青物,狮子常用站肩式(骑膊一至三层)、爬杆式(竹、彬、铁杆,约3~4米长)、藤叠式(藤、抬、橇层层叠起来)、飞铊式(绳标、腰带)、戏狮式(童子或大头佛戏狮或智取)等进行采青。

地青:青阵摆设在地面上(平地、山、岭、岩、林、洞、字、画、对联等),设在器械上(抬、橇、石、树根、盘、桶、瓦罐、沙煲、猪笼、生果等)。

水青:摆设有水的青阵(如桥、井、溪、河、钓鱼等)。

上述3种青阵均取不同名称和阵型进行摆设,而采青者则以不同的智慧和技巧进行拆青、破阵、采青。

图 14-12　北狮 3

（二）北狮

北狮是在引狮员手持绣球的引导下,以球引诱狮子起舞,并配以京鼓、京锣、京钹,乐声抑扬、动作合拍、生动活泼、惟妙惟肖。舞狮一方面须将狮子勇猛剽悍、顽皮活泼的姿态表演出来,同时须把狮子的驯服及一切细腻的小动作展现出来(见图 14-12)。

1. 北狮的基本步法

有行步、跑步、盖步、错步、碎步、颠步等。

2. 引狮员基本动作

（1）静态动作:是指引狮员的静止造型动作。如弓步抱球、马步探球、仆步戏球、高虚步亮球。

（2）动态动作:是指引狮员行进间动作或跳跃动作。如圆场步、旋风脚、踺子、后手翻、后空翻、鱼跃等。

3. 狮头

（1）基本握法:两手紧握头圈嘴巴下摆的关节处,以便于控制嘴巴张合。

（2）基本手法:摇、点、摆、错、叼等。

4. 狮尾

基本握法:双手扶位、单手扶位、脱手扶位等。

第十五章 秧歌、腰鼓运动与卫生健康教育

第一节 秧歌运动概述

一、秧歌运动的概念

秧歌是我国民间一项传统的文娱活动,具有悠久的历史文化。秧歌起源于插秧耕田的劳动生活,又和古代祭祀农神祈求丰收、祈福禳灾时所唱的颂歌、禳歌有关,并在发展过程中不断吸收农歌、菱歌(民歌的一种形式)、民间武术、杂技以及戏曲的技艺与形式,从而由一般的演唱秧歌发展成为民间歌舞,至清代,秧歌已在全国各地广泛流传。为示区别,人们常把某地区或形式特征冠于前面。如鼓子秧歌(山东)、陕北秧歌、地秧歌(河北、北京、辽宁)、满族秧歌、高跷秧歌等;而南方的花鼓、花灯、采茶以及广东与香港流行的英歌,其名称虽异,但都属于秧歌这一类型,是从秧歌中派生出来的形式。

这里所讲的秧歌运动是指现代健身秧歌,它是在吸收传统秧歌动律的基础上,建立起的基本适合我国全民健身要求的秧歌动律,结合体育健身的特点进行科学健身的一种锻炼方法。

其动作也是在传统秧歌的基础上,根据人体运动生理规律,以先进文化为导向,把运动和舞蹈结合起来创编而成的。它不拘泥于传统秧歌,同时又要保留一定的传统秧歌特色,动作变化更多,舞蹈语汇既现代又简洁,在动作、韵律上融入了时代气息,很好地表现了当代人的精神风貌。秧歌运动是一项将锻炼、娱乐、观赏和竞赛结合为一体的新兴体育健身项目,通过它既能锻炼身体,又能学习舞蹈。

二、秧歌运动的技术特点

(一) 自由性

大众健身秧歌随意性很强,感情奔放,群众既是观众,又是演员,不分男女老幼一起上场。而且表演不受时间、地点、伴奏、服装等条件的限制,何时有情绪,何时就跳,竹林下、大草原、村寨坪坝、庭院、操场,到处都可以成为跳秧歌的场所,还

可以即兴发挥,即兴创作,根据个人的情趣、性格、审美要求进行即兴表演。甚至只要是能发声的物品产生了节奏,人们就可以随节奏很有韵律地自由扭动。在逢年过节之时,秧歌活动极为壮观,可以成百上千人身着鲜艳的民族服装,在各种鼓乐器具的伴奏下,尾随领舞者一起翩翩起舞。根据自己的需要可以集体创作、集体编演、集体流传,也可以几人创作、几人表演,不受场地和练习人数的影响,既可以个人练习,也可以集体练习,随心所欲,寓健身于娱乐之中。

(二) 普及性

大众健身秧歌具有极强的普及性。健身秧歌大多依附于民俗,在逢年过节或喜庆的日子里,由群众自愿结队参与,秧歌表演的传统习惯是村与村之间相互邀请,这就起到了村寨之间联系感情、加强团结的作用,也是促进秧歌活动久传不衰的一个原因。年年岁岁举行表演,世世代代沿袭相传,这种流传方式使秧歌不断流传下来。因此,健身秧歌在各地区都有着广泛的群众基础。健身秧歌动作活泼、诙谐、朴实、健康、欢乐、红火,地方风格和民间色彩浓郁,动作简单而轻松,节奏均匀,集体性强,没有高难度的舞台表演动作。因此,容易模仿和学习,为在群众性活动中进行传播与交流提供了现实的活动素材,为全民健身活动的广泛开展奠定了基础。

(三) 娱乐性

每一民族在历史的发展中,在努力创造美好的物质生活的同时,也在秧歌舞蹈中享受多彩的精神生活。人民在逢年过节、亲友欢聚时都举行歌舞活动,抒发情怀、尽情欢娱、释放真实自然的情愫,既自娱,也娱人。表演者可以通过秧歌感受到自身的存在和价值。人们在参与过程中,可以尽情表现内心的喜悦,享受无比的快乐。

(四) 科学性

健身秧歌是体育健身项目,因此,在成套动作的编排上具有科学性,首先它注意全面锻炼人的身体,充分考虑人体的运动部位、发展素质、人体运动生理的规律和青少年、青中年、中老年人的生活规律及身体承受能力等;其次是合理安排成套动作的运动量,运动量符合人体活动的规律,动作由慢到快、运动量由小到大,开始有热身动作,结束时有整理、放松动作。在音乐上,根据动作内容进行了专门的创编并录制在录音带上作为伴奏,不会产生扰民的问题。

(五) 动作多用扭、摆、走

健身秧歌的基本动作和舞步是从传统秧歌的基本动作和舞步中选择的,基本姿势也是以传统秧歌的基本姿势为基础(包括脚和手臂的基本位置)。并做了一定的"改良",保留了传统秧歌的一些特点,结合人体运动的基本规律和体育健身的特点,动作多用扭、摆、走,以扭的动作为主线。

扭是指上体的扭摆动作。扭主要以腰为轴,一般情况下一拍扭一次,重对称,摆动右臂时必定出左脚。要扭得活、扭得浪、扭得有味道。如十字扭步、三进一退扭步、而进而退扭步、前进扭步、扭腰步等。总之,我国的秧歌都离不开一个"扭"字。

摆是臂的动作。一般来说,左腿移动,则右臂做不同形式和不同幅度的前摆动作,左臂随之左摆(或后摆);右腿移动,则左臂前摆,右臂随之右摆(或后摆)。

走是指健身秧歌的基本步伐。走的动作要求腿稍有屈伸,摆动(移动)腿前进时脚跟先落地,然后过渡到全脚掌。

"扭、摆、走"这三要素有机结合,整个动作过程体现了强劲的节奏和动作的难度,已成为广大群众展现自我、释放内心情感的最佳选择。健身秧歌以腰部的扭动带动双臂的摆动,与步法配合,膝部稍有屈伸,节奏有缓有急,情绪热烈时全身扭动,膝颤耸肩等使动作活泼奔放、欢快喜庆。健身秧歌以其独特的活动方式,灵活的锻炼手段,优美的舞姿,欢快的节奏,较好的健身效果,简单、生动、变化多样的动作,深受广大群众喜爱。

三、秧歌运动技术分类

在民间舞蹈学的研究领域,根据表演的形式、内容等不同,将秧歌这样的民间艺术分为以下几类:

(1) 依据秧歌是否在舞台上演出,把秧歌分为登台秧歌与地秧歌两种。前者就是上舞台表演的秧歌,即秧歌小戏;后者则是指活动在街头、地摊的民间歌舞。

(2) 依据秧歌的形式、内容、风格、过程以及活动的目的等方面,将秧歌分为大场秧歌(包括小场表演)、唱秧歌、游秧歌三类。

(3) 根据秧歌表演的地域风格,可分为陕北秧歌、山东秧歌、河北秧歌及东北秧歌等四大类型。

第二节　腰鼓运动概述

腰鼓属于打击乐器。形似圆筒,两端略细,中间稍粗,两面蒙皮。鼓框上有环,用绸带悬挂在腰间,演奏时双手各执鼓槌击奏,并伴有舞蹈动作。

一、腰鼓运动的发展简况

腰鼓是极具民俗特色的一种打击乐器,打腰鼓是陕北延安地区人民逢年过节时举行的一种喜庆娱乐活动。腰鼓以安塞县最为著名。安塞腰鼓,气势磅礴,它展现黄土高原古代居民的风采,让人们仿佛看到两千多年前秦国英勇善战的将士,听见奔腾咆哮的黄河涛声;它那豪迈遒劲的舞姿、雄健的造型和阵阵激昂的鼓乐,又像一条奋起的黄色巨龙。

图 15-1　打腰鼓

腰鼓大约起源于远古先民的狩猎活动。远古时,黄河流域居住着许多人类部落,人们将树干掏空,两端蒙上牛皮,挂于腰间,用敲击的鼓声来驱赶野兽,进行狩猎,后来又用于部落之间的作战和报警。又说腰鼓源自战鼓。据说两千多年前,当时戍守边疆的士卒,手持刀枪,身背着鼓,在与敌人短兵相接的时候,便擂起鼓,藉急促的鼓声,砥士兵杀敌之气。此后,从挈鼓杀敌逐渐演变成为由军乐队模拟征战时各种厮杀动作的即兴表演。至今陕北的舞腰鼓,无论在舞步还是在挈鼓时所造成的气氛,都有着昔日的影子。春秋战国时期,秦军中已普遍使用腰鼓,守望的士兵遇敌突袭,便擂响腰鼓报警。到了宋代,这里是北宋和西夏国的边界,为安定边塞,政府正式设置安塞县,安塞腰鼓也随之得名,历千年不衰,成为当地群众深爱而不可缺少的一种民间艺术活动。

腰鼓原流行北方,新中国成立后也在杭州流行。表演时,每人左腰挎一个尺半长之圆形小鼓,双手执系彩绸的鼓锤一对,边行进,边击鼓,有正击、顺击、倒击、胯下击等各种击鼓花样。腰鼓队可大可小,少的十多人,多的可达数百人,队伍庞大,动作齐整,花样翻新,彩绸飞舞,鼓声震天,十分壮观。现已成为各种集会上的广场集体文娱形式,也是中老年人娱乐、锻炼身体的活动。

腰鼓舞在民间十分盛行,人们跳着腰鼓舞,变换队形,或行走或在一个场地内边舞边敲。同时也用于民间秧歌舞。腰鼓最初流行于陕西,后来在全国发展流行。在表演的形式和技巧上,变化极为丰富,在民间流行极为广泛,是人民群众喜闻乐见的一种表演形式。腰鼓舞已在许多大中城市的居民中兴起,其作用主要是自娱自乐,丰富业余生活。

腰鼓源远流长,寻根溯源,还得从鼓说起。鼓是精神的象征,舞是力量的表现,鼓舞结合开舞蹈文化之先河。如果说《尚书·益稷》中"击石拊石,百兽率舞"记述了原始社会人们敲打着石器,模仿兽类的形象跳图腾之舞的话,那么《易·系辞》中"鼓之舞之以尽神"则说明鼓的出现使舞蹈得到飞跃,成为农耕舞蹈文化的开端,是弘扬民族精神的重要艺术形式。

腰鼓有着广泛的群众基础和悠久的发展历史。在一些主要流传地区,几乎是村村有鼓队,家家有鼓手,而且世代传承,经久不衰。正由于它流传的时间长、范围广,参加的人数多,所以,舞蹈的基本形式和动律虽然大致相同,但在不同的地区,形成了各自不同的表演风格和习俗。安塞腰鼓是其中具有代表性的一种。在国际上极负盛名,被称为"天下第一鼓"。早在1986年,安塞腰鼓就荣膺首届中国民间舞蹈大赛最高荣誉大奖,它先后在第11届亚运会开幕式、香港回归庆典等大型活动中进行表演。1996年,安塞县被文化部命名为"中国腰鼓之乡"。

二、腰鼓运动的概念

腰鼓是有机结合舞蹈、武术、打击乐、吹奏乐、民歌的多维性艺术。它也是一种独特舞蹈,它不受时间、地点和场合限制,可以在行进中、广场上、舞台上表演,且有较强的适应性和灵活性。腰鼓运动是一种一边打击乐器、一边跳舞的运动。腰鼓为木制鼓身,形似圆筒,两端略细,中间稍粗,两端蒙牛皮或骡马皮。鼓身喷红漆或黑漆,有的描绘纹饰。鼓身一侧装置两个鼓环,环上系带,将鼓斜挂于腰际,双手各执一槌敲击,并伴有舞蹈动作。大腰鼓长40厘米,鼓面直径20厘米;小腰鼓长34厘米,鼓面直径15厘米。

图15-2　腰鼓

三、腰鼓运动的技术特点

(一) 腰鼓动作难易有别,适合不同人群

全民健身活动中可选择的项目很多,但是,有些体育运动项目是集体项目,人数少了不好开展,有些项目则是人数多了不好开展;有些运动项目动作要领复杂,年龄小的人群难以掌握,而有些运动项目过于激烈,不适合老年人;还有些项目比较适合女性开展,有些项目却比较适合男性开展。安塞腰鼓在发展过程中对其动作进行了改编与创新,降低了动作的难度,使这一古老的民间技艺向多样化发展、向时代靠拢。如今的安塞腰鼓已有老年腰鼓、青年腰鼓、少儿腰鼓和女子腰鼓之分。文鼓,潇洒、秀气、轻松、优美,是以扭为主的腰鼓表现形式,重扭轻打、扭中有打、打中有扭、扭打结合,它重在抒情,通过动作和感情将内心喜悦之情用"能劲"表现出来,适合老年人、妇女及儿童训练;武鼓,勇猛、粗犷、豪放、激烈,武鼓是以打、踢、跨、踩等为主的腰鼓表现形式,动作刚健有力、自然大方、欢快流畅、有刚有柔、刚柔相济,动作难度大、要求高、运动量大,主要以个人技术为主,安塞腰鼓的艺术性主要体现在武鼓之中,更适合青少年男性训练。向多样化发展后的安塞腰鼓更能够适合不同年龄、不同性别、不同层次的人的健身和娱乐需求,具有极强的普适性和参与性,适合于作为大众健身项目普及和推广。

（二）腰鼓具有自娱性和娱他性

腰鼓在活动过程中参加的人数是有限的,表演者的表演就是一个过程。这种表演又感染和启示了观众,使部分观众不约而同、不由自主地参与到表演者的行列。这种活动有广场表演,也有舞台表演。观众大都通过表演者的表演来得到娱乐的目的。当然,表演者在表演过程中既有自娱性,又有娱人性。

腰鼓可以根据每个人的自我感受情况,调整其运动强度。当运动强度对自身引起不良感觉时,可将运动幅度适当减小;如果感觉运动强度不够的,就加大挥臂和踢腿的力度,以提高运动时的强度。安塞腰鼓的运动强度完全由运动者自己控制,具有灵活机动的特点。因此,可以满足不同年龄层次、不同状况的人的健身需求。加上安塞腰鼓本身的娱乐性、地域性特点,符合人们求新求异的心理。所以,它能吸引越来越多人的目光,成为在大众健身运动和学校体育教学中广泛推广、普及的运动项目。安塞腰鼓的场所要求不高,根据自己的喜好和经济承受能力可以做多种选择,广场、公园、街道绿地也同样能开展活动,达到愉悦身心的目的。

（三）灵活性强

高效率快节奏的工作,占据人们大量的时间,这使得日常付出整段的时间投入休闲活动变得奢侈。而安塞腰鼓在时间要求上是十分宽松的,工作间歇、茶余饭后、早晨晚间,时间可长可短,完全可以由自己的体力、兴趣、忙与闲而定。

（四）腰鼓动作气势宏伟

腰鼓的风格独树一帜,人借鼓势、鼓借人威;酣畅淋漓,精、气、神无阻无碍,一脉贯通。既有健身魅力,又有艺术魅力,是腰鼓之精髓。人鼓合一,没有一种乐器能够像它这样要求人和乐器的结合必须达到这样的高度。人的表演与乐器的"表演"完整地融合在一起,二者相辅相成,相得益彰。所以表演达到高潮时,只见鼓手腾空挥舞,鼓槌彩绸辉映,唢呐鼓乐震耳,有排山倒海之势。

（五）击鼓转身

击鼓转身是腰鼓表演的关键。在舞蹈中凡做蹲、踢动作必有转身,转身时必须要猛,特别是做腾空跳跃落地蹲,边转身、边起步的一套动作组合时,必须在固定的节拍里,运用迅速的猛劲才能完成动作的变化与连接。

四、腰鼓运动技术分类

（一）根据腰鼓的表演形式可大致分为路鼓和场地鼓

路鼓是腰鼓队在行进中边走边舞的一种表演形式,前由两名伞头领队,后随由挎鼓子和拉花组成的舞队。伞头身后紧随的一位挎鼓子,称"头路鼓子",他必然是技艺精湛的击鼓能手,全队的动作变换和节奏急缓,统统由他来指挥。队伍的后部,是扮成蛮婆、蛮汉的丑角,也有的扮成孙悟空、猪八戒等唐僧取经中的人物,随意扭动,逗笑取乐,以增添节庆的欢乐气氛。路鼓由于在行进中表演,一般动作简单,幅度较小,多做"十字步""走路步""马步缠腰"等动作。常用的队形有"单过街""双过街""单龙摆尾""双龙摆尾"等。

场地鼓是指腰鼓队到达表演地点,打开场子后的表演形式。有一人单打、二人对打、多人群打等多种方式,表演节奏渐快,动作幅度较大,队形变化繁多。常用动作有"白虎甩尾""凤凰展翅""双飞燕""跳龙门""搓鼓边""跑跳步""丰收步""秧歌大跳步"等。开始时由伞头挥伞号令,顿时鼓乐齐鸣,众舞者随伞头翩翩起舞。这一段叫"踩大场",表演节奏缓慢,目的是打开场地,拉开队伍,稳住观众情绪。第二段载歌载舞,表演节奏渐快,动作幅度较大,队形变化繁多。常用的队形有"神楼""古庙""神前挂金牌""富贵不断头""和尚游门"等。到引出"太阳弧"图案后,伞头站到场中央领唱秧歌,唱词视场合和对象而定,"谒庙"时,有拜庙祭文,一般演出有向观众拜年问好的,也有喜庆丰收和祝愿吉祥等内容。伞头唱时,众舞者在场边慢步转圈,并重复接唱每段的最后一句,俗称"接后音"。唱完后,伞头退出场地,由挎鼓子和拉花入场表演,走出各种复杂多变的队形。此刻不受时间的限制,舞者尽情表现各自的技艺绝招,情绪热烈,起伏跌宕,使表演达到高潮。

(二)腰鼓在表演形式上可分为列队鼓和踢地鼓

列队鼓又叫"过街鼓",以行进表演为主,边敲边走,边舞边行,是用于走街串巷庆贺新春和喜庆的。踢地鼓又叫"踢场子",以在村院广场表演为主。鼓手们在敲打腰鼓的同时,蹦、跳、翻、跃、踢、蹬、踏、晃,充分体现了北方人民剽悍、豪爽、刚强、纯厚的性格特点和精神风貌。加上鼓手们即兴的摇头扭腰、抖肩额胯,使舞路显得更加雄浑刚健、潇洒舒展。

(三)腰鼓从打法上分文鼓和武鼓

文鼓以扭为主,以打为辅,重在抒情,通过动作和表情将内心喜悦心情表现出来;武鼓以打、踢、跨、跺等为主,动作难度大、要求高,运动量大,具有动作的统一性和规范性。安塞腰鼓的艺术性主要体现在武鼓中,队形务求整齐一致,快收猛放、变化神速。动作务求刚健有力、自然大方、欢快流畅、有刚有柔、刚柔相济,充分体现腰鼓的内在气质和外在美观。

(四)根据成套编排分预备动作和基本动作

预备动作一般有 4 种,基本动作有 20 余种。这些动作都在不断地演变和更新。

预备动作:小踮步、滑步、十字步、小跳步。

基本动作:有缠腰、过裆、下岔、连身转打、平步大缠腰、弹跳过裆鼓、七锤、侧蹬腿、双胞腿、四步三望、鲤鱼跳龙门、一条鞭、三嗨、飞燕、马步跨越、鸡啄食、对打、二起脚、三脚不落地、打八岔、鹞子翻身、前滚驴粪蛋、后滚驴粪蛋、无底洞等。

其中三脚不落地、打八岔、鹞子翻身等难度较大,不易完成。

(1)三脚不落地。先打缠腰鼓,然后将右手经右侧划弧,甩至后方,右腿踢至正前方,左手经左前方划弧下打右脚面。再将右手甩至右上方,右脚经右后侧划弧180度左右,左手下打右脚心,同时全身腾空,向左转体360度,右腿由后方经右侧踢至前上方,右手甩至右后侧,左手下打右脚面。然后将空中左脚迅速向后蹬直,两腿成180度,平岔落地。

(2)打八岔。先打缠腰鼓,然后左右手直举上方,身体斜倾左方,重心在左腿,双手先左后右落地,向左上方倒体180度后站立。

(3)二起脚。先打缠腰鼓,然后全身腾空向上跃。双脚先右后左猛踢前额。右手打前鼓面后绕双腿下划弧360度打前鼓面。空中迅速收左腿,蹬向左后方,使两腿抬成180度,平岔落地。

(4)鲤鱼跳龙门。先打小踮步,左肘压鼓框,右手打前鼓面后,绕右侧上方划180度弧于头顶,全身腾空向上跃。左腿向左侧蹬直,两腿约成90度。然后右手下打前鼓面,甩向右下方,左手打后鼓面,抬至左上方,收腿还原。

五、腰鼓运动的作用

(一)腰鼓能够促进参训者的身体健康

腰鼓是一种全身性的运动,其动作花样繁多,可以使锻炼者参与活动的部位更为全面。由于腰鼓多数都以走、跳为基本运动形式,膝、踝关节的屈伸弹动为基本动作,因此使锻炼者的下肢能得到很好的锻炼;与此同时,舞者双手各执鼓槌交替击奏,并伴有舞蹈动作,在锻炼过程中它可以同时使颈、肩、腰等各部位都能得到均衡的发展,健身特点十分突出。此外,在许多体育运动中练习者的双手往往得不到均衡锻炼,特别是左手得不到应有的活动。如长期练习羽毛球、网球的人,他们的右手往往比左手更粗大、更有力,这是因为他们在参加这些运动锻炼时,不持拍的手没有得到应有的锻炼,而腰鼓可以左右手同时练习,能使左手也得到应有的锻炼。双手同时参与运动也助于静脉血的回流,保护心脏的安全。

(二)腰鼓能够调节心情,激发运动兴趣

《荀子·乐论》中说,"夫乐者,乐也,人情之所必不免也。故人不能无乐"。追求娱乐乃是人的最根本的心理需求之一,也是人对自身存在的价值追求之一。在现代社会,随着人类物质生活质量的提高、闲暇时间的增加,体育运动逐步成为人们休闲娱乐的重要内容。人们通过参加体育运动,锻炼了自己的身体,情感也得到了宣泄,在娱人娱己的过程中得到了愉快的精神体验。

腰鼓和很多体育运动一样,直接源于人类的生产劳动和军事活动。然而,随着社会生产力的发展,尤其是进入文明社会以后,腰鼓脱离了原来的社会功能,其

娱乐性马上就占据了重要地位，并最终演变为人们的娱乐活动。腰鼓是生活与运动、艺术的完美结合，其间融入了安塞的生产、习俗和历史，腰鼓也是当地人精神生活中很重要的一部分。安塞地处偏远，自然条件恶劣，当地人民在劳作余暇，操起腰鼓释放自己茹苦含辛、艰难劳作的重负和压抑，通过腰鼓表演去感受自身的价值和表现对生活的热爱、表现对夺取胜利和丰收后的喜悦心情，既自娱也娱人。同时，腰鼓具有广泛的群众基础，它便于开展，简单易学，又加上它不受性别、年龄、场地、气候、时间的限制，是一种因地制宜、因人而异地选择自己喜爱的活动方式，既锻炼身体，又愉悦身心。腰鼓是当地群众很普遍的民族传统体育活动，无论年龄大小、男女老少，均可参加此项活动，再配合节奏，使这项活动更加妙趣横生，美不可言。参与者在自身的形体中感受着自我显示的力量、气质、神韵。在内情外化的表达和宣泄中，同时获得精神和肉体的美感和快感。特别是腰鼓的自娱功能，强烈吸引社会成员投入其中。

（三）腰鼓能够促进健身文化交流

我国自 20 世纪 80 年代实行改革开放以来，执行了"百花齐放，百家争鸣"的方针，腰鼓成为人们喜闻乐见的宣传载体，各种大型活动、运动会的开幕，都离不开腰鼓助兴扬威。近年来，腰鼓获得了突飞猛进的发展，以其独具的艺术魅力跻身于世界民族文化之林。因而，腰鼓这一古老的民间艺术受到国内外众多人的欣赏和赞扬，而安塞又因腰鼓而闻名于世，腰鼓艺术使原本名不见经传的陕北山沟小县，在泱泱大国里受人关注。于是，安塞成了腰鼓的后盾、腰鼓的家园，而腰鼓又成了安塞的一张最能吸引人的"名片"。

腰鼓和其他竞技体育运动形式一样，对政治、文化具有积极的作用——能振奋民族精神，促进国际健身文化交流。说腰鼓能振奋民族精神，主要是因为腰鼓中的击鼓表演，蕴含着一种激烈、欢腾、奔放、浑厚的韵味，由打击乐、吹奏乐和腰鼓发出的声响，加上鼓手们打得兴起时大声吼出的声音融合在一起，能让观众同观看竞技体育比赛一样情绪振奋、精神焕发。近年来，安塞腰鼓频频代表中国出访，先参加"柏林亚太周"腰鼓表演，后赴曼谷参加"中国政府打造文化品牌"宣传活动，接着又应新西兰邀请参加了"新西兰第五届中国传统新年灯会"等，极大地促进了国际健身文化交流。

第十六章　高脚、板鞋竞速运动与卫生健康教育

第一节　高脚竞速运动概述

一、高脚竞速运动的概念

高脚竞速在以前被叫做"竹马"或"骑竹马"。它与我国北方的踩高跷其近似之处，但它不是踩高跷。高脚马是两脚分别踏在两个竹马的脚蹬上，一步一步地前进或后退。运动员以两根带叉的小树干为"马"，用脚踩在离地面约30～40厘米高的丫权上，两手扶杆行走。比赛方法有3种：一是高脚马竞速赛跑，其赛跑路程视其场地的大小而定，一般为30～60米，跑直线或往返跑均可。每组可数人、十几人，以先后顺序记名次，先到终点者为胜。二是高脚马对抗，两名运动员，各自踩在高脚马上，彼此对撞，先下马者为输。三是高脚马表演，参加者化妆为英雄人物或神话中的传奇人物进行表演。

高脚竞速运动是指运动员双手各持一杆，同时脚踩杆上的脚踏蹬，在田径场上进行的比赛，以在同等的距离内所用的时间多少决定名次，是队员在高脚马上进行速度和力量的比赛。高脚杆由竹、木或其他硬质材料制成。高脚杆高度不限，从杆底部向上30～40厘米处加制踏蹬，踏蹬高度的丈量从杆底至杆枝点的上沿；所有场地为标准田径场。高脚竞速项目包括男子、女子100和200米及2×200米接力，以及男、女4×100米混合接力等7个项目。

二、高脚竞速运动的起源与发展

史料记载，约在14～15世纪时，生活在湖南境内的苗族、土家族人由于生活贫困买不起鞋穿，后来他们就想了一个办法，在两根一米多长的竹竿上各绑一个可以支脚的网子，平时出门的时候，两只脚伸进网子里，用竹竿来代步。再加上当地的气候比较湿润、经常下雨，将竹竿的一端削尖，走路的时候既不费鞋又可以防滑。

1986年，在湖南省第一届民运会上，手握型高脚的竞速和对抗竞赛成为正式

比赛项目,初步实现了由民族民间娱乐项目向体育竞赛项目的转化。同年,湖南省代表团将手握型高脚竞速和对抗竞赛带到全国第3届民运会赛场,成为全国民运会的表演项目,第1次在国家级运动会上展示其独特魅力。之后又经历了湖南省第2、第3、第4届民运会和首届大众运动会的比赛,以及全国第4、第6届民运会的表演,高脚运动的竞赛规则不断完善,运动技术基本成熟和定型,并不断地被赋予竞技、健身、娱乐和教育等现代体育的价值,其独特的运动方式得到广泛的认同和接受。正式作为比赛项目则是在2003年宁夏第7届全国民运会。高脚竞速运动项目具有了较完善的竞赛规则,比赛使用的器材也制定了统一要求,比赛项目的设立为5项,即男子个人200米竞速、男子双人2×200米接力竞速、女子个人200米竞速、女子双人2×200米接力竞速和男女四人混合4×100米接力竞速。2007年在广州举办的第8届全国少数民族传统体育运动会上,又增加了男子个人100米竞速和女子个人100米竞速两个项目,合计7个比赛项目。本届民运会将高脚竞速运动的发展推向了高峰,不但增加了两个比赛项目,而且比赛的竞争越发激烈,比赛成绩有了大幅度的提高。在这种大趋势下,对促进高脚竞速项目的发展和我国民族传统体育步入现代化具有积极的指导意义。

三、高脚竞速运动技术特点

高脚竞速作为一项在田径场上进行的运动,其技术要求比较复杂,需要参与者具备良好的身体素质和勇敢、坚毅的意志品质。这种运动的最大特点是运动中肌肉活动达到最大强度,整个机体处于极其紧张的状态中,尤其是大脑皮层兴奋抑制过程要迅速频繁地转换交替。在竞速过程中人体的位觉感受能得到有效改善,对提高人体平衡能力有显著的作用。

1. 同顺运动

同顺是高脚竞速特有的运动形式。同侧肢体因高脚竿以同样的节奏、同样的方向一起摆动。在平常的走路和跑步中上下肢运动方向总是相反的,只有在极其紧张的状况下才会出现顺拐的现象。同顺的摆动不但看起来很别扭,做起来也很不舒服,高脚竞速运动员就是在这种和人的自然规律相背离的情况下,进行运动的。任何项目的跑,上体动作的目的是保持腿的动作和平衡,同时随着腿的动作而动作,以此吸收偏心蹬地的反作用力。特别是在短跑中两臂可以提高腿的速度,而加强腿蹬地的水平分力,这是由于作用力与反作用力可以变换的缘故。高脚竞速运动员失去摆臂的力量和平衡,可以用躯干的左右转动来弥补手臂的作用,随着同侧腿的后蹬,同侧躯干以脊柱为轴向内旋,异侧以脊柱为轴向外旋。旋转的幅度与蹬地的力量成正比,旋转速度与两腿交换频率相同。通过躯干的旋转,在一定程度上可以弥补缺乏手臂摆动的不足。经过刻苦训练的高脚竞速运动员不但能控制平衡,而且还能箭步如飞,这就是高脚竞速的魅力。

2. 器材的独特性

高脚杆是高脚竞速运动员使用的工具,一般用竹子或木头制成。运动员的体能、技术、战术都通过它来实现,所以一副好的马杆对于运动员是非常重要的。在第 8 届民运会上各个代表团马杆的选择、制作不同,相比之下湖南、湖北、四川、广东等代表团的马杆较好,都用楠竹制成。楠竹的特点是质地均匀,竹节长度差距小,两端的粗细比例适中,最重要的是弹性好,不易折断。这些楠竹一般都生长在山里,高达二三十米,而能用来做马杆的部位是楠竹的顶端。一副好马杆真是难得。有了马杆后就要编马蹬,这马蹬里的学问就更大了。前面提到的几个省,他们的马蹬也不相同,大致分两种,一种是马蹬高翘而短小,马蹬与马杆成向上倾斜的角度,湖北队采用这种马蹬;另一种是马蹬宽松而平坦,马蹬与马杆垂直,湖南、四川、广东队采用。

这两种马蹬由于外型的差异,致使运动员的跑步技术产生两种不同的风格。湖北队的运动员跑起来上体前倾角度大,后蹬发力充分,步长较大,其他队的运动员上体较直立,动作流畅,步频较快。

四、高脚竞速运动技术分类

高脚竞速运动是 200 米及 200 米以下距离和接力项目,其运动属极限强度运动,供能方式以无氧代谢为主的周期性运动。高脚竞速运动按技术动作的变化分为起跑、起跑后的加速跑、途中跑和终点跑 4 个部分。

1. 高脚竞速的起跑技术

起跑的任务是获得向前冲力,使身体尽快摆脱静止状态,为起跑后的加速跑创造有利条件。高脚竞速运动比赛规则规定,运动员各就位时必须将两根高脚杆立于起跑线后,杆底部不得触及或超过起跑线。运动员听到"预备"后以任何一只脚蹬上马蹬,另一只脚必须立于起跑线后的地面,做好起跑的最后准备。运动员听到鸣枪后,另一只踏地的脚方可踏上马蹬向前跑进。目前,起跑的预备姿势有三种:接近式、普通式和拉长式。

接近式:立于地面的脚距起点线约 10～20 厘米的后方。

普通式:立于地面的脚距起点线约 20～30 厘米的后方。

拉长式:立于地面的脚距起点线约 30 厘米以上的后方。

各就位:以左脚蹬在马上做预备动作为例,当运动员听到"各就位"的口令后,持马站在起跑线后,将马杆放在起跑线后沿。预备:运动员听到"预备"口令后,迅速将左脚放入马蹬,上体稍前倾保持稳定状态,左腿膝关节形成最佳的角度,利于蹬伸和发力。鸣枪:运动员听到枪声后,迅速蹬地并踏上马蹬,向前迈出第一步。

第 8 届民运会中,各队的运动员在起跑技术上有着不同的表现,主要分为两类(以左脚蹬在马上做预备动作为例):第 1 种是杆先动,这被大多数代表团的运动员所采用。听到枪声后,右手拿杆向前,杆触及地面后右腿蹬地跃上马蹬,向前跑出。第 2 种是人先动,为北京代表团的队员所采用。听到枪声后迅速将左脚蹬上马蹬,左大腿发力下压,双手紧握马杆同时向下发力,右腿距离前马杆 20 厘米左右,脚跟离地提高重心,上体稍前倾,重心处于起跑线正上方,整个身体处于蓄势待发状态,当听到枪声后双臂及两腿同时发力,人体离开地面,此时的动作与滑雪运动员发力相似,由于左脚已经在马上,重心高度与站在马上相当,在身体离地的同时右手顺势拿起马杆向前,右脚向前上方迈出准备蹬入马蹬,在右手的马杆着地的瞬间右脚蹬入马蹬,即听到枪声的第一个动作是人动,而不是杆动,此技术提高了上马的速度,节约了拿杆的时间,在比赛中赢得了优势。

2. 高脚竞速的加速跑技术

加速跑是从起跑蹬地腿离开地面后,到途中跑开始的一个跑段。其任务是充分利用向前的冲力,在起跑后的加速跑段距离内,尽快地达到接近自己的最高速度。高脚竞速的加速跑技术,是高脚竞速百米全程跑中最为重要的技术之一,它不仅约占总成绩的 30％,更重要的是该段技术的优劣对运动员的最大速度、维持最高速度的能力及速度耐力产生最直接、最重要的影响。

从生理上讲,相对有控制、有节奏的匀加速,能使神经、肌肉系统始终处于适宜的应激水平,使能量供给和消耗节省化、效率化。表现在技术上,高脚竞速为同顺运动手脚配合,上肢负担很大,消耗体能,容易疲劳。在第 8 届民运会中,有些运动员起跑后,很快上体完全抬起并且剧烈加速,上下肢共同消耗能量,很快动作僵硬,速度不能持续增长,有的运动员甚至出现落马现象。这种加速节奏使神经系统过早疲劳,能量消耗大,而这种损失是无法弥补的。加速节奏的紊乱会导致比赛的失败,在短跑中已经明确地提出在加速阶段要采用合理的发力、适宜的频率,为途中跑的最高速度打好基础、节约能量,对延缓中枢神经过早疲劳有重要作用。为了提高高脚竞速成绩,起跑后的加速跑节奏应趋于合理化。

上马后加速跑的前几步,躯干前倾较大,摆动腿的马杆着地点接近身体重心的投影点,随着躯干渐渐抬起和步长的加大,着地点逐渐前移至身体重心投影点之前,在 30～40 米处过渡到途中跑。

第一步快,步长小,着地点应尽量靠近身体重心投影点,马杆着地后迅速转入后蹬,高脚竞速的前两步的连贯性非常重要,由于上马时重心的起伏大,第一步由于重心的波动较大容易失去平衡,这时会出现交感神经本能的兴奋,会产生两种情况:第一,支配肌肉进行有效的调整,第二,自我保护,失败下马。这种兴奋还会影响第二步的连贯性,造成起跑节奏紊乱。

第一步右侧马杆着地后重心由左侧移到右侧,左腿需放松前摆,左臂要积极拉马杆带动左腿前摆,这里蹬伸的效果取决于马杆与腿的夹角,腿的发力作用在马蹬上,力沿马杆传递到地面,如果腿的发力方向与马杆不平行而有夹角,反作用力的就会沿夹角的方向分解,从而损失力量。

防止马杆与腿在蹬地瞬间出现夹角问题,主要取决于手臂的控制,马性不熟的运动员容易出现手持马杆于体前的毛病,当蹬地时由于夹角的存在,脚向下发力的方向与马杆之间的夹角使得力的传递改变,会使马杆出现向下震动。

减小蹬地效果,而且会破坏马上的平衡。正确的技术是在蹬地瞬间上臂用力并贴靠体侧,肘关节伸直,手紧握马杆,使马杆贴靠在髋关节的外侧,尽量保持与大腿的平行,这样就会使蹬伸的反作用力通过大腿传递到重心,推动人体前进。

关于手臂的作用除了蹬地效果外,经过长期训练的运动员,可以在蹬地瞬间主动地推杆,这样可以大大加强腿的蹬地效果。对于一般水平的运动员,在蹬地瞬间容易犯的错误是:手臂过于紧张,腿向下蹬地,手向上拉马杆,两力互相抵消,并且极易造成疲劳。而推杆动作需要长期的训练,肌肉之间的内协调得到提高,才能达到较高的水平。

蹬地结束后,蹬地腿要顺惯性放松折叠前摆,很多运动员在这个环节由于放松能力不够,大小腿折叠角度偏大,致使前摆速度低,前摆幅度小,手臂被动牵拉马杆造成上肢负担过重,容易疲劳。

蹬伸结束后上肢由直臂转为向上拉动马杆,上臂发力方向为沿肋间向后背,不要模仿短跑的摆臂向胸前,前臂发力方向为向上偏体外,高度为拉马杆至耳侧。

在加速跑时手臂拉马杆的方向对于加速的效率起到了关键的作用,马杆的运动方向如果偏前,着地点就会超过重心的投影点,而重心由于上体的前倾处于较低的位置,这样就会造成股四头肌的离心工作负担加大,前制动力量加大,跑速下降。

头的位置保持正中并向前探出,这样可保持上体的前倾和身体中轴线的平稳。积极地完成起跑后的最初几步,取决于较大的躯干前倾角度和运动员的力量与速度。在加速跑的最初阶段,躯干前倾较大,随着步长和跑速的增长,躯干应逐渐抬起直至途中跑姿势。

3. 高脚竞速途中跑的技术

途中跑的任务是继续发展和保持较长距离的最高跑速。途中跑的每一个单步结构均由支撑期和腾空期组成。途中跑的支撑期可分为着地、垂直缓冲和后蹬。

着地阶段:腾空期结束,摆动腿大腿积极下压带动小腿前伸,膝关节伸展下落,由于是同顺运动,手要有主动的推杆动作,值得探讨的是手的推杆动作要与大腿的发力保持同步,而手的动作速度要比腿快,这样就会出现脱马现象。在实际情况中由于膝关节的自然打开,大腿的加速下摆使得小腿快速前伸,在时间上恰好弥补了手脚动作在速度上的差异,同时手脚的共同发力加大了马杆对地面的作用力。

马杆富有弹性地着地,着地点距总重心投影点约30～40厘米,着地角为80～90度。着地的瞬间,为了减缓制动,加大前支撑时的动力效果,马杆的运动方向一定是向下、向后的,在高脚竞速运动中由于马杆较长,这就加大了摆动的半径,当角速度不变时半径加大,远端的线速度就加大,所以可以做到在高脚竞速运动的前支撑阶段最大限度地减小阻力。

垂直支撑阶段:随身体重心的前移,髋、膝、踝关节的屈曲,身体总重心移至支点垂直面,即进入垂直支撑阶段。此时另外的摆动腿大小腿折叠角度处于最小状态,脚跟向臀部积极靠拢,这里是高脚竞速的难点。由于马杆、马蹬的原因,运动员做大小腿折叠的动作较平地要困难,需要指出的是,高水平的高脚竞速运动员大小腿折叠的角度要尽量小。垂直支撑时,股前肌群的作用是固定身体姿势,避免膝关节过度屈曲,如果膝关节过度屈曲就会使动力下降,损失积蓄的弹性势能。

后蹬阶段:当总重心移过支点垂直面后,即进入后蹬阶段。此时摆动腿同侧骨盆,做送髋动作,迅速有力地屈膝向前上方摆出,摆至大腿与水平面几乎平行,支撑腿在摆动腿前摆力量的压力下,快速有力地伸髋、膝、踝,推动身体重心向前运动。

腾空阶段:是指后蹬腿的脚离地,即进入无支撑的时期。腾空时期主要的任务是两大腿的剪绞运动,这个动作使得后面的大小腿折叠前摆更积极,速度更快,使得前面的大腿带动小腿下摆更有力,小腿的伸展动作速度更快。途中跑时,头部位置要正,上体保持直立。随着两腿的前后摆动,身体有节奏地向两侧转动,以保证腿的发力和平衡。手臂的作用是配合下肢完成动作,不仅起到紧握马杆的作用,而且能帮助下肢做出最大的动作幅度。上肢在高脚竞速运动中的作用是非常大的,是运动员驾驭高脚马的关键。

4. 高脚竞速终点跑的技术

终点跑是全程跑的最后一段,应尽力保持途中跑的高速度跑过终点。高脚竞速运动的终点跑技术,要求运动员在离终点线15～20米处时,尽力加快持杆摆动速度和力量,以高脚杆或运动员身体任何部位撞向终点线,跑过终点线后逐渐减速,运动员身体和高脚杆才能分离。

第二节　板鞋竞速运动概述

一、板鞋竞速运动的概念

板鞋竞速是由多名运动员一起将足套在同一双板鞋上,在田径场上进行的比赛,以在同等的距离内所用的时间多少决定名次。比赛中,三人同踏一副"木板鞋",后面两人双手分别搭在前面队友肩上或扶在队友腰部,在规定的距离内,先抵达终点者为胜。比赛板鞋以长度为 100 厘米,宽度为 9 厘米,厚度为 3 厘米的木料制成(以三人板鞋为例)。

每只板鞋配有 3 块宽度为 5 厘米护足面皮,分别固定在板鞋规定的距离上,护皮以套紧脚面为宜。第 1 块护皮前沿距板鞋前端 7 厘米,第 2 块护皮在第 1 块护皮与第 3 块护皮的中间,第 3 块护皮后沿距板鞋末端 15 厘米。竞赛分男子、女子 60 米、100 米单项及男女 2×100 米混合接力共 5 个项目。比赛场地在标准的田径场地上进行。场地线宽均为 5 厘米,跑道分道宽 2.44～2.50 米。可根据比赛的需要和场地状况设置跑道的多少。在竞赛规则方面,它与田径中的短跑规则相似,但也有许多独具特色的地方,其具体的竞赛规则见 2006 年国家民委、国家体育总局审定通过的《板鞋竞赛规则》。

二、板鞋竞速运动的起源与发展

板鞋竞速运动是广西河池地区壮族民间传统体育项目。相传明代瓦氏夫人领旨率兵赴沿海抗倭,为让士兵步调一致,令 3 名士兵同穿一副长板鞋齐步跑。长期如此训练,士兵的素质大大提高了,斗志高涨,所向披靡,挫败了倭寇,为壮乡人民立了大功。后来,南丹县那地州壮族人民效仿瓦氏夫人练兵法,在田头地角、房前屋后开展三人板鞋竞速活动自娱自乐,相袭成俗,流传至今。

民间板鞋竞速运动形式有穿板鞋抢粽粑、板鞋扭秧舞、板鞋戏水、板鞋采香包(壮族的一种吉祥物)、板鞋抛绣球、板鞋扇舞、板鞋拳术、板鞋踩气球等,形式多种多样。板鞋的竞速演练,既培养顽强、勇敢、坚毅、勇往直前的精神,又提高身体素质,是一项良好的运动。穿板鞋竞速形式多样,丰富多彩,很受壮族人民喜爱,吸引了众多的观众参与。板鞋集体表演的形式有板鞋集体舞、板鞋扭秧歌、板鞋拳术等。表演方法是三人或多人组合,脚穿板鞋,徒手攀肩或扶腰,手持鲜花、绸带、花扇等各种装饰物,编排成不同的队形,踏着欢快、协调的步伐,在壮族民族音乐的伴奏下表演。

　　板鞋竞速运动历史悠久，器材简单，因地制宜，不受年龄、性别、条件的限制，深受壮族人民的喜爱。每逢喜庆节日、假日，板鞋竞速成为壮族体育爱好者、学校学生开展健身活动的项目之一，吸引各族的群众参与，对民族团结、民族体育的发展起了巨大的推进作用。板鞋竞速是一项集群众性、娱乐性、竞速性于一体的民族传统体育，同时也是一项非常独特的健身娱乐活动。

　　板鞋竞速比赛形式有三人板鞋竞速、板鞋竞技抢粽粑(民间)、板鞋竞技戏水、板鞋竞技抢水球、板鞋竞技抛绣球(或各种球)和板鞋竞速踩气球等。比赛方法是2～3人或多人穿板鞋，分别定距离组成趣味性的具有对抗性的比赛形式，哪个队速度快或哪个队获得的物品多为胜者。2007年中华人民共和国第8届少数民族传统体育运动会上，三人板鞋竞速被列为正式比赛项目，设有男子60米、女子60米、男子100米、女子100米和男女混合2×100米5个项目。

三、板鞋竞速运动技术特点

　　板鞋竞速运动作为一项在田径场上进行的运动，其技术要求比较复杂，需要参与者具备良好的身体素质、勇敢坚毅的意志品质和团结协作的精神。板鞋竞技不同于人在地面上的动作，它要求多名运动员一起将足套在同一双板鞋上进行奔跑。首先对人的灵活性、协调性、一致性要求极高。跑动中由于双脚套上木板鞋增加了负重量，在向前跨步和后蹬时，需要较大的下肢力量、腰腹部力量、双臂摆动及上体协调配合时的全身力量，完成整个动作能提高人体的爆发性力量、持续性力量、控制性力量，是集运动强度和速度、耐力、力量、柔韧、协调、灵敏素质为一体的运动项目。它的最大特点就是运动中肌肉活动达到最大强度，整个机体处于极其紧张的状态中，尤其是大脑皮质兴奋抑制过程要迅速频繁地转换交替，对心脑血管系统的能力要求很高，所以，经常从事板鞋竞技练习，能有效地改善和提高心脑血管和呼吸系统功能。板鞋运动也是一项技巧性强、趣味性强的运动，无论是参与者与观赏者，都会热情高涨。

　　板鞋竞速运动有着参与性强、娱乐价值高、锻炼价值高等特点。通过板鞋竞速运动的锻炼，可以愉悦心境，改善心血管系统的功能，提高平衡能力和下肢的力量及速度素质。板鞋竞速运动是人们喜爱的一项少数民族传统体育项目，是值得全民推广的一项体育项目。

　　1. 健身性

　　板鞋竞速运动更重审美性、共娱性、参与性；不重竞技，不重胜负。无论输赢，都被看作是对人生的磨砺，对生活的热爱，对人格完善的促进。板鞋竞速运动需要较大的下肢力量、腰腹部力量，是集速度、耐力、力量、柔韧、协调、灵敏素质为一体的运动项目，持久兴奋，大量消耗人体的能量，因而可以很好地起到强身健体的作用。

2. 娱乐性

人们通过参加板鞋竞速运动,可以获得一种非常微妙的快感,满足现实生活中得不到的成就需要和尊重需要,使因工作和劳动所带来的神经紧张、脑力疲劳及紊乱的情绪得到有益的调节和放松。

3. 竞技性

板鞋竞速运动是一种典型的集体的民族传统体育活动,一个"竞"字突出了这项活动的竞争性。板鞋竞速运动经过整理、科学规范,制定比赛规则,是具有显著竞技价值的民族传统体育活动,已成为全国少数民族运动会的竞赛项目。

四、板鞋竞速运动技术分类

1. 板鞋竞速运动的准备姿势

起跑主要通过站立式起跑,但其动作分为"齐头并进"式和"前后开立"式。起跑发令分为各就位和鸣枪两个步骤:在发令员发出"各就位"口令时,各道次3名队员共同套好板鞋并行至起跑线前,板鞋前端不得触及或超过起跑线;各组队员在做好起跑预备动作之后保持相对静止,集中精力,发令员枪响后运动员方可起动跑进。

"齐头并进"式:此起跑方式要求比赛队员听到"各就位"口令后,迅速穿好板鞋并行至起跑线前,两只板鞋前端尽量靠近起跑线,并降移重心至左腿做好起跑的准备。此起跑方式的优点在于比赛中3名队员能够低、小、平、快地跨出第1小步,为迅速跨动第2步和加速前进打下良好的基础。其缺点主要体现在起跑变换重心时,队员之间整体重心的下降、前移控制难度加大,易导致起动不同步影响成绩甚至出现大的起跑失误。

"前后开立"式:此方法要求比赛队员在听到"各就位"口令之后,类似蹲锯式起跑,一前一后置两只板鞋于起跑线前,后面板鞋前端距起跑线控制在30~50厘米左右。此起跑方式的优点在于其起跑为田径比赛中的惯用方式,板鞋上的队员也可很好地控制整体重心,便于同步起动,且起动后的稳定性好,不易失误。其缺点主要体现在板鞋的运动特性上,所跨出的第1步相对起跑线而言,略小于前一种方式,且第2步的衔接不如前一种方式顺畅、有力。

2. 板鞋竞速运动的起跑技术

(1) 板鞋竞速起动技术。

起动(以齐头并进式起跑过程中右脚作后蹬脚为例):"各就位"准备就绪,在听到枪响后,三人右脚同时迅速用力蹬离地面,向前快速地迈出第1步,力争做到低、小、平、快。在此过程中,三人动作各有不同。前面的队员略勾脚尖,起到牵引、拉带作用,中间队员也略勾脚尖,起稳定和拉送并举的作用,最后一名队员主动向前推送板鞋前行,与此同时,最前面的队员应积极摆动手臂,队员的整体重心稍稍抬起。在紧密衔接的第 2 步加速过程中,三人右脚带动板鞋同时用力蹬离地面后,以大腿带动小腿,膝领先,脚掌离地面较近向前摆出,并积极下压迈出第 1 步的同时,左脚充分蹬离地面。右腿向前摆动结束时,大腿积极下压,用脚掌着地,在右腿积极下压的同时,左腿迅速前摆,右腿迅速蹬地,继续向前跑出。配合两腿的动作,最前面队员躯干逐渐抬起,两臂用力前后摆动,后面两名队员双手分别扶住前面队员的腰骶部,身体略向前倾出,并积极向前伸腿送髋。在起跑的整个过程中,两腿蹬起跑器和两腿的蹬摆配合是起动快的关键。

(2) 板鞋竞速加速跑技术。

起动以后由于逐渐加长了蹬地腿后蹬和摆腿的向前摆动,步长逐渐加大,频率逐渐加快,因而使人体向前运动的惯性逐渐加大,使跑的速度迅速增加。从理论上而言,当跑速接近最快、步长接近最大、身体前倾角度与途中跑相同时,此时就过渡到途中跑。基于受到板鞋长度及板鞋护足面皮间距限制的影响,板鞋竞速过程中三人均无法全力做到最大的频率和步幅的跑进,因此三人之间应适当控制好自己的步频和步长也显得尤其重要。在此过程中,能否最大限度地发挥自己的加速度,将直接影响甚至决定比赛的最终成绩,这也是板鞋竞速中最关键的一环。此过程中,三人之间的合作与分工、协调与配合的能力也将得到最大程度的展现。

在起动后,最前面的队员必须全力全速充当"火车头"的作用,拉动队友向前加速;后面队员起着向前推动、前送并控制板鞋在空中摆动的作用;中间的队员则起着控制、稳定整体重心和协调前、后作用力及方向的作用。三人同心协力,通过发出有韵律的口号,促使板鞋在最短的时间达到最大的加速。通常情况下,对于技术较好的运动队员,在起动的第 2 步即开始进入加速过程,以便更好地发挥成绩。对于高水平运动员而言,从起动到达到最大速度的过程一般为 15 步左右。

起跑从准备到完成起动的过程中,需要注重的细节较多,应主要注意和避免:①各就位后,身体重心应逐步过渡到身体左边,并前移至起跑线前。②在起动后的第 1 步,后面队员前送的力量切不可用力过猛,否则易导致前面的队友脚部脱离板鞋护足面皮,出现掉鞋。③板鞋起动迈出的第 1 步不可过高过大,否则紧跟的第 2 步加速过程将很难衔接上,影响到整体的加速过程。④起跑时尽可能使板鞋面前端略高于水平面,避免板鞋面在跑动过程中出现前低后高的危险情况。⑤在跑动的过程中,应注意脚尖要始终略为向上勾住护足面皮以防脱落。⑥初学者或技术不太完善的情况下,宜采用"搭肩式"练习。

(3) 板鞋竞速途中跑技术。

途中跑是板鞋竞速中(60 米比赛除外)竞速的主要部分。其任务是继续发挥速度,并保持已经发挥的速度及优势,跑完全程。其速度主要取决于 3 名队员跑动过程中技术运动熟练掌握的程度,以及默契程度、耐力、协调和稳定性。对于最前面的队员而言,其腿后蹬和摆动腿摆动的效果、躯干适度的前倾、两臂协调有力的摆动,有利于充分发挥两腿的作用等。与短跑运动的不同之处主要体现在 3 个方面。其一,身体前倾的程度加大,约为 15～20 度之间,躯干的姿势对两腿动作的平衡起着很大作用,且躯干前倾适当增大,能减少后蹬角度。其二,当蹬地腿蹬离地面的一刹那,摆动腿的大腿摆至几乎与地面平行,小腿顺惯性向前摆动,脚掌保持自然的姿势,在即将着地时用前脚掌做"扒地"动作的同时,迅速向前勾脚尖。其三,在着地时采用全脚掌着地过渡到脚尖。其四,着地及支撑时间较短,跑时长。而对于中间和最后面的队员而言,其技术动作和短跑则有很大的不同。首先,为了尽可能地达到较大的步幅,在身体前倾的程度上,中间的板鞋运动员身体前倾程度达到 30～35 度左右,几乎贴近前面队员的后背,而最后面的队员则达到40～45 度左右,面部轻贴在中间队员背上。其次,由于受前倾程度的影响,后面两名队员采用侧视前行,并由此尽量使躯干姿势固定而有利于两腿的肌肉用力。第三,中间队员积极前送以增大或保持现有的步长,后面队员则尽全力向前推动并送出,来协同中间队员完成整个动作。

在途中跑的过程中,还应该注意:①躯干前倾程度应以跑得快为原则,并要根据个人情况来确定。②为了充分发挥肌肉力量,在整个跑程中必须做到用力与放松相互交替。后蹬与摆动腿向前上方摆动阶段,全身做到集中用力,在腾空阶段应该有短暂的放松,这样有利于下一步更多更快地用力。③尽量保持跑动过程中的重心稳定,克服空中的摆动,做到两只板鞋跑运动的轨迹呈两条平行线。④在跑进的过程中,还应遵循稳中求快的原则,以期更好地发挥自己的水平。⑤对 60米板鞋竞速而言,途中跑距离相对较短,其成绩主要取决于起动和加速过程,但途中跑仍然不可轻视。⑥多在地面进行"车轮跑"辅助练习。

(4) 板鞋竞速冲刺跑技术。

又称为终点撞线技术,它是全程的最后一段,技术上和途中跑基本相同。终点跑应力求在疲劳情况下保持途中跑的正确技术,动员全部力量以最快的速度跑过终点。这时最前面的队员上体可以适当前倾,注意加强后蹬和两臂的用力摆动,后面两位队员仍然保持原有的技术动作。到离终点最后一步时,最前面的队员上体迅速前倾,用胸部和肩部撞终点线,在板鞋后端跑过终点后再逐渐减速,注意不要突然停止,以免因突然减速而意外受伤。

(5) 板鞋竞速弯道跑技术。

板鞋竞速项目中男女 2×100 米混合接力比赛过程中,前 100 米是由女子板鞋队在弯道上完成,后 100 米则由男子板鞋队完成。而女子队员能否掌握弯道跑技术,也是决定混合接力能否取得优异成绩很关键的一环,因此对女子而言,在技术上也应有相应变化。其一,女子板鞋队在弯道上起跑时,板鞋置于所在跑道的起跑线前中点附近,并尽量保持板鞋前端正对的方向处在该点与跑道内侧分道线的切点的连线上,这样可成直线起跑,以便更好、更快地发挥起跑技术和速度;其二,在接近、到达切点之前,三人躯干逐渐向左侧倾斜,最前面队员右臂摆幅大、稍向前,左臂摆幅小、稍向后,右腿向前上方摆动时,膝稍内扣,用脚内侧先着地;左脚向前上方摆动时,膝稍外展,用脚的外侧先着地;其三,在 10 米长的交接区交接棒时,由于交接区域较短,女子队进入接力区时,男子起动的时机要把握好。首先,男子队应站在接力区外的预跑区,并稍靠近外道内侧缘;其次,应在预跑区根据情况提前起动,宜采用小步跑调整节奏,力争在达到一定速度的情况下和高速行进的女子队员在接棒区内前 3～4 米完成交接棒,以便形成男子跑距加长而女子跑距适当压缩,利用男子速度上的优势使整体成绩得到提高的目的。在交接棒中应注意:①起动的时机避免出现等棒;②口令发出的时机传接棒要果断;③在高速跑动过程中完成交接棒;④女子队员在没有完全完成交接时,应继续保持原有速度跑进,防止交接不成功时可以补交一次。

第四部分

时尚体育运动与健康教育实践项目

第十七章　跆拳道运动与卫生健康教育

第一节　跆拳道运动概述

跆拳道是一项以手脚技术为进攻武器的格斗对抗性项目,它是以技击格斗为核心,以修身养性为基础,以磨炼人的意志、振奋人的精神为目的的一项现代竞技体育运动。它由品势(特尔)、搏击、功力检验 3 部分内容组成。跆拳道是创新与发展起来的一门独特武术,具有较高的防身自卫及强壮体魄的实用价值。

跆拳道运动起源于原始社会时期的朝鲜民族,他们为了获得食物、抗击外来势力的入侵和抗御野兽的袭击,在反复的实践中逐渐发现了一些锻炼身体和参与战斗的方法,这些发自本能的发明,在社会进化的过程中逐步演化成有目的、有意识的斗技活动,形成了古代跆拳道的雏形。随着社会和历史的发展,1955 年,跆拳道运动在经历了几千年的发展和充实之后,跆拳道运动的领导人和组织者终于将朝鲜的自卫术统称为"跆拳道",即现代的跆拳道。

一、跆拳道释义

跆拳道(Taekwondo)的本意由 3 方面组成:跆(TAE)是表示以脚踢;拳(KWON)是以拳头击打;道(DO)是一种精巧的艺术方法,同时也是对练习者在道德修养方面的要求。跆拳道是以脚法为主的功夫,其脚法占所有方法的 70% 甚至更多。

二、跆拳道的起源与发展

跆拳道古称跆跟、花郎道,是起源于古代朝鲜的民间武艺。跆拳道的起源与发展可追溯到远古时期,自从人类第 1 次学会了保护自己,跆拳道的原始特征就已自然形成了。大约在公元前一世纪左右,高句丽、新罗、百济三国先后兴起,用于搏斗的武技——跆拳道也得到了极大的发展。

跆拳道,经过高句丽、新罗、百济至高丽一千多年的流传,到了李朝时代才真正地生根成长。李朝正祖 14 年(公元 1790 年),李德懋奉王命编撰的《武艺图谱通志》就是跆拳道的代表作,在这部书中,不但说明了关于跆拳道的发展源流,就连各种兵器的使用方法也有详细的记载。1955年正式称朝鲜的自卫术为"跆拳道"。1966年第1个国际组织——国际跆拳道联盟成立。1973年5月在汉城成立了世界跆拳道联合会(WTF)。1980年国际奥委会正式承认世界跆联。1988年、1992年、1996年跆拳道3次列入奥运会表演项目,2000年列入悉尼奥运会正式比赛项目。迄今为止,世界跆联已有144个会员国,8 000多万爱好者参加练习。

三、中国跆拳道运动的发展

我国是1992年10月正式开展跆拳道运动的,1995年7月中国跆拳道协会成立,并于同年11月被世界跆拳道联盟接纳为正式会员国。1994年11月首届全国跆拳道锦标赛在昆明举行。

自我国开展跆拳道运动以来,在各式国际性跆拳道比赛中摘金夺银,显示了后来居上的态势(见表17-1)。

表17-1　我国跆拳道奥运冠军

届次	举办地	时间	级别	冠军
27	悉尼	2000	女子67公斤以上级	陈中
28	雅典	2004	女子67公斤以上级	陈中
28	雅典	2004	女子67公斤级	罗微
29	北京	2008	女子49公斤级	吴静钰
30	伦敦	2012	女子49公斤级	吴静钰
31	里约热内卢	2016	女子67公斤以上级	郑姝音
31	里约热内卢	2016	男子58公斤级	赵帅

四、跆拳道的分类

传统跆拳道,俗称朝鲜跆拳道。比赛中不穿其他护具,只戴拳套、脚套;规则上可以用拳击打头部。从技术的要求和强调击打效果来看,更接近中国的武术。

竞技跆拳道,又称韩国跆拳道。比赛中穿护具,不戴拳套,不可以用拳击打头部,更强调安全性、体育竞技性。

扩展知识：跆拳道的级位与段位

跆拳道有着严格的技术等级考核制度。修炼者水平的高低，以"级""品""段"来划分，"级"分为 10 级至 1 级，10 级水平最低，1 级较高，1 级以后入"段"，段位从低到高分为一至九段，未成年选手达到一至三段水平，则授予"一品"至"三品"。

腰带的颜色则代表着选手的技术水平，从低到高依次为白带（10 级）、白黄带（9 级）、黄带（8 级）、黄绿带（7 级）、绿带（6 级）、绿蓝带（5 级）、蓝带（4 级）、蓝红带（3 级）、红带（2 级）、红黑带（1 级、一品至三品）、黑带（一段至九段）。

腰带颜色的象征意义：

白带：白带代表纯洁，练习者没有任何跆拳道知识和基础，一切从零开始。

白黄带：练习者经过一段时间的训练，已经了解跆拳道的基本知识并学会一些基本技术，开始由白带向黄带过渡。

黄带：黄带是大地的颜色，就像植物在泥土中生根发芽一样，在此阶段要打好基础，并学习大地厚德载物的精神。

黄绿带：介于黄带与绿带之间的水平，练习者的技术在不断上升。

绿带：绿带是植物的颜色，代表练习者的跆拳道技术开始枝繁叶茂，跆拳道技术在不断完善。

绿蓝带：由绿带向蓝带的过渡带，练习者的水平处于绿带与蓝带之间。

蓝带：蓝带是天空的颜色，随着不断的训练，练习者的跆拳道技术逐渐成熟，就像大树一样向着天空生长，练习跆拳道已经完全入门。

蓝红带：练习者的水平比蓝带略高，比红带略低，介于蓝带与红带之间。

红带：红色是危险、警戒的颜色，练习者已经具备相当的攻击能力，对对手已构成威胁，要注意自我修养和控制。

红黑带：经过长时间系统的训练，练习者已修完从 10 级至 1 级的全部课程，开始由红带向黑带过渡。

黑带：黑带代表练习者经过长期艰苦的磨炼，其技术动作与思想修为均已相当成熟。也象征跆拳道黑带不受黑暗与恐惧的影响。

（摘自 http://zhidao.baidu.com/question/117309418.html）

五、跆拳道的特点与作用

(一) 特点

(1) 手脚并用,以腿为主。精湛多变的腿法是跆拳道有别于其他技击术的重要特征,腿法所占的比例高达 70% 以上。

(2) 方法简单,刚直刚打。跆拳道实战中多用拳、掌、手、臂格挡防守,以连续快速的腿法组合进攻,极少采用闪躲防守的方法。进攻强调以刚制刚、直接接触、强攻硬打,攻击的路线为直线,尽可能缩短两点间距离,以增加击中的有效性。

(3) 内外兼修,方法独特。跆拳道以赤手空拳在专心致志情况下进行训练和比赛。长期训练,手快脚疾,产生常人难以达到的破坏力,这就是内功和外力综合作用的效应。

(二) 作用

1. 改善和增强体质

跆拳道的技术动作是由全身协调配合,主要通过各种各样的腿法来表现。它能很好地促进人体的力量、速度、灵敏、耐力、协调等全面身体素质的发展,具有强身健体的作用。

2. 防身自卫

跆拳道运动直接接触对抗、较技斗力、攻防一体。在习练掌握各种攻防技法的同时,提高了人体神经系统的灵活性和反应能力以及各种运动素质,增强击打和抗击打能力。

3. 磨炼意志,培养提高品格的修养

跆拳道推崇"礼始礼终"的尚武精神,尤其讲究"未曾学艺先学礼,未曾习武先习德"。使练习者从开始就养成谦虚、宽容、礼让的高尚品德和尊师重道、讲礼守信、见义勇为的情操,并影响社会。

4. 娱乐观赏

跆拳道是一项对抗性很强的运动,比赛中双方选手不仅较力斗勇,而且讲究较技斗智,尤其是跆拳道精妙高超的腿法,具有极高的观赏价值。

六、跆拳道的"礼仪"

跆拳道中的"礼仪"是跆拳道基本精神的具体体现。因此在练习或比赛前后都一定要向对方敬礼,即跆拳道是练习者精神和身体的综合修炼,使练习者在艰苦的磨炼中培养出理想的人格和体魄,并能够真正掌握防身自卫的本领,因而在对练习者精神锻炼一环中就必须包括礼仪的教育和熏陶。

礼仪是跆拳道运动必不可少而且十分重要的组成部分。礼节是跆拳道练习过程中必须具备的行为规范。练习跆拳道的人要持有正确的练习和认识态度,对跆拳道的历史、内容、特点、作用及教育意义有全面的了解和认识。

第二节 练习方法与竞赛规则

一、基本步型

(1) 并步:又称并步站。两腿并拢直立,两脚内侧贴紧相靠。这种站立势多用于敬礼前。

(2) 开立步:又称自然立(自然体)。两脚左右开立,与肩同宽;两脚尖正对前方或稍外展,两手自然下垂,两手握拳置于体侧;也有在体后两手交叉相握者。

(3) 马步:又称骑马站。两脚右开立,脚尖平行向前;挺胸立腰,上体正直;膝关节弯曲,重心落于两脚中间。

(4) 侧马步:又称竖半月立。在马步的基础上身体微侧转,两脚及膝关节稍内扣,重心位于前腿。

(5) 弓步:又称前屈立。两脚前后开立,相距一步;前腿屈膝,后腿伸直,后腿膝关节和脚面垂直,重心偏于前腿。

(6) 前行步:又称高前屈立。两脚前后开立,距离同平时走路时的步幅。

(7) 三七步:又称后屈立。前后脚相距一步,后脚尖外展90度,后腿屈膝,前腿膝微屈,重心主要落于后腿。

(8) 虚步:又称猫足立,姿势与三七步相似,惟前脚脚掌点地,脚跟提起,两膝稍内扣,重心落于后脚。

(9) 交叉步:有两种做法。一种是一脚向另一脚后侧插步,脚尖着地,两腿屈膝,这是后交叉法;另一种是一脚向另一脚前侧上步,脚尖着地,两腿屈膝交叉,这是前交叉法。

(10) 独立步:又称单腿立。一脚独立站稳,另一屈膝提起,脚内侧贴于支撑膝内侧或膝窝处。

二、基本手型、手法

(一) 手型

(1) 正拳:跆拳道中最基本的拳式。握法如下:五指伸开,拇指之外四指向里屈曲卷握,拇指紧压于食、中指第二指骨上。

(2) 平拳:手指第二指关节弯曲,使指尖贴靠手掌,拇指扣于虎口,运动中使用中指第二指关节冲击对手上唇或颈部,食指和无名指作为辅助部位协同攻击。

(3) 指节拳:有食指从正拳型中凸出的食指拳和中指从正拳型中凸出的中指拳两种。

(4) 手刀:又称空手毁,四指并拢伸直,拇指屈曲贴靠食指。手刀主要用于掌外沿攻击,若使用手刀相反的食指侧部位击打,称为背刀。

(5) 熊掌:第二指关节弯曲,拇指扣于食指的掌指关节处。

(6) 底掌:拇指展开微屈,余四指并拢,第一指节微屈,掌成弧形。

(7) 二指贯手:又称剪形指。食指与中指伸展呈剪刀状,拇指压在无名指的第二指关节处,主要用于格斗中插击对方眼睛。

(二) 手法

1. 冲拳

(1) 两脚左右开立,与肩同宽;两手握拳收于腰间,拳心朝上。

(2) 左脚向前上步成左弓步,同时右拳由腰间向前臂内旋平冲。右冲拳,左脚在前为逆攻,右脚在前为顺攻,此外还有侧冲、下冲等方法。

攻击部位:中段胸部,上段头部,下段腰部。

2. 上攻拳

形似开术中的抄拳及拳击中的勾拳,多用右拳由右腰间向上用拳面击打。

攻击部位:下颏。

3. 弹拳

两脚开立,体先右转,两手握拳,随两臂屈肘置于腹前,右拳在外,两拳心均斜向下;体右转,同时左臂屈肘提至胸前,以肘关节为轴使拳由下颏向前用"里拳"弹击,力达拳背。

攻击部位:上唇、人中穴或面部。

4. 鞭拳

两腿前后开立,右脚在前,左手握拳,随左臂屈肘提至左肩前,拳心朝内;随即左臂以肘关节为轴快速伸臂,使左拳由内向外击出。

攻击部位:面部或胸部。

5. 劈拳

两脚开立,左手握拳(拳心朝内)由腹前上举,经头上向左平劈。

攻击部位:头部、颈部或胸部。

6. 砍掌(手刀砍)

两脚开立,右臂屈肘上举,右掌提至右耳旁,随即边伸右臂边用右手刀向前磺砍,掌心朝上。

攻击部位:颈动脉。

7. 底掌掐击

右脚向前上步,同时右手成"底掌"(掌心朝下)向前掐击。

攻击部位:咽喉。

8. 熊掌推击

右脚向前上步,同时右手成"熊掌"(四指并拢,第二指节卷屈、拇指扣于虎口处)屈腕向前推出,力达掌根。

攻击部位:面部。

9. 击肘

右脚向前上步,同时右臂屈肘,以肘尖领先由外向里弧形横击。

攻击部位:腹腔神经丛。

10. 挑肘

右脚向前上步,同时右臂屈肘夹紧,以肩关节为轴,用肘尖向上击打。

攻击部位:下颏。

11. 顶肘

(1) 两脚左右开立,右手握拳随右臂屈肘置于胸前,拳心朝下,左掌附于右拳拳面上。

(2) 右脚向右迈步,同时左掌用力推动右掌,使右肘快速向右顶击。

攻击部位:胸部。

三、基本踢法

跆拳道以腿法的攻击为主,被世人称为踢的艺术。尽管跆拳道有站踢、助跑踢、转踢、飞踢等不同类型的腿法,但最基本的腿法是前踢、侧踢、抡踢、下劈、后踢、旋踢、勾踢。

(一) 前踢

从格斗势开始,左腿屈膝上提,膝关节朝正前方,脚背绷直,脚趾勾起,随即以膝关节为轴迅速伸膝前踢,力达脚前掌。

(1) 要点:前踢时动作应迅猛连贯,髋关节顺势前送,上体稍下压。

(2) 易犯错误:①上体后仰过大,失去平衡。②用全脚掌或脚背攻击。③做成撩踢。

(3) 作用:当对手的躯干有较大倾斜角度时,宜使用前踢。根据攻击的不同部位又分为中段前踢或上段前踢。实用中还有前腿前踢和后腿前踢等不同用法。

(二) 侧踢

以后腿侧踢为例。从格斗势开始,身体重心前移,后腿屈膝上提,脚尖勾起,随即迅速伸膝,攻击腿沿直线踹击目标;同时,支撑脚以脚前掌为轴外转,力达脚外侧或整个脚掌。

（1）要点：提膝、转身、踢击要连贯；发腿时要转体、放胯，上体侧倾下压。

（2）易犯错误：①发腿时身体侧倒过大，屈髋、腿不直，不是直线踢击。②动作不连贯。

（3）作用：①直线攻击对手的躯干或头部。②由于侧踢所产生的攻击力量多为推击力，竞赛中，推击力不易得分，所以多用此法阻击对手。

（三）后踢

从格斗势开始（左脚在前），重心后移，左脚外展，右脚以前脚掌为轴内转，使脚跟正对对手方向；头与身体同时左转，目视对方。右腿支撑，左腿屈膝提踵，脚尖勾起，左肩微下压，随即左脚迅速向后伸膝蹬踢，力达脚底。

（1）要点：转身时，动作要快，重心要平稳，转头要迅速，使目光离开对手的时间应尽量减少。提膝时，身体要下压、尽量靠近支撑腿。后蹬时要压胯、送髋，控制住身体平衡。

（2）易犯错误：①转身时左右摆动大或转动角度过大。②发腿时重心不稳、踢击的落点不准，不是直线踢击。

（3）作用：后踢可直接攻击对手头与躯干，但多用于防守反击。当对手攻击时，迅速转体后踢，一可避其攻势，二可隐藏反击腿。

（四）抡踢

从格斗势开始（右脚在后），身体左转，右腿屈膝上提，高与腰平，膝内扣，脚面绷平；同时右脚外展。上体侧倾，以膝关节为轴迅速伸膝发腿，用脚背弧形踢击对方头部。

（1）要点：支撑脚以前脚掌为轴，随抡踢动作逐渐外展。抡踢时以腰发力，腹部展开，以防因屈髋使力量的传递受阻。

（2）易犯错误：①支撑脚不是随身体转动逐渐外展。②身体侧倾过大。③屈髋收腹。④动作不连贯。

3. 作用：上击头部，中击躯干，下击腿部。

（五）下劈

直腿下劈：从格斗势开始，右腿关节绷直、踝关节放松，用力直摆至大腿靠近胸部时，髋关节前送，右腿迅速用力下劈。

屈腿下劈：从格斗势开始，右腿屈膝由下向头部上方摆起，膝关节随腿的摆起逐渐伸直，右脚接近头上方时，用右大腿带动小腿，脚面绷直，以右脚掌为力点向前下方劈击，同时上体微后倾。

（1）要点：右腿上摆时，大腿要松。下劈时，腿要与转腰配合。当右脚劈至胸部高度时，大腿适度放松，使腿力一贯到底。下劈腿是最常用的腿法之一。

（2）易犯错误：①腿上提时不放松或用力过大。②下劈时，腰胯未能及时前送，身体后仰过大。

（3）作用：沿竖直方向劈击对手头颈部。

（六）勾踢

以实战格斗势开始（左脚在前），身体重心前移，左脚以脚掌为轴外展，身体随之左转；同时右腿屈膝上提，胯展开，踝关节放松。上动不停。转腰送胯，右腿迅速伸膝使右脚摆至左前上方，随即膝关节回屈扣小腿，使右脚弧线下落，以脚掌横击对方头部。

（1）要点：勾踢时身体要适当放松，尤其是放松髋关节，充分发挥腰、腿的力量。回勾时扣小腿要快，注意控制住身体平衡。

（2）易犯错误：①身体过于后倒。②勾踢时仅靠大小腿勾摆、腰部无力，脚走的弧线过大。③身体紧张，动作僵硬。

（3）作用：勾踢主要是大小腿的快速回勾，沿水平方向攻击。使用中可与其他腿法结合起来变化使用。如旋踢转勾踢、侧踢转勾踢等。

（七）旋踢

从格斗势开始（左脚在前），重心前移，以左脚掌为轴，头部带动身体向右后转动，背向对手；同时右腿随体转屈膝提起，随即用脚掌弧形踢击，接近对手时腿伸直。

（1）要点：旋踢属转身腿法，转体、发腿要连贯、协调、快速，以腰发力。

（2）易犯错误：①转体时不能以纵轴转动，不是以头的转动带动身动。②转体角度不够，过早出腿或完成转体后发腿。

（3）作用：旋踢主要用于沿水平方向踢击对方头部，通常作为反击战术或组合攻击中的最后招法使用。

四、跆拳道运动的竞赛规则

（一）跆拳道的场地

跆拳道的比赛场地是长 12 米、宽 12 米、水平、无障碍物的正方形场地，场地的地面应为有弹性的垫子。为安全起见，场地外两侧平台的侧面略微向地面倾斜。场地中央长 8 米、宽 8 米的区域为比赛区，其外边为红色的警告区，提醒选手正接近边线或平台的边缘，一旦选手的脚踏入警告区，则裁判自动暂停比赛。故意进入警告区可判为 Kyong-go，而故意跨过边线将判为 gam-jeom。警戒区和比赛区表面用两种不同颜色划分，同色时用 5 厘米宽的白线划分（见图 17-1）。

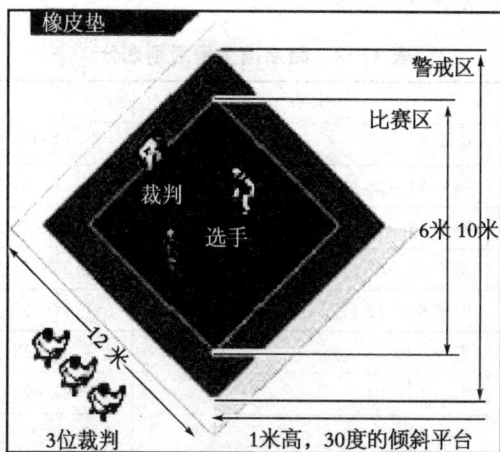

图 17-1　跆拳道比赛场地

（二）跆拳道的服装

跆拳道的服装称作道服，其款式、颜色都是特定的。系扎道服用的腰带颜色各异，以其颜色可以区分运动员的段位级别。

（三）跆拳道比赛的种类、方法和时间

1. 跆拳道比赛的种类

跆拳道比赛的种类分为个人赛和团体赛两种。个人赛是按各人体重级别在个人之间进行比赛，在必要时可把相邻两个级别合并后进行比赛。团体赛有 3 种赛制，分为 5 人制、8 人制和 4 人制。

2. 跆拳道比赛的方法

跆拳道比赛采用单淘汰赛和循环赛两种形式。奥运会的跆拳道比赛采用个人赛制，没有团体赛。中国跆协主办的全国性竞赛至少有 4 个队参加，每个级别至少有 4 名运动员参加比赛，不足 4 名运动员的级别不计比赛成绩。

3. 跆拳道比赛的时间

跆拳道每场比赛为 3 局，每局比赛的时间为 3 分钟，局间休息 1 分钟。青年锦标赛每场比赛为 3 局，每局比赛为 2 分钟，局间休息 1 分钟。必要时，经跆协批准，可以每场比赛为 3 局，每局比赛为 2 分钟，局间休息 1 分钟。

（四）跆拳道比赛的体重级别与称量

跆拳道同许多搏击型项目一样，在比赛中为保持公平性，需要划分重量级别。

1. 跆拳道体重级别划分(见表 17-2)

表 17-2 跆拳道重量级别划分

级别	男子	女子
Fin(鳍量级)	男子 54 以下	女子 47 公斤以下
Fly(蝇量级)	男子 54~58 公斤	女子 47~51 公斤
Bantam(雏量级)	男子 58~62 公斤	女子 51~55 公斤
Feather(羽量级)	男子 62~67 公斤	女子 55~59 公斤
Light(轻量级)	男子 67~72 公斤	女子 59~63 公斤
Welter(次中量级)	男子 72~78 公斤	女子 63~67 公斤
Middle(中量级)	男子 78~84 公斤	女子 67~72 公斤
Heavy(重量级)	男子 84 公斤以上	女子 72 公斤以上

2. 奥运会跆拳道比赛体重级别划分(见表 17-3)

表 17-3 奥运会跆拳道比赛重量级别划分

男子	女子
男子 58 公斤以下	女子 49 公斤以下
男子 58~68 公斤	女子 49~57 公斤
男子 68~80 公斤	女子 57~67 公斤
男子 80 公斤以上	女子 67 公斤以上

3. 世界青年跆拳道锦标赛体重级别(见表 17-4)

表 17-4 世界青年跆拳道锦标赛重量级别划分

级别	男子	女子
Fin(鳍量级)	45 公斤以下	42 公斤以下
Fly(蝇量级)	45~48 公斤	42~44 公斤
Bantam(雏量级)	48~51 公斤	44~46 公斤
Feather(羽量级)	51~55 公斤	46~49 公斤
Light(轻量级)	55~59 公斤	49~52 公斤
Welter(次中量级)	59~63 公斤	52~55 公斤
Light Middle(轻中量级)	63~68 公斤	55~59 公斤
Middle(中量级)	68~73 公斤	59~63 公斤
Light Heavy(轻重量级)	73~78 公斤	63~68 公斤
Heavy(重量级)	78 公斤以上	68 公斤以上

（五）跆拳道比赛中允许使用的技术

跆拳道比赛中使用拳的技术时必须握紧拳,用拳正面的食指或中指部分击打;使用脚的技术时,必须用踝关节以下脚的前部击打。这里需要注意,指、掌、肘、膝等技术只适合于平时练习或品势表演中使用,在比赛中禁止使用抓、搂、抱、推等动作,如出现,将被判罚警告 1 次,警告两次将被扣 1 分。

（六）跆拳道比赛中允许攻击的部位

跆拳道比赛中允许攻击的部位包括髋骨以上至锁骨以下以及两肋部,但背部没有护具保护的部位禁止攻击。头部两耳向前头、颈的前部只允许用脚的技术攻击。

（七）跆拳道比赛中如何得分

使用允许的技术,准确有力地击中有效得分部位,即为得分 1 次,得分 1 次累加 1 分。

有效得分部位包括腹部和两肋部以及面部允许被攻击的部位,如使用允许的技术击中被护具保护的非有效得分部位,击倒对方时按得分计。

扩展知识：下述为合理的攻击

（1）击打对手的得分部位,除了头外,得分部位包括腹部及身体两侧,这三个部位标于对手的护具上。禁止击打对方小腹以下部位。

（2）用规则允许的身体部位击打对手。须用正确紧握的拳头的食指和中指前部或脚踝关节以下的部位击打对方。

（3）若 3 位裁判中的至少两位对击打进行了认定并记录,则得分有效。

（八）跆拳道比赛的获胜方式

1. 击倒胜（K. O 胜）

选手被击倒后,裁判如拳击比赛一样开始 10 秒的读秒。在跆拳道比赛中一方由于对手发力而使其脚底以外的其他任何部位触地则判为被击倒,裁判也可在选手无意或无法继续比赛时开始读秒。一旦出现击倒,则裁判喊"kal-yeo",意为"暂停",指示另一方退后,裁判开始用韩语读秒从 1 至 10。即使被击倒的选手站起来欲继续比赛,他或她必须等待裁判继续读秒至 8 或"yeo-dul",然后裁判判定该选手是否能继续比赛。若其无法继续比赛,则另一方以击倒获胜。

2. 比分或优势胜(判定胜)

在除了决赛以外的其他比赛若以平局结束,则分数高的一方获胜。若双方仍旧平分秋色,则由裁判根据比赛中双方表现的主动性来决定在 3 回合各 3 分钟的比赛中哪一方占优;若为争夺金牌的决赛,则双方进行第 4 回合即突然死亡回合的较量,率先得分者获胜,若无人得分,则裁判判定通过判断谁在该回合中占优而决定最后的胜方。

3. 主裁判终止比赛胜(RSC 胜)

主裁判根据比赛中的具体情况,当一方运动员的实力明显差于对手时,或一方队员因受伤不能比赛时,主裁判有权终止比赛,宣布一方为胜方。

4. 对方弃权胜(弃权胜)

由于一方运动员因故弃权,则另一方获得胜利,直接进入下一轮次的比赛。

5. 对方失去资格胜(失格胜)

一方运动员因各种原因造成的失去比赛资格,则另一方运动员直接获胜,进入下一轮次的比赛。

6. 主裁判判罚犯规胜(犯规胜)

由于一方运动员因犯规被主裁判直接判为犯规败,则另一方获胜,进入下一轮次的比赛。

(九) 跆拳道比赛中的犯规

犯规是跆拳道比赛中的一个重要因素,不仅仅因为被罚 3 分(在高水平比赛中极为罕见)就意味着自动失败,还因为仅仅 1 个罚分就可左右比赛的胜负。跆拳道犯规分两种:kyong-go 和 gam-jeom。最常见的一种犯规 kyong-go 或警告,意味着罚 0.5 分,但是若仅有一次这种犯规则不计入罚分,除非再次犯规而累计罚 1 分。另一种更为严重的犯规称为 gam-jeom,将被罚 1 分。

1. kyong-go

这是不会对对方造成伤害的犯规,一次判罚 0.5 分 。有以下情况:

(1) 转身背向对手逃避进攻。

(2) 倒地(消极地躲避进攻拖延时间)。

(3) 回避比赛。

(4) 抓、搂、抱或推对手。

(5) 攻击腰以下部位(不论有意或无意,不论是否得逞)。

(6) 伪装受伤。

(7) 用膝部顶撞对手。

(8) 无意用手攻击对手面部。

(9) 越出边界(警戒区之外)。

（10）教练员、运动员的不良行为。

2. gam-jeom

这是严重的犯规,一次判罚 1 分。有以下情况:

（1）攻击倒地对手。

（2）主裁判发出 kalyeo(暂停,比赛中途有情况)或 ke-man(停止,一场比赛结束)的口令后,攻击对手。

（3）抓住对手进攻的脚将其摔倒或用手推对手。

（4）故意用手攻击对方面部(是"故意"!区别于上第 8 条)。

（5）教练员或运动员打断比赛进程(不仅仅是"不良行为"!区别于上第 9 条)。

（6）教练员或运动员的过激行为影响比赛或做出违反体育道德的行为。

五、跆拳道的电子护具

北京奥运会上,相信人们对奥运冠军陈中因为裁判争议性改判而泪洒赛场的一幕都记忆犹新,那时跆拳道比赛仍旧采用传统的人工计分方法,随着高科技的应用,像陈中这样的遗憾不会再发生了,因为跆拳道进入了电子护具时代。

（一）什么是电子护具

电子护具是指将由高尖端的电子芯片组成的感应装置附着在跆拳道护具上,在受到有效攻击时感应装置自动识别其击打力量,并通过无线传输自动将得分情况及时反映在得分显示屏上的一套技术装备。

（二）电子护具的种类

电子护具有 3 种,由 3 家公司从不同角度研发,分别为液压式、感应式和两者兼顾的,世锦赛使用的是感应式电子护具。

感应式电子护具就是将含有电子芯片的感应器装在护具上,在受到有效攻击时感应装置自动识别其有效击打、反映得分的技术装置。也就是说,电子护具是通过与电脑连接的传感系统对击打力度、击打部位进行识别,用具体数值量化了腹部得分的标准。

阿迪达斯公司采用的是液压原理,以打上的力度作为评判标准,比如男子 68 公斤级的比赛必须有 220 焦耳以上的压强才能判断得分。不过这种液压式的护具对于肘击、肩撞等得分因素无法进行分辨。

（三）电子护具的特点和发展情况

通过传统护具判定得分主要有 3 个因素,一是部位,二是力度,三是技术。也就是要打正护具部位,并有一定的力度时可以得分。此外就是合理的技术动作,也就是没有完全达到前两点时,如果技术动作到位也可以得分。

电子护具的主要功能也是判定得分,但只能准确地判断部位和力度,却不能判断技术这一环节。也就是在力度和位置不够准确时,以往的一些技术得分手段无法在电子护具上体现。

这一特点也引发了新的问题,那就是运用电子护具的比赛,运动员想要得分就必须更加追求力度和精准度。这一特点也会使跆拳道更加精彩激烈,更加具有观赏性。

电子护具的运用并不完全是为了解决裁判问题。在赛场上裁判问题是不可能完全避免的,虽然用了电子护具,但同样还是需要4名裁判执法。

(四)为什么要用电子护具

跆拳道之所以要使用电子护具,同这一项目的特殊性有关。跆拳道比赛,由于裁判员的主观判罚占据了决定性作用,而比赛中情况变化复杂,因此经常出现争议性判罚。北京奥运会女子67公斤级跆拳道1/4决赛中,陈中因为裁判改判而负于英国选手史蒂文森,无缘奥运会三连冠,这一幕就让人印象深刻。正是因为这些原因,世界跆联引入了电子护具。

(五)电子护具的作用

1. 电子护具提高专项能力需求

目前的感应式电子护具相对比较成熟,其准确性、电波干扰能力、技术管理等方面都比以往完善,已经达到了参赛需求。随着电子护具技术的完善,公正性得到了较好的保证。其次融入了新规则后,使跆拳道运动的激烈、精彩程度大大增加,击头次数、得分率也随之上升,当然,随着尺度的调整,裁判因素将转向另一个领域。总体来说,电子护具的使用对教练、裁判、选手的要求更高了。世界跆联推出电子护具的初衷是为了降低比赛中的人为因素,事实上,电子护具试用初期"人为"就得到了较好的解决。电子护具带来的更多是对技术体系的补充和完善,一些被遗忘的技术如拳,一些平时练习上千遍但少使用的技术如后踢、旋风踢等也在电子护具和新规则的推动下大规模被使用,赛场的功夫来自平日的训练,这些变化无疑将更改教练员已经固定了的训练思维。毫不夸张地说,电子护具的正式启用意味着一场理念革命已经拉开序幕。

2. 电子护具带来系列变化

中国队已经3次在比赛中使用感应式电子护具。第1次是2007年12月在海南三亚举行的中韩跆拳道公开赛,那是第1次在中国境内使用电子护具,当时的感觉是"沉重,如变形金刚",第1次使用的队员们有点找不到北,不敢进攻,场面难看;队员们需要挽起一截裤管以及袖口,以免遮盖住感应器而影响得分,因此传统印象中飘逸的白道服变成了7分衣裤,十分尴尬。

第2次是在2008年4月的亚洲锦标赛上使用,这是第1次在亚洲洲际正式比赛中使用电子护具,尽管赛前中国队曾提前适应,但多数队员"仍然不适应",那一次伊朗队获得了5枚金牌,大大超越了韩国队成为最大赢家,由此改变了感应式电子护具只爱技巧型选手的看法。

第三次就是世界杯比赛上的使用,从外形看改变不多,但细节之处完善了很多。譬如,为了解决脚汗会降低感应器敏感度的问题,参赛选手必须穿上袜子,一改此前"光脚劈天下"的传统。

电子护具和新规则,让比赛更精彩,高难技术也频频出现。传统护具使许多教练员的思路固定在单一的长打,但是中近距离的短打才是使用电子护具后重要的得分手段之一,通过电子护具的使用,能使教练员的专业能力更上一台阶。

第十八章　健美操运动与卫生健康教育

第一节　健美操运动概述

一、健美操运动的概念

健美操运动是一项以有氧运动为基础,集体操、舞蹈、音乐、健身、娱乐于一体的新型体育项目。一般情况下采用徒手或轻器械进行练习,是为人体有氧系统提供能量的一种运动形式,其运动特征是持续一定时间的中低强度的全身性运动,主要锻炼练习者的心肺功能,是发展有氧耐力素质的基础。它既是健身美体、陶冶情操的大众健身方式,又是竞技运动的一个项目。

二、健美操运动的起源与发展

(一) 国际健美操运动的起源

健美操运动是近几十年发展起来的一项新兴的体育运动项目,它最早的英文名为"Aerobics",意为"有氧运动""有氧健美操"。

"有氧运动"最早是由美国著名群众体育专家 K. 库伯尔博士于 20 世纪 60 年代提出来的。"有氧运动"强调"有氧"的重要性,以有氧跑步健身为主要内容。到了 20 世纪 70 年代中期,K. 库伯尔博士相继出版了《新有氧操》和《有氧体操有益于大众》等著作后,有氧体操开始在欧洲受到重视。20 世纪 80 年代初,驰名世界的健美操影视明星简·方达根据自己的健身体验和体会大力推广健美操运动,并于 1981 年编写了《简·方达健美操》,这本书一经出版引起全世界的轰动,很快被译成 19 种文字,畅销 20 多个国家,发行了几百万册,各国的健美俱乐部、健美操中心便在这种背景下应运而生了。

(二) 国际健美操运动的发展

从 20 世纪 70 年代开始,美国相继创办了上千家健身俱乐部。在法国,仅巴黎就出现了 1 000 多个健美操中心。在苏联、波兰、保加利亚等国健美操已列入大、中小学的体育教学大纲。在日本不仅有青年、妇女喜爱的健美操,还创编了孕妇健美操、婴儿健美操等。这个时期,健美操在理论上得到了丰富,在实践中得到了不断创新和发展。

随着健美操运动在世界范围的广泛开展,参与的人数也越来越多。人们除了从中体会到健美操本身所具有的健身魅力外,也看到其中潜在的发展效应和商机。因此,健美操开始逐渐发展成为一项有组织的体育运动。

1980 年,世界健美操冠军联合会在美国成立,总部设在美国,并于 1983 年在美国举办了首次健美操比赛。

1983 年,国际健美操联合会在日本成立,总部设在日本,目前有会员国近 30 个。1984 年在日本东京举办了首届远东地区健美操大赛。由于两次健美操运动大赛的成功举办,使得健美操运动在世界各地全面兴起。国际健美操联合会也于 1985 年举行了第 1 届国际健美操比赛,1994 年在日本东京举办了首届世界健美操冠军赛,之后每年举办健美操世界杯赛一次。

成立于 1881 年的国际体操联合会,在 1994 年将健美操归并为其正式的比赛项目。同年,国际体操联合会接受健美操为其所属委员会,成立了国际体操联合会——竞技健美操分会,并从 1995 年开始每年举办"FIG 健美操世界锦标赛"。随着规则的修订,从 2000 年起,每逢单数年举办一次健美操世界锦标赛。

2005 年国际上将健美操统一命名为"Aerobics Gymnastics"。

同样,健美操在竞技上得到发展的同时,在健身项目上也得到了重视。

1982 年,国际健身协会在美国成立,总部设在美国,目前有来自 80 多个国家的 23 000 名会员,是目前较大的国际性健身组织之一。国际健身协会致力于为世界各地的健身专家提供最新健身信息和继续教育的机会。国际健身协会有自己的多种出版物并每年举行各种活动,如在世界上较有影响的"IDEA 健身大会"。

1991 年,亚洲健身协会在香港成立,总部设在香港,是亚洲地区最有影响力的健身性国际组织。亚洲健身协会通过它的全球网络,支持教育、宣传健康,并致力于推动健康和健身教育在亚洲地区的发展。亚洲健身协会也有自己的专业出版物并组织各种健身的宣传和教育活动,如"Asia fit 健身大会"。

20 世纪 80 年代中期,国际健美操与健身联合会在澳大利亚成立,总部设在澳大利亚,现有会员国 40 多个。国际健美操与健身联合会在亚洲和太平洋地区较有影响力,它除每年举办健美操专业比赛外,还组织各种健美操培训班。

(三)健美操运动在我国的兴起与发展

健美操是于 20 世纪 70 年代末、80 年代初传入我国的,结合我国的气功、武术、民间舞蹈,形成了一些具有中国特色的徒手、手持轻器械的健美操。健美操开始在我国的北京、上海、广州等地流行,举办了各种健美操培训班,其后,在我国的高校得到普及,经新闻媒体的报道,健美操逐步在我国广泛开展,在社会上逐渐普及,理论知识体系也得到相应的健全。

1984 年,原北京体育学院成立了健美操研究组,上海体育学院成立了健美操教研室,率先开设了健美操课程。一些大专院校也根据国家教委对高校体育教学的要求,逐步开设了健美操普修或选修课,从而使健美操在我国的校园里兴起。

1986～1988 年,健身健美操和竞技健美操在我国得到了长足的发展。1986年 4 月在广州举行了我国首次"全国女子健美操邀请赛"。1987 年 5 月在北京我国又成功地举办了首届正式的竞技健美操比赛——"长城杯"健美操邀请赛。为了有组织、有计划地推动全国大学生健美操运动的发展,1992 年 2 月,北京成立了中国大学生体育协会健美操、艺术体操协会。1992 年 9 月,中国健美操协会在北京正式成立,标志着我国健美操运动进入一个崭新的发展阶段。

随后,我国的健美操比赛逐渐规范化,国际交流也得到了快速和长远的发展。

第二节　健美操运动的意义与锻炼价值

一、健美操运动的意义

(一) 健美操具有很强的实效性

健美操是以健身为基础,以人体解剖学、运动生理学、体育美学等多个学科为理论依据,以发展人体健康健美为目的而创立出来的一项运动项目。健美操的动作讲求健美大方,强调力度和弹性。因此,通过健美操运动练习,身体各部位的关节、韧带和肌肉都得到了充分的锻炼,增强了人自身的体质。同时,也使得人体均匀和谐的发展,形成健美的形体。加上健美操运动又是一项强调内在美的一种人体运动方式。因此,健美操运动在提高了人体的协调灵敏性、肌肉力量的同时,也使人的身心得到了发展,培养了人的审美意识。

(二) 健美操具有强烈的时代性、鲜明的节奏感和韵律性

健美操是把基本体操、现代舞蹈和具有节奏感的音乐融合在一起的统一体,由于动作是来源于这些很具有时代特色的现代舞蹈、时尚体操和动感性及现代性的音乐,因此与其他体育项目相比,健美操运动具有很强的时代性。其次,健美操的配乐基本上趋向于鲜明强劲和热烈奔放,由于音乐和动作是相配合的,音乐中具有的高低、长短和快慢等节奏的变化,使得动作也具有了这样的节奏变化,使人们在练习的过程中,产生一种愉悦的心情,感到一种很鲜明的节奏和乐律快感。

(三) 健美操具有很高的艺术性、协调性和多变性

首先,健美体操同艺术体操一样是一项追求美和健的运动项目,非常强调艺

术性,从音乐、健美操运动员的体态、动作,都体现出健美体操具有特点的艺术美。其次,健美体操具有一些复合性动作,这些动作利用身体各个关节的活动,并且活动相当频繁,从而更有效地改善和提高人们身体的协调性,体现出动作的多变性。

(四) 健美操具有广泛的群众性

首先,健美操是一项富有趣味性的运动项目,符合现代人们追求健美和娱乐的需要,因此得到群众的广泛喜爱。其次,健美操,特别是健身健美操,其练习形式多样,运动负荷和难度可以自我调节,不同年龄、性别、形体、素质、个性、气质的练习者都可酌情择项参加锻炼,各种人群都能从健美操练习中找到适合自己的练习方式,并通过训练增强体质,弥补自身的某些不足,并且还可从中获得乐趣。最后,健美操练习不受气候影响,对场地、器材的条件要求不高,练习起来简单安全,适合不同地区、不同条件的单位和部门开展。因此,综上所述,使得健美操运动具有广泛的群众性。

二、健美操运动锻炼价值

健美操锻炼对人的身心健康、形体健美、素质提高具有良好的促进作用。

(一) 健美操能有效地增强体质

首先,提高运动系统的功能。健美操运动动作的多变性,使得人体的各关节得到了充分的活动,且健美操运动本身强调弹性和力度,使人的肌肉和韧带都得到很大程度的提高,长期练习,能够提高人们的灵活性和稳定性,对人体的生长发育是很有效的。其次,可以提高心血管和呼吸系统的机能。最后,提高神经系统的功能。健美操鲜明的节奏感和韵律感,带来动作的多变化、有力度,这样使得人体的主动肌、协同肌和对抗肌在运动中枢神经的指挥下,能够快速地活动起来。在各种特殊的刺激下,人的大脑皮层的兴奋度快速增强,改善和提高了中枢神经的活动能力。

(二) 健美操塑造形体美

良好的身体姿态是形成一个人气质风度的重要因素。健美操练习的动作要求和身体姿态要求与我们日常生活中的状态要求基本一致,因此,通过长期的健美操练习可改善不良的身体状态,形成优美的体态,从而在日常生活中表现出一种良好的气质与修养,给人以朝气蓬勃、健康向上的感觉。健美操运动还可塑造健美的体型。通过健美操练习尤其是力量练习,可使骨骼粗壮、肌肉围度增大,从而弥补先天的体型缺陷,使人变得匀称健美。其次,健美操练习还可消除体内和体表多余的脂肪,维持人体吸收与消耗的平衡,降低体重,保持健美的体型。

(三) 健美操能够有效地缓解精神压力和娱乐身心

首先,健美操作为一项体育运动,以其动作优美、协调、锻炼身体全面,同时有节奏强烈的音乐伴奏而著称,是缓解精神压力的一种有效方法。轻松优美的健美操锻炼环境,使练习者的注意力从烦恼的事情转移,忘掉失意与压抑,得到内心的安宁,从而缓解精神压力,使人具有更强的活力和最佳的心态。其次,健美操锻炼增大了人们的社会交往面,增强了交往能力。目前,人们参加健美操锻炼的方式是到健身房,在健美操教练的带领和指导下集体练习,这种形式扩大了人们的社会交往面,把人们从工作和家庭的单一环境中解脱出来,可接触和认识更多的人,可以从中获取愉悦和慰藉。因此,健美操锻炼不仅能强身健体,同时还具有娱乐功能,能够让人在锻炼中得到一种精神享受,满足人们的心理需要。

第三节 健美操的分类

健美操运动通过几十年来的不断发展,已派生出了多种形式的健美操。

一、有氧踏板操

有氧踏板操作为健美操的一种形式,在国际上日益成为较时尚的健身、减肥运动。其特点是把体能测试中的台阶练习与健美操的步伐融为组合动作,在特定的踏板(长约 90 厘米、宽 40 厘米、高 10 厘米以上)上进行练习。有氧踏板操的练习方法有横板练习和纵板练习两种。

(一) 横板练习

1. 基本步法

(1) 左基本步:①左脚上板;②右脚上板;③左脚下板;④右脚下板,并立。

(2) 右基本步:①右脚上板;②左脚上板;③右脚下板;④左脚下板,并立。

(3) 查尔斯顿步:①右脚上板侧;②左脚提膝(踢)等;③右脚下板对侧;④左脚下并右脚。

(4) 两侧查尔斯顿步:①1~4 拍左侧查尔斯顿步;②5~8 拍右侧查尔斯顿步。

(5) V 型步:①右脚上板;②左脚上板;③右脚下至板下;④左脚跟下并腿。

(6) 转身步:①右脚上板;②正转、左脚上板;③右脚从板下;④左脚从板下,并右脚。

2. 组合动作

(1) 双手叉腰,右基本步 4 次(2×8),双手叉腰,左基本步 4 次(2×8),双手屈臂,右基本步 4 次(2×8),双手屈臂,左基本步 4 次(2×8)。

(2) 交替屈臂,右基本步 4 次(2×8),交替屈臂,左基本步 4 次(2×8),双臂上下,右基本步 4 次(2×8),双臂上下,左基本步 4 次(2×8)。

(3) 两侧查尔斯顿步外侧脚跟触板(2×8),两侧查尔斯顿步手触外侧脚尖(2×8),两侧查尔斯顿步内侧肘触外侧膝盖(2×8),两侧查尔斯顿步内侧手在体后触外侧脚尖(2×8)。

(4) 双手叉腰的 V 型步(2×8),双手划圈的 V 型步(2×8),双手冲拳的 V 型步(2×8),双手叉腰的转身步(2×8),双手划圈的转身步(2×8),双手上下的转身步(2×8)。

(二) 纵板练习

(1) 双手叉腰的上下板组合(6×8):左右脚上纵板头、左右脚板侧下、左右脚上板,左右脚下纵板头。

(2) 双手变化的上下板组合(6×8):左右脚上纵板头、左右脚板侧下、左右脚上板,左右脚下纵板头。

(3) 双手叉腰的左右下板步(2×8):左右推手的下板步(2×8),双手叉腰过板步(2×8),双手划圈过板步(2×8)。

二、有氧搏击操

有氧搏击操动作多变,包括直拳、勾拳、摆拳、正踢、侧踢、侧蹬等搏击动作。在做每个动作时要求迅猛,有爆发力,且几乎都要求所有动作腰腹发力并保持平衡。因此,有氧搏击操可锻炼腰腹部,提高柔韧性及反应速度。

(1) **直拳**:面向目标(颚、肋、鼻),臂和肩部成一直线,发力顺序为腿、腰、肩、拳。

(2) **摆拳**:面向目标(颚、肋、鼻),出拳时臂和肩成一弧形,发力顺序为腿、腰、肩、拳。

(3) **左勾拳**:左腿在前,重心靠前,臂夹角90度,左右脚替换,出拳距离尽可能长,目标颚、肋、鼻。

(4) **前腿前踢**:脚与肩同宽,重心在后脚,看着目标,抬膝,上身微后仰,脚掌踢目标,回开始位。

(5) **后腿前踢**:脚与肩同宽,重心在前脚,看着目标,抬膝,上身微后仰,脚掌踢目标,回开始位。

(6) **侧踢——左踢**:两脚开立,与肩同宽,重心在右腿,目视左侧目标,抬起左膝,向身体靠,上身微向右倾斜,右脚脚尖转离目标,右臂放低,保持平衡,用脚侧缘攻击,脚尖朝下,踢出左腿,回到侧面,目标胫部(正对时)、膝盖骨侧面(正对时)、大腿骨侧面(正对时)。

(7) **摆踢**:右侧为目标,两脚开立,与肩同宽,重心在右腿,屈前腿,目视右侧目标,抬起左膝向身体靠,扫向目标,重心在前腿,动作完成时,放松膝盖,身体向右微倾,右脚脚趾转离目标,左膝弯曲,指向目标,右臂放低,保持平衡,用脚侧缘攻击,脚尖朝下,左脚放下时,两脚距离比肩宽,最后站位左侧为目标(与开始时相反),目标膝盖骨侧面(正对时)、大腿骨侧面(正对时)、腹部两侧。

三、拉丁健身操

拉丁健身操是以有氧运动为基础,将传统拉丁舞(桑巴、伦巴、恰恰、斗牛、牛仔)的基本动作与健美操动作巧妙结合,配以热情奔放、动感十足的拉丁音乐,使练习者在健身减脂的同时充分展现自身的性感和魅力。拉丁健美操以传统的拉丁步伐为主,对动作的细节要求不高,不强调基本步伐,强调髋部的摆动。

1. 桑巴交错步

并腿站立,保持膝关节微屈,髋关节松弛,臀部后翘。保持肩部尽量朝前,右侧腰发力,将髋部向右后方旋转,同时右腿后蹬,按节奏直膝提臀,向后伸展脊椎。保持腰部的拧转,旁移回右腿至身体右侧,左腿再重复一次前面动作,然后右腿再重复一次后回到初始位置。主要作用在于强化拉伸腿部后侧及臀部肌肉。

2. 延迟步

并腿站立,双臂展开,胸椎伸展,肩部放松,紧腹提臀。尽量稳定肩部和头部朝前方,意念点放于腋下。意念点以下的腰侧肌肉快速用力,将髋部旋转至左侧,同时右腿膝关节屈提,脚尖点地稳定身躯,双腿保持闭合,然后侧腰用力转髋,如此反复。主要作用在于加强侧腰肌肉和肩的稳定性。

3. 走步

并腿站立,收腹提臀,保持膝关节微曲,髋关节松弛。保持肩部尽量朝前,左侧腰发力将髋部左转,同时上半身微倾向前,伸展脊椎,立即前伸右腿支撑身体,同时左膝向后绷直,脚蹬地,提臀,右侧腰发力,髋右旋。重心前移收回左腿并拢,立即前伸左腿支撑身体,同时右膝向后绷直,脚蹬地,提臀。主要作用在于加强侧腰和躯干的稳定。

4. 甩手圆胯

分腿站立,完成动作时,一直保持膝关节微曲,髋关节松弛。双手上举于头两侧,肩部放松,髋部做逆时针圆形转动,向前时下腹部用力收缩将小腹上提,向后时下背部肌肉用力收缩将尾椎拉起,臀部尽量后翘,侧腰肌肉缓慢用力,注意整体节奏,双手同步做逆时针甩动,后背肩胛展开,注意脊椎各部分同时伸展和前屈。主要作用在于加强脊椎、手和躯干的整体协调练习,强化腹部肌肉以及背部肌肉的柔韧。

第四节　健美操运动练习方法

一、身体各部位健美运动的基本练习方法

科学的健美练习要求动作技术及预备姿势的准确性。在完成动作的过程中，除目标肌肉主动收缩或退让放松形成的动作外，身体的其他部位应始终保持预备姿态。下面介绍身体各主要部位健美运动的基本练习方法。

（一）胸部肌肉训练

动作名称：开肘俯卧撑。

作用肌肉：胸大肌。

预备姿势：双手相距一个半肩宽，并腿俯撑于地面，肘关节微屈。肩峰、髋部大转子与脚踝连成一线，脊柱保持中立位，目视前下方。

动作完成：

（1）吸气，肘尖向外，缓慢屈肘，躯干接近地面。

（2）呼气，胸大肌收缩，缓慢推起躯干至顶峰收缩位，稍停顿后重复上述动作过程，直到完成既定次数。

（3）动作练习过程中意念集中于胸大肌，腿、腕、躯干始终保持预备姿势。

（二）背部肌肉训练

动作名称：引体向上。

作用肌肉：背阔肌。

预备姿势：双手相距一个半肩宽抓握手柄或单杠，微抬头，身体悬垂。肩带稍用力控制身体，吸气准备。

动作完成：

（1）呼气，背阔肌收缩，两臂缓慢向上拉起身体至顶峰收缩位，稍停顿后缓慢放松。

（2）重复上述动作过程，直到完成既定次数。

（3）动作练习过程中意念集中于背阔肌，髋关节与下肢尽量始终保持预备姿势。

（三）肩部肌肉训练

动作名称：哑铃侧举（见图 17-1）。

作用肌肉：三角肌。

预备姿势：端坐于凳面上，躯干直立，膝关节保持近 90 度。肘微屈，两手分持

哑铃垂于体侧,掌心向内。目视前方,吸气准备。

动作完成:

(1) 呼气,三角肌收缩,双臂缓慢外展至水平位,稍停顿后缓慢下落。

(2) 重复上述动作过程,直到完成既定次数。

(3) 动作练习过程中意念集中于三角肌,髋关节与下肢尽量始终保持预备姿势。

图 18-1　哑铃侧举

(四)臂部肌肉训练

动作名称:夹肘俯卧撑。

作用肌肉:肱三头肌。

预备姿势:并腿,双臂同肩宽,俯身直臂撑于地面,肘关节微屈;肩峰、髋部大转子与脚踝连成一线,脊柱保持中立位,目视前下方。

动作完成:

(1) 吸气,缓慢屈肘,躯干接近地面。

(2) 呼气,肱三头肌收缩,缓慢推起躯干至顶峰收缩位,稍停顿后重复上述动作过程,直到完成既定次数。

(3) 动作练习过程中意念集中于肱三头肌,双腿、髋、躯干始终保持预备姿势。

(五)腹部肌肉训练

动作名称:屈腿仰卧起坐(见图 18-2)。

作用肌肉:腹直肌。

预备姿势:仰卧,躯干与臀部置于地面。髋角保持 110 度。大小腿夹角 90 度。两脚分踏地面,与髋同宽。双臂屈,两手扶耳廓。目视上方,吸气准备。

图 18-2 屈腿仰卧起坐

动作完成：

（1）呼气，腹直肌收缩。缓慢运动，上背部抬离地面 10 度即可，稍停顿后缓缓放松。

（2）重复上述动作过程，直到完成既定次数。

（3）动作练习过程中将意念集中于腹直肌。

（六）腿部和臀部肌肉训练

动作名称：哑铃箭步蹲（见图 18-3）。

图 18-3 哑铃箭步蹲

作用肌肉：臀大肌、股四头肌。

预备姿势：两腿前后开立一大步，两脚平行，后脚跟提起，脚掌撑地。躯干直立，双手分持哑铃，垂于体侧。目视前方，调整呼吸准备。

动作完成：

（1）吸气，两腿同时屈膝，缓慢下蹲。

（2）前腿膝关节屈角达到 90 度时，稍停顿，呼气，臀大肌、股四头肌收缩，缓慢匀速站起。

（3）重复上述动作过程，直到完成既定次数。

（4）动作练习过程中意念集中于臀大肌、股四头肌，脊柱要始终保持中立位置。

二、矫治体型缺陷的健美运动练习方法

多数先天性的缺陷是难以治愈或矫治的，但后天形成的缺陷可通过相应的健美运动练习得到不同程度甚至完全的矫治。矫治的同时必须注意纠正日常生活中各种不良的身体姿势，养成良好的行为习惯。下面介绍几种常见体型缺陷的矫治方法。

（一）溜肩

肩部的锁骨和肩胛骨周围的各肌肉群不发达，致锁骨和肩峰下垂形成溜肩。矫治的方法有两种。

1. 双杠臂屈伸

腰部或腿部负重哑铃，直臂撑在双杠上，随即呼气，慢慢屈肘，胸部稍挺，两肩向前下尽量下沉，稍停 2～3 秒钟，然后吸气，两臂用力向上撑起至伸直还原[(10～12)次×4 组]。

2. 躬身双手持铃划船（见图 18-4）

开立，宽握哑铃下垂。两腿自然伸直，上体向前屈，背部与地面保持平行。随即吸气，持铃沿腿提拉至小腹部停 2～3 秒钟。再呼气，缓慢沿腿放下还原[10～12)次×4 组)]。

图 18-4　躬身双手持铃划船

（二）扁平胸

由于胸部的肌肉发育不良,女性尤其由于营养不良或女性荷尔蒙分泌不畅,致扁平胸畸形。矫治的方法为分腿俯卧撑。

分腿俯卧撑

俯撑,腰部负重哑铃,两腿分开,略比肩宽。上体下压,两臂弯曲于体侧,使上臂与地面平行。然后吸气,两臂用力撑地伸直肘关节,同时抬头挺胸,还原成预备姿势,呼气[(10~12)次×2 组]。

（三）脊柱侧弯

由于脊柱两侧肌肉的发展不平衡,而形成脊柱侧弯(也称脊柱侧凸)畸形。矫治的方法有两种。

1. 单臂上举哑铃

两脚开立,与肩同宽,凹侧手持哑铃(10~15 千克),向上举起时伸直臂,放下时屈肘至肩侧停止为一次,自然呼吸[(10~15)次×4 组]。

2. 扶肋木体侧屈

侧对肋木站立,腰腹部负重物,用胸椎侧凸面方向的手扶持肋木下档,另一侧的手攀握在头顶上的肋木栅,然后抬头、挺胸、收腹向外做体侧屈运动(30~50 次×4 组)。

（四）驼背

平常不注意保持正确的身体姿势和背部肌肉薄弱、松弛无力导致脊柱胸段后凸形成畸形。矫治的方法有两种。

1. 单杠悬垂

双手正握单杠,身体悬垂,腿部负重物。然后身体向后仰,两眼看单杠,稍停4~8 秒钟[(10~15)次×4 组]。

2. 俯卧飞鸟

俯卧在高长凳上,两手握哑铃直臂垂悬(要求高于地面),随即吸气,向两侧用力举起双臂至高出肩背水平部位后稍停 2~3 秒钟。然后呼气,再慢慢下落,成还原姿势[(10~12)次×4 组]。

（五）胸脯不对称

由于长期单侧活动过多,致单侧胸部肌肉较发达,而异侧肌肉欠发达,形成左右胸脯不对称。矫治的方法有两种。

1. 双杠侧偏臂屈伸

手握双杠成直臂撑,挺胸、收腹,腰部负重物,两腿并拢伸直放松下垂。随即呼气,身体重心偏向弱侧胸一侧下降至两臂弯曲到最深程度,两肘外展,使胸大肌充分伸展,稍停 2~3 秒钟。然后吸气,撑两臂,身体上升,直至两臂完全撑直还原

[(8~12)次×3 组]。

2. 侧偏俯卧撑

俯卧,两臂伸直与地面垂直支撑身体,两手距离约与肩同宽,挺胸、收腹、紧腰,两腿并拢伸直、脚尖部位撑地,腰部负重物,全身挺直。随即呼气,屈臂,使身体下落重心偏向弱侧胸一侧,两肘外开,屈臂到最低位置稍停 2~3 秒钟。然后再吸气,以胸大肌缓慢收缩,同时伸臂至两臂伸直还原[(10~12)次×3 组]。

(六) 鸡胸

由于患佝偻病致肋骨后侧向内凹陷,胸骨部分抬高、凸出,从而形成鸡胸畸形。矫治的方法有两种。

1. 平卧扩胸

仰卧在长凳上,两手握哑铃,掌心相对,两臂伸直持哑铃置于胸部上方。然后吸气,两臂慢慢将哑铃向两侧及下方拉开至两手略低于两肩,稍停 2~3 秒钟,接着呼气,缓慢还原(10~12 次×4 组)。

2. 宽撑距俯卧撑

直臂撑在地上,掌间距宽于肩距,头稍抬起,眼看前方,腰部负重物。随即呼气,两臂屈肘,保持躯干伸直,慢慢下降至最低位置,稍停 2~3 秒钟。然后吸气,用力伸直两臂,胸部挺起,还原成全身挺直的姿势[(10~15)次×4 组]。

(七) 斜肩

经常用同侧肩膀挎包或肩扛、手提重物,使肩关节周围的软组织长时间地处于紧张状态,致肩部下肌群紧缩,上臂肌群拉长而成斜肩。矫治的方法有两种。

1. 单臂引体向上

腿部负铃,低肩侧单臂反握单杠悬垂后引体向上(根据自身情况而定次数)。

2. 持铃单臂耸肩

两脚开立,与肩同宽,上体直立,低肩侧手持哑铃做单臂耸肩,另一侧手叉腰[(10~15)次×4 组]。

在采用上述矫治动作的同时,在日常生活中注意经常交换使用两肩。

(八) 扁平脚

造成扁平脚的主要原因有先天性肌肉和韧带发育不良;经常站立和负重过久,足肌过度疲劳,肌力减退,足弓塌陷等。矫治的方法有两种。

1. 负重勾、绷脚

足部负重哑铃做勾、绷脚尖的动作。坐在椅子上两腿前伸,用力勾脚尖和绷脚尖,由慢到快,做 1~2 分钟。

2. 负重走

身体负重物(如杠铃、哑铃)的足尖走和足跟走,以及足底外缘着地走,各练习

1~2分钟。

采用上述矫治动作,能提高小腿和脚部的肌肉力量,增强脚上韧带的坚韧性和弹性。从而使脚弓变高,增强脚弓的牢固性和弹性,达到矫治畸形的目的。

第五节　竞技健美操介绍

一、竞技健美操套路

竞技健美操运动是在音乐的伴奏下,能够表现连续、复杂、高强度成套动作的运动项目。作为竞技健美操项目之一,三人操能够表现出个人能力与运动员之间的默契,更能够展示出团队的精神。我国竞技健美操发展迅速,三人操在2002年第七届世界健美操锦标赛上首次进入世界八强。

这套竞技三人健美操,全套动作总长度为20个8拍,其动作强度与难度适中。这套操经中国大学生健美操艺术体操协会健美操专项委员会审定,作为《中国学生高水平健美操三人规定套路》向全国学生进行推广和普及。

预备姿势:分腿站立,面向后,双臂屈臂胸前交叉(握拳)(见图18-5)。

1. 第1个8拍

1:分腿站立;同时两臂侧下举(握拳)。2:向右转体成右腿前弓步;两臂侧下举(拳变掌)。3:左腿上步成并立;同时两臂垂于体侧。4:左腿上步成前弓步;同时右臂

图18-5　预备姿势

前下举。5:向右转体成开立;同时两臂垂于体侧。6:左腿向右前方迈一步,同时向右转体45度,两手胸前屈(握拳)。7~8:屈腿,交换腿跳踢 。

2. 第2个8拍

1~2:右腿后撤成左腿前弓步;同时上体左转,左臂侧上举,右手撑地。3~4:向左转身坐地。5~6:右腿搭臂成文森姿态 。7~8:后举腿文森支撑。

3. 第3个8拍

1~4:保持后举腿文森支撑。5~6:向右坐转收腿。7~8:左腿前单腿跪地,右手扶地。

4. 第4个8拍

1~2:并腿站立。3~6:托举配合。7~8:还原成并腿站立。

4. 第5个8拍

1:开腿跳;同时两臂肩侧上屈(拳心相对)。2:并腿跳;同时两臂胸前屈(拳心向后)。3:左弓步跳;同时左臂侧上举,右臂侧下举(掌心向下)。4:并腿跳向左转;同时左臂胸前平屈,左手放于右臂腋下,右臂斜前下举(拳心对后)。5:开腿跳向左转;同时左臂侧下举(掌心向下,压手腕),右臂侧上举(掌心向下,翘手腕)。6:并腿跳;同时右臂侧下举(掌心向下,压手腕),左臂侧上举(掌心向下,翘手腕)。7:开腿跳;同时左臂肩侧屈,右臂上举(两手开掌,掌心向前)。8:并腿跳;同时两臂同7,方向相反。

6. 第6个8拍

1~2:锁步跳左右各一次(左脚先向前);同时两手做下砸动作两次(拳心相对)。3:向右转体成右前弓步;同时左手绕头一周,右臂贴于体侧(并掌)。4:并腿站;同时两臂贴于体侧(并掌)。5:左腿侧下举向左转体跳,同时左臂侧下举,右臂侧上举(掌心向下)。6:右转45度后踢跑;同时左臂屈置背后,右臂胸前屈(立掌置于左肩)。7:后踢跑;同时左臂侧平举(掌心向下),右手指扶于肩头。8:左腿向前一步;同时两臂体前交叉绕环(握拳)。

7. 第7个8拍

1:向左转体45度成右腿后下举;同时两臂侧平举(花掌,掌心向上)。2:并步;同时两臂斜后举(并掌,掌心向下)。3~6:科萨克跳;同时双手扶脚。7:落地两腿微屈(右腿脚尖点地);同时左臂侧下举(掌心向下),右臂胸前平屈(握拳,拳心向下),上体稍左屈。8:还原成立正姿势。

8. 第8个8拍

1:左吸腿跳;同时两臂胸前平屈,小臂向外绕圈(握拳)。2:左脚落地成左前弓步;同时两手做下砸动作(拳心相对)。3:右吸腿跳;同时两臂胸前平屈上下叠放(左臂在上,拳心向下)。4:右腿前弓步;同时左臂上举(花掌,掌心向前),右臂侧平举(拳心向下),头右转。5:向左转体180度成左腿吸腿跳;同时两臂屈肘胸前交叉(拳心向后)。6:向左转体开腿跳;同时两臂头屈(并掌)。7:右吸腿跳;同时两臂侧平举(并掌,立手腕,掌心向外)。8:还原成立正姿势。

9. 第9个8拍

1:左腿前踢跳;同时两臂屈肘胸前交叉(开掌,掌心向后)。2:右前踢腿跳;同时两臂胸前平屈(握拳,拳心向下)。3:开腿跳;臂侧上举(花掌,掌心向上)。4:左转并腿跳;同时两臂落至体侧(并掌)。5:左转右侧踢跳;同时右臂上举(拳心向前)。6:后踢跑;同时右臂还原体侧(并掌)。7:左腿前弓步;同时两臂肩侧上屈(拳心相对)。8:右转180度成右腿左前下踢;同时两臂胸前屈,双手互握置于右胸前。

10. 第 10 个 8 拍

1:左转 45 度成右腿前弓步;同时左臂侧下举(掌心向下),右臂头后屈。2:并腿;同时左臂体前斜下举(掌心向下)。3:左腿前弓步;同时屈左臂绕头,右手扶左腰。4:并腿;同时左臂侧下举(花掌向下)。5:右腿前弓步;同时两臂经外绕至胸前平屈上下叠放(拳心向下)。6:并腿;同时两臂侧上举(花掌,掌心向上)。7:左腿前弓步;同时两臂向内交叉绕环(握拳)。8:并腿;同时两臂上举(手互握)。

11. 第 11 个 8 拍

1:分腿(扭转脚跟膝向右);同时两臂胸前平屈,手互握置于左胸前。2:扭转脚跟膝向左;同时两手互握向右拉。3:向右转体成左弓步;同时左臂下举,右臂前举。4:并腿;同时两臂侧平举。5~8:并步上前接姿态跳(转体 180 度,两臂侧上举)成左单脚落地。

12. 第 12 个 8 拍

1:右脚后落地;同时两臂还原于体侧。2:分腿立;同时两臂侧举(并掌,掌心向下)。3~4:右腿向左后伸成侧坐地姿;同时两手扶地。5~6:向左并腿支撑坐转 360 度。7~8:并腿直角坐。

13. 第 13 个 8 拍

1~6:并腿直角支撑。7~8:坐地。

14. 第 14 个 8 拍

1~2:右腿斜前上举,左腿屈(前掌点地);同时两手后撑地。3~4:上体前倾右腿屈成单膝跪地;同时左手扶左膝,右手扶地。5~6:左腿屈向右转体成左侧弓步;同时左臂后上举(握拳),右手扶地。7~8:并腿起成立正姿势。

第 15 个 8 拍

1:向左做右侧踢跳;同时两臂侧举(拳心向下)。哒拍,向左做右侧踢跳;同时两臂体前平屈。2:右腿前锁步;同时两臂侧举。3:左转体成左前弓步;同时两臂胸前屈(手互握)。4:右吸腿跳,同时两臂侧下举(握拳)。5:左转分腿跳;同时左臂胸前平屈(握拳,拳心向下),右臂下举握拳。6:以右腿为轴左转 180 度成左腿右斜踢姿;同时左臂侧举(掌心向下)。7:左腿侧踢跳;同时左臂直臂内绕。8:开胯左腿屈(左脚贴于右腿膝处);同时屈臂两手头上击掌。

第 16 个 8 拍

1:左脚向前成弓步;同时两手臂胸前击掌。2:左腿前下踢;同时两手臂胸前击掌。3:分腿跳;同时两手触肩。4:扭转脚跟膝向左;同时右臂侧下举(握拳)。5:右腿前锁步;同时左臂侧下举,右臂肩侧屈(拳心向内)。6:左转成开立;同时两臂向外绕至胸前平屈上下叠放。7:分腿跳;同时两臂侧下举(花掌,掌心向前)。8:跳成并立。

第 17 个 8 拍

同第 15 个 8 拍,方向相反。

第 18 个 8 拍

同第 16 个 8 拍,方向相反。

第 19 个 8 拍

1～3:并步跳。4～6:直腿跨跳;同时右臂前举,左臂侧下举。7:左弓步;臂同上。8:右转 45 度,成并腿立。

第 20 个 8 拍

1:向后跳成右腿前斜下踢;同时两臂侧上举(花掌,掌心向上)。2:右脚落地成右前弓步;同时两臂向内绕(握拳)。3:分腿跳;同时两臂绕至上举(击掌)。4:并腿跳成立正姿势。5～6:准备托举配合:①③号运动员面对面分腿站立,②号运动员面向前。7～8:②号运动员双手扶①③号运动员大腿跳起,①③号运动员一手扶②号运动员肩膀,一手扶大腿托起。

二、竞技健美操规则

(一) 竞赛性质与种类

性质:全国健美操锦标赛、全国健美操联赛、全国健美操冠军赛、全国体育大会健美操比赛及各类普及健美操比赛。

种类:比赛分风采赛、组合赛、集体赛 3 种。

(二) 参赛项目与人数

风采赛:男子单人操、女子单人操(参赛人员资格不限)。

组合赛:混双操(1 男 1 女)或三人操(性别不限)。

集体赛:徒手操、轻器械操(5～8 人性别不限)。

比赛组别:由具体赛事的竞赛规程决定。

(三) 运动员年龄与分组

少年组:7～12 岁(小学组)、13～17 岁(中学组)。

风采赛:18～35 岁(运动员可兼报组合赛或集体赛)。

青年组组合赛和集体赛:18～35 岁,比赛分院校组、行业组、明星组。

(四) 竞赛内容

徒手自编套路:指各种符合规则及规程要求的成套动作。

(五) 成套动作的时间

计时由第一个可听到的声音开始(不包括提示音),到最后一个可听到的声音结束。

风采赛的成套动作时间为 1 分 20 秒至 1 分 40 秒。

组合赛的成套动作时间为 1 分 40 秒至 1 分 50 秒。

集体赛的成套动作时间为 1 分 40 秒至 1 分 50 秒。

(六) 音乐

参赛队自备比赛音乐,并将音乐录制在高质量 CD 光盘的第一曲。

(七) 场地

比赛场地:组合赛和集体赛场地为 10 米×10 米,风采赛场地为 7 米×7 米的健美操比赛地板或地毯,标记带为 5 厘米宽的红色或黑色带,标记带为场地的一部分。

(八) 着装、仪容

运动员须着适合运动的服装(如背心,短袖或长袖的紧身服,上下连体、分体等服装均可)和鞋;着装应整洁美观。不准戴任何首饰和手表。女运动员的头发必须梳系于后,发不遮脸,允许化淡妆。

(九) 比赛程序

比赛程序:风采赛、组合赛和集体赛分为预赛和决赛。凡参赛队均须参加预赛,参加预赛的队数决定进决赛的数量。

(十) 裁判组的组成

设高级裁判组 3 人,裁判长 1 人,艺术裁判 3～5 人,完成裁判 3～5 人,视线裁判 2 人,计时裁判 1 人,辅助裁判若干人(基层比赛可以不设高级裁判组)。

(十一) 评分方法

根据国际体操联合会关于健美操运动的评分方法和要求,考虑到竞技健美操的创编原则,并使之具备健身运动的特色,制订竞技健美操评分方法。

比赛采取公开示分的方法,裁判员评分精确到 0.1 分,运动员最后得分精确到 0.01 分。

1. 最后得分

得分项目	最后艺术分	最后完成分
减分项目	裁判长减分	视线减分
最后得分	(最后艺术分－最后完成分)－(裁判长减分＋视线减分)	

2. 名次评定

预赛成绩不带入决赛,决赛中得分高者名次列前。若得分相等,名次将按顺序取决于下列标准:

最后完成分→最后艺术分→考虑全部完成分(不除去最高分与最低分)→考虑三个完成最高分→考虑两个完成最高分→同样适用于艺术分

3. 艺术分

每名艺术裁判的分数是对艺术编排的每项内容进行评价的总分,满分为 10 分。去掉最高分与最低分,所剩分数的平均分为最后艺术分。艺术裁判的评分因素及分值如下:

成套编排(操化动作、过渡与连接、配合与托举、队形与空间的运用)　　4 分

成套创意与风格　　　　　　　　　　　　　　　　　　　　　　　　2 分

音乐　　　　　　　　　　　　　　　　　　　　　　　　　　　　　2 分

表现力　　　　　　　　　　　　　　　　　　　　　　　　　　　　2 分

(1) 成套编排。

① 成套编排要求如下:

成套编排是指成套动作的内容,包括操化动作、过渡与连接、配合与托举、队形空间的合理分布及独创性。

为确保奥运的理念和评分伦理道德,成套动作中禁止以暴力、枪战、宗教信仰、种族歧视与性爱为主题。要体现健身、健美、健心的原则、观赏性的原则、全面发展身体素质的原则、安全无损伤的原则。

② 成套编排的评价取决于下列因素:

a. 操化动作。

操化动作使用应均匀地分布在成套中并具有独创性。

徒手应包含表现健美操项目特色的步伐组合。

b. 过渡与连接。

基本步伐和动作组合的衔接应是动感、流畅和自然的。

灵活和流畅的空中与地面的互相转换。

运动员可以同时或依次做动作,但在完成动作时,任何一名运动员停顿不允许超过 1 个 8 拍。

c. 配合与托举。

成套动作中至少应出现 2 次以上的运动员之间的动力性配合动作。

成套动作中托举的数量不得多于 3 次(包括开始与结束)。

动力性配合动作要求设计巧妙,造型优美,完成流畅,体现多样化和趣味性,富于观赏价值。

成套动作中的托举动作从准备到形成,再连接其他动作应流畅自然地与成套动作融为一体。

托举动作时不允许出现违例动作。

③ 队形与空间的评价取决于下列因素:

成套动作中至少有 6 个不同的队形。

　　成套动作必须有效、充分和均衡地使用场地中央与四个角等各个位置。

　　运动员在比赛中移动方向应能够表现出前后、左右、对角及弧形路线等。

　　成套动作中至少出现 2 次以上高、中、低的空间层次变化。

　　④ 艺术裁判根据下列标准评价成套动作的编排：

　　成套动作中如出现显示其他项目特征的动作或静止造型动作(4 拍以上)，每次减 0.2 分。

　　成套动作中出现渲染暴力、枪战、宗教歧视、性爱等内容，每次减 0.2 分。

　　总体评价成套动作的操化动作应表现出复杂多样性，否则将减 0.1～0.5 分。

　　成套动作中动作与动作之间的连接应合理、流畅，每出现 1 次不合理或不流畅减 0.2 分，如集体 4 拍以上的停顿。

　　在依次做动作时任何一名运动员每出现 1 次超过 1 个 8 拍的停顿，减 0.2 分。

　　托举动作从开始到完成的时间不可超过 2 个 8 拍，否则减 0.2 分。

　　托举动作时所有器械全部脱离运动员身体，每次减 0.2 分。

　　成套动作必须不少于 6 次不同的队形，每少 1 次队形减 0.2 分。

　　场地的使用必须完整、均衡，防止过多使用同一区域或偏台，每缺一个角减 0.2 分。

　　成套动作至少有前后、左右、对角及弧线的移动与变化，每少 1 个路线减 0.2 分。

　　成套动作至少应有 2 次空间变化，每少 1 次减 0.2 分。(例如：跳起腾空为 1 次空间变化，从站立到地面再回到站立为 1 次空间变化。)

　　(2) 成套创意与风格。

　　① 成套创意与风格取决于下列因素：

　　成套应具有创意，动作风格应与音乐风格相吻合，并表达出一定的主题特征。

　　成套必须包括 7 种健美操基本步伐：踏步、开合跳、吸腿跳、踢腿跳、弓步跳、弹踢腿跳、后踢腿跑及其变化形式，且每种步伐至少出现 2 次。

　　② 艺术裁判根据下列标准评价成套动作的创意与风格：

　　成套创意缺少主题思想减 1 分。

　　7 种基本步伐在成套动作中安排不均匀减 0.2 分。

　　成套动作设计中必须包括 7 种健美操的基本步伐，每一种步伐应至少出现 2 次，每少 1 次减 0.1 分，最多减至 0.5 分。

　　成套动作中每 2 个 8 拍动作应至少出现 1 次方向或面的变化，否则每次减 0.2 分。

　　允许依次或同时使用多种器械，但器械的更换时间不得超过 1 个 8 拍，否则每次减 0.2 分。

(3) 音乐。

① 音乐的评价取决于下列因素：

成套动作的音乐剪接应流畅、自然、完整。

选择的音乐应与成套动作的风格协调一致,并有利于表现运动员的技术和个性特点。

音乐制作应是高质量的,"效果音"应适量并与动作协调一致。

② 艺术裁判根据下列标准评价成套动作的音乐：

成套动作的音乐剪接应流畅、自然、完整,否则减 0.5 分。

选择的音乐应与成套动作的风格协调一致,否则减 0.5 分。

音乐制作应是高质量的,"效果音"应适量并与动作协调一致,否则减 0.5 分。

(4) 表现力。

① 表现力的评价取决于下列因素：

成套动作的设计必须符合年龄特点,能使运动员通过成套动作展示出表演技巧和创造性。

运动员必须通过高质量的动作完成给人留下干净、利落的印象。

运动员必须表现出体能和动感,而非喊叫或歌唱;必须通过自然和欢乐的面部表情来表现自信,而非艺术化或夸张的面部表情。

② 艺术裁判根据下列标准评价成套动作的表现力：

运动员必须通过高质量的动作完成给人留下干净、利落的印象,否则减 0.1～0.3 分。

运动员必须表现出体能和动感,以及健康、阳光的精神风貌,否则减 0.1～0.3 分。

运动员在完成动作时应由内而外地展示出热情、活力与自信,否则减 0.1～0.3 分。

(5) 完成分。

完成裁判的评分是对所有动作的完成情况进行评分,每名完成裁判的分数是对偏离完美完成的每项内容进行减分后的得分,起评分为 10 分。去掉最高分与最低分,所剩分数的平均分为最后完成分。

完成裁判的评分因素如下：

技术技巧、强度、合拍、一致性(组合赛与集体赛)。

完成裁判对以下错误情况予以减分：

小错误:指稍偏离正确完成,每次减 0.1 分。

中错误:指明显偏离正确完成,每次减 0.2 分。

大错误：指较严重偏离正确完成,每次减 0.3 分。

严重错误:指严重偏离正确完成,每次减 0.5 分。

失误:指根本无法达到动作技术要求,无法清晰辨认身体位置,失去平衡等,每次减 0.5 分。

(6) 技术技巧。

身体的姿态和技术规范的评判:全部动作必须表现出正确的身体形态与标准位置。

技术技巧减分如下:

不正确的身体形态与标准位置,最多减 0.5 分。

落地技术不正确,每次减 0.1 分。

动作无控制,每次减 0.1 分。

(7) 强度。

强度是以最高质量完成动作的能力,展示通过完成提升创编的效果,评价取决于下列因素:

动作的频率(动作停顿,单位时间内重复次数少是强度低的表现,如音乐节奏慢)。

动作的速度(动作慢,单位时间内移动的距离短是强度低的表现)。

动作的幅度(动作小,单位时间内转动度数少是强度低的表现)。

动作的力度(爆发力与耐久力)。

(8) 合拍。

合拍是伴随音乐结构和节拍同步动作的能力,评价取决于下列因素:

动作内容与音乐结构的吻合程度。

动作节拍与音乐节拍的同步效果。

动作韵律与音乐旋律的和谐统一。

(9) 一致性(组合赛与集体赛)。

一致性是指运动员完成动作整齐划一的能力,评价取决于下列因素:

运动范围与运动强度的一致性。

所有运动员表演技巧的一致性。

(十二) 裁判长

1. 职责

记录评判成套动作,对违反规定的成套动作内容及运动员举止予以减分。

2. 违例动作

为贯彻安全无损伤原则,运动员在成套动作的任何时间都不允许出现违例动作,主要有以下违例动作:

所有沿矢状轴或额状轴翻转的动作。

所有身体成一直线并高于水平面 30 度以上的双手支撑动作,直至任何形式的倒立。

任何马戏或杂技动作。

任何身体抛接动作和器械超过 3 米以上的高抛接动作。

第六节　《全国健美操大众锻炼标准》介绍

一、成人二级规定套路

二级为健美操大众锻炼标准的初级套路动作。二级动作的练习目的是进行中低强度的有氧练习、简单的腰腹和身体核心部位的稳固性练习。每一个组合均由 4～5 个基本步伐组成,并出现了 45～90 度的方向变化,路线以简单的前后和左右动作为主,大部分的手臂动作为对称性的,个别动作出现了一次的手臂动作。

（一）第 1 个组合

预备姿势:直立。

1. 第 1 个 8 拍

1～4:右脚十字步 box step,同时 1 右臂侧举,2 左臂侧举,3 双臂上举,4 下举。5～8:向后走 4 步 walk bwd,同时屈臂自然摆动,7～8:同 5～6 动作。

2. 第 2 个 8 拍

动作同第一个八拍,但向前走 4 步。

3. 第 3 个 8 拍

1～6:右脚开始 6 拍漫步,同时 1～2 右手前举,3 双手叉腰,4～5 左手前举,6 双手胸前交叉。7～8:右脚向后 1/2 后漫步 half mambo bwd,同时双臂侧后下举。

4. 第 4 个 8 拍

1～2:右脚向右并步跳 cha cha cha,同时屈左臂自然摆动。3～8:左脚向右前方做前、侧、后 6 拍漫步,同时 3～4 前平举弹动 2 次,5～6 侧平举,7～8 后斜下举。

5. 第 5 至 8 个 8 拍

动作相同,但方向相反。

（二）第二个组合

1. 第 1 个 8 拍

1～2:右脚向右侧滑步 slide,同时右臂侧上举,左臂侧平举。3～4:1/2 后漫步 half mambo bwd,同时双臂屈臂后摆。5～6:左脚向左前方做并步 step touch,同时击掌 3 次。7～8:右脚向右后方做并步,同时双手叉腰。

2. 第 2 个 8 拍

1~2:左脚向左后方做并步,同时击掌 3 次。3~4:右脚向右前方做并步,同时双手叉腰。5~6:左脚向左侧滑步 slide,同时左臂侧上举右臂侧平举。7~8:1/2后漫步 half mambo bwd,同时双臂屈臂后摆。

3. 第 3 个 8 拍

1~4:右转 90 度,右脚上步吸腿 2 次 step double knee,同时双臂向前冲拳、向后下冲拳 2 次。5~8:左脚 V 字步左转 90 度 V step,同时双臂由右向左水平摆动。

4. 第 4 个 8 拍

1~4:左腿吸腿(侧点地)2 次 double knee,同时 1 双臂前平屈,2 左臂上举,3 同 1,4 还原。5~8:同 1~4 动作,但方向相反。

5. 第 5 至 8 个 8 拍

动作相同,但方向相反。

(三) 第三个组合

1. 第 1 个 8 拍

1~4:右脚侧并步跳,4 拍跳转 90 度 step jump,同时双臂上举、下拉。5~8:左脚侧交叉步 grapevine,同时双臂屈臂前后摆动,8 拍时上体向左扭转 90 度,向正前方,双臂侧下举。

2. 第 2 个 8 拍

1~4:向右侧并步跳,4 拍左转 90 度 step touch,同第 1 个 8 拍 1~4 方向相反,双臂上举、下拉。5~8:左脚侧并步 2 次 step touch,5~6 右臂前下举,7~8 左臂侧下举。

3. 第 3 个 8 拍

1~4:左脚向前一字步 easy walk fwd,同时 1 双臂肩上屈,2 下举,3~4 肩前屈。5~8:左右依次分并腿 open close,同时 5~6 双臂上举掌心朝前,7~8 放膝上。

4. 第 4 个 8 拍

1~4:左脚向后一字步 easy walk fwd,同时 1~2 手侧下举,3~4 胸前交叉。5~8:左右依次分并腿 2 次 2open close,同时双臂经胸前交叉侧上举 1 次,侧下举 1 次。

5. 第 5 至 8 个 8 拍

动作相同,但方向相反。

(四) 第四个组合

1. 第 1 个 8 拍

1～8:右脚小马跳 4 次,向侧向前成梯形 4pony,同时 1～2 右臂体侧向内绕环,3～4 换左臂,5～8 同 1～4 动作。

2. 第 2 个 8 拍

1～4:右脚弧形跑 4 次,右转 270 度 4jog,同时屈臂自然摆动。5～8:开合跳 1次 jump jack,同时 5～6 双手放腿上,7 击掌,8 放于体侧。

3. 第 3 个 8 拍

1～4:右脚向右前上步后屈腿 step curl,同时 1 双臂胸前交叉,2 右臂侧举,左臂上举,3 同 1,4 双手叉腰。5～8:右转 90 度,左脚向前上步后屈腿,同时手臂动作同 1～4,但方向相反。

4. 第 4 个 8 拍

1～4:右、左侧点地各 1 次 tap side,同时 1 右手左前下举,2 双手叉腰,3～4 同1～2 方向相反。5～8:右转上步向前转脚跟,还原 heel twist,同时 5 双臂胸前平屈,6 前推,7 同 5,8 放于体侧。

5. 第 5 至 8 个 8 拍

动作相同,但方向相反。

(五) 力量训练部分

1. 开始动作

4 拍 1～2:右脚向右迈步,左臂前平举,右臂上举。3～4:左脚右后交叉迈步,双臂胸前交叉。

2. 过渡动作

(第 1 个 8 拍 1～2:右脚向侧迈步,同时屈膝内扣,再打开成分腿半蹲,同时1 右手坐下冲拳,2 右手侧下冲拳。3～4:身体右转 90 度成弓步,双手撑地。5～8:成俯撑。

3. 核心力量练习

第 2 个 8 拍 1～2:左、右脚依次点地。3～8:保持俯撑。

第 3 个 8 拍 1～2:左、右腿依次屈膝着地。3～8:保持跪撑。

第 4 个 8 拍 1～2:屈肘依次撑地。3～8:保持肘撑。

第 5 个 8 拍 1～2:左、右脚依次伸直。3～8:保持肘撑。

4. 过渡动作

第 6 个 8 拍 向左转体 180 度成仰卧,分腿屈膝,双臂放于体侧。

5. 腹肌练习

第 7 至 10 个 8 拍 收腹抬上体,1 屈左臂,2 屈右臂。3～4:双臂伸直,手重叠。还原,双臂经上举至体侧。

6. 过渡动作

第 11 个 8 拍 依次吸左、右腿,向左转体 180 度成俯卧,双臂屈臂放于肩侧。

7. 背肌练习

第 12 个 8 拍 收腹抬上体,1 屈左臂,2 屈右臂。3～4:双臂伸直,手重叠。

第 13 个 8 拍 动作同上,方向相反。

第 14 至 15 个 8 拍 同第 12 至 13 个 8 拍。

8. 过渡动作

第 16 个 8 拍 1～4:撑起成俯卧撑。5～8:左转 90 度,左脚放到右脚后,右手支撑,左手上举,保持身体平衡。

第 17 个 8 拍 1～2:双手撑地,左腿屈膝撑地。3～8:向右转体 270 度,左脚向前迈步站起。

9. 结束动作

1 拍 右脚向侧迈步,左脚屈膝侧点地,同时右臂侧上举,左臂扶右髋。

二、成人三级规定套路

三级仍为健美操大众锻炼标准的初级套路动作,练习的目的是进行中等强度的有氧练习和低难度的腰腹及上肢力量练习。每个组合均由 4～5 个基本步伐组成,所有的动作和变化都是有氧操练习中的常见动作和典型动作,配合以对称性为主的上肢动作,并增加了 90～180 度的方向变化和简单的图形变化。

(一) 第 1 个组合

预备姿势:站立。

1. 第 1 个 8 拍

1～4:右脚向侧迈步后屈腿 2 次,2 时右转 90 度 2step curl,同时,1～2 右臂摆至侧上举,左臂摆至胸前平屈,3～4 同 1～2,但方向相反。5～8:向右迈步后屈腿 2 次,6 时右转 180 度,同时,双手叉腰。

2. 第 2 个 8 拍

1～2:1/2V 字步 half v step,同时,1 右臂侧上举,2 左臂侧上举。3～8:拍 6 拍漫步,8 右转 90 度,同时,手臂随脚的动作自然前后摆动。

3. 第 3 个 8 拍

右脚交叉步 2 次,左转 90 度呈 L 型,同时,1,3 双臂前举,2 胸前平屈,4 击掌。5～8:同 1～4。

第 4 个 8 拍

1～4:右脚侧并步跳,1/2 后漫步 cha cha cha half mambo bwd,同时,1～2 双

臂侧上举,3～4右臂摆至体后,左臂摆至体前。5～8:左转90度左脚小马跳2次2pony,同时,5～6右臂上举,7～8左臂上举。

第5至8个8拍

动作相同,但方向相反。

(二) 第2个组合

1. 第1个8拍

1～4:右脚向右前上步吸腿2次step double knee,同时,双臂自然摆动。5～6:左脚向后交换步ball change,同时,双臂随下肢动作自然摆动。7～8:右脚上步吸腿,同时,双臂自然摆动。

2. 第2个8拍

1～4:左脚向右侧交叉步cross step,同时,双臂随步伐向反方向屈伸。5～8:右转45度,左脚漫步mambo,同时,5～6双臂肩侧屈外展,7～8经体前交叉摆至侧下举。

3. 第3个8拍

1～4:左脚十字步,左转90度,同时,双臂自然摆动。5～8:左脚向侧并步跳两次chachacha,同时,双臂自然摆动。

4. 第4个8拍

左脚漫步2次,右转90度,同时,双臂自然摆动。

5. 第5至8个8拍

动作相同,但方向相反。

(三) 第3个组合

1. 第1个8拍

1～6:右脚侧点地3次3tap side,同时,1～2右臂向下臂屈伸,3～4左臂向下臂屈伸,5～6同1～2。7～8:左脚向前走2步2walk,同时,击掌2次。

2. 第2个8拍

1～4:左脚吸腿跳2次,同时,手臂1侧上举,2双臂胸前平屈,3同1,4叉腰。5～8:吸右腿跳,向后落地,转体180度,吸右腿knee up twist knee,同时,双手叉腰。

3. 第3个8拍

1～4:左脚向前走3步吸腿跳,同时,左转体180度walk fwd knee turn,1～3叉腰,4击掌。5～8:右脚向前走3步吸腿,同时,5～6手臂经前向下摆,7～8经肩侧屈外展至体前击掌。

4. 第4个8拍

左脚侧并步4次,呈L型4step touch,同时,双臂做屈臂提拉4次。

（四）第4个组合

1. 第1个8拍

1～4:右脚上步吸腿,同时,双臂做向前冲拳、后拉2次。5～8:左脚向前走3步吸腿,同时,手臂经前向下摆,8击掌。

2. 第2个8拍

1～4:右脚向侧迈步,2～3向右前1/2前漫步,4左脚向侧迈步,同时,双臂1侧上举,2～3随脚的动作自然摆动,4同1动作。5～8:同1～4动作。

3. 第3个8拍

1～6:右脚上步吸腿跳3次3step knee,同时,双臂1肩侧屈外展,2击掌,3～6同1～2。7～8:左脚前1/2漫步half mambo,同时,双臂自然摆动。

4. 第4个8拍

左转90度向左做侧交叉步转体180接侧交叉步grapevine turn,同时,1～4双臂做外展、内收、外展、击掌。5～8:同1～4动作。

5. 第5至8个8拍

动作相同,但方向相反。

（五）力量练习部分

1. 开始动作

4拍　1～2右腿向右一步成开立,右臂侧下举,左臂侧下举,掌心向前。3～4:击掌2次。

2. 过渡动作

第1个8拍　1～2:向右转体90度,右腿后伸成大弓步,右手撑地,左臂侧举向上。3～4:左转180度成屈膝坐。5～6:双手前上举,后倒成仰卧。7～8:双臂经体侧至头后。

3. 腹肌练习

第2个8拍　1～4:收腹抬上体。5～8:还原。

第3个8拍　1～2:抬起上体。3～4:双手右腿后击掌。7～8:还原。

第4至5个8拍　同第2至第3个8拍。

4. 过渡动作

第6个8拍　1～2:抬起上体,双手抱右腿膝。3～4:同1～2动作,抱左膝。5～8:右转90度成侧卧右腿后屈,左小臂撑地。

第7个8拍　1～4:搬左侧腿。5～8:左转90度成屈腿坐,双手体后撑地,指尖向前。

5. 腹背练习

第8个8拍　1～2:抬起腹部,右腿水平伸直。3～4:还原。5～8:换另一条腿。

6. 过渡动作

第 9 个 8 拍　1～4:左转 90 度成左腿后屈侧卧,小臂撑地,搬右侧退。5～8:还原成屈腿坐。

7. 腹背练习

第 10 个 8 拍　动作同第 8 个 8 拍,但方向相反。

8. 过渡动作

第 11 个 8 拍　1～2:双腿伸直。3～4:右转 180 度成俯撑,双手体侧撑地。5～6:屈腿。7～8:双手伸直撑起成跪撑。

9. 俯卧撑练习

第 12 至 15 个 8 拍　1～4:屈臂,身体保持稳定,4 同 3 相反。5～8:还原。

10. 过渡动作

第 16 个 8 拍　左转 180 度,左脚向前迈步,左手撑膝站起。

第 17 个 8 拍　右脚向侧迈步成开立。1～2:左臂经肩侧屈至侧平举。3～4:右臂经肩侧屈至侧平举。5～6:双臂上举,双手互握。7～8:双手握拳至胸前。

11. 结束动作

1 拍　右脚向左前方迈步,屈膝,上体右转,双臂侧下举。

第七节　《中国学生健康美操》介绍

一、黄金级套路

这套大学生健身操动作,总长度为 12 个 8 拍 。其动作强度适中,具有很好的锻炼价值,可作为学校健身课使用。

第 1 个 8 拍　1:左脚向前一步,同时右臂前屈(握拳)。2:右脚向前并步,左臂前屈(握拳)。3～4:左脚向后一步,右脚向后并步;同时两手胸前击掌 2 次。5～8:同 1～4 动作。

第 2 个 8 拍　1～2:左并步;1 两臂侧上举(掌心相前),2 两臂胸前交叉。3～4:右并步;3 两臂侧下举(掌心相前),4 还原。5～8:同 1～4。

第 3 个 8 拍　1～2:迈左脚 V 字步,同时左右臂依次侧上举。3～4:两手胸前击掌 2 次,同时转体 180 度。5～8:同 1～4 动作。

第 4 个 8 拍　1～2:左迈步屈腿,同时两臂伸屈一次。3～4:同 1～2,方向相反。5～8:同 1～4,方向相反。

第 5 个 8 拍　1～4：右后交叉步，同时 1～3 两臂侧平举（掌心向下），4 向右转体成立正姿势。5：右脚向右一步，两臂经侧上举击掌。6：左脚并右脚，左臂侧平举，右臂胸前平屈，头左转。7～8：同 5～6，方向相反，且 8 还原成立正姿势。

第 6 个 8 拍　1～2：左脚向 45 度方向迈步后吸右腿，同时 1 两臂前举（握掌），2 向右收臂。3～4：同 1～2，唯 3 右腿后伸（前脚掌着地）。5～6：退步还原成立正姿势，同时双臂经右至左摆成两臂侧举。7～8：击掌 2 次，7 拍 90 度左弓步，8 拍后屈腿。

第 7 个 8 拍　1～2：右侧并步（2 转体 90 度），同时屈臂扩胸含胸并击掌一次。3～4：同 1～2。5～8：同 1～4。

第 8 个 8 拍　1～2：右脚点地，同手臂上举（开掌，掌心向前）。3～4：右腿收回，两臂胸前平屈外绕（握拳）。5～8：同 1～4，方向相反。

第 9 个 8 拍　1～2：向右转体，右脚向前迈一步吸左腿，同时 1 两臂前举（拳心向下），2 屈臂，两手收置腰间（拳心向上）。3～4：还原。5～6：左脚向前迈步吸腿，手同 1～2。7～8：还原。

第 10 个 8 拍　1～4：迈右脚做漫步接转体 180 度，同时 1 手臂侧上举（花掌），3～4 还原。5～6：向左迈步成左弓步侧，同时右臂侧上举，左臂侧举。7～8：还原，击掌 2 次。

第 11 个 8 拍　1～2：出右脚做前并步跳，同时两臂侧举。3～4：同 1～2，方向相反。5～8：十字步，同时 5 两手抱头，6 两臂侧下举，7～8 两臂还原。

第 12 个 8 拍　1：右脚向右前方迈一步，同时两臂前举（拳心向下）。2：吸左腿，同时两臂胸前平屈。3：右腿屈，左腿向右前方伸（左脚前掌点地），同时身体后倒，两臂斜下举。4 同 2。5～6：左脚后点地成右弓步，同时身体稍右转前倾，左臂右斜下举。7～8：还原。

二、啦啦操套路

拉拉队运动是在音乐的衬托下，通过队员舞蹈动作的完美完成及高超的技能技巧展示，集中体现青春活力，追求团队荣誉感和健康向上精神的一项体育竞技活动。《中国学生动感啦啦队（水金级）规定套路》使用拉拉队最典型的道具——花球，全套动作总长度为 16 个 8 拍，其动作强度适中、难度中等，适合推广和普及。

1. 第 1 个 8 拍

准备姿势直立。

1～2：左脚向左一步成左弓步跳，同时右肩上屈，左臂放于右髋上，左转 90 度。3～4：向右移动重心成右弓步，同时左臂下举，右臂放于腰际，身体右转 90 度。5～6：右吸腿跳，同时两臂上举。7～8：屈膝半蹲，低头含胸，两臂放于两侧。

2. 第 2 个 8 拍

1～4:左脚向后退 4 步。5～6:跳成左右开立,同时两臂上举。7～8:跳成直立。

3. 第 3 个 8 拍

1:右脚向右一步成半蹲,左脚尖点地,同时两臂侧平举。2:还原成直立。3:半蹲,两臂屈臂放于左髋上。4:小跳,同时右手叉腰,左手侧上举。5:脚步动作同 1,顶髋,同时两臂叉腰。6:移动重心到左脚,顶髋,手臂动作不变。7:跳成开立,同时左臂叉腰,右臂肩上屈,向左偏头。半拍,脚步同 7,两臂胸前交叉。8:跳成直立。

4. 第 4 个 8 拍

1:右脚向右一步成半蹲,左脚尖点地,同时两臂侧下举,顶右肩。2:移动重心到右脚,同时两臂侧下举,顶左肩,头右转 90 度。3:吸左腿,右转 90 度,同时两臂抱膝。4:直立,面向 2 点。5:面向 2 点踢左腿,两臂下举。半拍,动作同 3。6:动作同 4。7:左脚上前一步成弓步,同时右臂胸前平屈,左臂侧平举,面向 1 点。8:右腿靠左腿,同时屈膝半蹲,手臂动作同 7,方向相反。

5. 第 5 个 8 拍

1:右脚向前一步成弓步,同时两臂经前成上举。2:跳成直立。3:跳成开立,同时左臂侧下举,右臂侧上举。4:跳成直立,同时两臂胸前屈,左臂上右臂下。5～6:左脚向左一步,顶髋,同时两臂胸前屈。7:重心在两脚之间,两臂下举。半拍,右转 90 度成左弓步,同时两臂下举。8:右转 90 度,面向 5 点,手臂动作不变。

6. 第 6 个 8 拍

1:右脚向右一步,脚尖点地,同时左臂侧举,右臂上举。2～5:还原成直立,原地小跳 3 拍。6:吸右腿右转 90 度,同时两臂肩上屈。7:右脚左前交叉落地,重心在两脚之间,同时两臂胸前屈。8:吸左腿右转 90 度,两臂侧上举。

7. 第 7 个 8 拍

1:吸右腿跳,左转 90 度,同时两臂经胸前打开成肩上屈。半拍,右脚点地,同时两臂胸前平屈。2:动作同 1。3:吸左腿跳,两臂下举。半拍,点地,两臂下举。4:吸左腿跳,两臂下举。5～8:5 落地成左前交叉,同时右臂侧下举,左臂体后屈,向右摆臀;6 同 5 方向相反;7 同 5,半拍同 6;8 同 5。

8. 第 8 个 8 拍

1:右脚向前一步成前后开立,同时两臂经前成上举。2:吸左腿跳,同时两臂侧举。3:右转 90 度,同时两臂胸前击掌。半拍,振胸,同时两臂肩侧屈。4:同 3。5:退右脚右转 90 度,同时两臂腰后屈。6:半蹲,两臂前下举,低头含胸。7:向右顶髋,同时两臂分别放于两髋上。8:同 7。

9. 第 9 个 8 拍

1:跳成直立,同时左臂下举,右臂上举。2～3:左脚向前漫步,同时右转 90 度,两臂下举。4:左脚靠右脚。5～6:左脚向左一步顶髋,同时右臂肩上屈,左臂侧举。7:移动重心成右弓步,右转 90 度,两臂侧下举。8:跳成直立,面向 3 点。

10. 第 10 个 8 拍

1:右脚向右一步成开立,同时两臂放于膝盖上,头看 1 点。2:还原同时两臂侧下举,左转体 90 度。3:跨右腿右转 180 度,移动重心到右,两臂下举。半拍,移动重心到左脚。4:动作同 3。5:右转 90 度,同时两臂胸前绕环。6:跳成直立,同时两臂侧举。7:左脚向左一步,面向 7 点,重心在两脚间,同时左臂前举,右臂前下举。8:跳成直立,同时两臂胸前平屈。

11. 第 11 个 8 拍

1:跳成开立,同时左臂侧举右臂上举。2:还原成直立,同时左臂侧上举,右臂下举。3:跨右腿成右前弓步,同时两臂胸前屈。4:还原,两臂前下举。5:跳成开立,同时左臂下举,右臂肩侧屈。半拍,跳成直立,手臂动作不变。6:跳成开立,同时两臂侧上举。7:向左压重心,左转体 90 度,抬头,同时两臂左膝后击掌。8:抬上体,同时两臂前举。

12. 第 12 个 8 拍

1～2:右脚向右 1 步,顶髋,同时左臂胸前屈,右臂肩侧屈。3:左转体 90 度,同时左臂叉腰,右臂前举。4:面向 1 点,移动重心到右脚,同时左臂叉腰,右臂胸前平屈。5～6:移动重心成右弓步,同时左臂下举右臂放于膝盖上。7:跳成直立,同时左臂叉腰,右臂上举。8:左脚向前成弓步,左臂叉腰,右臂侧举。

13. 第 13 个 8 拍

1～2:右转 90 度,绕髋 2 次,同时左臂胸前平屈,右臂胸前屈,并向前点 2 次。3:左臂叉腰,右臂前举。4:右转 180 度,同时两臂下举。5:上左脚,同时两臂上举。6:上右脚,两臂上举。7:上左脚,同时两臂侧举。8:右后转成直立。

14. 第 14 个 8 拍

1～4:原地踏步胸前击掌。5:两臂侧上举。6:半蹲,同时两臂前下交叉。7:分腿跳,同时两臂侧上举。8:还原成直立。

15. 第 15 个 8 拍

1:两膝向外下蹲,立踵,同时两臂放于两膝上。2:还原成直立,同时左臂下举,右臂侧举。3:右跨 1 步成开立,同时两臂胸前平屈,左臂在上,右臂在下。4:旁吸右腿,头左看,同时两臂侧下举。5:左转 90 度成开立,顶髋,同时左臂扶右髋,右臂侧下举。6:左转 90 度,同 5。7:退右脚右转 180 度,同时两臂胸前击掌。8:踢左腿,同时两臂侧下举。

16. 第 16 个 8 拍

1:跳成直立。2～3:右脚开始向前跑 2 步成左前弓步,同时两臂腰后屈。4～5:依次后绕左右肩 1 次。6:右脚向右 1 步,同时左臂侧下举,右臂胸前平屈。半拍,左臂胸前平屈。7:收左腿点地,含胸低头,同时两臂下举。8:左脚向前 1 步成弓步,同时两臂侧上举。

第十九章　体育舞蹈、排舞、街舞运动与卫生健康教育

第一节　体育舞蹈介绍

一、体育舞蹈的发展历程

体育舞蹈经历了原始舞蹈、公众舞、民间舞、宫廷舞、社交舞、新旧国际标准交际舞等发展阶段。20世纪初,由"英国皇家交际舞专业教师协会"召集了各国舞蹈专家,对当时的交际舞进行了科学的整理,对各个舞种、舞步、舞姿、步法进行分类并加以规范化。此后相继制定了7种交际舞为"国际标准交际舞",俗称"老国标"或"老标准舞",即"布鲁斯""慢华尔兹""慢狐步舞""快华尔兹""快步舞""伦巴""探戈",并由英国皇家舞蹈协会公布于众。从此,国际上便形成了比较统一的交谊舞舞步——"社交舞"。20世纪六七十年代,随着社会经济、科技、文化的发展,国际标准交谊舞又得到了很大的发展和提高,在西方出现了自由奔放、情绪热烈、节奏欢快的古特巴、迪斯科、现代交谊舞;在拉丁美洲与当地豪放洒脱的文化气质相碰撞,又产生了丰富多彩的拉丁舞。恰恰、牛仔、桑巴、斗牛舞等舞种风靡一时,形成了新一代舞种——拉丁舞。从1960年开始,拉丁舞也被列为世界交谊舞锦标赛的比赛项目。

二、体育舞蹈的舞姿与握抱姿势

在国际体育舞蹈的现代舞中,华尔兹、狐步舞、快步舞和维也纳华尔兹的舞姿及握抱姿势相同(见图19-1)。男女舞伴双足并立,互相将自己的右脚尖对准对方的双脚中线,间距为2~3寸,女伴偏向男伴右旁约三分之一,男女舞伴的头向左转,女伴转45度并稍向左倾斜,胸腰微向后倾弯约25度,从男士右边方向前看,要求身体肩平、背直、腰挺、膝放松、气舒缓。舞伴之间握抱有5个接触点:①男伴左手与女伴右手相握,男伴左上臂平抬,肘略低于肩,小臂内弯与上臂成90度(也可略大于90度),腕部上抬,与女伴相握的手高度齐女伴右耳峰,相握的手在两人身体中间要向前推或向后拉,使女伴手臂自然变成圆弧状。②男伴右上臂平抬,小

图 19-1 体育舞蹈的舞姿与握抱姿势

臂内弯,右手五指合拢扶在女伴左肩胛骨下半部,用掌部轻托女伴。③女伴左手虎口张开,放在男伴右上臂三角肌下部,拇指在上臂内侧。其他四指放在外侧,腕部不要突起,小臂放平。④男伴的右小臂与女伴的上臂相触,用手臂托住女伴的手臂,使之自然架起。⑤男女舞伴右腰胯部相互轻贴住,以此作为引导女伴的重要部分。通过以上 5 个点的接触,男女舞伴形成了挺拔、舒展与自然优美的握抱姿势。

三、体育舞蹈的服饰

现代舞及拉丁舞都有各自专用的服饰,用以体现不同的舞种风格和衬托体现舞蹈的美。在体育舞蹈的现代舞中,男士必须穿燕尾服,一般选手都穿礼服,显示高贵、庄重的气质,以及优美的身体线条。色彩以黑色为主,也可根据选手自身的特点和风格采用白色、蓝色、深灰色等。舞鞋一般是黑色软底平跟缚带皮鞋。女士穿夜礼服或露背式长裙,但裙长不能超过脚踝,以免妨碍动作和遮住脚部动作。鞋面色彩应与衣裙同色,样式是高跟船鞋或丁字鞋(高度 5～8 厘米),鞋面可镶嵌亮饰物。拉丁舞的比赛服饰要有拉美风格。男士穿紧身衣裤,上衣应是宽松长袖,女士要穿露腿的草裙式短裙,以便展示背、腰、臀、胯、腿部动作的优美线条,增加风格性。男、女选手的服装必须协调,男士不得带头饰,男士的舞鞋和现代舞的要求差不多,女士要求穿高跟凉鞋,服装的颜色要求多样化,要鲜艳夺目,可在大的原则不变的前提下不断改进和变化,以适应时代的潮流。

四、体育舞蹈比赛的欣赏

体育舞蹈已成为人们陶冶情操、锻炼身体的极好形式,它兼有文化娱乐和体育竞技的双重特点,以及很强的表演观赏性和技术性。评委和观众根据什么标准来评审和欣赏优胜选手呢?归纳起来,大致可分为以下 4 条。

1. 规范正确的基本技术

世界冠军东尼说,要想夺冠军,重要的是基本动作有扎实的基础,就如同一栋大楼最重要的是根基一样。

2. 音乐韵律的表现

舞者如何运用音乐节奏演绎一套舞蹈动作是衡量其能力大小、艺术水平高低的尺度。例如,跳伦巴时要能按伦巴音乐的 4/4 拍准确地跳出 2,3,4,1 的时值分配,跳出重音 4。又如,牛仔舞的 4/4 节拍的重音是在第二拍和第四拍,通常在多数动作中运用。

3. 舞蹈特点的表现

体育舞蹈的 10 个舞种风采特点各异。例如,摩登舞具有端庄、含蓄、稳重、典雅的风格和绅士风度。优美的舞姿、流畅起伏有序的舞步、清晰的音乐节奏,都是舞者应表现的舞蹈特性。而华尔兹舞则要充分表现出男伴似王子气宇轩昂及女伴似公主温文尔雅、雍容大方,体现舞姿飘逸优美的风格特点。在表演伦巴舞时要充分地运用躯体、髋部富有魅力的扭摆,体现热恋情调的舞蹈特点。

4. 舞蹈编排的流畅性

一套完整而优美的舞蹈动作的编排很重要。一套动作编排得好坏,取决于各种标准动作之间的连接是否连贯、自然和优美。

第二节　体育舞蹈的分类与基本技术

一、体育舞蹈的分类

根据体育舞蹈练习的目的和任务将体育舞蹈分为两类:社交舞(娱乐健身体育舞蹈)和国际标准交谊舞(竞技性体育舞蹈)。社交舞的形式和种类多样,动作简单,是人们文化生活中最为广泛流传、最具有普及性的一类舞蹈。社交舞、交谊舞和舞厅舞是不同历史时期、不同角度同一概念的讲法。社交舞的目的就是进行社会交流、增进友谊、联络感情、强身健体。因此,参加社交舞活动的人数最多、场面最大、气氛也最热烈。在社区广场文化中,社交舞已经成为重要组成部分。国际标准交谊舞也称"竞技性体育舞蹈",是在社交舞基础上派生出来的、动作极为规范的一种舞蹈,分摩登舞、拉丁舞两类,共 10 个舞种。

(一)国际标准舞

摩登舞

摩登舞是国际标准交谊舞,又称现代舞,起源于英国伦敦。摩登舞包括华尔兹、维也纳华尔兹、探戈、狐步舞和快步舞。步伐规范严谨,上体和髋部保持相对稳定挺拔,完成各种前进、后退、横向、旋转、造型等舞步动作。摩登舞的特点是在整个舞蹈过程中舞伴之间是通过"贴身"去传递舞蹈信息,保持"贴身"难度很大,要求舞者从头到脚、手架、出步、舞伴之间姿势和体位等都必须符合规范要求,以及处理好在舞蹈演绎过程中自己的重心和舞伴之间的协调配合。

(1) 华尔兹。

华尔兹起源于 17 世纪德国乡间土风舞,具有优美、柔和的特质,也是历史悠久、最受人们喜爱的舞蹈。旋转是华尔兹的精髓。现今华尔兹已经过改良,放慢了音乐速度。要求足部运动正确,在前进或后退中能突出主动腿的推动。男女舞伴的身体必须保持重叠 2/3,并在运动过程中始终保持身体的接触。在移动过程中必须强调身体的移动要流畅、连贯,在运动中身体起伏,表现出华尔兹的雍容华贵、荡漾起伏的风格。音乐节拍是 3/4 拍,速度为每分钟 30～32 小节。每小节 3 拍为一组舞步,重拍在音乐的第 1 拍上。基本步形有左脚并换步、右脚并换步、左转步、右转步、右旋转、拂步、侧行追步等。

(2) 探戈。

根据史料记载,公元 1900 年探戈即在巴黎出现,由于其舞姿怪异,受到教会的反对,不久即销声匿迹。1910 年至 1914 年间,因阿根廷的舞蹈教师在美国的推广,探戈舞又逐渐受到注意。英国式探戈的音乐抑扬顿挫、刚劲有力。舞步奇形怪异,如摆头顿足、欲进还退等,舞蹈风格充满豪迈精神,即为现今之标准式探戈。探戈舞是摩登舞家族中的“异类”,无论握持、音乐风格、移动、舞步等都无法与其他摩登舞种融合。要求两舞伴相握手臂屈肘的夹角应小于 90 度,身体重叠 1/2,男女舞伴的接触从横膈膜到膝盖,即使在做难度动作时也不能分开。运动时应走弧线,动作强调顿感、挫感及内在的力度,体现探戈豪放潇洒的风格。音乐节拍是 2/4 拍,速度为每分钟 31～33 小节。重拍每拍相等,基本节奏为慢慢快快或慢快快慢,一个慢拍等于一拍,一个快拍等于 1/2 拍。基本步形有常步、直行侧步、分式左转步、右摇转步、直行连步、左扭转步、并式滑行步等。

(3) 狐步。

20 世纪初狐步的舞步具有悠闲、轻松、流畅及优美等特性,音乐恬静柔美,行云流水。而竞技所延伸出的一些高难度动作,已经与美式简单轻松的狐步舞背道而驰。一般选手皆认为狐步是最难把握的一项舞种,要诠释出狐步的流畅特性须有深厚的基础。握持及身体的接触同华尔兹,狐步的舞步起伏要平缓,跳出狐步的悠闲、轻松和流动感。音乐节拍是 4/4 拍,重拍在 1 和 3(1 强烈些)。速度为每分钟 28～30 小节,动作节奏为慢慢快快,一个慢拍等于 2 拍,一个快拍等于 1 拍。基本步形有羽毛步、左转步、三步、右转步、换向步等。

(4) 快步舞。

快步舞为摩登舞中较快速的一种舞蹈,动作伶俐、轻快,以直线轻快移动为主轴。快步舞音乐节奏较快,须恰如其分地掌握音乐节奏,快慢有序,才能淋漓尽致地展现快步舞的魅力。握持及身体的接触与华尔兹相同,动作要协调一致,跳步时流动要轻快、流畅。音乐节拍是 4/4 拍,重拍在 1 和 3(1 强些)。速度为每分钟 50～52 小节,动作节奏为慢慢快快慢,一个慢拍等于 2 拍,一个快拍等于 1 拍。

（5）维也纳华尔兹。

维也纳华尔兹是社交历史最悠久的舞种，又称为圆舞曲或宫廷舞，因其具有欢愉及自由气氛，故极受欢迎。维也纳华尔兹步法不多，多以快速的左右旋转动作交替，绕着舞池飞舞，并加入原地左右旋转动作，舞者裙摆飞扬，华丽多姿。握持及身体的接触与华尔兹相同，运动中身体应出现倾斜、升降和摆荡的特点，在左转退步时必须有锁步，动作有轻快的流畅感。音乐为3/4拍，每分钟58～60小节。第1拍为重拍，第2和3拍为弱拍，6拍完成一组动作，前3拍注重发力，后3拍较为舒缓。

（二）拉丁舞

拉丁舞又称拉丁风情舞或自由社交舞，具有随意、休闲、放松的特点，有较大的自由发展空间（见图19-2）。拉丁舞是拉美人民在漫长的历史长河中形成的具有鲜明特点的激情、浪漫而又富有活力、火热的艺术表现形式，深受拉美人民的喜爱，成为他们生活中必不可少的重要组成部分。拉丁舞包括伦巴、桑巴、恰恰、斗牛舞、牛仔舞。

图 19-2　拉丁舞

（1）伦巴舞。

伦巴舞起源于古巴，是最具有代表性的拉丁舞，被誉为"拉丁之魂"，是表现男女之间爱情故事的舞蹈，音乐柔美缠绵，节拍为4/4拍，速度为每分钟27～31小节左右，音乐的第2拍为脚步的第1拍，重拍在第4拍。伦巴是4拍走3步的舞蹈，要"先出胯，后出步"，节拍是"2,3,4～1"，第2拍和第3拍各走一步，第4拍和第1拍共走一步。伦巴舞的特点是音乐缠绵，舞态柔美，舞步动作婀娜款摆。古巴人习惯头顶东西行走，以髋部向两侧的扭动来调节步伐，保持身体平衡。伦巴的舞步秉承了这一特点，原始的舞蹈风格中融进现代的情调，配上缠绵委婉的音乐，使舞蹈充满浪漫情调。基本步形有基本动作、库可拉恰、扇开步、阿列曼娜、曲棍步、定点转、纽约步、手接手、右陀螺转步、闭式扭胯转步、开式扭胯转步、右分展步、左分展步、螺旋步等。

（2）恰恰。

恰恰起源于墨西哥，与伦巴有很多相通的地方，但与伦巴的俏皮欢快风格不同，恰恰的舞态花俏，舞步利落紧凑，动作潇洒帅气，充满活力，音乐有趣，节奏感强(见图 19-3)音乐节拍为 4/。4 拍，速度为每分钟 29～32 小节左右，4 拍跳 5 步 (2,3,4 &1)。包括两个慢步和 3 个快步。慢步占 1 拍，快步占半拍。步伐应利落、紧凑，舞蹈要求风趣、俏皮。基本步形有追步、锁步、基本动作、扇开步、阿列曼娜、曲棍步、定点转、手接手、纽约步、右陀螺转步、闭式扭胯转步、开式扭胯转步、右分展步、左分展步、交叉基本步、古巴断步等。

图 19-3　恰恰舞

（3）桑巴舞。

桑巴舞起源于巴西，音乐节拍为 4/4 或 2/4 拍，速度为每分钟 40～56 小节左右(见图 19-4)。桑巴舞的音乐热烈，舞态富有动感，舞步摇曳多变。注重音乐的切分，步伐要有弹性，并准确地运用胯关节前后左右的自然摇摆，舞蹈体现欢快、奔放的风格。

（4）斗牛舞。

斗牛舞起源于法国，发展于西班牙，它的音乐节拍为 2/4 拍，速度为每分钟 62 小节左右。斗牛舞音乐雄壮，舞态豪放，步伐强悍振奋。动作干净利索、有力度，要有西班牙斗牛士的阳刚之气。动作节奏为：1,2,3&,4,5&,6。3,5 占用 3/4 拍的时间，& 占用 1/4 拍的时间，因此牛仔舞的舞步是 6 拍跳 8 步。基本步形有追

图 19-4　桑巴舞

步、原地基本步、并退基本步、连接步、右到左换位、左到右换位、背后换手、侧行走步、美式旋转等。

(5) 牛仔舞。

牛仔舞起源于美国,是由一种叫"古特巴"的舞蹈发展而来的,牛仔舞剔除了原有的难度动作,增加了一些技巧(见图 18-5)。牛仔舞要求手脚关节放松,自由地舞蹈,身体自然晃动,脚步轻松地踏着,且不断地与舞伴换位,转圈旋转。其音乐节拍为 4/4 拍,速度为每分钟 43 小节左右。做动作时脚下要有符点,胯的运动为左右摇摆并与脚的重心相反,舞蹈要求活泼、自由。

图 19-5　牛仔舞

二、体育舞蹈基本技术

(一) 重心移动技术

身体的重心靠胯部以下的肌肉关节支撑着用力,准确地运用胯、膝、踝、趾关节的承受力是保证身体的稳定性和身体控制能力的基础。在现代舞中,除探戈舞在移动时重心在后脚,前脚先迈出,其他 4 种舞蹈在重心移动时都是由身体移动

图 19-6 基本移动

带动腿部移动,用全部身体去摆才能显示出舒展挺拔、优雅大方的姿态(见图 19-6)。重心移动技术有 3 个要点。第一,要尽量缩短双脚同时承担重心的时间。并式脚位时不同的舞种重心交替时机和方法都有所不同。如华尔兹是在收回脚到位的最后一刻进行交替,而探戈是在并脚的最初一瞬间完成交替。开式脚位的重心转移虽然没有明显的舞种差别,但必须恪守"一步到位"的原则。第二,必须运用"滚动脚"。这是指人体重心在脚底部位有程序地移动,由脚跟滚动到脚尖,或由脚尖滚动至脚跟,也可能是由脚尖滚动至全脚掌,再由全脚掌滚动到前脚掌。滚动都要流畅而平稳,必须有膝关节的屈伸相配合才能完成。要经常做一些最基本的练习,如将重心放在左脚,右脚向前、向后迈步,反复体会重心在左脚底由脚掌移至脚尖,再由脚尖移至脚跟不同位置的不同感觉。第三,要保持腰胯的稳定,形成以腰胯为中心的整体重心焦点。练习时必须从稳定腰胯开始,要努力克服胯部随着重心脚的交替而摆动的状态,然后练习空中焦点与脚底感觉的配合,最后进入用空中焦点的急速推动,引导脚底重心集中点的快速跟进。

(二) 平衡技术

在现代舞中由于男女舞伴是在同步同位中运动,所以特别要求两者在运动中保持力量平衡,尤其在转动或超过 180 度的旋转动作中显得更为重要。旋转会产生一种离心力,这种离心力要用男女舞伴的平衡感觉加以控制才能稳定(见图 19-7)。而在做轴转步动作时,如右推转、双左旋转和女伴在狐步舞中的多次轴转都是以足跟为轴做力点,所运用的力量是旋转时的离心力。在做以上这些平衡动作时,男女的力量中心是在右胯至上腹部的接触点上,如果这个接触点上下

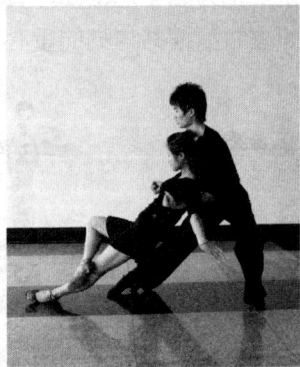

图 19-7 平衡

错位、左右扭曲或离开距离和压挤等,都说明力量平衡遭到了破坏。自我平衡是默契配合的保证,双方在做任何动作时,必须保持重心稳定的相对独立性,任何依赖对方来维持自我重心稳定的动机都将是错误的。单独练习可提高自身的重心稳定能力、自我平衡能力、运步过程的程度性发展等能力。只有在反身、倾斜、升降、重心移动和替换等动作中存在双方的作用力与反作

用力,而在重心稳定与平衡动作上是绝对不应有作用力与反作用力的,不然默契的配合就无法实现。

(三) 升降技术

升降是指在舞步的行进中身体在纵轴上做"波浪"形起伏变化的动作状态,它是摩登舞不可缺少的动作表现形式。在现代舞中,除探戈舞没有升降动作之外,其他4种都有升降动作,升降动作是在膝、踝、趾关节的屈和伸的转换动作中完成的。升降技术的难度相当大,完美的升降必须将膝、踝和掌的用力进行特殊的处理,使之交叉协调地伸屈,同时还应将上身和"间隔"(指骨盆与横隔膜之间的部位)打开才能达到升降。正确的升降技术是上升运动时应先把重心转移到脚掌,使脚跟微微离地,然后在脚跟上升的过程中逐渐伸直膝盖,配合整个身体的上挺动作,使上升动作达到理想的高度;下降运动时则应首先使用膝盖放松的技术,让膝盖的弯屈先于脚跟的落地。假如还须继续下降,则应进一步弯屈膝关节,退让性用力降重心。总之,升降动作应当始终在圆韵的舞步流动中完成,这是完成好该项技术的前提。而要想掌握好这项技术,不仅需要明确技术要领,而且还需要在实践中不断地改善各关节柔韧性。

(四) 摇荡技术

从字义上看,摇荡是指像摇船和荡秋千一样,把身体摇荡起来。这是一个很重要的技术,也是区别一般选手和优秀选手的标志。一般舞者把动作和步法跳对就可以了,而优秀选手就必须具备摇荡技法,只有运用这个技法才能称之为舞动,否则为走舞或是跑舞,而不是跳舞。只有当运用以胯部为中心点,在身体的升降中把整体摇荡起来时,美感才会出现,尤其在跳华尔兹舞时,这个动作形态更要强调,这样才能跳出华尔兹舞的特性,以及其他几种有升降动作舞蹈的特性。

(五) 摆动技术

这个技法只有在做一些特殊动作时才运用,如右推转、双左旋转、电纹步(转折步),以及各种轴转步。由于需要在转动中保持平衡,所以不用脚的升降动作调节平衡,而是用身体平稳的摆动来完成这些特殊动作。这个技法也是比较难掌握的,但必须学会运用,否则是跳不好那些轴转步(足跟转或向心力旋转)动作的。

(六) 反身技术

反身是指人体的肩横线与胯横线形成一种立体而又平行的交叉状态(见图19-8)。有两个动作都可以使身体形成这种交叉状态,即因上体动作而形成的交叉为反身动作,因下肢动作而形成的交叉为反身位置。反身动作是以腰轴转动意识为发力要领,整个上半身向左或向右转动,使肩胯横线形成交叉。如左脚正直前迈,上身的右侧领先整体向前向左转动,形成向左的反身动作。与此相反,右脚正直前迈就形成向右的反身动作。反身位置是在身体不转动的情况下,一脚向左或向右横跨准线迈向另一脚的外侧位置,从而使肩胯横线形成交叉。例如,左脚跨越准线向右脚外侧位置迈步,两脚前后交叉,从而形成向左的反身位置。与此相反,右脚跨越准线向左脚外侧位置迈步就形成向左的反身位置。

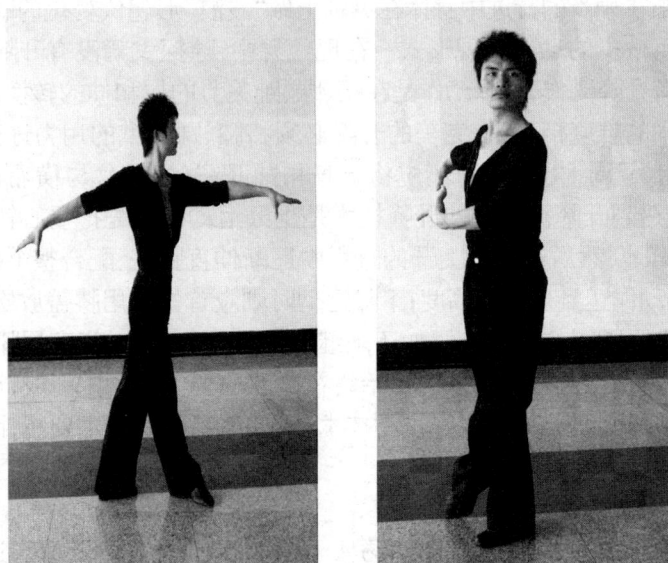

图 19-8　反身

(七) 倾斜技术

倾斜是指身体不弯曲地向某一特定方向出现纵轴偏离垂直轴的状态。由于重心移动是以胯部为中心,当身体向上摇荡时,腰和胯先向前移动,而肩和头部在后,在终止重心移动的瞬间,由于肩的后拖力就形成了身体的倾斜角度。人体大幅度向前流动、旋转和造型动作,一般都离不开倾斜技术。倾斜技术有 3 个方面的作用:一是促进流动,这种倾斜是由腰部强有力的推进形成的(而不是故意地抬高或降低某一侧的肩),其形态特征表现为下体运动先于头部,引导前进方向一侧的肩高于另一肩,这种倾斜是在自然状态下完成的,是狐步和探戈风格展现的重要技巧;二是作用于对抗离心力的倾斜,主要在旋转动作中运用,其特征是人体纵轴向圆心方向偏移,即左转前进时向左(后退则向右)倾斜;右转前进时向右(后退则左)倾斜,人体这种盘旋状或旋涡状运动,有效地抵抗和减缓了离心力带来的阻碍。三是用以展现人体曲线美的"重倾斜",它是在旋转状态下,由于脚下位置的相对固定,上体沿着旋转的运动趋势做圆弧形运动,形成的一种开放式舞姿造型(如左、右身),它是变换人体运动节奏、展示人体造型美的一项特殊技术,其变化形态很多,在摩登舞中被广泛运用。

三、体育舞蹈竞赛规则

（一）竞赛内容及特点

1. 内容

体育舞蹈比赛分两个系列：标准舞系列和拉丁舞系列舞。除此之外还有团体舞比赛。

2. 特点

每类舞包括 5 种比赛，自始至终是在主持人的控制下进行，主持人把握整个比赛的节奏。赛中、赛后可穿插国内外优秀选手表演，这样既丰富比赛内容、增加比赛亮点，又可给选手、裁判员、记分组充足的准备时间和休息时间。预赛与半决赛采用淘汰制比赛方式，决赛采用顺位法确定单项和全能比赛的名次。裁判必须在 1 分 30 秒至 2 分 30 秒的时间内，从不同组别中确定下一轮入选选手名单或决赛名次。这要求裁判必须精通业务，能迅速作出正确的判断。

（二）体育舞蹈竞赛组别及舞种

1. 国际比赛分组

（1）世界舞蹈与体育舞蹈理事会。

世界舞蹈与体育舞蹈理事会组织的比赛分职业组和职业新星组，其他按年龄分成壮年组、青年组、青少年 A，B，C 组。

（2）国际体育舞蹈联合会。

国际体育舞蹈联合会组织的比赛分成人组、10～21 岁每两岁为 1 组。

2. 国内比赛分组

国内比赛主要分职业、业余及专业院校三大组别。主要以年龄分组设项，根据国际通行设项。

职业组所有选手都可以参加国内各种比赛，专业组指体育舞蹈或国标舞专业招生的院校学生，参加过职业组、专业组比赛的选手不得参加业余组的比赛。

（三）裁判工作方法和要求

国际体育舞蹈联合会比赛的初赛、复赛、半决赛均采用淘汰法，决赛采用顺位法(名次法)。入围选手用马克(marker)表示，即用"V"或"O"表示。决赛时，用数字表示名次 1～6，然后用顺位法评出名次。具体的裁判工作方法和要求如下：

（1）从下往上看，先看脚下基本节奏，再看身体整体效果，最后看面部表情即艺术表现力。

（2）去少的原则(淘汰法)进入下一轮比赛，采取先挑选少数好的方法。

（3）均值(淘汰法)。

（4）抓两头，评中间。

（5）裁判过程（2 分 30 秒内完成）。

（6）注意事项：裁判员拿到表格，首先看清楚内容，然后决定自己采用的方法；淘汰赛时应尽量打满进入下一轮选手的马克，如有困难，起码打满 80％，但绝不多打，否则此票作废。

第三节　街舞介绍

一、街舞文化的组成部分

（一）B-BOY

B-Boy 早在 1983 年就已出现，那时被称之为"霹雳舞"。在 20 世纪 90 年初出现了许多新的舞蹈团体，此时 Old School1 已渐渐形成 New school1。90 年代中期 New School 盛行，同时 Old school1 者也大有人在。B-Boy 由 top or up rock，footwork，spinning moves(power moves)和 freeze 等动作组成。B-boy 的舞蹈主要有两种倾向：一种是强调 power moves，另一种则是强调 footwork 和 freeze。

（二）Graffiti

Graffiti 就是街头涂鸦艺术。涂鸦艺术作为视觉语汇，一直和 Hip-Hop 文化同栖连枝。曾几何时，没有任何场地及途径可让涂鸦爱好者练习或一显身手，直到近年，合法的场地及公开比赛才应运而生，获得认同及得奖的作品被广泛运用。从高档名牌、小型街舞派对宣传单到大型户外广告，都不难看到涂鸦作品的踪影。

（三）DJ

DJ(Disc Jockey)简单来说就是在派对上放音乐的人，在 Hip Hop 领域里，DJ 毋庸置疑占了极重要的角色。目前，DJ 已跨越到音乐制作领域，不少 DJ 还亲自担纲制作人。如乐队 Pete Rock &C. L. Smooth，Pete Rock 即是该乐团的 DJ 兼制作人。

（四）MC

"MC"的原意为 Micphone Controller，也就是"控制麦克风"的人。MC 需要具备多方面的能力，比如要能带动气氛、能主持，他不只是表演者，还要传达 Hip Hop 文化讯息，其表演内容和形式可分不同区域及派别的表演形态，如东岸、西岸、非主流等。

二、街舞比赛的评分规则

流行街舞设集体、单人、斗舞，健身街舞只设集体项目。流行街舞的参赛内容应为纯正的 Hip-Hop 类型的舞蹈。各种舞蹈种类可单独使用,也可根据情况多种类型组合编排。斗舞应运用正确的技术完成高难度的技巧动作和组合。健身街舞成套动作的编排应充满活力,有创造性,动作设计必须展示街舞舞蹈特色内容。成套动作设计中的舞蹈、造型和队形变化应始终保持完整性,并与音乐的风格和特点相吻合,要充分体现集体项目的配合与交流,队形变化丰富,连接流畅。

音乐可以使用一首或多首乐曲混合的音乐,可使用原创音乐或剪辑音乐,可加入特殊音响效果。不得有任何反映暴力、色情、反动等不健康因素的音乐内容。选手的服饰应着街舞风格的服装,服装不得过分暴露,也不得有反映暴力、色情、反动的内容,不得有不健康内容的图案、文字、饰物和道具,否则视具体情况扣分或取消参赛资格。

三、街舞的音乐与服饰

音乐主要是通过节奏、旋律与和声这三大要素来表达人的内在情感的。街舞音乐的特点是节奏明显、重拍强劲,节奏为 90～110 拍/分钟。街舞音乐的选择范围很广,如爵士乐、摇滚乐等。爵士乐是强有力的打击乐,其旋律由连续不断的切分节奏组成,有和声丰富和节奏变化多等特点;摇滚乐的节奏有快有慢,是一种有摇摆感觉和节奏模式反复出现的激情音乐。街舞是一种自由不受束缚、节奏感强的舞蹈类型,因此,街舞的服装要以随意、宽松、舒适为宜。宽大的 T 恤、拖地的多兜裤、牛仔裤、棒球帽以及民族花样的包头巾和篮球鞋、休闲鞋等,都是街舞服饰的特点,但在强调个性的同时,注意不要让服装过分怪异。

第四节 街舞的分类与基本技术

一、街舞的分类

(一) 国际上对街舞的分类

1. 以动作类别为标准划分

以动作类别为标准划分两大类:Breaking 和 Hip-Hop。Breaking 属于技巧性较高的体育舞蹈,要求舞者具有较好的力量、柔韧和协调。Hip-Hop 为舞蹈型街舞,包括有 Locking, Popping, Electric, Turbo, Wave, House 等多种风格。Hip-Hop 不需要有 Breaking 那样较高的技巧,但更要求舞者的协调性、舞感及肢体的控制力。

2. 按年代的发展顺序来划分

按年代的发展顺序可划分为两大类：Old School 和 New School。Old School 舞蹈包括 Locking（锁舞）、Popping（机械舞）、Breaking（霹雳舞）、Wave（电流）。New School 没有太大幅度的脚下移动，有许多头部和手臂动作，重视的是身体上半部的律动。同样的一段节奏内，New School 多变而流畅，崇尚自然流露，而 Old School 音乐节奏较密集。

（二）我国对街舞的分类

1. 健身街舞

通常把健身房里的街舞叫做健身街舞，包括轻器械街舞（踏板、健身球、篮球、滑轮等），动作要求体现出对器械充分合理的运用，并能够正确地表现出器械的特点。健身街舞在 Hip-Hop 的音乐伴奏下，以街舞的基本动作为表现形式，充分展示身体的协调性和动作的均衡性，包括上、下肢及身体左、右两侧的平衡发展。动作设计要求包含有一种或多种类型的街舞舞蹈动作，避免重复。设计要以健身为主要目的，以肢体的大幅度动作和步伐移动为"语言"，体现一定的运动强度，避免长时间的停顿，要遵循健康和安全的原则，动作中不得出现技巧性难度动作和对身体易造成伤害的动作。

2. 流行街舞

包括集体、单人、斗舞。融入了技巧性较高的舞蹈动作，对练习者的体能要求也较高，动作轻松流畅，感觉细腻，技术到位。例如，Popping Wave 肢体动作灵活，肌肉震动明显，震动方法正确；Lock 动作干净利落、舒展有力、张弛有度；House 动作轻盈潇洒、协调自如，变化丰富。Breaking 动作技术准确到位，充分体现身体的能力；Battle 要有良好的团队士气和热情文明的作风，善于临场即兴发挥，体现出街舞自由、快乐、幽默、挑逗等特点和与观众互动的热烈气氛。但不允许与对方身体接触和出现不健康、侮辱性的动作。

二、街舞的基本技术

（一）弹动技术

街舞的弹动技术主要表现在膝关节的弹动、踝关节的缓冲以及髋关节的屈伸。在街舞练习中，膝关节几乎很少伸得很直，多是在微屈或弹动的状态下完成动作的。如在最基本的点地和提膝动作中，踝关节的缓冲和髋关节的屈伸动作往往与之协调配合，使动作律动感很强而且松弛自然，对关节也起到了保护的作用。弹动技术是街舞最具代表性、最具特色的动作，而且也是保证街舞的健康与安全之所在。

（二）控制技术

街舞的控制技术主要表现在肌肉的用力方式和用力顺序两个方面,街舞的多数动作有很强的动感和力度美,为了表现这一特色,需要频繁地使用肌肉的爆发力,有时某些动作会出现在音乐的弱拍上,这就要求动作速度很快,因此肌肉的紧张与松弛必须协调控制,才可以达到应有的动作效果。

（三）重心的移动和转换技术

街舞的重心移动技术主要表现在动作的方向变化上,通过前、后、左、右的移动使身体运动的路线有丰富的变化。街舞的重心移动技术主要靠左、右两脚支撑的变化来实现,除了上肢和躯干的动作之外,这一技术动作占据了很大的比例,它使街舞动作具有律动感和技巧性,从而展现街舞的特色。

三、街舞的风格特点

（一）Popping

Popping 模仿机器人的动作形态,加上一些喜剧和卡通影片里的滑稽动作,具有相当的幽默效果。Popping 要求肢体各部分做动作时肌肉的震动大,震动方法正确,利用肌肉的紧绷与放松来产生身体的震动与"骤停"定格。动作要配合音乐的节拍点"卡住",卡拍时肌肉瞬间收紧,在不卡拍时相对把肌肉放松,在肌肉紧张和放松之间把握好"度"。由于动作要求细腻,基本功要求特别高。

（二）Locking

Locking 的动作灵感是来自被线控制着的小木偶,有许多手臂架空并使关节定位不动的点顿动作、手臂大幅度的甩动动作及手转等。Locking 的动作特点要求动作干净利落、舒展、有力,强调手部的旋转与定位,配合整个肢体的律动以及极具爆发力的手臂转变动作,在短时间内的发力与对力量的控制,产生了身体运动之间的动与静的鲜明对比。

（三）Wave

Wave 有许多电流传导的舞蹈动作和造型,是一种从四肢开始的波浪动作,力量沿着关节顺序平缓、滑顺地依次从各关节部位流向整个身体而律动起来。力量传导到身体的末端时保存能量产生"停顿"。在 Wave 各部位的动作分割与连贯中,特别要突出身体的局部与整体的关系。

（四）Breaking

Breaking 是类似体操的一种地面动作,其动作以旋转为主,翻身为辅,以手部为主要支撑点,以肢体在空中的翻腾、旋转为特色的技巧性街舞。根据动作的幅度大体上可以分为两种类型,用手、头、身体在地上旋转的动作称为大地板,代表动作有头转、拖马斯、风车、1990(俗称手转,倒立且旋转)、2000(倒立手转)等。用肢体在地上踩出复杂变化的脚步动作加上刁钻的倒立称为小地板,代表动作有霹雳摔、地蹦、鱼跃、后翻、排腿等。

(五) House

House 的特色在于音乐节奏强劲,运用了很多轻盈潇洒的舞步,强调脚步变化。每一拍都有脚步变化,其较少规定手臂的动作。House 是 New School 舞蹈的一部分。House 与 Hip-Hop 的区别在于 House 的音乐控制身体,而 Hip-Hop 要求通过控制身体去迎合节奏。

四、街舞的基础动作及技术要求

(一) 街舞的基础动作

1. 上肢类动作

街舞的上肢类动作主要有举、屈伸、绕环、手臂波浪等。举是两臂由低到高抬起,并停在某一部位的动作;屈伸是使肘关节角度缩小或伸直的动作;绕环是上肢关节运动范围在 360 度以上的动作;手臂波浪是上肢临近关节按顺序做柔和的屈伸动作,关节屈伸的顺序是指、腕、肘、肩。

2. 下肢动作

下肢的原地动作有弹动、点地(前、侧点地)、提腿(前、侧)、踢腿等动作,可将这些动作串联,如踢腿加点地。转动动作也是下肢的常见动作,转动的方式有以脚尖为轴转动脚跟、以脚跟为轴转动脚尖以及双脚同时向内(外)转动(以前后点地为例)。

3. 躯干动作

包括提肩动作、胸部含(展)动作及髋部的顶(点)动作。

(二) 街舞动作技术要求

街舞最突出的动作技术就是身体的弹动技术。身体的弹动主要体现在各个关节(踝、膝、髋、肩、胸)上。其中,对整体动作影响最大,运动频率最高的是膝关节的弹动以及上体含、展、移、波浪等动作。街舞上体动作的要求主要是指躯干的律动。躯干的律动是指身体的起伏,即人体胸、腰腹协调收缩与舒张的能力,这也就是街舞的基本特征,因此,在练习中要注意动作之间的合理配合。如在做含、展胸时,含胸之前要先挺胸,然后做含、展动作。街舞的膝关节的弹动要做到有韧性、弹性和力度,要求大腿股四头肌(大腿前部)及大腿侧股二头肌有节律地交替收缩,同时,始终使膝关节保持一定的弯曲度,以便于变化动作时能快速改变身体位置。如两腿做弹动时,屈膝后马上弹起,膝盖每屈弹一次为 1 拍。

五、街舞典型技巧动作的练习方法

(一) 风车

预备姿势:左手撑于身体左侧,双脚张开成大字型,左脚抬高。

动作要领:左脚往斜下方用力扫的同时放开左手,左手沿着手臂至背部的顺序让身体着地(身体的着地点在背的上方二分之一处,身体下地时腰要适当抬起),身体下地后双手撑起身体成开始姿势(脚尽量不碰地)。随即再按照同样的要领进行重复练习(见图 19-9)。

练风车常见出现起步时摔倒、接圈时脚会碰到地板等情况,练习时要注意腰要抬高,起步时脚要用力扫,起步放手的时机要合适,切记腿一定要分得很开,不能并腿。

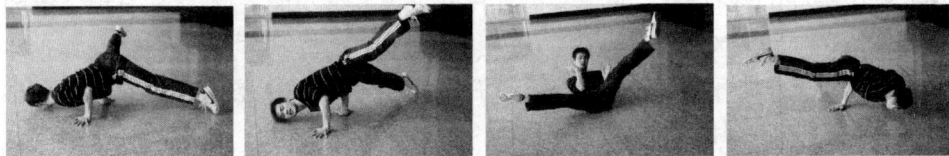

图 19-9 街舞风车

(二) 托马斯

预备姿势:双腿张开成大字形,左臂伸直撑地。

动作要领:左脚用力往右脚跟方向摆,右脚往头的方向用力踢高,同时左脚往头的方向用力踢高,使两只手撑着地面,双脚腾空,腰往前挺直,然后左脚继续保持在空中,右脚往斜后方拉回原来右脚起步的方向,左手离地,右手支撑。

练习托马斯时注意臂力、脚摆动的力量及腰腹力要足够大,脚要有画圆的感觉,换手时机要合适。

(三) 无限头转

预备姿势:固定腰部,保持身体的重心,为身体以垂直轴转动作准备。

动作要领:利用腰部扭转转动,保持身体重心平衡。转完一圈后用双手稳定重心,不断增加回转圈数的同时,注意控制旋转速度。随着转速的加快,放开双手,以腰和腿控制重心。弓腰,作用力在颈部,慢慢往下拉腿,手抱住腿控制重心。

(四) 1990 双手转

预备姿势:扭转身体。

动作要领:右手靠近左脚,左脚向上,倒立身体;左手在适当的时候调整位置,右腿向后上方提起,两腿分开。收回双腿,左肩支撑身体,转动身体。

第五节　排　舞　运　动

一、排舞运动概述

排舞是根据一段完整的歌曲或音乐,以有氧运动为基础,以身体练习和多变的步伐为基本手段编排的一套完整动作,使练习者达到塑造形体、舒缓压力、改善气质、增强身体协调性、提高健康素质的一项运动。排舞对增强团队精神、促进和谐关系和反映健康向上的精神面貌具有特殊意义。

"排舞"一词由"Linedance"直译而来,从字面上理解即排成一排跳集体舞。作为一种国际性的健身舞蹈,日益受到现代都市男女老少的青睐,它兼具拉丁舞的热情奔放和国标舞的优雅,集舞蹈、体育、艺术于一体,具有广泛的健身性、娱乐性和大众性。近年来排舞风靡世界,受到不同国籍、性别及年龄的人们的参与和喜爱,已成为一种"国际健身语言"。

二、排舞运动的起源与发展

排舞源于 20 世纪 70 年代的美国西部乡村舞蹈,也叫牛仔舞,最初用吉他和拍手的方式起舞,随着时代的发展,排舞融合了国际上多种流行时尚舞蹈元素,到 20 世纪 90 年代,这项运动已经遍布于欧美各国,并于 90 年代后期传播到全世界。

图 19-10　排舞运动

排舞运动自 2004 年传入我国,在一些大中城市迅速开展起来,并受到人们的广泛喜爱,一些地方体育主管部门还将排舞作为全民健身项目在本地区进行推广和普及,全国部分高等院校还将排舞纳入体育课教学中。从 2004 年至今,北京市每年都在全民健身节和奥林匹克文化节活动期间进行排舞展演和竞赛活动。广州、香港和澳门每年都要举办三地间的排舞交流活动,促进了粤港澳地区之间的体育文化交流。截止 2006 年 5 月,上海市已有 286 支群众性排舞健身团队活跃在各个基层社区,18 所高等院校建立了学生排舞社团,上海体育学院还依据专业优势,举办每年一届的排舞创编大赛,并邀请社区居民和其他高校学生共同参与,国家体育总局对排舞运动更是大力支持。

2008 年 8 月,排舞作为一项新型大众健身项目引入奥运会,立即风靡全国。到 2009 年全国除海南省外,30 个省市自治区都开始了排舞的推广普及活动。两年以来已有 300 多万人参加排舞健身活动,中华全国总工会和国家体育总局体操运动管理中心已经把排舞列为未来几年重点推广的大众健身项目,北京市体操运动协会也正在积极准备举办排舞大赛。

第六节　排舞的基本技术与分类

一、排舞运动的技术特点

(一) 音乐题材的丰富性

排舞音乐有美国西部乡村歌曲,有经典的西洋老歌,也有许多现代元素的音乐,如爵士、拉丁、华尔兹、街舞,以及世界名曲,甚至歌剧主题曲,现行的舞曲已达 3 000 多首。丰富的音乐元素是排舞创编的资源库。多元的舞曲可满足不同性别、不同年龄层次人的需求。青年人可以选择拉丁舞、爵士舞、街舞等舞曲,中老年人则可以选择舒缓优美的曲目。

(二) 动作元素的多元性

排舞是拉丁舞、爵士舞、街舞、舞厅舞等的“大集成”,有恰恰、伦巴、曼波、牛仔、华尔兹、摇滚及其他舞蹈的基本步,也有诸多民间舞步。动作、舞蹈及曲目的多元化,体现出整体舞蹈的多元性。排舞除了步伐的统一外,对躯干和上肢动作并无具体规定,每个舞者都可跳出自己的风格,展现完全属于自己心灵的诠释,这更增添了排舞的魅力。

(三) 舞步与音乐的高度结合性

排舞的每一支舞曲都有世界共同的舞序,每一支舞曲对应独特、完整节奏的舞步,在现有舞曲中,排舞的舞步无一雷同。由于不断有新的乐曲出现,新的舞步也相应产生,所有成套动作皆由世界知名排舞老师依照舞曲的歌词意境及节奏风格编排,音乐与动作的一致性不仅体现出艺术美感,也让舞者体验到二者融合的愉悦感。

(四) 参与形式的灵活性

排舞运动不受场地器材的限制,参与性极强。城市、乡镇、学校、社区、商场等都可以开展。只需放音设备和音乐,人们就可以随时随地享受排舞带来的乐趣。排舞动作着重在步伐,对于躯干和手臂无统一要求,身体可以随着音乐自然摆动,也可以随着感觉增加一些手势。每首舞曲的舞步以32,48或64拍组成完整小节，在2个或4个方向重复跳，动作简单，适应各年龄阶层参与。

（五）不断创新性

排舞的包容性强，任何排舞爱好者都可以根据自己的喜好创编作品。每年国际排舞协会也会聘请专业人员创编舞蹈。这些作品经过国际排舞协会的认证后，才正式在全球进行推广。因此，不断会有新的排舞问世，这正是排舞运动日益受到广大人群青睐的重要因素。

二、排舞运动技术分类

（一）按照音乐旋律和舞蹈段落划分

1. 常规型排舞

有固定的舞步组合，并跟随音乐从开始到结束反复重复这一固定的舞步组合，动作难度及变化较为简单。

2. 分段型排舞

两段舞步当中加入间舞舞步，或者某一段落的舞步未跳完，接着又从头开始跳，这称之为中断，这一类型排舞学习时较难记忆。

3. 组合型排舞

由3个或3个以上段落组合成，不按照一定的规律循环，有些段落重复，有些段落并不重复。段落划分主要源于作者对不同舞曲旋律的诠释。

4. 表演形排舞

这种排舞舞步组合较为复杂，没有规律性，适用于表演。

（二）按照舞蹈段落重复时身体方向（面）的变化划分

1. 没有方向（面）变化

在整个舞蹈段落当中，无论舞步动作的方向怎样变化，但段落结束时应该保持段落开始时的方向（面）。

2. 有两个方向（面）变化

这一类型的排舞，在段落与段落之间有一次方向（面）的变化，通常情况下，方向（面）的变化是相反的方向。

3. 有两个方向（面）以上的变化

每重复一次舞蹈段落，都在一个新的方向（面）上开始。

三、排舞运动的基本技术

（一）索步

在两拍中夹有间拍的段落完成，主要分为两种：①Ladin chas节奏为"1，2，3，

4&5,6,7,8&1",②Country chas 节奏为"1,2,3,&4,5,6,7&8",以恰恰恰为代表,属于初级技术动作。

(二) 摇摆步、曼波步

节奏为"1&2,3&4",以曼波为代表,属于中级技术动作。

(三) 桑巴步、交叉步

节奏为"1-2&3-4"或"1&2,3&4",以桑巴为代表,属于中、高级技术动作。

(四) 伦巴盒步、水手步

节奏为"1,Hold2,3,4"或"1,2,3hold4",以伦巴为代表,属于中、高级技术动作。

(五) 摇摆步、三联步、点踏步

节奏有一个非常明显的重拍或间拍,例如"1,2,3&4,5&6"或"1,2,3&4,5,6,7&8"。具有摇摆风格,属于初、中级技术动作。

(六) 并步及跳步

节奏为"1&2,3&4"(Q-Q-S,Q-Q-S),以波尔卡为代表,属于中级技术动作。

(七) 基本步、盒步、平衡步

节奏为"1,2,3,4,5,6",第 1 拍为强拍,第 2 拍为次强拍,第 3 拍为弱拍,以华尔兹为代表,属于初级技术动作。

(八) 点踏

节奏为"1,2,3,4,5,6,7,8"或"1&2&3&4&5&6&7&8",具有爱尔兰风格,属于中高级技术动作。

(九) 行进步、交叉步

节奏为"1,2,3,4,5"(Q-Q-S,S,Q-Q-S,S,),以两步为代表,属于中高级技术动作。

(十) 街舞

膝关节随音乐节奏上下弹动,节奏较复杂,有"1,2,3&4,5,6,7&8",也有"1&2,3&4,5,6,7&8",取决于音乐类型,属于初、中级技术动作。

四、排舞运动竞赛裁判方法

(一) 成套动作评分(10 分制)

(1) 动作的完成　　　　　　　　　　　　　　　　　　　　3 分

(2) 编排设计部分　　　　　　　　　　　　　　　　　　　3 分

(3) 舞曲风格及表现力　　　　　　　　　　　　　　　　　2 分

(4) 服装服饰妆容　　　　　　　　　　　　　　　　　　　1 分

（5）总体完整性 1分

（二）评分因素解释

（1）动作的完成：动作与标准舞码的一致性，动作与音乐节拍的吻合；

（2）编排设计部分：创新性、流畅性、队形变化及音乐风格的把握；

（3）舞曲风格及表现力：把握风格，面部表情自然、自信，融入音乐的感染力；

（4）服装服饰妆容：风格吻合、色彩及整体视觉效果协调；

（5）总体完整性：整齐度、团队精神、视觉效果、全部表演的整体总评价。

（三）裁判长减分

裁判长对以下情况进行减分，每项减 0.2 分：

（1）参赛人数不符合规定；

（2）出现超过安全规定的动作；

（3）出现违规广告标贴；

（4）暴露隐私部位、腋毛等；

（5）比赛中服装、服饰、头饰散落、道具掉落等；

（6）佩带眼镜、珠宝、首饰、手表等私用物品。

第七节　交谊舞运动

一、交谊舞运动概述

交谊舞最早起源于欧洲，在古老民间舞蹈的基础上发展演变而成。长期以来，交谊舞以自娱性、社交性为主要功能特征，后经过舞蹈家对一部分内容进行整理，加以系统化和规范法，立名为国际标准舞，简称"国标舞"，并制订了比赛规则，进行比赛。国标舞的诞生与发展丰富了交谊舞的内容与表现形式，打破了自娱自乐的局限性。自 16 和 17 世纪起，交谊舞已在欧洲各国成为一种普遍的社交活动，故有"世界语言"之称。

二、交谊舞运动的起源与发展

14 世纪末，民间舞蹈进入了王公贵族的城堡中，发展成为舞会舞和宫廷舞蹈，有了礼仪性的庄重和严肃的特点。17 世纪中叶，交谊舞逐渐由庄严、华丽趋向尊贵、轻快、活泼的格调。随着西方工业化的迅速发展，工人阶层的出现，交谊舞从宫廷和贵族阶层逐渐向平民阶层过渡，成为平民家庭生活中必不可少的娱乐形式，同时也出现在公共场所的营业性舞厅中。

19世纪,随着工业革命和文艺浪漫主义运动的兴起,男女衣着样式从长裙逐步转向方便行走的步裙式,这促进了英国的布鲁斯、快步舞,美国的狐步舞、波斯顿、华尔兹等舞种的流行。

20世纪初,爵士音乐的出现,使交谊舞进入一个新的时期。1904年,英国成立了皇家舞蹈教师联合会,并由专门的舞蹈家对华尔兹、探戈、狐步、伦巴、快步舞等进行专题研究,对他们的国际流行舞种、舞姿、舞步、方向等加工整理,使其具有了一定的规范性和标准性,并公布了"国际标准交谊舞"规则,国际标准交谊舞又简称"国标"。而在舞厅里无拘无束、不拘一格、随心所欲跳的舞蹈,便被称作是交谊舞。

图 19-11　交谊舞

第八节　交谊舞技术特点与分类

一、交谊舞运动技术特点

(一)锻炼性

交谊舞是一项很具有锻炼价值的全民性健身、健心的活动。经常参加锻炼,首先,可以改善体形体态,使人体更加健美和协调。其次,经常参加交谊舞蹈锻炼,可以增加心脏储备功能,提高人体活动能力。最后,通过跳舞能使人调整心态,消除负面情绪障碍,保持乐观心情。

(二)教育性

交谊舞的发展过程中,吸取了各民族的优秀文化成果。交谊舞追求的是美的极致,目的是促进人的交往、沟通心灵。因此,交谊舞可以教育人们去追求崇高的思想境界,提高民族的精神素质。

(三)竞技性

进行交谊舞训练,能够挖掘人的潜力,充分发挥人的体质力量,创造新的纪录。

(四)国际性与社交性

交谊舞是一种有效的国际通用的形体语言。每种舞蹈都和各国的文化、民俗和地域风情等相结合,有着特有的地域文化特色,因此,通过跳舞,各国可以互相了解其文化蕴含、民族特色等,促进国家间的交流。

（五）娱乐性与观赏性

交谊舞是集音乐、舞蹈、服装、风度、体态和造型美为一体的综合体，是体育美和艺术美的集合体。人们通过参与或观赏，能从中获取体育艺术的美感，还能看到比赛中所表现出的健美形体、优雅动作以及精湛技术，在观赏和参与的同时，达到娱乐身心的效果。

（六）广泛性

交谊舞包括 10 种不同风格的舞种，内容丰富，形式多样。同时，不受场地器械的限制，人们可以根据自身条件选择练习方式和舞种，因此深受广大群众的喜爱。

二、交谊舞运动分类

（一）传统交谊舞

传统交谊舞包括华尔兹、布鲁斯、探戈和快步，其中华尔兹从节奏上分为慢三、中三和快三，布鲁斯主要为慢四，而快步为快四。

（二）流行舞

流行舞主要包括吉特巴（伦巴）、水兵、并步、四方舞、街舞、迪斯科、北京平四舞等。

第二十章　定向运动与卫生健康教育

第一节　定向运动概述

一、定向运动的概念

定向运动是指参赛者借助地图和指北针,自我选择行进路线,按规定的顺序和方式,在尽可能短的时间内到达若干个被分别标记在地图上和实地中检查点的运动。定向运动在国际上被称为"智者"的运动。前世界定向锦标赛冠军奥尔森形象地将定向比赛比喻为一个人在同时进行马拉松和国际象棋比赛。参与定向运动,不仅能强健体魄,还能培养野外生存技能以及独立解决问题的能力,改善心理素质,促进人的社会化,培养良好的团队协作精神。在快速奔跑中做正确决策,在尽可能短的时间内寻找并沿最佳路线穿越未知地带,定向运动将带给你全新的意想不到的体验。

定向运动通常在森林、郊外和城市公园、大学校园里进行,参赛者可以是个人,也可以是由两个人以上组成的队。常见的定向运动形式有徒步定向、接力定向、滑雪定向、山地车定向、轮椅定向、夜间定向、公园定向、记分定向、专线定向等。按照国际定向运动竞赛规则,定向运动根据比赛性质可分为个人赛、接力赛和团体赛;按比赛距离可分为长距离赛、中距离赛和短距离赛;按比赛时间可分为日间赛和夜间赛。

二、定向运动的起源和发展

19世纪末20世纪初,欧洲北部斯堪的纳维亚半岛广阔而崎岖不平的土地上覆盖着一望无际的森林,散布着无数的湖泊,城镇、村庄稀疏散落,人们的交通主要依靠那些隐现在林中湖畔的弯弯曲曲的小路,在这样的地理环境中,地图和指北针成了必不可少的工具,而经常行进在山林中的军人,则成了开展定向运动的先驱。

定向运动真正作为一项体育运动项目开展是从20世纪的北欧开始的。1918年,瑞典一位名叫吉兰特的童子军领袖把这项活动游戏化,组织了一次"寻宝游戏"的活动,确定了定向运动的雏型。1919 年 3 月,时任瑞典斯德哥尔摩体育联合会主席的吉兰特组织了一次有 217 人参加的影响深远的定向比赛,其组织模式与规格标志着定向运动作为一个独立的体育项目的存在,吉兰特也因此而被人视作现代"定向运动之父"。到 20 世纪 30 年代定向运动已在芬兰、挪威、瑞典、丹麦等北欧国家盛行。第二次世界大战期间,驻扎在英格兰的挪威反抗军把定向运动介绍到了英国,随后的十余年,美国、加拿大、澳大利亚、德国、法国和日本等国家也相继引进了这项运动。1961 年国际定向联合会(IOF)在丹麦哥本哈根成立,会上确定了正式的比赛项目,并制定了一系列的比赛规则与技术规范。国际定联是世界定向运动的行政实体,于 1977 年获得国际奥委会的承认,现有成员国 63 个。2001 年,定向运动成为"世界运动会"的正式比赛项目。

三、定向运动在中国的发展

定向运动在中国的传播最早始于台湾和香港,1979 年香港定向运动爱好者在各界人士的支持下成立了"香港野外定向协会"。1982 年"香港野外定向总会"成立并成为国际定联的正式成员,获得组队参加正式国际定向比赛的资格。香港定向运动不论是组织机构、赛事制度,还是教学、培训以及训练体系和定向理念方面,都很规范和完善,香港定向总会为内地定向运动的推广和发展也作了多方面的努力和贡献。

在我国内陆,定向运动最初也只是中国人民解放军的常规军事训练课目之一。1983 年 3 月,中国人民解放军体育学院首次在广州白云山组织了一次"定向越野试验比赛";同年 5 月,在重庆南山,解放军后勤工程学院也举行了定向越野比赛;同年 7 月,北京市测绘学会利用青少年夏令营机会在密云举行了一次有 100 多名中小学生参加的定向越野比赛,这些活动拉开了定向运动在我国内地传播的序幕。1984 年,通过香港野外定向总会,国际定联与广州定向运动爱好者建立联系,提供了有关国际定向运动规则等方面的资料,同年由北京体育大学学生组成的中国大学生定向运动代表团参加了在瑞典举行的第 4 届世界大学生定向越野锦标赛。1985 年 12 月,国际定联派瑞典定向运动教练白山保、索伦、斯蒂芬到广州进行定向运动相关理论和实践培训。1987 年,军事测绘杂志社组织翻译出版了《国际定向运动制图规范》《国际检查点说明符号》,解放军出版社出版发行了张晓威编著的《定向越野》,1991 年,中国测绘学会普及工作委员会组织翻译了《国际定向运动竞赛规则》,并在此基础上制定了中国《定向运动竞赛规则》,这些资料和书籍的出版发行,为定向运动在国内的传播发挥了重要作用。

1991 年 12 月,原国家体委批准中国无线电运动协会下设"中国定向运动委员会",使定向运动作为一种体育项目,开始有了自己的组织。1992 年 7 月,国际定向联合会批准中国以"中国定向运动委员会"名义加入该组织,成为正式会员国。1994年9月,首届全国定向运动锦标赛在北京怀柔举行。1995年"中国定向运动委员会"正式更名为"中国定向运动协会",简称"中国定协"(OAC)。作为国内定向运动发展、规划和管理的最高机构,中国定协为定向运动的发展做了许多准备性的工作。自1984年起我国先后有近千名选手参加了各类国际定向赛事,对提高我国定向运动技术水平和赛事组织能力、加强国际间交流、增进各国定向爱好者间的友谊起了十分积极的作用。

定向运动属非奥项目,被引进中国后主要在大学校园内开展,早期高水平的定向选手都是大学生,天津财经大学、中国地质大学、湖南大学等几所高等院校是中国定向人才的主要培养基地。1998年11月,世界公园定向组织(PWT)与中国定协和清华大学合作,分别在十三陵公园和清华大学举办PWT赛事的两站比赛,为国内定向运动带来了一种全新的运动理念和机遇。1999年1月,PWT与中国大学生国防体育协会签订了为期3年的合作协议,在部分高校举办定向运动知识讲座,帮助开展教练员和制图员培训工作,指导组织校园、公园定向地图的制作并组织比赛,世界公园定向组织的这些工作为定向运动在中国的传播和发展奠定了基础。

1999年开始,定向运动作为一种提高学生综合素质的特殊手段被逐步引入到学校体育课程中。浙江、湖南、广东等省市率先将定向运动列入学校体育与健康课程。2001年4月,中国定协在湖南大学组织召开全国定向运动发展战略研讨会,同年9月,在北京首都师范大学举办了首届定向地图制图培训班。中国定协还为国内定向运动赛事制定或修订了一系列文件,并于2003年3月在南京东南大学举办了全国首批定向裁判员考核,2002年,定向运动被列为全国体育大会正式比赛项目,大大激发了各省市教育系统发展定向运动的热情,定向运动在中国的发展开始加速。"中国学生定向协会"的成立则标志着定向运动真正开始出现在国内最大的定向运动群体中。国内主要定向赛事由于资金不足,中国定向协会采取了通过比赛逐步扫盲的策略——每举办一次大型赛事,都争取给当地留下一些像样的定向遗产。在中国定协、各地测绘部门和各级教育组织机构的积极努力下,我国定向运动理论和实践体系正不断完善,并逐渐走上科学化、规范化发展的道路。

四、定向运动在全民健身中的作用

经过百余年的发展,定向运动也由初期单一的一种比赛形式——定向越野竞赛逐步演变为包括各种各样的比赛和娱乐项目在内的综合性群众体育活动。在中国,随着休闲健身和回归大自然运动的兴起,定向运动作为一项休闲体育运动形式正快速成长和发展。全国每年有几百万人参加定向运动,走在前列的有湖南、广东、江苏、浙江、上海、北京等地。

定向运动作为科技体育、国防体育、素质体育、体育旅游、体育休闲的重点项目,国家体育总局、教育部、团中央、国家测绘局和国家国防教育办公室等国家有关部委都在大力推广。定向运动作为"全民健身计划纲要"和"阳光体育工程"中的一个重点项目在全国广泛开展,并受到了越来越多的人群的热爱和推崇。中国旅游城市全能定向越野赛,是一项目标放在全国旅游城市及旅游风景区举行的定向综合项目的系列赛事。该赛事由国家体育总局航空航模运动管理中心主办,中国定向运动协会实施。从 2008 年起,每年举办一届,在全国设立数个分站赛区,由全国各个省市区选拔的定向越野队参赛,以团体积分确定各参赛队的成绩。每站比赛都会根据当地的地形环境,设置山地自行车定向、水上划船定向、城市(村庄)定向、森林定向、山地徒步定向等比赛项目。

(一) 在社区开展,丰富群众业余文化生活,提高参与者野外生存基本技能

定向运动是一项集健身、情趣、知识和国防于一体的新兴群体运动项目,比赛可根据不同性别和年龄进行编组,公园、小区、风景地都可作为定向运动场地,赛程可远可近,检查点的设置可难可易,是一项男女老幼皆宜的群众性健身运动。在社区开展不仅能丰富群众的业余文化生活,同时也普及了自然地理学、环境地理学等定向运动相关知识,使参与者学会正确使用地图和指北针,掌握地图、指北针与地形的关系,学会捕捉地表特征并在地图上对其定位等野外生存基本技能。

(二) 在学校开展,促进学生综合素质的提升,符合现代体育课程改革的发展趋势

定向运动在学校的开展促进了学生综合素质的提升,丰富了体育课程体系,符合现代体育课程改革的发展趋势。定向运动是"阳光体育工程"在全国大、中、小学生中大力推广的一项重要体育项目,在各级定向协会以及相关教育部门的积极推广下,定向运动已越来越受到众多学生的欢迎。

1. 定向运动拓展了学校体育的内容和空间

学校体育改革要求不断拓展学校体育课程的内容和空间,以有利于增进学生身心健康为目标,选择多种体育内容,开发自然环境资源,充分利用空气、阳光、水、森林、山地、草原等条件,开展野外生存、生活方面的教学和训练。定向运动正好符合学校体育改革的要求,其教学投入费用低、危险因素少,只要绘制定向地图和很少的器材,就可以充分利用校园、公园、郊外田野、森林、山地、草原等现有地形条件,迅速扩大学生体育活动空间,缓解了高校连年扩招学生所引起的体育场馆相对不足,以及农村学校因教育经费不足体育场馆缺乏的矛盾。

2. 定向运动培养了学生的创新精神

从一个点标到下一个点标,没有明确规定的路线,只能依靠地图和对客观环境的判断、选择,探索一条自己认为是合适的路,并去实践它。每一次行动路线的选择,对参与者都是一次创新。

3. 定向运动能有效地提高个体的体适能水平

现代文明在带给人们充分物质享受的同时,也给人类的健康带来了新的威胁。近年我国学生体质健康调研结果显示,在校学生身体素质特别是耐力素质呈逐年下滑趋势。如何提高学生耐力素质这个问题,一直困扰着学校体育教师。传统的耐久跑由于强度大且单调枯燥,被众多学生厌倦。定向运动是一项能有效发展体能的有氧运动。走或跑在大自然中,穿越零乱的地形,探寻一个又一个未知目标,在复杂地形中做到身体活动与地理环境的协调、身体活动与心理活动的协调,跑的速度可以随意调整,跑的路线由学生自我判断选择,在应对智力挑战中转移了人体对运动所产生疲乏的注意力,参与者对定向运动不会感觉枯燥乏味,定向运动娱乐性的体验增加项目本身的吸引力,使学生参与定向运动的主动性和积极性更高,运动更投入,运动的时间和距离在不知不觉中更长,从而更有效地提高了个体的体能水平。

4. 定向运动有利于改善心理素质,培养团队精神

定向运动可以从多方面改善参与者的心理素质,如社会化水平、自我评价能力、自尊、自信、情绪控制能力和独立分析、解决问题的能力。定向运动是一项体验型体育运动,在运动中必须同时考虑行进的方位、位置、路线选择、地图的内容和前进的速度,强调参与者之间在活动结束后进行广泛的交流,通过参与者的自我体验和评价进行指导,有助于培养参与者综合分析和独立分析问题、解决问题的能力、自我评价的能力和进行有效交流的能力,从而提高参与者的社会化水平。

在野外或森林进行的定向运动,参与者只能依靠自己,在竞争的氛围中必须控制好自己的情感,克服紧张、恐惧等心理障碍,排除干扰,集中注意进行综合分析并迅速做出判断和决定,从而体验到通过自己努力到达到目标的成就感,培养自立、自信,以及在压力下独立解决问题的能力和应变能力,进而对人生观、价值观有新的认识、理解和判断。

以团体和接力形式进行的定向运动则有助于培养学生的集体荣誉感和团结协作精神。

5. 在定向运动中实现人与自然的和谐统一,提高野外生存基本技能,增强环保意识

定向运动是一项体现人与自然和谐统一的户外体育运动项目,为生活在城市中的人们,特别是青少年提供了解自然环境的机会,有助于人们形成正确的环境观,爱护大自然,增强环保意识。定向运动中不仅能学会使用地图和指北针定向,还能学习和掌握野外生存常见病的预防、山地行进技巧等野外生存基本常识和技

能,为参加其他户外运动奠定基础。

五、定向运动主要器材

定向运动所需的主要器材有地图、指北针、指卡、检查点点标、打卡器、检查卡片等。地图、指卡、打卡器等由组织者或赛委会提供。指北针可由赛委会提供或参与者自己准备。基于安全,参与者需自备口哨。

(一) 定向地图

定向地图是一种附加了地面妨碍通行信息和易跑性信息、用磁北方向线定向的专用地图。地图是定向越野最重要的器材,它的质量好坏直接影响到参与者的成绩,关系到比赛是否公正,因此,国际定联专门为国际间的定向越野比赛制定了《国际定向运动制图规范》。定向地图幅面的大小根据比赛区域的大小确定,赛区以外的情况可不必表示;精度至少要使以正常速度奔跑的运动员没有任何不准确的感觉;内容上应重点详细表示与定向越野跑直接相关的地物、地貌;并利用颜色、符号等详细区分通行的难易程度。

定向地图的内容一般包括比例尺、等高距、磁北线、各种地物、地貌符号、图例说明、检查点符号说明、比赛路线等内容(见图19-1)。

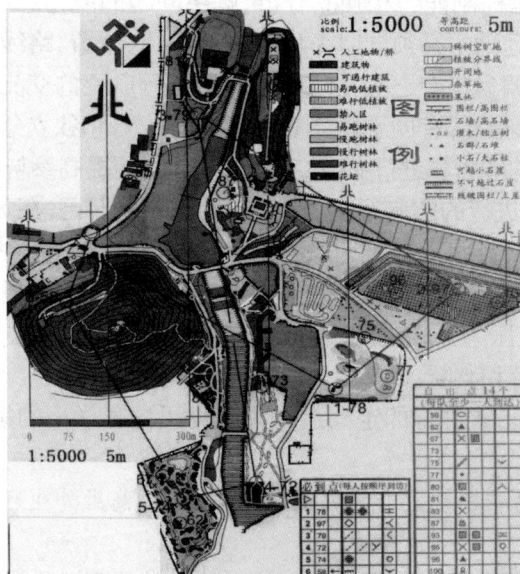

图 20-1　定向地图

1. 方向指示标志

定向地图用磁北线和方向指示箭头指示地图方向。如果图上没有方向指示标志,通常默认"上北下南,左西右东"。

2. 等高距和比例尺

等高距是指相邻两条基本等高线之间的高差。等高距通常为 5 米,当需要时也可采用 2 米至 10 米,但在一幅图上不得使用两种等高距。

比例尺是指地图上的线段长度与相应的实地线段的水平长度之比。比例尺是地图上最重要的参数之一,定向地图的比例尺通常在 1∶2 500 至 1∶15 000 之间。

扩展知识:等高线

等高线是封闭连续的曲线,与实地保持几何相似关系。等高线可以反映不同地形高度的差异、山脊、谷地、鞍部、坡形、坡度等地貌基本形态的变化。等高线越多,山越高;等高线越密集,坡度越陡。

3. 符号与图例说明

国际定联统一规定了定向地图的符号、图例和颜色标准。定向地图的符号包括地貌符号、岩石与石块符号、水系与淤泥地符号、植被符号、人工地物符号、比赛路线与技术符号等,在地图上用不同的颜色和图形表示地貌特征,水体、林地等区域的可通行性、易跑性和通视度(定向地图符号和图例说明见图 20-2)。

4. 地图颜色

定向地图上主要有 7 种颜色。

(1) 棕色:用于描绘地貌(等高线)、主干道以及人工铺砌路面等。

(2) 黑色和灰色:描绘岩石特征,包含悬崖、巨石、岩石地、巨石堆,小路、小径,人造地物(如围栏),磁北线和套印标记在内的技术符号。

(3) 白色:代表开阔易跑的林区。

(4) 蓝色:用于描绘水系特征包含湖泊、河流、水道、沼泽与水井等。

(5) 黄色:代表开阔地,包含田野、牧场或空旷区。

(6) 绿色:代表浓密、不易通过的森林,绿色越深越难通过。黄色和绿色结合而成的黄绿色用于描绘禁止进入的居民地和植被区域。

(7) 紫色/红色:主要用于描绘比赛路线。

(二) 指北针

指北针是定向运动中运动员唯一可以使用的合法工具,其主要作用是辨别方

地　貌
Land forms

基本等高线 Contour

指标等高线 Index contour

辅助等高线 Form line

冲沟 Erosion gully

小冲沟／干沟
Small erosion gully

示坡线 Slope line

土坎／土崖 Earth bank

坑洼地 Broken ground

等高线注记 Contour value

土墙 Earth wall

小土墙／破土墙
Small earth wall

丘／山顶 Knoll

小丘 Small knoll

狭长小丘 Elongated knoll

凹地 Depression

小凹地 Small depression

土坑 Pit

特殊地貌符号
Special land form feature

水体与湿地
Water and marsh

湖泊 Lake　池塘 Pond

水坑 Waterhole　井 Well

不能通过的河流
Uncrossable river

河流 Crossable watercourse

溪流／水渠
Crossable small watercourse

季节性溪流／水渠
Minor water channel

不能通过的湿地
Uncrossable marsh

湿地 Marsh　泉 Spring

细沼 Narrow marsh

季节性湿地 Indistinct marsh

特殊水体符号
Special water feature

植　被
Vegetation

空旷地 Open land

稀树空旷地
Open land with scattered trees

杂草地 Rough open land

稀树杂草空旷地
Rough open land with scattered trees

可跑树林
Forest: easy running

慢跑树林
Forest: slow running

慢跑低矮丛林
Undergrowth: slow running

慢行树林
Forest: difficult to run

慢行低矮丛林
Undergrowth: difficult to run

通行困难树林 Vegetation:
very difficult to run, impassable

单向可跑树林
Forest runnable in one direction

果林　　葡萄园
Orchard　　Vineyard

耕地 Cultivated land

明显耕地边界
Distinct cultivation boundary

明显植物边界
Distinct vegetation boundary

不明显植物边界
Indistinct vegetation boundary

特殊植物符号
Special vegetation features

人工地物
Man-made features

高级公路 Motorway

公路 Major road

车路 Minor road

车道 Road

车径 Vehicle track

步道 Footpath

小径 Small path

不明显小径
Less distinct small path

窄马道 Narrow ride

明显岔路口
Visible path junction

不明显岔路口
Indistinct junction

涵洞／隧道 Tunnel

建设中的车路

步桥 Footbridge

有桥通过
Crossing point with bridge

无桥通过
Crossing point without bridge

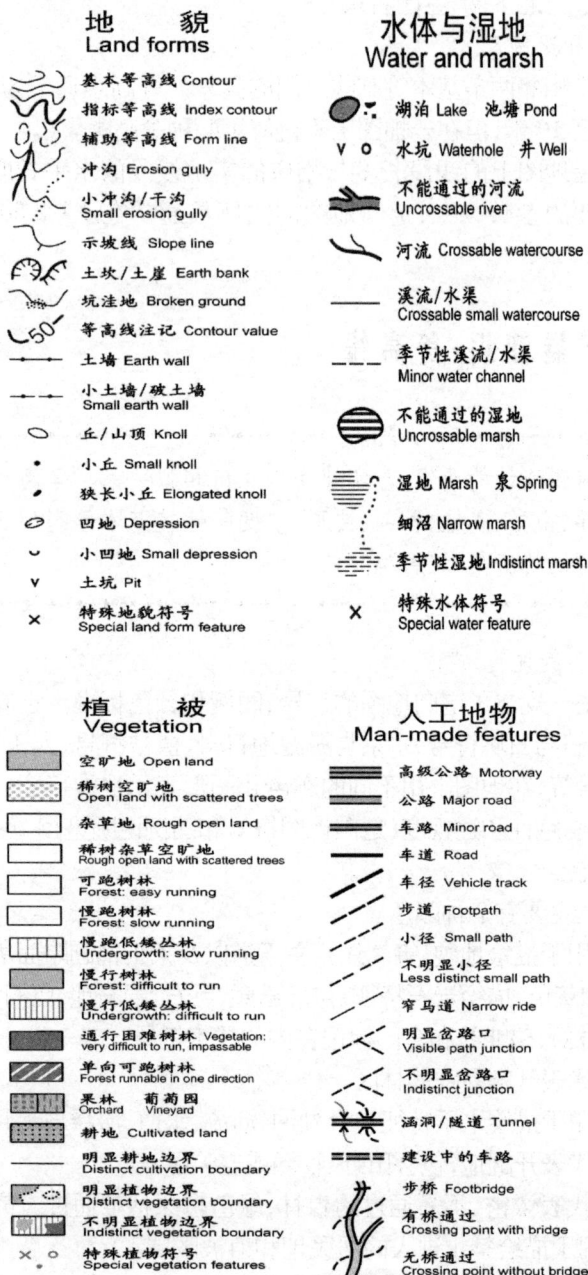

图 20-2　定向地图符号和图例说明（摘自张晓威《定向越野》）

向、标定地图、确定站立点与目标点的方向等。比赛时如要求自备,对其性能、类型应做原则上的规定。比赛常使用由透明有机玻璃材料制作的指北针(见图20-3)。

1. 标定地图

将地图与指北针置于水平,前进方向箭头朝向地图上方,与地图上磁北线平行。转动地图和指北针,使磁针北端正对磁北线。

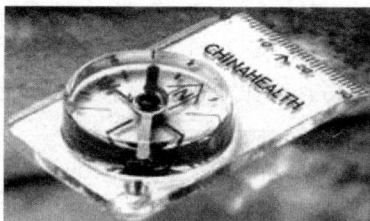

2. 确定目标点的方向

地图与指北针水平放置,指北针直尺边垂直于站立点至目标点的连线,前进方向箭头朝向目标方向。水平转动指北针与地图,身体也

图20-3　指北针

随之转动,直至指北针上的红色指针与地图的磁北线平行。这时指北针上的箭头所指方向即为行进的正确方向。

3. 测定自己的位置

初学者不清楚自己在地图上所处的位置时,应保持冷静,利用周围地理环境和指北针找准自己的位置,然后再确定前往目标的路线。

扩展知识:使用指北针的注意事项

(1) 指北针指针的"S"表示"南","N"表示"北"。使用时尽可能保持指北针水平放置。

(2) 指北针不能离铁、磁性物质太近。

(3) 使用前应检查磁针是否灵敏:用一钢铁物(如小刀)多次干扰磁针,若磁针每次随之摆动后都能迅速停止于同一方向,则表明磁针灵敏。

(三) 检查点点标

设立检查点是用于检验运动员是否按规定跑完全程,检查点点标则是用来提示运动员检查点的具体位置的专用标志旗。检查点点标由3面标志旗(每面标志旗为正方形,沿对角线分开,上为白色,下为橙色,尺寸为30厘米×30厘米)连接组成(见图20-4)。标志旗通常要编上代号,以便于选手在训练和比赛时根据旗上的代号来判断他是否找到了正确的检查点。

(四) 打卡器

打卡器是与检查点点标配合而起作用的,它为运动员到达该点提供凭据。

1. 钳式打卡器

每个钳式打卡器(见图 20-5)的钢针组合图案都不相同,运动员到达检查点后可将孔打在地图的记录卡上。这种打卡器价格便宜,使用也比较方便。

图 20-4　检查点标志旗

钢针　橡胶垫　钳体

图 20-5　钳式打卡器

2. 电子打卡计时系统

目前国内外大型定向赛事中都采用电子打卡计时系统。电子打卡系统的使用使组织工作和运动员的打卡操作都变得更简易。系统主要由指卡、打卡器和终端打印系统组成。

定向比赛时,每个参赛者都发有一个统一编号的指卡,用来存贮运动员基本信息,以及开始比赛、到达各个点标和终点的时间。当指卡插入或贴近打卡器反射区,信息存贮后,打卡器鸣响并有红灯闪烁,表明打卡完成。

扩展知识:比赛时电子打卡步骤

(1) 用指卡打"清除":清除卡上原有信息。

(2) 出发时用指卡打"起点":计时开始。

(3) 按地图上检查点标注的顺序打各检查点的打卡器(见图 20-6 的 56)。

(4) 到达终点后打"终点":计时结束。

(5) 最后用指卡打"主站":将指卡内全部作息读入电脑进行成绩统计。管理软件可自动检查成绩是否有效,并自动排列名次。

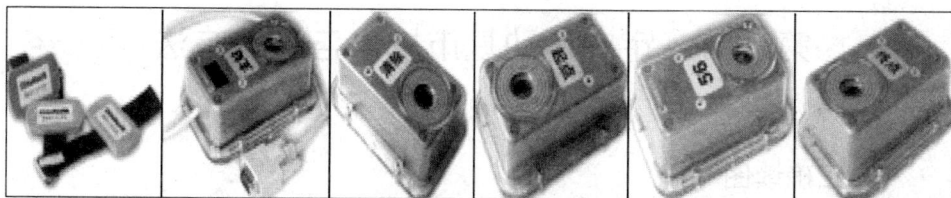

图 20-6　电子打卡器

（五）检查卡片

检查卡片是用于配合钳式打卡器判定运动员成绩的纸质卡片，分主卡和副卡两部分（格式见表 20-1）。运动员在比赛中携带主卡，按顺序将每个检查点的打卡器在相应位置打孔，到达终点时交裁判员验证。若比赛完毕必须交还地图，可将检查卡片的内容直接印在地图空白处。

除上述器材之外，国际定联还制定了一套"检查点说明符号"，帮助运动员在某些等级较高或规模较大的比赛中正确地寻找检查点。这些检查点说明符号可在比赛前以表格的形式提供给运动员使用。

表 20-1　检查点卡片

姓名：			工作人员填写	到达　：　：		剪裁线	副卡 第　名	
编号：							姓名：　　编号：	
单位：				出发　：　：			单位：	
级别：							到达　：　：	
路线：				成绩　：　：			出发　：　：	
出发时间：							成绩　：　：	
7	8	9	10	11	12		级别：	
1	2	3	4	5	6		路线：	

第二节 定向运动基本技术与练习方法

一、正确读图

读图是指在行进中通过对定向地图符号进行识别与解释,认知地图所表达的对象,将在二维平面上所表达的特征转换为三维空间特征,并与实地特征进行校对的过程。正确确定站立点和标定地图是正确识别与解释地图符号、实地核对地图的前提。

(一) 确定站立点

确定站立点实际是比赛中未知站立点与已知站立点之间建立联系的过程。

1. 正确持图是准确确定站立点的前提

(1) 折叠地图。

将地图折叠成适当大小以方便运动拇指辅行技术,并保证在图上有足够的可视区域,使读图时的注意力集中在即将寻找的一两个检查点上。折叠地图时应沿磁北线方向或沿行进方向平行折叠。

(2) 拇指辅行。

在定向运动中常用拇指压住图上本人目前站立点的位置,将拿图手的拇指想象为图中缩小的自己,当向前运动时,拇指也在图上做相应移动,此种方法叫拇指法。拇指法持图能帮助运动员随时明确自己在图上的位置。

2. 确定站立点的方法

(1) 直接确定。

当自己所处位置在明显地形点上时,只要从图上找出该地形点,站立点即可确定。

明显地形点的地物主要有:单个的地物(如房屋、水塔、凉亭、小桥等);现状地物的拐弯点、交叉点(呈"十"字形)、交汇点(呈"丁"字形)和端点;面状地物的中心或者有特征的边缘等。

明显地形点的地貌主要有:山地、鞍部、洼地;特殊的地貌形态有:陡崖、冲沟等;谷地的拐弯、交叉和交汇点;山脊、山背线上的转折点、坡度变换点等。

(2) 利用综合分析确定。

利用位置关系法确定站立点主要是依据两个要素,一是站立点至明显点的方向,二是站立点到明显点的距离。

(二) 标定地图

标定地图是使地图的方位与实地的方位一致的过程,即给地图正确定向。标定地图方位是最重要的定向技能。

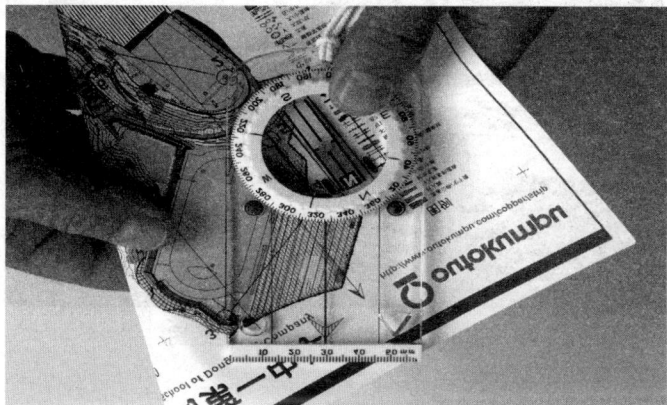

图 20-7　用指北针标定地图

1. 利用指北针标定

先使指北针的红色箭头朝向地图上方,并使箭头与定向地图上的指北线重合(或平行),然后转动地图,使磁针北端对正磁北方向,地图即已标定(见图 20-7)。

2. 利用直长地物标定

利用直长地物(如道路、土垣、沟渠、高压线等)标定地图,首先应在图上找到这段直长地物,对照两侧地形,使图与现地各地形点的关系位置概略相符,然后转动地图,使图上的直长地物与现地的直长地物方向一致,地图即已标定(见图 20-8)。

3. 利用明显地物地貌标定地图

从地图上找到本人位于明显地形点的位置(即自己所在的站立点)时,可以利用明显地形点标定地图。方法如下:先选择一个图上与现地都有的远方明显地形点(目标),然后转动地图,使图上的站立点至目标的连线与现地的站立点至目标的连线相重合,此时地图即已标定。

二、路线选择

路线选择是指在两个检查点之间选择最优路线的策略。定向运动比赛要求以尽量少的时间完成整条路线,但距离最短的选择不一定是最佳路线选择。进行路线选择时主要受地形特点影响。每次出发时(包括途中每一段落出发),首先必须判明出发点的图上位置、明确前进方向和目标点;然后标定地图选准前进方向,

图 20-8　利用直长地物标定地图

向目标点进发。

(一) 选择路线应遵循的原则

1. 有路不越野

应尽量选择沿道路行进,在道路上容易确定站立点,使运动员更具信心;地面相对光滑、平坦,有利于提高奔跑速度。

2. 走高不走低

定向比赛中如果不得不越野,当目标点在半山腰、周围又没有明显地貌地物时,应选择从山顶向下寻找的方法。

3. 统观全局,提前绕行

阅读地图时要通观全局,当检查点之间有大的障碍、不易穿越时,应提前选择好最佳迂回运动路线。

(二) 路线选择方法

1. 选择合适的攻击点

当检查点位置特征不明显时,在检查点附近寻找明显、合适的攻击点进行辅助定位。

2. 偏向瞄准

为安全到达线状特征上或线状特征近旁,有意识地瞄准目标一侧行进。

3. 沿同一等高线行进

越过大山或深谷等障碍时,为减少爬坡量,节约体能和时间,可将等高线作为线形特征,沿同一等高线水平移动。

三、按图行进

按图行进依赖于运动员对辨别方向、识别定向地图以及标定地图、对照地形确定站立点等专项技能的综合运用。在实践中选择了最佳路线后，在前进过程中，要根据地形情况以及个人特点，选择以下方法前行以确保安全、准确、顺利到达目的地。

（一）拇指辅行法

用拇指法正确持图，先明确自己的站立点和将要运动的路线。前行时，根据自己所到达的位置，拇指在图上作相应移动。拇指辅行能帮助运动员随时明确自己在图上的位置，并将新的站立点与已知站立点联系起来。

（二）"扶手"法

把实地中的线形地形如各种道路、输电线、地类界、溪流、面状底物的边界等地物地貌作为行进时的"扶手"。利用"扶手"引领前行，能较为容易和安全地到达目的地。

（三）借点法

当检查点附近有高大、明显的地形点时，可用此法。行进前，要先将目标辨认清楚（亦可用其他物体佐证），然后用最快的速度前往检查点。

（四）记忆法

按行进的顺序，分段记住路线的方向、距离、经过的地形点、两侧的辅助（参照）物等。做到"人在地上跑，心在图上移"，以减少途中跑时读图的时间，提高运动成绩。

四、重新定位

重新定位是指定向运动中迷失站立点后通过标定地图、路线回忆、安全方位和重新定位特征重新确定站立点的技术。迷失站立点后，必须先停下来，观察周围环境的特点和目前能观察到的最显著特征，回忆是否在易跑路段发生方向偏移、曾经经过的路线和地图上能够明确确定的最后位置；找到安全方位后再标定地图，重新定位。

扩展知识：迷失方向怎么办

定向运动中迷失方向是指在现地找不到目标，同时又无法确定站立点。

（1）沿道路行进时：标定地图，对照地形，判明是从哪里开始发生的错误以及偏差有多大，然后根据情况另选迂回的道路前进。如果错得不多，可返回原路再行进。

（2）越野行进时：发现迷失方向后应尽早停止行进，寻找现地明显地物，标定地图，确定站立点，再尽量取捷径插到原来的正确路线上去，不得已时再返回原路。

（3）山林地中行进时：如果确定不了站立点，又不能返回原路，就要在图上看一看，迷失地区附近是否有较大型或较突出的明显地形（最好是线状的），果断地放弃原行进方向向它靠拢，并利用它确定站立点。山林中行进迷失方向时，最忌讳尚未查明差错程度和正确的行进方向时就匆忙取"捷径"斜插，这样很可能造成在原地兜圈子。

第二十一章 《城市之间》体育竞赛活动与卫生健康教育

第一节 《城市之间》体育竞赛活动概述

一、《城市之间》体育竞赛活动的概念

《城市之间》是以群众为基础,以体育为平台,以城市为卖点,来宣传城市的一档巨型游戏类节目。城市领导间的对话、城市宣传片、穿插城市特色节目的表演以及城市选手的风貌都能够充分展示城市特色。该节目是由两个或两个以上的城市参加的趣味体育竞技比赛,有助于推动全民健身运动的开展。

二、《城市之间》体育竞赛活动的起源与发展

《城市之间》这一大型趣味体育的游戏节目是法国电视台于 1962 年创办的。通过大胆、开阔的想象和庞大的道具、场景,开展全民参与的文化、体育游戏的竞技、对抗,进行文化体育的交流,折射千姿百态的城市文化魅力。

《城市之间》是一个已经拥有 40 多年历史、跨越众多国家和地区的体育娱乐电视节目,起源于法国,在多个国家均创下收视佳绩。《城市之间》是由以城市为组织单元的代表队参加的趣味体育竞技比赛,它通过不同国家、不同城市之间的趣味体育对抗,为世界各地的城市居民们提供了一个展示风采、相互交流的舞台。早在 1998 年 10 月,《城市之间》就曾被引入中国,以其别出心裁的游戏设计、紧张激烈的比赛氛围、趣味欢快的欢乐场面吸引着千千万万的观众,让人们在简单有趣的游戏中体验到体育的无穷魅力。包括香港、澳门在内的中国 40 多个城市都曾经走上《城市之间》的大舞台。

《城市之间》被誉为是民间的"趣味奥运",其以群众为基础,以体育为平台。它的成功之处就在于它用一种群众性、娱乐性极强的竞技方式,融入开阔的想象、大胆的制作,来达到促进每个城市之间体育、文化交流的宣传目的。

第二节　《城市之间》体育竞赛活动的特点与分类

一、《城市之间》体育竞赛活动特点

(一) 健身性

《城市之间》把体育看成是塑造大众精神健康的体现,它所表现出来的乐观、健康和幽默能够感染现场和电视机前的广大观众。竞赛项目主要体现运动员的速度、力量、耐力、协调、柔韧、灵敏等素质。运动员在每次比赛中,不仅身体得到了锻炼,而且在道德上得到洗礼、意志上得到锻炼、精神上得到满足。这种深刻的心理体验过程和特点,在一般体育竞赛中是难以亲见和领悟到的。无疑它有益心理的净化,也有益体质的增强。

(二) 文化性

《城市之间》注重群体参与、趣味娱乐,通过大胆、开阔的想象和庞大的道具、场景,开展全民参与的文化、体育游戏的竞技、对抗,进行文化体育的交流,折射千姿百态的城市文化魅力,同时又不失法国人特有的幽默感和浪漫色彩。

(三) 娱乐性

《城市之间》共有1 000多种游戏,个个精彩,样样好玩,载人货车驶过垫在数百只气球上的木板,消防水龙头激起的水柱把轿车托向空中,上千张报纸卷成空中缆索供人攀援等等,极富想象力,而节目的道具也异乎寻常得庞大复杂,电动的、机械的,都是真材实料,结构细致精密,且安全系数高,连火车也能开进节目现场。电视娱乐节目只有把镜头对向群众,而不是几个明星,增强参与者的回应。

(四) 商业性

大型体育竞技节目《城市之间》作为法国电视台一档声誉极高的电视娱乐节目,风靡法国40多年,倾倒了无数欧美观众,市民和观众对节目的狂热程度一点不亚于世界杯。《城市之间》一般都在夏季的每周五播出,现场的观众常在七八千人以上,而热线电话参与者多达1 000万人,占法国总人口的五分之一,每场的气氛都像过节一样,这样火爆的电视节目世界少见。这一节目在欧洲有着广阔的市场,英国、德国、西班牙等国都相继推出了本国的《城市之间》节目。

二、《城市之间》体育竞赛活动分类

《城市之间》体育竞赛活动对促进全民健身运动的深入开展有重要的现实意义,它的普及与推广能更好地推动群众体育活动的广泛开展。依据《城市之间》体育竞赛活动特点,可以分为两类。

(一)游戏类

(1)体育性明显,对抗性强,规则完善,参与者较为广泛,观赏性强,容易推广。

(2)运用计时、计分、计数等方法决定胜负。

(二)勇攀高峰

(1)体育性明显,竞争性强,对抗性强,有一定难度。

(2)运用计时、计格方法决定最终胜负。

勇攀高峰规则如下:

4队同时比赛,每队3名男队员参加。比赛器材采用国际版"城市之间"器材。根据每队前4项比赛成绩得分之和,确定该队比赛的起始点(如某队前4项比赛得分均列小组第1,该队得分之和为20分。该队"勇攀高峰"起始点为第20格。依此类推)。3名队员以接力方式进行比赛。每名队员结束攀登时,必须持攀登棒下滑到斜坡底端,将攀登棒交给同队下一名队员。第3名队员到达顶峰(斜坡顶端)的时间为该队完成比赛时间。完成比赛用时少的队为胜。3名队员中如1名队员未到达斜坡顶端,该队成绩只计算攀登的格数,不再计算时间。

犯规原则如下:

队员在攀登中有下列任何一种违反规则行为均给予警告:用膝盖支撑攀爬,以脚蹬助力,任何一肘超过杠面。每名队员违反规则1次,给予警告1次,其中一名队员被第3次警告时,当时的格数为该队员最终成绩。

参考文献

[1] 王朝军. 实用体育科研教程[M]. 北京:北京体育大学出版社,2015.

[2] 蒋小勇. 高校体育教程[M]. 武汉:中南大学出版社,2015.

[3] 鲍冠文. 体育概论[M]. 北京:高等教育出版社,1995.

[4] 邓树勋,陈小蓉. 体育基本理论教程[M]. 广州:广东高等教育出版社,2004.

[5] 朱静,王萍,马保雷. 大学生体质测试与运动健身指教程[M]. 北京:中国书籍出版社,2017.

[6] 王瑞元. 运动生理学[M]. 北京:人民体育出版社,2002.

[7] 卢起,周越. 运动生理学[M]. 北京:人民体育出版社,2008

[8] 教材编写组. 运动医学[M]. 北京:人民体育出版社,2005.

[9] 胡广. 骨与关节运动损伤[M]. 北京:人民军医出版,2007.

[10] 伦斯特伦. 运动损伤预防与治疗的临床实践作者[M]. 北京:人民体育出版社,2005.

[11] 南登昆. 康复医学[M]. 北京:人民卫生出版社,2005.

[12] 荣湘江,姚鸿恩. 体育康复学[M]. 北京:人民体育出版社,2008.

[13] 张惠红,陶于. 定向运动与野外生存[M]. 北京:高等教育出版社,2006.

[14] 陶宇平. 户外运动与拓展训练教程[M]. 成都:电子科技大学出版社,2006.

[15] 李一新. 最新野外生存手册[M]. 北京:石油工业出版社,2007.

[16] 梁传成,梁传声. 野外生存教程. 北京:高等教育出版社,2003.

[17] 李景龙. 野外生存指南[M]. 北京:黄河出版社,2003.

[18] 钱张师. 野外生存生活训练指南[M]. 西安:西安地图出版社,2003.

[19] 陈小蓉. 定向运动与野外生存[M]. 广州:中山大学出版社,2003.

[20] 曹利华. 体育美学教程[M]. 北京:中国文联出版公司,1998.

[21] 刘幕梧. 体育美学研究与应用[M]. 北京:北京体育大学出版社,1995.

[22] 张贵敏. 田径运动教程[M]. 北京:人民体育出版社,2007.

[23] 文超. 田径热点论[M]. 北京:人民体育出版社,1996.

[24] 群众体育学[M]. 北京:人民体育出版社,1989.

[25] 中国田径协会. 中国田径运动竞赛裁判工作指南[M]. 重庆:西南师范大学出版社,1995.

[26] 中国田径协会. 田径竞赛规则(2008)[M]. 北京:人民体育出版社,2008.

[27] 朱琼 等. 社会体育指导员培训教材[M]. 天津:天津人民出版社,1996.

[28] 周兵. 田径健身教程[M]. 北京:高等教育出版社,2001.

[29] 何志林 等. 现代足球——全国体育院校通用教材[M]. 北京:人民体育出版社,2001.

[30] 李吉慧,侯会生,兰保森. 现代足球训练理论与实践[M]. 北京:人民体育出版社,2008.

[31] 罗宇. 现代足球训练方法[M]. 北京:北京体育大学出版社,2009.

[32] 张瑞林. 足球运动[M]. 北京:高等教育出版社,2005.

[33] 曲晓光. 现代足球训练理念诠释与应用[M]. 广州:华南理工大学出版社,2009.

[34] 黄滨,赵富生,张瑞林. 篮球运动(高等学校教材)[M]. 北京:高等教育出版社,2005.

[35] 郭永波. 篮球运动教程[M]. 北京:北京体育大学出版社,2005.

[36] 虞重干,曾倩. 排球运动[M]. 北京:人民体育出版社,1999.

[37] 刘建和. 体育院校通用教材·乒乓球教学与训练[M]. 北京:人民体育出版社,2004.

[38] 全国体育院校教材委员会审定. 乒乓球[M]. 北京:人民体育出版社,1992.

[39] 中国乒乓球协会编译. 乒乓球竞赛规则 2007. 北京:人民体育出版社,2007.

[40] 林建成. 羽毛球技术战术训练与应用[M]. 北京:人民体育出版社,2009.

[41] 彭美丽. 羽毛球技巧图解[M]. 北京:北京体育大学出版社,2008.

[42] 刘瑞豪. 羽毛球基础与实战技巧[M]. 成都:成都时代出版社,2007.

[43] 中国羽毛球协会审定. 羽毛球竞赛规则(2007)[M]. 北京:北京体育大学出版社,2007.

[44] 张瑞林. 羽毛球运动[M]. 北京:高等教育出版社,2005.

[45] 肖杰. 羽毛球运动理论与实践. 北京:人民体育出版社,2005.

[46] 彭美丽. 跟专家练:羽毛球[M]. 北京:北京体育大学出版社,1998.

[47] 美国网球协会著,汪鸽,郭泱,陶志翔译. 网球战术训练——赢得比赛的模式[M]. 北京:人民体育出版社,2009.

[48] 计伟忠. 休闲网球[M]. 北京:北京体育大学出版社,2008.

[49] 孙卫星. 现代网球技术教学法[M]. 北京:北京体育大学出版社,2007.

[50] 俞继英. 奥林匹克网球[M]. 北京:人民体育出版社,2006.

[51] 王捷. 网球入门[M]. 合肥:安徽科学技术出版社,2005.

[52] 董杰. 网球教程[M]. 北京:高等教育出版社,2005.

[53] 陶志翔. 网球运动教程[M]. 北京:高等教育出版社,2003.

[54] 孙卫星. 网球竞赛规则问答[M]. 北京:北京体育大学出版社,2003.

[55] 周海雄,郑建岳. 网球教程[M]. 北京:学苑出版社,2003.

[56] [英]保罗·道格拉斯 著,曹韫建 译. 48 小时网球快易通[M]. 西安:西安地图出版社,2002.

[57] 王耀明. 休闲网球技法[M]. 长沙:湖南文艺出版社,1998.

[58] 温宇红,李文静. 游泳技术图解[M]. 北京:北京体育大学出版社,2004.

[59] 刘亚云,黄晓丽. 游泳运动[M]. 长沙:湖南师范大学出版社,2007.

[60] 刘炜. 游泳[M]. 北京:北京师范大学出版社,2009.

[61] 《游泳大辞典》编辑委员会. 游泳大辞典[M]. 北京:人民体育出版社,1999.

[62] [英]瑞克・克罗斯 著,韩冰 译.游泳[M].北京:人民体育出版社,2001.

[63] 全国体育院校教材委员会.游泳运动[M].北京:人民体育出版社,2001.

[64] 张彩珍.中国游泳运动史[M].武汉:武汉出版社,1996.

[65] 许琦.水上救生技术[M].北京:北京体育大学出版社,2006.

[66] 张元阳.现代游泳与救生技术[M].成都:电子科技大学出版社,2005.

[67] 王朔.玩的就是心跳[M].昆明:云南人民出版社,2004.

[68] 邱建钢.现代健美运动教程[M].北京:人民体育出版社,2003.

[69] 王翔,张新安 等.定向运动[M].北京:高等教育出版社,2005.

[70] 张晓威.定向越野[M].北京:星球地图出版社,2010.

[71] 张惠红 等.定向运动与野外生存[M].北京:高等教育出版社,2006.

[72] 郎松亭 等.高等职业技术学院体育教程[M].北京:世界图书出版社,2007.

[73] 陶宇平.户外运动与拓展训练教程[M].成都:电子科技大学出版社,2006.

[74] 高谊,陈立人.跆拳道[M].北京:北京体育大学出版社.

[75] 邓援朝 等.体育舞蹈与健美运动[M].广州:中山大学出版社,2003.

[76] 洪平,牟玉梅,王刚.奥林匹克文化对高校校园体育文化的影响[J].中国科教创新导刊,
     2009(01).

[77] 郝勤.体育史[M].北京:人民体育出版社,2006.

[78] 钟全宏,王辉.奥林匹克文化与学校体育教育[J].当代教育与文化,2009,1(2).

[79] 北京师范大学交叉学科研究会.中国老年百科全书・保健・医疗・强身卷[M].银川:宁
     夏人民出版社,1994.

[80] 高从礼,袁波.门球概论[M].西安:山西旅游出版社,1991.

[81] 刘淑芳.门球十日通[M].北京:京华出版社,1997.

[82] 刘亮,陈音.怎样打门球[M].苏州:苏州出版社,2000.

[83] 易小坚,张革.休闲门球技法[M].长沙:湖南文艺出版社,1998.

[84] 柳万春,吴永宏.门球入门与提高180问[M].北京:人民体育出版社,2006.

[85] 陈文.门球与台球运动技法指导[M].长春:吉林文史出版社,2006.

[86] 王典怀.门球[M].北京:北京体育大学出版社,2006.

[87] 全国体育院校教材委员会审定.中国武术教程(上册)[M].北京:人民体育出版社,2003.

[88] 全国体育院校教材委员会审定.中国武术教程(下册)[M].北京:人民体育出版社,2003.

[89] 《中国武术百科全书》编撰委员会.中国武术百科全书[M].北京:中国大百科全书出版
     社,1998.

[90] 国家体委武术研究院.中国武术史[M].北京:人民体育出版社,1997.

[91] 郭志禹.武术世纪战略思考之二[J].上海武术,1999(4).

[92] 郭志禹.竞技武术国际化综论[J].上海体育学院报,2002(4).

[93] 全国体育学院教材委员会.体育学院普修通用教材武术[M].北京:人民体育出版
     社,1989.

[94] 全国体育学院教材委员会. 体育学院专修通用教材武术[M]. 北京：人民体育出版社,1991.

[95] 戚继光. 纪效新书[M]. 北京：人民体育出版社,1988.

[96]《中国散手》编写组. 中国散手[M]. 北京：人民体育出版社,1990.

[97] 朱建国. 羽毛球运动教学与训练教程[M]. 北京：清华大学出版社,2015.

[98] 高谊. 普通高体育与健康教程[M]. 南京：南开大学出版社,2016.

图书在版编目(CIP)数据

大学生体育与卫生健康教育教程/项建民主编. —上海：复旦大学出版社，
2017.9(2019.7 重印)
弘教系列教材
ISBN 978-7-309-13191-8

Ⅰ. 大… Ⅱ. 项… Ⅲ.①体育-高等学校-教材②健康教育-高等学校-教材
Ⅳ.①G807.4②G647.9

中国版本图书馆 CIP 数据核字(2017)第 193831 号

大学生体育与卫生健康教育教程
项建民　主编
责任编辑/郑越文　梁　玲

复旦大学出版社有限公司出版发行
上海市国权路 579 号　邮编：200433
网址：fupnet@ fudanpress. com　　http://www. fudanpress. com
门市零售：86-21-65642857　　　团体订购：86-21-65118853
外埠邮购：86-21-65109143　　　出版部电话：86-21-65642845
杭州日报报业集团盛元印务有限公司

开本 787×960　1/16　印张 26.5　字数 479 千
2019 年 7 月第 1 版第 3 次印刷
印数 7 901—11 280

ISBN 978-7-309-13191-8/G·1751
定价：45.00 元